कवियों का कवि शमशेर

रंजना अरगड़े

वाणी प्रकाशन

निवेदन

शमशेर बहादुर सिंह हिन्दी कविता के 'आत्मीय' और 'दुरूह' कवि माने जाते हैं। उनकी कविताओं पर अपनी प्रथम समीक्षात्मक कृति प्रस्तुत करते हुए मुझे सहज संकोच का अनुभव हो रहा है। यह दरअसल मेरे शोध-प्रबन्ध का ही परिवर्तित एवं संवर्द्धित रूप है।

इस कृति में मैंने शमशेरजी के छः प्रकाशित काव्य-संग्रहों को आधार बनाकर उनकी रचनाओं को गहराई से समझने और पड़तालने की कोशिश की है।

समीक्षा के अनेक अभिगम होते हैं। रचनाकार की रचना की प्रकृति को देखकर अगर आलोचना का अभिगम अपनाया जाय तो उसके सृजन-कर्म का विश्लेषण अधिक न्यायपूर्ण ढंग से हो सकता है। मेरा दृष्टिकोण कृतिनिष्ठ समीक्षा का रहा है। कृतिनिष्ठ समीक्षा नव्य-समीक्षा की देन है जिसमें रचना को केन्द्र में रखा जाता है—अर्थात् 'पोएम इटसैल्फ़'। नव्य-समीक्षा में भाषा-कर्म को विशेष महत्व मिला है। शमशेर के काव्य में यह इसलिए महत्वपूर्ण हो जाता है कि उनकी कविता को भाषा द्वारा अधिक अच्छी तरह समझा जा सकता है। भाषा-कर्म के अतिरिक्त उनकी कविता में बिम्ब-प्रतीक भी महत्वपूर्ण हैं। रचनाओं की इन विशेषताओं को देखते हुए मैंने कृतिनिष्ठ समीक्षा को ही अपनाया और इसका साद्यन्त निर्वाह करने का प्रयास भी किया है।

मैं जैसे-जैसे इन कविताओं का अध्ययन करती गयी, और गहरे उतरती गयी। शमशेर की कविताओं के अध्ययन का पहला दौर पूरा करते हुए लगातार यह अहसास मन में रहा है कि भविष्य में फिर से इन कविताओं को नये दृष्टिकोण से देखूंगी। शमशेरजी की कविताएँ समझने की प्रक्रिया में देश-विदेश के अनेक रचनाकारों को पढ़ने का अवसर मिला, इसे मैं अपनी काव्य-शास्त्र की दीक्षा ही कहूँगी।

शमशेर की कविताएँ पढ़ते हुए लगातार मेरे मन में यह बात दृढ़ होती गयी कि उन्हें खानों में बाँटकर नहीं समझा जा सकता; न प्रगतिवाद के न प्रतीकवाद-

रूपवाद के। यह भी लगा कि फ़ॉर्म और भाषा पर जितना काम उनकी कविताओं में मिलता है वह हिन्दी कविता को उनकी अमूल्य देन है।

इस ग्रन्थ में मैंने केवल उनके कवि-पक्ष को ही लिया है। पर उनकी रचनात्मकता का महत्त्वपूर्ण और आकर्षक पक्ष है उनके गद्यकार का और अनुवादक का। 'दो आब' के निबन्ध और 'आश्चर्यलोक में एलिस' इसके उत्तम उदाहरण हैं।

मैं जानती हूँ कि यह अध्ययन सम्पूर्ण नहीं है। शमशेरजी की अभी अप्रकाशित कविताएँ और भी हैं। फिर गद्य का भी इसमें समावेश नहीं किया गया है, परन्तु अगर यह ग्रन्थ शमशेर-काव्य के अध्ययन की नयी दिशा उद्घाटित कर सके, तो मैं अपना प्रयास सार्थक समझूँगी।

अपने इस काम के दौरान मुझे अनेक विद्वज्जनों से समय-समय पर मदद मिली है; नयी दृष्टि, नया आयाम, नयी समझ और सामग्री मिली है। मैं उन सभी के प्रति अपना हार्दिक आभार व्यक्त करती हूँ :

सर्वश्री विष्णुचन्द्र शर्मा, त्रिलोचनजी, डॉ० परमानन्द श्रीवास्तव, डॉ० जगदीश शर्मा, डॉ० हरिवल्लभ भायाणी, श्री सादिक़ नूर पठान, डॉ० धीरू परीख, डॉ० दिगीश मेहता, डॉ० केदारनाथ सिंह, डॉ० क़ुरैशी, डॉ० चन्द्रा, डॉ० मथुरेश नन्दन कुलश्रेष्ठ, श्री आदित्य प्रताप सिंह, डॉ० तारा प्रकाश जोशी और डॉ० नरेन्द्र वसिष्ठ।

ऋणी हूँ कवि शमशेरजी के प्रति जिनकी कविताएँ पढ़कर काव्य की मेरी समझ पैनी हुई और मेरा भाव-जगत् समृद्ध हुआ।

श्रद्धा से नतशिर हूँ अपने 'आई-दादा' के प्रति जो मेरे हार्दिक और बौद्धिक व्यक्तित्व के सबसे पहले संस्कार-दाता हैं।

प्रणाम करती हूँ श्रद्धेय गुरुवर्य डॉ० भोलाभाई पटेल को :

"सतगुरु की महिमा अनंत, अनंत किया उपकार।
लोचन अनंत उघारिया, अनंत दिखावणहार॥"

रंजना अरगड़े

सुरेन्द्र नगर
होली-1988

अनुक्रम

कवियों का कवि शमशेर

प्रास्ताविक

शमशेर का कृतित्व

···मेरी कविताओं को
अगर वो उठा सकें और एक घूंट
पी सकें
अगर। —शमशेर

यह चुनौती ही नहीं, वस्तुस्थिति है शमशेर के काव्य-संसार की। इसे स्वीकार करने के बाद, उनके काव्य-संसार में गहरे डूबने पर यह अनुभव होता है कि 'शमशेर ने एकान्त में जैसे अपनापन ही सौंप दिया है।'[1] यह अपनापन मगर नया प्रतीत होता है, क्योंकि यह एक ऐसे कवि के द्वारा हम तक पहुँचता है, जो अपनी विलक्षण कविताओं से हमारी संवेदनाओं को गहराई से छूता ही नहीं, अपितु हमारे भीतर नयी संवेदनाएँ भी जगाता है।

इन संवेदनाओं की लय, इनके चित्र, बिम्ब, स्वरूप—सभी, कभी परिचित, कभी नये-से और कभी नये लगते हैं। परिचय-अपरिचय के इस दौर में उनके रचना-संसार के और भी अनेक पहलू हमारे सामने खुलते जाते हैं।

अलग-अलग अर्थ स्तरों को खोलनेवाली इनकी, अनेक सम्भावना-युक्त भाषा, उनकी कविता में निहित विभिन्न विरोधाभासों को सामने लाती है। एक विशेष सर्जनात्मक सजगता के साथ, तब, उनका पाठक उनकी कविता से मुखातिब होता है। इस प्रक्रिया में कई बार वह झुँझला भी उठता है। बावजूद इसके उसे यह प्रतीति बनी रहती है कि "उनकी कविता उसका निजी क्षण है।"[2]

हमारे उस निजी क्षण के सहभागी शमशेर बहादुर सिंह हिन्दी साहित्य के एक वरिष्ठ एवं महत्वपूर्ण कवि हैं। इन्होंने लगभग सन् 1932-33 में लिखना आरम्भ किया। इनकी आरम्भिक रचनाएँ 'सरस्वती', 'रूपाभ' आदि में छपती थीं।

सन् 1943 में प्रकाशित 'तार-सप्तक' में संकलित कवियों ने नयी प्रकार की कविताओं का हिन्दी पाठकों को परिचय दिया। शमशेर ने सन् 1938-40 में जिस प्रकार की रचनाएँ लिखीं वे इस प्रवृत्ति के समानान्तर थीं। 'उदिता' में उनकी ऐसी अनेक रचनाएँ संकलित हैं।

सन् 1951 में ज्ञानपीठ प्रकाशन से 'अज्ञेय' द्वारा सम्पादित 'दूसरा सप्तक' प्रकाशित हुआ। इसमें शमशेर, पहली बार, अन्य छः कवियों के साथ पुस्तकाकार रूप में प्रकाशित हुए। ये अन्य छः कवि हैं: भवानीप्रसाद मिश्र, शकुन्त माथुर, हरिनारायण व्यास, नरेश मेहता, रघुवीर सहाय तथा धर्मवीर भारती।

इसमें शमशेर की जो कविताएँ संकलित हैं, उन्हें देखकर उनके काव्य-संभार का बहुत कुछ सही अनुमान लगाया जा सकता है। इसमें इनकी बीस रचनाएँ संकलित हैं। अधिकतर रचनाएँ बाद के संग्रहों में शामिल कर ली गयी हैं। कविताओं के साथ छपा उनका वक्तव्य उनकी कविताओं के बारे में और साथ ही नयी कविता के बारे में उनके विचार, उनका दृष्टिकोण जानने की दृष्टि से आज भी महत्वपूर्ण है।

इसके बाद मई, सन् 1959 में इनका पहला स्वतन्त्र काव्य-संग्रह 'कुछ कविताएँ' प्रकाशित हुआ। इस संग्रह की कविताओं का चयन जगत शंखधर ने किया है। वे इसके प्रकाशक भी थे। इसमें कुल छत्तीस कविताएं हैं। शमशेर का समग्र गीतिस्वरूप यहाँ पर प्रकट नहीं होता, इस अर्थ में कि केवल अछान्दस रचनाएँ ही इसमें संकलित हैं। शमशेर प्रयोगशील हैं, यह बात इसमें लक्षित होती है।

सन् 1961 में राजकमल प्रकाशन से, 'कुछ और कविताएं' प्रकाशित हुआ। इसमें सन् '41 से सन् '60 तक की उनकी सभी प्रकार की कुल उनचास रचनाएँ (अड़तालीस रचनाएँ एवं कुछ शेर) संकलित हैं। इन कविताओं का चयन उन्होंने स्वयं किया है।

विषय-वैविध्य और शिल्पगत विशेषता, दोनों ही दृष्टियों से यह उनका उत्तम काव्य-संग्रह माना जा सकता है। एक ओर जहाँ 'टूटी हुई, बिखरी हुई' व 'सावन' जैसी उत्कृष्ट प्रेम रचनाएं हैं, वहाँ 'बात बोलेगी', 'वाम वाम वाम दिशा' जैसी प्रगतिवादी भावधारा से प्रभावित रचनाएँ भी हैं। कुछ रचनाएँ ऐसी हैं, जो सुररियल भावसृष्टि को भी प्रस्तुत करती हैं। इसमें उनके गीत, ग़ज़ल, सॉनेट, रूबाई सभी समाविष्ट हैं।

फिर सन् 1975 में, चौदह वर्षों के लम्बे अन्तराल के बाद उनका तीसरा काव्य-संग्रह 'चुका भी हूँ नहीं मैं' राधाकृष्ण प्रकाशन से प्रकाशित हुआ। इसके चयनकर्ता भी जगत शंखधर रहे। इस संग्रह पर उन्हें सन् 1977 में साहित्य अकादमी पुरस्कार से सम्मानित किया गया। इसमें कुल पचास कविताएँ संकलित हैं, जिनमें एकाध गीत, एकाध सॉनेट प्रयोग, एक बह्र में लिखी नज़्म को छोड़कर प्रायः सभी अछान्दस रचनाएँ हैं। अन्य संग्रहों की तुलना में, इस संग्रह की अधिकतर रचनाएँ उनकी सामाजिक अभिमुखता को प्रकट करती हैं। शिल्प-प्रयोग की दृष्टि से 'दो मोती कि दो चन्द्रमा होते' उनकी विशिष्ट रचना है। इस तरह

प्रयोगधर्मिता, उनके इस संग्रह की भी विशेषता बन जाती है।

सन् 1982 में इसका दूसरा संशोधित संस्करण राधाकृष्ण प्रकाशन ने ही प्रकाशित किया। यह संग्रह इस अर्थ में महत्वपूर्ण है कि इसमें कवि के कुछ नोट्स और व्याख्याएँ भी सम्मिलित हैं। उनकी दो कविताओं से सम्बन्धित चित्रों के रेखांकन भी इसमें हैं। पहले संस्करण की छोटी-बड़ी सभी अशुद्धियाँ इसमें सुधार ली गयी हैं।

सन् 1975 के बाद सन् '80 में राजकमल से उनका चौथा काव्य-संग्रह 'इतने पास अपने' प्रकाशित हुआ। इसमें उनकी अधिकतर रचनाएँ सन् 1975 के बाद की हैं। कुछ पहले की भी हैं। 1932-33 से लिखनेवाले शमशेर इस संग्रह के द्वारा, एक तरह से, अपना स्थायी परिचय देते हैं। उनकी चेतना का विकास किस दिशा में हुआ है यह इस संग्रह की रचनाओं से जाना जा सकता है। कुल 33 कविताओं का यह संकलन अपनी पहली रचना में ही उनकी प्रयोगधर्मिता को स्पष्ट कर देता है। इस संग्रह की अधिकतर कविताएँ कला, साथी कलाकारों की कला का स्वीकार, साहित्य और समय के चिन्तन पर हैं। साथ ही मृत्यु-बोध सम्बन्धी रचनाएँ हैं, जो उनका प्रिय विषय रहा है। कवि को समझने का बहुत पैना सुराग ये कविताएँ देती हैं।

दूसरे सप्तक के दूसरे संस्करण (1970) में दिये गये, शमशेर के काव्य-संग्रहों की सूची में 'उदिता' तथा 'बात बोलेगी हम नहीं' का उल्लेख भी है। परन्तु ये संग्रह तब तक प्रकाशित नहीं हो पाये थे।

सन् 1980 में उनका 'उदिता' संग्रह प्रकाशित होता है, वाणी प्रकाशन से। यह, एक तरह से, कवि की अभिव्यक्ति के संघर्ष का कवित्वपूर्ण दस्तावेज है। संग्रह के आरम्भ में सन् 1980 में प्रकाशित 'उदिता' की भूमिका है, और अन्त में सन् 1949 में अप्रकाशित उदिता की भूमिका है, दोनों भूमिकाएँ महत्वपूर्ण हैं। इसमें उनकी सन् 1933-34 से लेकर '47 तक की रचनाएँ संकलित हैं। इसमें संकलित रचनाओं पर छायावाद या उत्तर छायावाद और प्रगतिवाद का प्रभाव देखा जा सकता है। साथ ही इसमें ऐसी भी रचनाएँ हैं, जो उस 'विशिष्ट' 'शमशेरी अन्दाज' को स्थापित करने का आरम्भिक बिन्दु बनती हैं। यही बाद में चल कर शमशेर की कविता का स्थायी गुण बन गया। ये रचनाएँ उनके कवि-स्वभाव का परिचय देती हैं।

प्रकाशन वर्ष की दृष्टि से उनका नवीनतम काव्य-संग्रह सन् 1981 में प्रकाशित हुआ। सम्भावना प्रकाशन से प्रकाशित 'बात बोलेगी' की योजना पुरानी थी, पर प्रकाशित होते-होते सन् 1981 का वर्ष आ गया। कुल अड़तीस रचनाओं का यह संकलन घटना या विषय-साम्य की दृष्टि से दो खण्डों और सात विभागों में बँटा है। उनकी वे लगभग सभी रचनाएँ जो उनके देश के स्वतन्त्रता-आन्दोलन

या मार्क्सवाद सम्बन्धी हैं, इसमें संकलित हैं। कुछ शोकगीतों का भी इसमें समावेश है जो उनके उत्कृष्ट शोकगीतों में गिने जा सकते हैं।

इस तरह 'दूसरा सप्तक' को गिनकर कुल सात काव्य-संग्रह उन्होंने रचनाशीलता के इन पाँच दशकों में दिये हैं।

शमशेर पहले गद्यकार के रूप में सामने आते हैं, फिर कवि के रूप में। सन् 1951 में प्रकाशित हुआ 'दूसरा सप्तक', लेकिन, लगभग; इसके पूर्व उनके दोनों गद्य-संग्रह प्रकाशित हो चुके थे।

वे सन् 1948 में 'दो-आब' के लेखक के रूप में पाठकों के सामने आये। 'दो-आब' उनके आलोचनात्मक निबन्धों का संग्रह है। कुल सत्रह निबन्धों में उन्होंने हिन्दी और उर्दू के प्रसिद्ध साहित्यकारों की कृतियों का मूल्यांकन किया है। रचनानिष्ठ समीक्षा और तुलनात्मक समीक्षा के उदाहरण इन आलोचनात्मक निबन्धों में मिल सकते हैं। पर यह आलोचनात्मक जाँच एक 'आलोचक' की न होकर 'सहृदय पाठक' की है, जो स्वयं कवि भी है। यही वह मुद्दा है, जिसके कारण इन निबन्धों को पढ़ते हुए सतत, एक रसमयता का बोध होता है।

इसके अतिरिक्त इनका एक और गद्य-संग्रह है—'प्लॉट का मोर्चा।' यह अब अप्राप्य है। इसका रचनाकाल पुस्तक में नहीं दिया गया है। पर अनुमानतः यह सन् 1950-52 का प्रकाशन है।[3] करीबन तेईस कहानियाँ एवं स्केच इसमें संकलित हैं। इनकी गद्यभाषा की बारीक-से-बारीक विशेषता को ये स्केच प्रस्तुत करते हैं।

इसके अतिरिक्त इनके लेख व कविताएं पत्र-पत्रिकाओं में तथा सम्पादनों में उपलब्ध हैं।

कविताओं एवं समीक्षात्मक लेखों तथा निबन्धों के अतिरिक्त शमशेर ने कुछ अनुवाद भी किये हैं, जिनमें—'आश्चर्य लोक में एलिस' तथा 'कामिनी', 'हश्शु' और 'पी कहाँ' बहुत प्रसिद्ध हैं। अन्य अनुवादों में हैं: 'षड्यन्त्र' (अंग्रेजी उपन्यास) जो 1940 में प्रकाशित हुआ, 'पृथ्वी और आकाश', 'उर्दू साहित्य का इतिहास' (एजाज़ हुसैन, 1956) संसार की सर्वश्रेष्ठ कहानियाँ (1940) आदि।

शमशेर ने गद्य कम लिखा, पर एक आलोचक और निबन्धकार के रूप में उनका नाम उल्लेखनीय है।

सन्दर्भ

1. 'शमशेर की कविता : निरन्तर आन्तरिक सम्मिलन की उपलब्धि', विष्णुचन्द्र शर्मा का लेख, 'भाषा' (त्रैमासिक), नई दिल्ली, दिसम्बर' 80
2. वही
3. 'शमशेर की कविता', नरेन्द्र वसिष्ठ, वाणी प्रकाशन, नई दिल्ली, 1981

1

शमशेर की कविता का संवेदन-संसार

कवि की संवेदना का विश्व ही कविता के साथ बने रहने की उसकी प्राथमिक शर्त पूरी करता है, इसीलिए कविता की चर्चा करते समय संवेदनविश्व की प्राथमिक महत्ता को स्वीकार करना चाहिए।

कवि अपनी सृजन प्रक्रिया के दौरान किन बातों से, घटनाओं से, व्यक्तियों से संवेदित, प्रति-संवेदित होता है, वही उसके संवेदनविश्व का विषय होता है। यह संवेदना ठोस भी हो सकती है, और एकदम वायवीय और तरल भी; यह संवेदना यथार्थ भी हो सकती है, अयथार्थ भी हो सकती है और अतियथार्थ भी; परिचित भी हो सकती है और एकदम अपरिचित भी।

शमशेर का पाठक यह अच्छी तरह जानता है कि उनको पढ़ना रंग, बुनावट, स्वर और गोलाइयों के अनेक स्तरों से गुजरना है। ये रंग, पोत, स्वर और गोलाइयाँ जीवन-अनुभव के जिन क्षेत्रों से आती हैं, अन्ततः, एक हद तक वे उनकी निजी हैं, और तभी यह बराबर लगता है कि यह 'गुज़रना' इतना आश्वासक नहीं है। अनेक बार खो जाने का डर इसमें समाहित रहता है। पर यह भी उतना ही सही है कि शमशेर का सहृदय पाठक (शमशेर के सन्दर्भ में 'सहृदय पाठक' एक हद तक 'सर्जनात्मक' माना जाना चाहिए) इन स्तरों पर जब पहुँचता है, तब वह कल्पनात्मक और कलात्मक ऊँचाइयों पर पहुँचने की उपलब्धि से प्रसन्न हो उठता है।

उनकी संवेदना, निजी सन्दर्भों में, फिर सामाजिक, राष्ट्रीय, वैश्विक सन्दर्भों से होते हुए कभी-कभी ब्रह्मांडों में भी विचरती है।

जब पूरा देश स्वतन्त्रता-संग्राम में जुटा था, तब हमारा समग्र राजनीतिक, सामाजिक जीवन एक निश्चित दिशा में गतिमान था। 1936 के पहले ही मार्क्सवाद ने हमारे तत्कालीन बुद्धिजीवियों और लेखकों को भी प्रभावित किया था। राष्ट्रीय-संग्राम और मार्क्सवाद इन दोनों का प्रभाव उस समय की प्रायः सभी रच-

नाओं में मिलता है। इस प्रवाह का वेग इतना तीव्र था कि यह लगभग असम्भव था कि कोई भी चिन्तनशील या संवेदनशील व्यक्ति अपने आपको इससे अछूता रख सके।

शमशेर का काव्य भी इससे अछूता नहीं रह सका। उनकी सन् '33 से '46-'48 तक की रचनाओं में यह प्रभाव स्पष्ट दिखता है। पर उस काल में उन्होंने मात्र इसी प्रकार की रचनाएँ नहीं लिखी हैं। दूसरी प्रकार की भी लिखी हैं, जहाँ पर वे नितान्त निजी सन्दर्भों की बात करते हैं। जिस समय वे 'धाम वाम वाम दिशा', 'बात बोलेगी', 'राजनीतिक करवटें : 1948', 'बम्बई के 70 वर्ली किसानों को देखकर' या 'लेकर सीधा नारा' जैसी रचनाएँ देते हैं, उस दौरान वे 'घनीभूत पीड़ा', 'आओ', 'सींग और नाखून' जैसी रचनाएँ भी लिखते हैं अर्थात् तत्कालीन राष्ट्रीय वातावरण से भरे-भरे रहने पर भी, उनकी रचनाओं की जो मूल प्रकृति है, वह भी समानान्तर ही चलती रही। इन घटनाओं के बीत जाने पर वे पुनः अपने भीतरी रुझानों, प्रकृति में समा गये।

I

1944 से 1947 तक के राष्ट्रीय संग्राम की घटनाओं को वे कविताओं द्वारा प्रकट करते हैं। इन घटनाओं का प्रभाव उनके संवेदनशील कवि-हृदय पर जिस तरह पड़ता है, उसे वे आलेखित करते हैं। यही उनकी इन रचनाओं की संवेदना का विश्व है।

12 जनवरी, 1944 में, ग्वालियर में, सामन्ती रियासती सरकार ने वहाँ के मजूरों पर गोलियाँ चलायीं। रोटियों के बदले, गोलियाँ खाये मजूरों को देखकर कवि कह उठते हैं :

"य शाम है / कि आसमान खेत है पके हुए अनाज का / लपक उठी लहू भरी दरातियाँ /---कि आग है
धुआँ-धुआँ / सुलग रहा / गवालियर के मजूर का हृदय"[1]

हृदय जलकर, सुलगकर खाक नहीं हुआ, धुआँ-धुआँ हो रहा है। धुआँ-धुआँ की जो धुन है, वह ज्यादा पीड़ादायक है। अन्त में इन्हीं पंक्तियों को दोहराया है कि "जल रहा / धुआँ-धुआँ / गवालियर के मजूर का हृदय"[2] पूरी घटना अपनी तरफ से कह लेने के बाद, जो चीज उन्हें अधिक पीड़ा देती है वह यही है। फिर इन सब घटनाओं को कहने का उनका अन्दाज भी अलग-अलग है। घटनाएँ वही विरोध, हिंसा और क्रान्ति की हैं, पर कहीं बात का आरम्भ बिम्बात्मक है जैसे :

"लगी हो आग जंगल में कहीं जैसे / हमारे दिल सुलगते हैं।"[3]

कहीं पर एकदम नारेबाजी :

"छोड़ दो कश्मीर / -- बैनाम छियालीस का / तोड़ दो / डोगरे परदेसियों /

अंग्रेज के काले गुलामों / छोड़ दो जन्नत हमारी / छोड़ दो कश्मीर।"[4]

यह देशी राज परिषद् के संघर्ष का सन्दर्भ है, जो 1945-46 में हुआ था। कुछ ऐसी घटनाएँ हैं, जहाँ पर वे मात्र सूचना दे रहे हों, जहाजियों की क्रान्ति के सन्दर्भ में जो हुआ वे हमें यों बताते हैं :

"उत्तर बम्बई में / गोलियाँ चलीं, / लोग मरे / मजूरों ने / अस्पताल भरे।"[5]

लेकिन इसका अर्थ यह नहीं है कि वे इतिहास की उन घटनाओं को कविताओं द्वारा अपने पास सुरक्षित रखना चाहते हैं, अपितु इन सन्दर्भों में हुआ अन्याय, खून-खराबा उन्हें उद्विग्न करता है, जिसके फलस्वरूप ये कविताएँ वे लिखने को प्रेरित होते हैं। उनकी दृष्टि इन घटनाओं से भी अधिक इनके पीछे हुए मानवता के पतन की ओर है। 1946 में बम्बई में दंगों की पराकाष्ठा यहाँ तक हुई कि कौमी झगड़ों में धर्म और मजहब के नाम पर गुण्डे पहले पन्द्रह-पन्द्रह, फिर दो-दो रुपये में भी हत्या करने के लिए तैयार हो गये। वह कहते हैं :

"यह क्या सुना है मैंने कि 'दो रुपये सर है आज'
···कुछ शहर बम्बई की ज़बानी खबर है आज।"[6]

हमें सफ़र तय कराने वालो, क्या यहीं तक लाने के लिए आप हमें, लिये चले थे; इस संकट में लाकर रख दिया और कहते हैं कि 'बस हमारा काम पूरा'। थोड़ा-सा व्यंग्य करते हुए कहते हैं :

"बीहड़ बनों में डाल दिया है पड़ाव और
कहते हैं आप खत्म हमारा सफ़र है आज।।"[7]

शमशेर की संवेदना इन घटनाओं से कैसे प्रभावित होती है, यह इन रचनाओं से स्पष्ट है।

II

सन् 1938 में ही शमशेर मार्क्सवाद के प्रति आकृष्ट हुए थे। आज भी शमशेर रचना के बाहर, मार्क्सवाद या उससे भी आगे के समाजोन्मुख साहित्य के उतने ही गहरे समर्थक हैं। यह तथ्य उनकी बातों से, उनके वक्तव्यों से और उनके पसंदीदा कवियों के चुनाव से जाना जा सकता है। उनके एक लम्बे इण्टरव्यू (12-17 जनवरी) में इसका एक रोचक उदाहरण मिल सकता है। वे मुक्तिबोध में भाषायी और कलात्मक कमजोरी मानते हुए भी, उन्हें इस युग का निराला के बाद, सबसे बड़ा साहित्यकार मानते हैं। मोहन राकेश को एक सच्चा कलाकार मानते हुए भी, उसकी रचनाओं में सामाजिक जागरूकता का जो अभाव (उनके तईं) है, उसके प्रति ध्यान आकर्षित करते हैं।

मार्क्सवाद के सन्दर्भ में 'दूसरा सप्तक' के वक्तव्य में वह कहते हैं, "उसको

(यानी कि अपनी चारों तरफ की ज़िन्दगी को) ठीक-ठीक यानी वैज्ञानिक आधार पर (मेरे नज़दीक यह वैज्ञानिक आधार मार्क्सवाद है) समझना और अनुभूति और अपने अनुभव को इसी समझ और जानकारी से सुलझाकर, स्पष्ट करके, पुष्ट करके अपनी कला-भावना को जगाना। यह आधार इस युग के हर सच्चे और ईमानदार कलाकार के लिए जरूरी है।"[8]

'उदिता' की भूमिका में भी कहते हैं : "उस बिचले तबके की ज़िन्दगी के भँवर —खामोश तेज़ होते हुए भँवर के चक्कर इस और ऐसी कविता में मिलेंगे, जिससे निकलने के लिए एक तिनके का सहारा सिर्फ सोशलिज़्म ही आड़े आया। जी, वही 'प्रगतिवाद का आन्दोलन' जो कि दरअसल आज की ज़िन्दगी की सच्ची परख का आन्दोलन है; कला को ज़िन्दगी की गहरी नींवों पर ऊपर उठाने का आन्दोलन है, ये गहरी नींवें मार्क्सवाद के विज्ञान की हैं।"[9]

एक समय था जब वे ऐसा मानते थे कि मार्क्सवाद ही मानवता के भविष्य की उज्ज्वल दिशा है। इस अथाह विश्वास को प्रकट करती हुई उनकी कुछ रचनाएं हैं, जिनमें से दो बहुत प्रसिद्ध हैं, 'बात बोलेगी' और 'वाम वाम वाम दिशा'। लेकिन मात्र मार्क्सवाद के कारण नहीं, ये रचनाएँ उनकी प्रौढ़ रचनाओं में से हैं, इसलिए भी उनका महत्त्व है।

लेकिन यह विश्वास भी अचानक नहीं बैठता। ये रचनाएँ 1945 की हैं। इसके पूर्व सन् 1938 में जिस निराशा का वे अनुभव करते हैं, उसमें मार्क्सवाद ही उन्हें एक आधार देता प्रतीत होता है। उस समय एक दोस्त से वे कहते हैं :

> "गजेन्द्रपाल सिंह / दवा मेरे दिल की मिलती है मुहाल / शब्द-भाव-'प्रेम' वर्जित कर दिया गया है / मेरे जीवन में कितना ! /—कि मैं अब मार्क्सवादी ही बनूंगा / × × × पूजा ? पूजा ? किसकी पूजा ? / × × × मैं कितना विवश हूँ / गजेन्द्रपाल सिंह।"[10]

"शब्द-भाव, 'प्रेम' वर्जित कर दिया गया है / मेरे जीवन में कितना"—संभवतः व्यक्तिगत जीवन में किसी गहरी विवशता एवं तीव्र निराशा के क्षणों में उन्होंने मार्क्सवाद को ग्रहण किया, पर 1945 तक उन्हें उसमें विश्वास भी बैठता है। हार्दिक विश्वास। तभी तो 'वाम वाम वाम दिशा' और 'बात बोलेगी' जैसी रचनाएँ वे लिखते हैं।

उनकी मान्यता है कि मानवता का उज्ज्वल भविष्य और समय की गति की एक ही दिशा है; और वह है मार्क्सवाद की वाम दिशा। वहीं पर हमारी एकता और हमारी मुक्ति है। वह कहते हैं :

> "वाम वाम वाम दिशा / समय साम्यवादी"[11]

उनके विश्वास की हद तो यह है :

> "काल-मान-विज्ञ मार्क्स-मान में तुला हुआ"[12]

यह तो एक घोषणा करते हैं। लेकिन जहाँ घोषणा नहीं है, वहाँ विश्वास उतना ही है। मजदूरों के सन्दर्भ को सतत अपनी चेतना में जागृत रखते हैं :

"आज फिर देर से लौटा हूँ बड़ी रात गये,
ताक पर ही मेरे हिस्से की धरी है शायद।"[13]

उन्हें विश्वास है कि समय आयेगा जब कुछ भी 'कहना' नहीं पड़ेगा, 'बात' स्वयं कहेगी कि वस्तुस्थिति क्या है।

हमारी दृष्टि पर ही परदा है, अतः 'सच' बात कहने पर भी, कहने का दावा करने पर भी, जो बात कही जाती है वह झूठी होती है। जो देखते हैं वही ग़लत है —अतः सच बात नहीं कहते।

देखा जाए तो जो जनता निर्भय है, उसे सत्य प्रिय होता है, सुखकर होता है। पर सत्य तो यह है :

"दैत्य, दानव, काल / भीषण; क्रूर / स्थिति; कंगाल / बुद्धि; घर-मजूर।"[14]

काल की गति, सत्य की दिशा में होती है। अगर यही हमारा सत्य है, तो कहाँ सुखकर है, एक प्रश्न है। वास्तव में हमारा दुख एक है, उसके कारण अनेक हैं। हमारी मूल समस्या है, स्वतन्त्र होने की—सभी स्तरों पर। आर्थिक स्वतन्त्रता क्रूर सामाजिक स्थितियों से, जो हमारे मानस को घेरे हुए है, चिन्तन की दरिद्रता से मुक्ति—अगर हम इसे प्राप्त नहीं करते तो सही अर्थों में स्वतन्त्रता नहीं मिल सकती। इसके लिए एकता अनिवार्य है, इस एकता की दिशा में हमें बढ़ना है। जिस स्थिति का निर्देश किया है वह जनता की स्थिति है, और जनता है 'मजदूर वर्ग'।

वह मजदूरों को केन्द्र में रखकर सारी बात करते हैं।

ऐसे गहरे विश्वास को देखकर ऐसा लगता है कि बस अब मार्क्सवाद ही, मानवता के साथ-साथ कवि की रचनात्मक अनिवार्यता भी बन जायेगा, पर बाद के संग्रहों को देखने पर यह पता चलता है, और स्पष्ट होता है, कि 'मार्क्सवाद' उनकी रचनात्मक अनिवार्यता कभी नहीं बन पाया।"[15]

"शमशेर का मिजाज बहस छेड़ने का नहीं रहा है। वे सामान्यतः बहस या स्पष्टीकरण से बचते हैं।"[16] तभी मार्क्सवाद के प्रति उनका रुख बार-बार चर्चा का विषय रहा है। कला के पक्ष में कविताएँ और मार्क्सवाद के पक्ष में वक्तव्य परस्पर विरोधी लग सकते हैं। पर न तो यह उस अर्थ में दम्भ है, न ही 'व्यक्तित्व का अन्तर्विरोध' है। अपनी अप्रकाशित 'उदिता' की भूमिका में वे कहते भी हैं : "वह चीज जो कि वास्तव में मेरी कविता में आते-आते नहीं आ पायी"[17] यहाँ पर यह स्पष्ट है कि मार्क्सवाद के वैज्ञानिक आधार की महत्ता को स्वीकार लेने के बावजूद, रचना के स्तर पर जो वस्तुस्थिति है उसे वे स्वीकारते हैं। यह तो उनकी ईमानदारी ही कहनी चाहिए।

III

शमशेर की अधिकतर रचनाएँ निज से संवाद हैं। संभवतः इसीलिए उनमें जो कुछ कहा जाता है, उनसे अधिक अनकहा रह जाता है। इस 'अनकहे' को 'कहे' के सन्दर्भ में समझना शमशेर के पाठकों के सामने एक चुनौती बनकर आता है।

जैसा कि पहले कहा जा चुका है कि उनकी कविता में सन्दर्भ या तो बहुत निजी और आत्मीय हैं या इतने विस्तृत, जो विश्व और उसके परे ब्रह्मांडों तक फैलते हैं। वे किसी धर्म-विशेष, संस्कृति-विशेष या भाषा-विशेष के कवि नहीं हैं। अपितु इनके बीच से होते हुए इनके परे, पार उनकी चेतना विस्तरित होती है।

मनुष्य मात्र एक हो जायें, तब क्या सम्भव नहीं है? असम्भव से असम्भव बात भी सम्भव हो सकती है, अगर हम साथ मिलकर हँसें, गाएँ और दुःख एक साथ मिलकर बाँटें :

> "सूरज / उगाया जाता / फूलों में / यदि हम / एक साथ / हँस पड़ते
> चाँद / आँगन बनता है : / आँखों में रास भूमि यदि—/ सौर मण्डल की
> मिलती"[18]

धरती पर 'इच्छित' कार्य के संभावित परिणाम को वे यूँ ब्रह्मांड का विस्तार देते हैं।

वे मानव-धर्म के पक्षधर हैं। मानव मात्र के लिए शान्ति, एकता और प्रेम की कामना करते हैं। इस सन्दर्भ में 'अम्न का राग' रचना का उल्लेख करना आवश्यक है। शान्ति, एकता, प्रेम, सौन्दर्य, उनकी कविता के इन सभी मूल्यों को यह रचना अपने में आवृत्त किये हुए है। वे एक ऐसा प्रेम-भरा राग छेड़ना चाहते हैं, जो एक साथ सभी धड़कनों में सिम्फोनिक आनन्द की तरह बज उठे। उनकी इस इच्छा को अगर केवल 'खामोख्याली' कहा जाय, तो यह एक ऐसे कवि की 'खामोख्याली' है, जो सभी जगहों पर शान्ति की कामना करता है। देश-भाषा-संस्कृति से परे मानव-मात्र की एकता शान्ति और कल्याण के सन्दर्भ में आदर्शवाद की हद है यह कविता। होमर का सरदार जाफ़री को इशारे से बुलाना या गोर्की को होरी के आँगन में देखना, स्वाधीन भारत की भूमि की तरह ही अमरीका के लिबर्टी स्टैचू या मास्को की क्रान्ति के लाल तारे को प्रिय मानना कोई कौतुक या चमत्कारोक्ति नहीं है, इसके पीछे उनकी यह इच्छा, यह कांक्षा झलकती है कि युद्ध के जो नक्शे हैं उनके रंगीन झिलमिलाते फानूस बन सकें और युद्ध के अस्त्र तथा उन्हें पहुँचाने के लिए जिस लोहे से रेलें बनती हैं, वह लोहा बच्चों के खिलौने बनाने के उपयोग में लाया जा सके, तो कितना प्रीतिकर होगा। हम बच्चों के भविष्य को सँवार सकें, उनके सपनों को सँजो सकें तो निश्चय ही एक उत्कृष्ट मानवीय कार्य होगा। लेकिन संवेदनशील कवि का यह स्वप्न परिस्थिति के यथार्थ से परिचित है,

अतः कहते हैं कि सब कुछ हमारे नेताओं पर अवलम्बित है। (यह तो आज का सत्य भी है) हमें यह उम्मीद रखनी चाहिए कि वे बच्चों की उन शान्ति-भरी, पवित्र, सपनों-भरी उम्मीदों की आँखों को देख रहे हैं, उनके प्रति सजग हैं।

मानवता का कितना बड़ा स्वप्न कवि ने देखा है!

IV

जब वे 'चीन'[19] कविता लिखते हैं, तब यह जानना आवश्यक है कि भाषा के चित्रात्मक सौन्दर्य के साथ ही जो बात रचना के मूल में है वह उनकी यह कामना कि दोनों देशों में शान्ति कायम रहे या जब वे 'मणिपुरी काव्य-साहित्य पर एक विहंगम नन्ही-सी झाँकी'[20] कविता लिखते हैं, तब उसके ध्वन्यात्मक सौन्दर्य के साथ ही अपने ही देश की एक, अब तक अ-जानी भाषा और उसके इतिहास से जुड़ने का ईमानदार प्रयास उसके मूल में है।[21] और है उसे न जानने का खेद।

अपने चीनी बन्धुओं को उन्हीं की भाषा में दौड़कर प्रेम का सन्देश देने वाले कवि को 'लि तियेन मिन' की 'शान्ति' की बात जँचती भी है। वे उनकी लम्बी कविता के एक अंश का अनुवाद करते हैं :

"सभी को शान्ति प्यारी है; उतनी ही प्यारी/जितनी कि सबको अपनी आँख प्यारी होती है।"[22]

जितनी मूल्यवान और जितनी अनिवार्य आँख हमारे लिए हो सकती है—तभी 'प्यारी' भी -- उतनी ही मूल्यवान और अनिवार्य है शान्ति। वे कहते हैं कि मानव-मात्र के लिए सबसे बुनियादी वस्तु अगर कोई है, तो वह शान्ति है। युद्ध के विरोध में हिन्दुस्तान में शान्ति के मोर्चे कायम हों, ऐसी उनकी इच्छा इन पंक्तियों में दिखती है :

"कायम महाज़ अम्न के हिन्दोस्ताँ से हो,
फौजें न जाएँ सरहदें हिन्दोस्ताँ के पार।"[23]

एक समय था जब हिन्द और चीन के सम्बन्धों को प्रगाढ़ बनाने के लिए वे दौड़कर प्रेम का सन्देश देने के लिए आतुर थे। उसी 'चीन' ने जब आक्रमण किया तब उनका कवि-मन क्षुब्ध हो उठा। अपने हृदय की व्याकुलता को वे सीधे और ठण्डे रूप में, एक व्यंग्य के द्वारा व्यक्त करते हैं :

"सूरज को रोज़ हमसे पहले देखनेवालो / क्या तुम अन्धे हो"[24]

या फिर यही बात सच है :

"दो हज़ार साल में चीन को / अक्ल की डाढ़ नहीं निकली"[25]

भारत ने जिस सरल हृदय से मैत्री के लिए हाथ बढ़ाया, चीन ने उस बढ़े हुए हाथ को थाम कर, विश्वास में लेकर, फिर उसे काट दिया, विश्वासघात किया। तभी कवि उन्हें 'मानवजाति' का न मानकर प्रेत-योनि का मानते हैं। अंत में कहते हैं :

"हमारी घाटियों में / तुम्हारे सजीव खाद की / कोई आवश्यकता नहीं / यहाँ ! न हमारे खाद की / उधर !!"[26]

कवि को विश्वास है कि अन्त में सत्य की ही विजय होगी। कितना गर्व है अपने हिमालय के प्रति कि, "हिमालय पहाड़ कोई चीन की दीवार तो नहीं। जिसे लांघ जाओ।" इसी विश्वास से वह माओ से कहते हैं :

"शिव-लोक में चीनी दीवार न उठाओ !/ वहाँ सब कुछ गल जाता है / सिवाय सच्चाई की उज्ज्वलता के !"[27]

V

मनुष्य के लिए जैसे शान्ति एक बुनियादी आवश्यकता है वैसे ही प्रेम भी एक बुनियादी आवश्यकता है। एक साथ मिलकर शान्ति से रह पाना निश्चय ही सुखकर है, और उसके लिए प्रेम अनिवार्य है। प्रेम कहीं भी भेद नहीं मानता। कवि का तो मानो मूलमन्त्र ही यही है : "प्रेम की बानी साँची रे साँची"[28]

शमशेर प्रेम और सौन्दर्य के कवि हैं। प्रेम का रंग उनकी कविताओं में गहरा है। यह प्रेम अनेक स्तरों पर उनकी कविताओं में आलेखित हुआ है।

निजी सन्दर्भों में प्रेम, समष्टि के सन्दर्भों में प्रेम---(जहाँ वे देश-प्रेम, मानवता आदि की कविताएँ लिखते हैं) उनकी कविताओं की आत्मा ही है। इसके साथ ही प्रेम को सौन्दर्य और शान्ति की तरह एक मूल्य मान कर, उसे अपनी कविताओं में लाते हैं। प्रेम को वे जीने की अनिवार्यता मानते हैं।

1. उनके तईं प्रेम और सौन्दर्य का बड़ा निकट का सम्बन्ध है। जहाँ पर हम अपने रागभाव पाते हैं, वहीं सौन्दर्य का जन्म होता है। अनुभूति के स्तर पर, प्रेम ही दूसरे अर्थ में सौन्दर्य है :

"प्रेम का कँवल कितना विशाल हो जाता है / आकाश जितना / और केवल उसी के दूसरे अर्थ सौन्दर्य हो जाते हैं / मनुष्य की आत्मा में"[29]

'प्रेम का कँवल' एक सौन्दर्य की सृष्टि करता है हमारी चेतना में। फिर वह प्रेम अनन्तता में विस्तरित हो जाता है। यही काम्य है; किसी निश्चित व्यक्ति के लिए नहीं, सभी के लिए।

प्रेम में सौन्दर्य और सौन्दर्य में ममत्व मिले-जुले हैं। ये दोनों भाव एक-दूसरे में झलकते हैं, तभी तो वे कहते हैं :

"तूने मुझे दूरियों से बढ़कर / एक अहर्निश गोद बन कर / लपेट लिया"[30]

सुन्दरता इतनी निकट आ जाती है कि माँ की गोद की तरह एक ममत्व देती है। कैसी ? एक अहर्निश गोद, लगातार प्रेम की अनुभूति से लिपटे रहने का भाव। प्रेम या राग-भाव ही रचना का उत्स है। प्रेम और सौन्दर्य का इतना अविभाज्य सम्बन्ध है कि जहाँ पर भी प्रेम की सम्भावना है, सौन्दर्य की सृष्टि स्वयमेव हो

जाती है। देखिए :

"और पहुँच कर वहीं / अपने प्रेम की / बाँहों में बाँहें डाल दीं मैंने / और उस सीमा पर खड़े हुए / हम दोनों प्रसन्न थे / × × × / अमर सौन्दर्य का / कोई इशारा-सा / एक तीर"[31]

जहाँ सौन्दर्य और प्रेम मिलकर एक हुए, वही आन्तरिक विजय का प्रतीक है। ऐसा सौन्दर्य जीवन को अधिक प्रीतिकर, अधिक काम्य बनाता है। लेकिन यह सब तो कवि का स्वप्न है। वे स्वयं तो ऐसा मानते हैं, पर साथ ही वे जानते हैं कि वास्तविक सामाजिक जीवन में मनुष्य छोटी-से-छोटी बात के लिए कलह करके, क्या और किस स्थिति पर पहुँचता है। वे दुःख से व्यंग्य कर उठते हैं कि 'सब कुछ हमारा है', 'हम' और 'हमारे' के गर्व में जो बात विस्मृत हो गयी है वह है 'प्रेम'। हम सब कुछ कर सकते हैं, बस प्रेम से एक दूसरे के साथ रह नहीं सकते। कहते हैं :

"सभी शब्द हमारे हमारे कोश में हैं
एक प्यार के वास्तविक शब्द को छोड़ कर।"[32]

कवि यह 'प्रेम का संवाद', एक मनुष्य के रूप में दूसरे मनुष्य से करते हैं।

2. उनकी प्रणय-संवेदना की बात करने के पूर्व उनकी एक कविता 'चाँद से थोड़ी-सी गप्पें'[33] की चर्चा करना उचित होगा, जिससे उनकी कविता में आये प्रेम का एक और स्तर उद्घाटित होता है।

चाँद से एक दस-ग्यारह साल की लड़की की बातचीत इस कविता का विषय है। यह छोटी-सी लड़की रोज चाँद को देखती है और धीरे-धीरे चाँद की ओर आकृष्ट होती जाती है। बातचीत वह लड़की स्वयं कर रही है, अतः पूरी कविता का टोन वही है, जो उस लड़की का हो सकता है। लड़की चाँद को अपनी मानसिकता से देखती है, उसे आश्चर्य है चाँद के रूप पर, पोशाक पर और उसके घटने-बढ़ने पर। उसे लगता है कि चाँद भी हमारी ही तरह है, पर वह केवल अपना मुँह खोले रहता है, बाकी सारी देह अपनी पोशाक में छिपाये रखता है। उसकी कल्पना देखिए—चाँद की पोशाक क्या हो, तो पूरा-का पूरा आकाश, जो चारों दिशाओं में फैला है। लड़की को चाँद इतना पसन्द है कि वह तो उससे शादी भी करना चाहती है, पर उसे केवल एक बात आड़े आती है, और वह है :

"हम समझते ही नहीं जैसे कि / आपको बीमारी है : / आप घटते हैं, तो घटते ही चले जाते हैं / और बढ़ते हैं तो बस यानी कि / बढ़ते ही चले जाते हैं / दम नहीं लेते हैं तब तक बिलकुल ही / गोल न हो जाएँ"[34]

शादी तो खैर नहीं, पर प्रेम अवश्य करती है, 'बीमारी' के बावजूद। चाँद को देख कर उसके दिल में "ज्वार-भाटा-सा अजब / जाने कैसा / उठने लगता है खयालों में / खाहमखाह।" पर अन्त में सोच लेती है कि नहीं, "ऐसे इन्सान को हम आखिर

तक प्यार नहीं करते", जो मेरे दिल की सारी बातें सुने, मेरी कविताएँ भी सुने और खुद तो दूर से केवल अपना मुँह ही दिखाये। न बात करे न चीत। बहुत ही मधुर-भाव युक्त, प्रभाव युक्त कविता है। हालाँकि अन्तिम अंश 'कवि' का संवाद लगता है। जहाँ एकतरफा मौन और एकतरफ़ा ही संवाद है, वहाँ प्रेम क्या हो सकता है।

उनकी प्रणय-संवेदना की बात करें तो उनका प्रेम बिछ जानेवाला, समर्पित हो जानेवाला प्रेम है। वे अपनी प्रेयसी की कठोरता से कितनी बार आहत होते हैं। वैसे 'प्रेम' में आहत होने के लिए किसी गम्भीर कारण की आवश्यता नहीं है, क्योंकि 'प्रेमी' के लिए छोटे-से-छोटा कारण भी गम्भीर हुआ करता है। कवि प्रेम की मंजिल क्या है?—वह है प्रेयसी की कस्तूरी-गन्ध वाली जुल्फ़:

"मुश्क बू-ए-जुल्फ़ उसकी घेर ले जिस जाँ हमें,
दिल से कहता है उसी को अपना काशाना कहें!"[35]

प्रेयसी यों उनकी सर्वस्व है, पर वह इतनी कठोर निकली कि 'कल आने का वादा' भी पूरा नहीं करती। हँस कर आखिर कवि अपने-आप से कहते हैं कि मियाँ तुम तो बड़ी उम्मीद लगाये बैठे हो, पर:

"वो कल आयेंगे वादे पर / मगर कल देखिए कब हो?
ग़लत फिर हज़रते-दिल / आपका तखमीना होना है"[36]

इस बार भी अटकल ग़लत ही निकलेगी कि 'वो कल आयेंगे'। कहते हैं कि कठोरता की हद तो यह है कि यहाँ ज़िन्दगी खत्म हुआ चाहती है और आप मानो कोई शेर सुन रहे हैं, इस तरह 'दुबारा' की फ़रमाइश कर रहे हैं:

"हो चुकी जब खत्म अपनी ज़िन्दगी की दास्ताँ
उनकी फ़रमाइश हुई है इसको दोबारा कहें"[37]

प्रेम में वे पूरे-के-पूरे डूब गये हैं। प्रेम की तीव्रता और साथ ही दुःख की तीव्रता से उनका स्वर भीग गया है:

"मेरी बाँसुरी है एक नाव की पतवार—/ जिसके स्वर गीले हो गए हैं / छप्-छप्-छप् मेरा हृदय कर रहा है···/ छप्-छप्-छप्"[38]

स्वर में सुन पड़ता दुःख हृदय में प्रविष्ट हो चुका है। ये पंक्तियाँ जिस कविता से उद्धृत की गयी हैं, वह उनकी सर्वोत्कृष्ट प्रेम कविता है।

प्रेयसी के हर अन्दाज़ को, उसके प्रेम को, उसकी निठुरता को भी, कवि अपने आप पर केवल 'होने' देते हैं। उनकी प्रेमिका एक ऐसा खूबसूरत फूल है जो मोतियों की आब, सितारों की चमक, और एक जिन्दा इत्रपाश बनकर उन पर बरस पड़ता है, और तब उनका समग्र अस्तित्व घुलकर बस एक साँस के रूप में ही रह जाता है। वे 'स्वयं' तो रहते ही नहीं। प्रेम की तीव्रता इस हद तक कि 'तुम मुझसे प्रेम करो, जैसे मैं तुमसे करता हूँ।'

प्रेम में अहंभाव का विगलन हो, पर व्यक्तित्व का नहीं। तभी कहते हैं :

"तुम मुझसे प्रेम करो, जैसे मछलियाँ लहरों से करती हैं /···जिनमें वह फँसने नहीं आतीं / जैसे हवाएँ मेरे सीने से करती हैं / जिसको वह गहराई तक दबा नहीं पातीं"[39]

वे मुक्त रखते हैं, तभी मुक्त रहना चाहते हैं।

'इस जन्म में नहीं तो अगले जन्म में ही सही', वे अपनी प्रेयसी को प्राप्त करने के लिए धैर्य का परिचय देते हैं। सब कुछ तो उसी का है; जिन्दा इन्द्रपाश बनकर वही बरसी, और फिर उसी ने मोहित किया; उसी ने तो फटे और खुले हुए लिफ़ाफ़े-से कवि को उलट-पुलट कर देखा, पर पढ़ा नहीं, वहीं पर छोड़ दिया; अनेक रंगों में अपनी इच्छा से उसी ने लपेटा, इच्छा होने पर, लपेट खोल अलग भी करना चाहा, लेकिन लपेट ऐसे थे कि सरलता से खुले नहीं तो जला भी दिया। फिर वह जलते हुए कवि को बड़ी निष्ठुरता से देखती भी रही—कवि को यह भी मंजूर है···'कोई बात नहीं अगले जन्म में।'

उनकी प्रेयसी तो साँवली है। यह साँवलापन है कत्थई गुलाब का जो अपने में नर्म-नर्म केसरिया साँवलापन दबाये हुए है। या वह है : 'शाम की /अँगूरी रेशम की झलक'[40] और ऐसा भी नहीं है कि हर बार उसे छुआ ही जा सकता है। कई बार 'छुआ, कि खोए गये' यूँ भी तो हो सकता है, क्योंकि, "आकाशीय गंगा की झिलमिली ओढ़े / तुम्हारे / तन का छन्द / गतस्पर्श"[41] है।

एक विचित्र संयोग है कि प्रेयसी और शाम, उन्हें दोनों साँवले ही पसन्द आये। वे प्रेयसी के घने, लम्बे बालों में अक्सर घिर जाते हैं। बहुत कुछ बीत गया है दोनों के बीच, पर न जाने ऐसी क्या बात है कि वे उसे भूल नहीं पाते हैं। तभी कहते हैं :

"फिर भी मुझको तुम अपने बादल में घेरे लेती हो ?"[42] तुम्हें देखने के लिए, और देखते-देखते तो मैं पूरा-का-पूरा निगाह बन गया, पर तुमने क्या किया, तो : "जिसमें तुम आँज गयी अपना सुर्मयी साँवलापन ही।"[43] तुम एक छोटा-सा ताल हो, जिसमें हल्का-हल्का स्पंदन हो रहा है, पता नहीं कैसा। तुम शाम से इतनी मिलती-जुलती हो कि स्वयं शाम ने भी ऐसा अनुभव किया, तभी तुममें वह अपना परिचित अंधियाला ढूंढ़ रही है। यह 'अन्धकार' नहीं जो 'डराए' या 'निराश' करे, अपितु प्यारा-सा 'अंधियाला' है।

प्रेम का जो अनुभव उन्हें हुआ, उनकी देह में कैसी झनझनाहट होती है कि सर से पाँव तक वे आलोड़ित हो उठे : "थरथराता रहा / जैसे बेंत मेरा काय / आपाद मस्तक"[44] क्षण-भर को जो हुआ, उसे पूरी देह ने ग्रहण किया, अनुभव किया, स्वीकार किया : "ऐसा क्षण वह आपात् / स्थिति का।"[45]

वे लगातार अपनी प्रेयसी के अस्तित्व को अनुभव करते हैं, वह न हो तब भी। उनके लिए इतना भर भी काफी है :

"खुश हूँ कि अकेला हूँ / कोई पास नहीं है / बजुज़ एक सुराही के / बजुज़ एक चटाई के / बजुज़ एक ज़रा से आकाश के / जो मेरा पड़ोसी है मेरी छत पर / (बजुज़ उसके, जो तुम होतीं—मगर हो फिर भी/यहीं-कहीं अजब तौर से)"[46]

अकेले हैं सिवा उसके जो नहीं है, फिर भी है। उसका स्मरण उसके 'होने' का अनुभव कराता है। लगातार विरह है, वे चाहते हैं कि वह आये और उनकी आँखों का सूनापन दूर करे। उनकी कविता में नहीं, उनके जीवन में आये।

वह नहीं है, अतः बार-बार उसके नाम की गुहार लगा रहे हैं कि : "—तुम आओ न। / तुम कहाँ हो ?"[47] उन्हें लगता है कि इस लगातार बरसते पानी में उनकी आवाज़ दूर तक नहीं जायेगी, अतः बार-बार पुकार उठते हैं। उन्हें विश्वास है कि कोई उन्हें अगर पाना चाहेगा, तो उनकी प्रेयसी में ही पा सकेगा, क्योंकि : "तुम तो हो महज़ अता-पता मेरा।"[48]

कितनी बड़ी बात कह दी कि तुम मेरा अता-पता हो, पर अन्दाज़ यह कि 'महज़ अता-पता'। वे तो जानते ही हैं :

"(मैं तो हूँ साये में बँधा-सा / दामन में तुम्हारे ही कहीं, एक गिरह-सा / साथ तुम्हारे)"[49]

प्रिया निष्ठुर और कठोर है, पर वे तो समग्र-रूपेण समर्पित हैं, उसी में अपने आपको पहचानते हैं। उनकी स्थिति कुछ ऐसी है कि जैसे मछली पानी के बिना जीवित नहीं रह सकती, पर फिर भी पानी उनका बन्धन नहीं, उसकी अनिवार्यता है। हवा उन्हें उद्वेलित करती है, उन्हें किसी दबाव में नहीं डालती, उनकी साँस रुँधा नहीं देती।

प्रेम में ही उन्होंने जीवन जीने का विश्वास पाया है। प्रेम का जो स्वरूप वो पाना चाहते हैं, अभी पा नहीं सके हैं, तभी कहते हैं :

"चुका भी हूँ मैं नहीं / कहाँ किया मैंने प्रेम / अभी।
जब करूँगा प्रेम / पिघल उठेंगे / युगों के भूधर / उफ़न उठेंगे / सात सागर।"[50]

प्रेम का वह कितना विराट, कितना उदात्त स्वरूप होगा, जब ऐसा प्लावन होगा !

VI

जीवन जीने के लिए प्रेम अनिवार्य है, पर इसी जीवन में मृत्यु की हस्ती अवश्यंभावी है :

"मौत कोई सेण्टिमेन्ट की चीज नहीं : / वह एक ठोस हस्ती है व्यक्ति के लिए/ हर व्यक्ति के लिए"[51]

बीसवीं शती में जो वैचारिक क्रान्तियाँ हुईं, नये दर्शन आये, विशेष रूप से

अस्तित्ववाद का प्रभाव, उसके फलस्वरूप कविता एवं अन्य साहित्य-विधाओं में विषयों को देखने का परम्पराप्राप्त नज़रिया बदला।

मौत को एक दार्शनिक की तरह न देखकर कवि उसे अनुभूति के स्तर पर देखने लगा। मृत्यु अनुभूति के स्तर पर काव्यक्षम बनकर कविता में आने लगी।

शमशेर की कविताओं में भी मौत दर्शन के रूप में नहीं आती, बल्कि मौत की एक निजानुभूति उनकी कविता में है। वे उसका गौरव नहीं गाते, पर लगता है वे 'लगातार उसके आगमन की प्रतीक्षा' में हैं। यह प्रतीक्षा मानो एक प्रेमिका की प्रतीक्षा है, क्योंकि मौत उनके लिए प्रेमिका की तरह ही प्रिय और काम्य है :

"कुछ लोगों को मौत क्यों इतनी/ प्यारी लगती है/ मगर वो कभी किसी को नहीं बताते / जब वह मुस्कराते हैं तो / कभी नहीं बताते कि / मौत को वह एक प्रेमिका की तरह / अपने जाम में—अपने / आधे खाली जाम में। देख रहे हैं।"[52]

सन्दर्भ मोहन राकेश का है, पर मानो वे अपने लिए भी कह रहे हैं। इसमें आश्चर्य नहीं होना चाहिए कि प्रेम की तीव्र अभिव्यक्ति को प्रस्तुत करनेवाली अपनी रचना, 'टूटी हुई बिखरी हुई' में वे मृत्यु की बात करते हैं। इसमें भी मौत का एक परम आत्मीय साक्षात्कार प्रेमिका के बिम्ब द्वारा आता है :

"वह मुझ पर हँस रही है, जो मेरे होंठों पर एक तलुए / के बल खड़ी है
मगर उसके बाल मेरी पीठ के नीचे दबे हुए हैं / और मेरी पीठ को समय के बारीक तारों की तरह / खुरच रहे हैं / उसके एक चुम्बन की स्पष्ट परछाईं मुहर बनकर उसके / तलुओं के ठप्पे से मेरे मुँह को कुचल चुकी है / उसका सीना मुझको पीसकर बराबर कर चुका है।"[53]

वह मौत को एक प्रेमिका की तरह कल्पित कर, उससे सदेह निकटता प्राप्त करते हैं। वैसे भी प्रेमिका के बाल उन्हें अक्सर आकर्षित करते हैं, इसीलिए तो यहाँ भी मौत-रूपी प्रेमिका के बाल उनकी पीठ को 'समय के बारीक तारों से खुरच रहे हैं' अर्थात् बात धीरे-धीरे समाप्त हो रही है।

क्योंकि मौत प्रेमिका है, इसलिए उसकी सतत प्रतीक्षा भी कहीं भी जीवन को व्यर्थ नहीं बनाती, अपितु जीवन और समय का छोटे-से-छोटा अंश भी अर्थ रखने लगता है। 'मौत इतनी प्यारी लगती है' तभी सम्भवतः उन्होंने बहुत सारे शोकगीत लिखे हैं। अपने मित्रों, बुजुर्गों, साथी कलाकारों, कामरेडों आदि सभी की मृत्यु ने उन्हें बार-बार इस तरफ़ प्रवृत्त किया है। वे कहते भी हैं, "मुझे लगता है मैं एलिजीज़ का एक संकलन भी निकाल सकता हूँ।"[54]

किसी भी व्यक्ति के व्यक्तित्व का कोई खास पहलू उन्हें आकर्षित करता है। वह व्यक्ति जब नहीं रहता, तब अनायास ही उसके न होने का अभाव खलता है। इतना ही नहीं, उस व्यक्ति की मृत्यु से, मृत्यु के प्रति जो उनकी गहरी प्रीति

है, वह फिर हरी हो उठती है। मौत की बात करने के लिए साथी कलाकार, मित्र, आत्मीय, कामरेड—सभी की मृत्यु उन्हें समान रूप से विचलित करती है।

उन शोकगीतों में, जो उनके आत्मीय मित्रों पर लिखे गये हैं, अनेक व्यक्तिगत सन्दर्भ एव संस्पर्श हैं। इन गीतों में भावुकता का अंश कुछ अधिक लगता है। एक और प्रकार के शोकगीत हैं, जिनमें वे कुछ तटस्थ-से लगते हैं। मोहन राकेश की मृत्यु पर लिखा शोकगीत बहुत ही महत्वपूर्ण है। शायद अपनी तटस्थता को बताने के लिए आरम्भ में ऐसी बात करते हैं :

"मोहन राकेश / हमारा परिचय इतना कम होते हुए भी / तुम्हारी मुस्कराहट में मैंने हमेशा / एक बड़ा दीर्घ-सा और गहरा / और बड़ा सहज परिचय पाया।'[55] ××× "जो हो / तुम्हें, मोहन राकेश, अभी नहीं जाना था'[56]

एक तरह से इस कविता में वह मौत के साथ एक वार्तालाप करते हैं, एक आत्मीय वार्तालाप, जिसके द्वारा वे अपनी बात करते हैं।

मोहन राकेश की अकाल मृत्यु के प्रति वह गहरा शोक व्यक्त करते हैं। साथ ही उन्हें और एक बात का दुःख है। जिसे पाने के लिए वे इतने उत्सुक थे, हैं, उस मृत्यु पर राकेश ने विजय प्राप्त कर ली। वे यह विजय प्राप्त नहीं कर सके, उसकी उन्हें हताशा है :

"मोहन राकेश / मौत पर तुम विजयी हो गये हो / और हम हताश हैं कि इतनी जल्द / तुमने यह विजय प्राप्त कर ली"[57]

उन्हें सदा के लिए मृत्यु में खो जाना है, तभी कहते हैं : "मैं / एक गुमशुदगी से प्यार करता हूँ / हमेशा प्यार करता हूँ / और तुम उसी की तरफ़ चले गये हो / चले गये हो / कैसे कहूँ कि मुझे तुमसे ईर्ष्या नहीं"[58]

क्योंकि मोहन राकेश अब उस शाश्वत गुमशुदगी की ओर चले गये हैं, जहाँ पर स्वयं उन्हें जाना था, अतः उनका कहना बहुत ही स्वाभाविक है कि कैसे कहूँ मुझे तुमसे ईर्ष्या नहीं ? पर इसमें जो अर्थ भासित होता है वह यह है कि तुम न जाते, मैं ही चला जाता और तुम जिन्दा रहते। कुछ ऐसा भाव कि मेरी उम्र तुम्हें लग जाती।

यूँ अपने रह जाने का दुःख तो उन्हें बहुत है। कुछ दोस्त जो हमउम्र थे, कुछ बुजुर्ग और कुछ ये कम उम्रवाले साथी, सभी चले गये। शिवचन्द्र, बन्नेभाई, प्रकाशचन्द्र गुप्त, मुक्तिबोध, एजाज़ हुसैन और न जाने कितने। उन लोगों को गये तो एक अर्सा हो गया, पर वे स्वयं ? :

"हमीं एक हमेशा के आलसी / पिछड़ गये हैं / क्यों आखिर···"[59]

उन्हें दुःख है इस बात का, साथ ही प्रश्न भी कि जब उम्र का कोई भी बन्धन न मान एक-एक कर ये सभी चले गये तब वे ही क्यों अकेले रह गये ? ऐसी कौन-सी

जिजीविषा होगी, जो मृत्यु के प्रति उनके इस तीव्र मोह को भी हरा गयी, उस पर विजयी हो गयी :

"ज़िन्दा रहना क्या होता है, शमशेरजी / तुम मुझसे पूछ रहे हो / और मैं कुछ नहीं कह सकता"[60]

उन्हें अक्सर लगा है कि उस पार का जो विश्व है, मृत्यु का साम्राज्य है, वहाँ से कई बार बुलावे आये हैं, संकेत आये हैं, पर वे ही नहीं जा पाये हैं।

"तुम उस लोक में हो / जिसकी परछाइयाँ / बहुत बार बहुत बार / मैंने चुपचाप छू ली हैं। उनकी नर्माहट और ठण्डक / और वैचित्र्य / और अद्भुत अपनाव"[61]

उस लोक में जहाँ मौत-रूपी प्रेमिका रहती है, वह उसका स्वाभाविक स्वीकार, आत्मीयतापूर्ण स्वीकार करते हैं। वहाँ ठण्डक है, पर नर्माहट भी है, और वैचित्र्य-पूर्ण होते हुए भी एक अद्भुत अपनाव है।

मृत्यु से यह अपनाव ढलती उम्र का परिणाम नहीं, बहुत पहले से है यह अपनाव, सन् 1947 के पहले से ही। कहते हैं :

"कौन बुलाता मेरे पथ से मुझको / उस आगत की ओर / गये हैं जहाँ पिता मेरे / गयी हैं माता मेरी जहाँ / और पत्नी असहाय / बुलाता कौन मुझे दिन-रात पथों की दुनियाओं के पार ? / नहीं सुनता मैं उनके स्वर / समझता हूँ उनके संकेत"[62]

मृत्यु से यह प्रीतिभाव जो रचनाकाल के आरम्भिक दिनों से ही दिखायी देता है, वह 'इतने पास अपने' में भी वर्तमान है। पहले जहाँ माता, पिता, पत्नी जैसे नितान्त घरेलू सन्दर्भ हैं, वहीं आगे चलकर मुक्तिबोध, बन्नेभाई, आदि के सन्दर्भ आते हैं और मानो आत्मीयता का विस्तार हो जाता है।

जीव और ग्रह आखिर तो सभी नाशवान हैं। पृथ्वी हमें अपनी तुलना में बहुत बड़ी लगती हैं, लेकिन इस ग्रह की स्थिति पूरे ब्रह्माण्ड में तो 'न कुछ-सी' है। एक छोटा-सा बिन्दु। इस तरह ब्रह्माण्ड के सन्दर्भ में पृथ्वी और पृथ्वी के सन्दर्भ में हम न-कुछ की 'हस्ती' एक दिन समाप्त हो जायेगी। थोड़ी दार्शनिक मुद्रा हो जाती है कवि की :

"मैं तो ख़ैर··· / मेरी ज़मीन भी क्या / एक दिन··· / एक दिन··· / ख़ैर ! / जो नियम है वह नियम है / जो नियम है वह—है !"[63]

इधर उनकी बाद की रचनाओं का संग्रह 'इतने पास अपने' की एक रचना पढ़कर ऐसा लगता है कि कविता सृजन के दरम्यान, उस लोक को, जिसकी परछाइयाँ छूने की बात की है, मानो सजीव कर लिया है। उस रचना के बिम्ब, उसकी भावसृष्टि—सब इस बोध से भरे हैं।

उन्हें अचानक बिछड़े हुए साथी याद आने लगते हैं, वे साथी जो मृत्यु के कारण

बिछड़े हैं। साथ ही अपने रह जाने का दुःख उन्हें सालता है। अचानक उनकी सृजन-चेतना अपने विश्व में उस पार का एक लोक रच लेती है। यह सब धीरे-धीरे होता है। वे स्वयं जीवित हैं पर उन्हें लगता है वे यमलोक में पहुँच गये हैं, अतः उनके भाई, बहन, बेटी जो 'बड़ी दूर से' उन्हें मिलने आये हैं, वे उनसे मिल नहीं पाते। पर भला क्यों ? वे मानो इस जगत् से सम्पर्क खो देते हैं। बड़ा ही अटपटा बिम्ब है, पर सम्भवतः उस लोक की परछाइयाँ छूने के कारण ऐसा है :

> "एक बहुमूल्य पुराने कलम की तरह / किसी सुलगते हुए घर में एकाएक / गुम हो गया हूँ / लपटें अब भी बराबर आ रही हैं / और अब एक खामोश रिमझिम भी शुरू हो गयी है / कैसी अजीब बात है कि पहाड़ घूम रहे हैं / और कोई झरना बहुत जियादा शोर मचा रहा है / मैं किसी बहुत प्राचीन गूँज में डूब गया हूँ / और यह दुनिया उसी की दीर्घ अनुगूँज बनती जा रही है।"[64]

जिनसे कवि जुड़े थे, वे अब नहीं रहे, अतः उन्हें लगता है कि बहुत समय व्यतीत हो गया है। नये युग ने पुराने का, नये लोगों ने पुरानो लोगों का स्थान ले लिया है। पर एक वे रह गये हैं, 'पुराने कलम' की तरह।

वे एक सुलगते घर में प्रविष्ट हो जाते हैं, अचानक, और खो जाते हैं। यह वही गुमशुदगी है, जिससे उन्हें प्रेम है। फिर कहते हैं कि 'लपटें' बराबर आ रही हैं, पर आश्चर्य की बात है कि वे जल नहीं रहे हैं। यहाँ हिन्दू विश्वास अर्थ खोलने में सहायक हो सकता है, जिससे 'सुलगना', 'लपटें' और 'घर' आदि शब्दों का अर्थ भी स्पष्ट हो सकता है। प्रायः माना जाता है कि देह जल जाती है, पर आत्मा तो अमर रहती है। अपनी मृत्यु की कल्पना करके स्वयं को आत्मा रूप में देखते हैं। ऐसे आत्मा रूप बन कर, स्वयं अपनी देह का जलना देख रहे हैं देह वह सुलगता हुआ घर है, जिसके भीतर आत्मा रूप वे प्रवेश करते हैं ! वे एक अद्‌भुत शक्ति का अनुभव करते हैं। 'मुक्ति' के फलस्वरूप मिली शान्ति। फिर एक विरोधाभास खड़ा करते हैं। देह से लपटें बराबर आ रही हैं, पर साथ ही एक खामोश रिमझिम भी शुरू हो गयी है। रहस्यवाद का-सा आभास होता है। कहीं पर सहसा एक झरना जियादा शोर मचाने लगता है, पहाड़ घूमने लगते हैं, और कवि एक प्राचीन गूँज में डूब जाते हैं; इस विश्व से कटकर अपने विश्व में खो जाते हैं। इसके बाद उनकी कल्पना का वह लोक आता है, जिसमें फूल हैं, विस्तार है, देवता हैं बहुत सारे—और भी बहुत-कुछ है। अन्त में कल्पना में अनुभव की हुई साक्षात् मृत्यु में वे एकाकार हो जाते हैं।

उनकी कविताओं में 'मौत' कहीं-कहीं उपमान बनकर भी आती है। एक स्थान पर लिखते हैं कि आकाश के ये अनगिनत तारे मुझसे ऐसे दूर जा रहे हैं, मानो यह मौत की प्रतीक्षा हो। यहाँ मौत की प्रतीक्षा निजी है, क्योंकि उनके लिए तो बस

प्रतीक्षा ही प्रतीक्षा है :

"और तारे दिए मुझे अनगिनती / साँसों की तरह / अनगिनती इकाइयों में / मुझसे लगातार दूर जाते हुए / मौत की व्यर्थ प्रतीक्षाओं से।"[65]

ऐसे ही 'मौत का एक रंगीन हरण'[66] तथा 'मौत के पहाड़'[67] भी उनकी कविताओं में आते हैं। 'रंगीन हरण' से तात्पर्य आकर्षक और काम्य है। मौत उनके लिए ऐसी ही है।

VII

उदासी का एक सतत धीमा प्रवाह, मृत्युबोध, एकाकीपन, प्रेम में विरही—शमशेर का स्वर अपने सन्दर्भ में तो यही है। पर जहाँ दूसरों की बात है, वे आशा और उत्साह से पूर्ण हैं। एक बहुत ही ग़मग़ीन खत उन्हें मिलता है। उस खत की ग़मग़ीनी ने उन्हें दुःखी कर दिया होगा। परन्तु उसके उत्तर में उनके पास आशा ही आशा है। कहते हैं :

"लो कि आते हैं तुम्हें गीत सुनाने के लिए / फिर से हँसते हुए फूलों में बसाने के लिए / संग फिर रास रचाने के लिए / नया त्यौहार रचाने के लिए

जिसका खत आया है, उसे कहते हैं, कि अगर तुम्हारे दर्द का कारण फिर लौट आया है तुम्हारे ही पास, तब वही तुम्हारा इलाज भी बनेगा। अपने मित्र से कहते हैं कि मुझे विश्वास है कि पूर्व दिशा से बहार तुम्हारे लिए उल्लास लायी है। पूरी कविता इसी आशाजनक उल्लास से भरी-भरी है।

VIII

शमशेर अधिकतर अपने को फिर व्यक्तिविशेष को संबोधित करते हैं। पर कहीं-कहीं सामाजिक, धार्मिक आदि सन्दर्भों को भी उन्होंने कविता का विषय बनाया है। धर्म के नाम पर जिस तरह कट्टरता और आडम्बर फैल रहा है, उसकी ओर निर्देश करते हैं। भक्तिरहित और श्रद्धाहीन मन से मात्र राम-नाम का जाप करने का कोई अर्थ नहीं। इससे तो अन्तर और भी निर्धन हो जाता है। सारे हिन्दू देवता छलना हैं, क्योंकि वे मानो मनुष्य का अभिमान पुष्ट करने के लिए ही रह गये हैं। कवि को लगता है कि परिस्थिति अगर यही रही तो कोई सन्देह नहीं कि एक दिन 'हिन्दुत्व' समाप्त हो जायेगा। स्थिति का व्यंग्य यह है कि हमारे देवताओं की रक्षा भी हमीं को करनी पड़ रही है :

"और क्या दिया / मुझे भगवान दिये कई-कई / मुझसे भी निरीह मुझसे भी निरीह।"[68]

ईश्वर, आखिर तो एक है। वह कहाँ भाषा-भेद या अन्य किसी भी प्रकार का भेद जानता, मानता है। वह तो श्रद्धा और प्रेम की ही भाषा समझता है। लेकिन हमीं

ने उसे धर्मों और भाषाओं में बाँट दिया है। सो कवि प्रश्न करते हैं :

"ईश्वर अगर मैंने अरबी में / प्रार्थना की, तू मुझसे / नाराज हो जायेगा ? / अल्लाह यदि मैंने संस्कृत में / सन्ध्या कर ली तो तू / मुझे दोजख में डालेगा"[69]

वे कहते हैं कि इस विभेद में फँसने की अपेक्षा यही बेहतर होगा कि मेरा अन्त हो जाय।

IX

शमशेर लिरिक कवि हैं; लिरिक अर्थात्, एक भाव-विशेष को लेकर कविता रचना। लेकिन उनकी 'दो मोती कि दो चन्द्रमा होते'[70] कविता एक अपवाद है। यह 'इतिवृत्तमूलक लिरिक' है, ऐसा कह सकते हैं। रचना कवि की उक्ति के साथ आरंभ होती है। बाद में चलकर दो पात्रों के संवाद में रूपायित हो जाती है—'तू' (मोना) एवं 'मैं' (अम्बर) फिर एक और पात्र आता है 'मुर्दा', जो प्रतीकात्मक है। अन्त में फिर कवि का वक्तव्य है। कविता को यूँ पूरा नाटकीय बनाया है। इसमें कवि ने स्त्री-पुरुष सम्बन्ध की बात की है।* प्रारम्भिक आकर्षण के बाद दोनों के बीच किन्हीं कारणों से कोसों दूरियों का आ जाना, पर सम्बन्ध ही कुछ ऐसे कि साथ रहने की अनिवार्यता महसूस हो। फिर परिस्थिति देखकर समझौता कर लेना, नया जीवन आरम्भ करना, नवागत के अस्तित्व की सम्भावनाओं के साथ सारी बात बिम्बों, प्रतीकों और चित्रों में चलती है :

"उस अग्नि का स्वर है / हम सब जो प्यार करते हैं / वह मधु की चट्टान जो तोड़ चुकी थी / कठिनतम हीरों का व्यंग्य, वह मधु की चट्टान / जब गलती है तब जन्म हुआ करता है मानव का / उन झागों से, जो खिल-खिल-खिल /सत-रंगिनियाँ हैं / और / नाच रही हैं / झिलमिल झिल···झिलमिल-झिल···"[71]

इस तरह वे, ऐसे सामाजिक सन्दर्भों को भी अपनी कविता में लाते हैं, हालाँकि उन्होंने यह पट बहुत झीना बुना है, पर कमजोर नहीं है।

X

प्रकृति कवियों का एक प्रिय विषय रहा है, जिसमें सामान्यतः सूर्योदय, सूर्यास्त, ऋतुवर्णन आदि की बात आती है। कुछ कवियों में यह वर्णन अधिक होता है, कुछ में कम। पर शायद ही कोई कवि ऐसा हो, जिसने प्रकृति पर न लिखा हो। शहरों में रहने के बाद भी भयंकर यान्त्रिकता में भी प्रकृति हमसे छूट नहीं पायी है। चाहे वह चित्रण में उतनी उन्मुक्त नहीं रह पायी हो।

शमशेर प्रकृति के उन्मुक्त चित्रकार नहीं हैं, क्योंकि प्रकृति उनकी कविताओं

---

* इस व्याख्या की रूपरेखा के लिए कवि शमशेर का हार्दिक आभार।

में अधिकार उनके मूड्स के अनुसार अपना सौन्दर्य खोलती है।

शाम उनका प्रिय विषय है। शाम उनके रचनाविश्व का आत्मीय क्षण है और अपने परम-आत्मीय क्षण में वे उदास होते हैं। (यह परम आत्मीय क्षण ही सृजन का क्षण है)

सन् 1949 में अप्रकाशित 'उदिता'[72] की भूमिका में उनका वक्तव्य द्रष्टव्य है : "बात की पृष्ठभूमि : आपने शामों की झुरमुट में जब पच्छिम के मैले होते हुए लाल, पीले, बैंगनी रंग हर चीज को लपेटकर अपने गहरे मिले-जुले धुँधलके में खोने-सा लगते हैं—आपने क्या उस वक्त कभी ध्यान दिया है कि कैसे हर चीज एक खामोश राग में डूबने लगती है···? वक्त के बहते हुए धारे में एक ठहराव-सा आता महसूस होता है···उस अजीब से शान्ति के क्षण में कहीं दूर उदासी की घण्टी-सी बजती हुई सुनायी देती है।

"अब मान लीजिए कि यह पृष्ठभूमि आपके दिल की किसी खास चोट की है, वह चोट साधारण है या असाधारण, इस पर बहस नहीं : तो यह बताइए—यह सच है या नहीं कि वह सारी पृष्ठभूमि, सारा मंजर आपके ही अन्दर के दबे हुए घाव-सा उभर उठेगा और चुपचाप मुमकिन है वह शाम आपको अपनी जिन्दगी का एक टुकड़ा लगे···।"

1. शाम अक्सर उनकी उदासी को प्रतिबिम्बित करती हुई हमारे सामने आती है :

"एक पीली शाम / पतझर का जरा अटका हुआ पत्ता / शान्त।"[73]

यूँ प्रकृति अपने समस्त उल्लास के साथ फूट नहीं पड़ती उनकी कविताओं में। अगर उदास चित्र न भी हो, तब भी एक संयत चित्र रहता है। उनकी कविताओं में प्रकृति के अन्य तत्त्वों की अपेक्षा, शाम और सुबह के चित्र तुलना में अधिक हैं।

शाम को चित्रित करने वाली, प्रायः हर कविता किसी विगत याद से भरी है, उदास है। एक पीली शाम उनकी उदासी को प्रतिबिम्बित करती हुई पीली तो है ही, पर साथ ही है : "मेरी भावनाओं में/तुम्हारा मुखकमल/कृश-म्लान हारा-सा।"[74]

उसी तरह सूर्य, मौन डूब जाता है; बिना किसी उत्सव के, उल्लास के : "सूर्य मेरी अस्थियों के मौन में डूबा"[75] और फिर उग आती हैं शाम के साथ अनेक यादें : "विकटतम थे अति विकटतम / विगत के सोपान पर्वत शृंग"[76] या फिर कोई बीती हुई याद यूँ ही अटकी शेष रह जाती है : "विगत सन्ध्या की / रह गयी एक खिड़की खुली / झांकता है विगत किसका भाव"[77]

जब फाफामाऊ जाते हैं, तब वे मानो प्रकृति का एक अंश बन जाते हैं। धीरे-धीरे डूबता सूर्य और गंगा में चुपचाप बहने वाली नाव में बैठे कवि। इस शाम के साथ "रेती पार / स्निग्ध अचल धारा में धीरे-धीरे डूब रहा था···सूर्य"[78]

यह उन गिनी-चुनी शामों में से है जब कवि किसी विगत-स्मृति से भरे नहीं हैं,

बस है तो डूबते सूर्य, गंगा का महराबोंवाला पुल और पीछे छूटता, गाती हुई टिटहरियों का स्वर।

2. लेकिन जब 'ऊषा' की बात करते हैं, तब मानो वे जागरण की चेतना में सराबोर हो उठते हैं। ऊषा के प्रायः सारे वर्णन उल्लास से भरे हैं।

धीरे-धीरे होती सुबह का यह चित्र उनके चित्ताकर्षक बिम्बों के द्वारा हमारी चेतना में अंकित हो जाता है :

"प्रात नभ था / बहुत नीला शंख जैसे भोर का नभ / बहुत काली सिल जरा से लाल केसर से / कि जैसे धुल गयी हो

× × ×

नील जल में या किसी की / गौर झिलमिल देह जैसे / हिल रही हो"[79]

यह तो ऊषा का तटस्थ वर्णन है। पर यही 'ऊषा' जब उनके भीतर प्रविष्ट हो जाती है तब वह सूर्योदय केवल देखा ही नहीं जा सकता, अपितु अपने भीतर महसूसा भी जा सकता है :

"जागरण की चेतना से मैं नहा उट्ठा / सूर्य भूरी पुतलियों में स्नान करता / केश-वन में, झिलमिला कर डूबते हैं कमल / मधु चेतन कुमार दल"[80]

सूर्योदय इस हद तक चेतनामय है उनकी कवि-चेतना में, कि एक स्टिल लाइफ़ चित्र में भी वे सूर्योदय की कल्पना करते हैं और उसकी स्थिरता में थोड़ी गति, थोड़ी जीवन्तता लाने का प्रयास करते हैं। यह प्रात गुमसुम ही था, पर जहाँ वैसे ही स्टिल लाइफ़ है, वहाँ सूर्य के उदय का आभास उत्पन्न करना कम बड़ी बात नहीं है। 'सुप्रभात' नन्दन का एक चित्र है, जिस पर उन्होंने कविता लिखी है। कविता के अन्त में वे कहते हैं :

"प्लेट का अस्पष्ट क्षितिज निकट
मेज पर ही
खिल रहा है कठिन दाड़िम प्रात
गुमसुम"[81]

3. लेकिन जिस ऊषा की वे बात करते आ रहे हैं, वह आयी कहाँ से ? तो शाम से। वह अँधेरे की मिठास से पैदा हुई है। यूँ एक सातत्य है समय का जिसमें सब घटित होता है। इस सातत्य को, इन बदलते प्रहरों को चित्रित करना शमशेर की विशेषता है। शाम-सुबह की बात साथ में करते हैं। अर्थात् शाम का रात में डूबना और फिर रात में से ऊषा का उदय होना।

सूरज कैसे दिखता है ? तो आँख की आकृति का एक गुलाब। ऐसा सूर्य, डूबने वाला है, पश्चिम आकाश में बादल हैं, जो आँख के आकार के दीखने लगते हैं और उसमें सूर्य पुतली के रूप में कल्पित किया गया है। या फिर, दूसरी कल्पना है—

पूरा आकाश एक दरिया है और घूमता सूर्य उसमें एक भँवर है :

"आँख योनि गुलाब दरिया का भँवर / खुलती हुई शाम / डूबता सूरज / अँधेरी की मिठास में"[82]

एक श्रृंगारिक अध्यास (इरोटिक एसोसिएशन) भी इन पंक्तियों के अन्तर्गत देखा जा सकता है। 'योनि' शब्द व 'डूबता सूरज/अँधेरी की मिठास में', के कारण ऐसा भाव आभासित होता है।

रात ऐसे आती है :

"मौन / सन्ध्या का दिये टीका / रात काली आ गयी / सामने ऊपर / उठाये हाथ-सा पथ बढ़ गया"[83]

फिर तो कितना कुछ हो गया, विन्ध्य पर्वत-श्रृंखला को घेरने के लिए चाँदनी ने अपनी कुण्डली खोल दी, पथ संकेत में कुछ कह गया, जिसे सुन तारे लजा गये। यह तो सब चुपचाप हो रहा था पर ऊषा ने आते ही, सबको उजाले में ला, भेद खोल दिये। तब कहीं पूर्व का प्रवाह आँख मलते देखने लगा कि यह क्या हुआ।

शाम से ऊषा तक के पूरे विश्व को कितना सजीव कर दिया है। मानो एक राज हमारे सामने खोला हो और इन सबका निष्कर्ष है राग-युक्त ऊषा :

"घिर गया है समय का रथ कहीं / लालिमा से मढ़ गया है राग / भावना की तुंग लहरें / पंथ अपना, अन्त अपना जान / रोलती हैं, मुक्ति के उद्‌गार"

जो सब घिर गया है, एक क्षण भर के लिए स्थगित हो जाता है, फिर अचानक सब ओर फैलकर, विस्तारित हो, मुक्त हो जाता है।

4. शमशेर ने ऋतुओं और उत्सवों पर बहुत नहीं लिखा है। वसन्त की बात करते हैं तब फूलों, पत्तों, वृक्षों, गाछों, हवाओं पर आये वसन्त की बात नहीं करते, अपितु वसन्त जिस तरह युवतियों पर छाया है, उसका वर्णन करते हैं :

"फिर बाल वसन्त आया, फिर लाल वसन्त आया / फिर पीले गुलाबों का, रसभीने गुलाबों का / आया वसन्त / सौ चाँद से मसले हुए जोबन पर / श्रृंगार की बजती हुई रागिनियाँ / रसराज मधुपुरी की गलियों में / सौ नूरजहाएँ, सौ पद्‌मिनियाँ / फिर लायीं वसन्त /—उन्मत्त वसन्त आया"[85]

यूँ शमशेर व्यक्तियों, मनुष्यों से ज्यादा आकृष्ट होते हैं, स्वतन्त्र प्रकृति से नहीं। उनकी होली, उनकी एकदम निजी है। उसके रंगों में डूबना, उनसे खेलना हर किसी के बस की बात नहीं है। उनकी होली में गुलाल रंगी सुबहें, और विविधवर्णी सड़के हैं, पर साथ में समय और स्थल के रंग भी हैं, जो सघन हैं, तरल हैं और वायवीय भी हैं, इस अनन्त बहते समय के छोटे-छोटे प्रहरों में बँटे टुकड़े हैं, उनके रंग हैं। पर उसमें एक बात वे कहते हैं कि : "पर्व / प्रकाश है / अपना"[86] जो कुछ है, वह वर्तमान में है और है इन उत्सवों में, यही वह सब कुछ है, जो हमें जीना है; पाना है :

"एक ही ऋतु हम / जी सकेंगे / ××× यहीं सब कुछ है / इसी ऋतु में / इसी युग में / इसी / हम में।"[87]

उनके वसन्त का मद, उनकी होली के रंग और इसी तरह उनके सावन की घटा और आर्द्रता, एक विशेष रंग में लिपटे हैं। जैसे होली की बात है तभी प्रकृति वर्णन है, वरना तो सब एब्स्ट्रैक्ट है, क्षण के उल्लास के महत्त्व की बात है।

वैसे ही 'सावन' में आरम्भिक अंश में बाहरी वातावरण की बात है, आकाश और घटाओं की बात है। फिर जब स्मरण के लिए कवि अपने भीतर प्रविष्ट होते हैं, तो वह सावन भी अलग-सा प्रतीत होता है। हालांकि वे कह देते हैं : "(यह जोलाई की पन्द्रह तारीख है : बादल का है राज)"[88] पर यह 'सावन' की कविता कम, प्रेम की कविता ज्यादा है। इन रचनाओं से फिर एक बार प्रतीति हो जाती है कि वर्तमान को जी लेना चाहिए, इस सजगता के बावजूद विगत का विस्मरण सम्भव नहीं है, यह उनकी कविता का एक स्थायीभास-सा है।

5. 'धूप' की बात करते हैं, तब भी यह स्मरण तो है ही। धूप का बड़ा मोहक चित्र देते हैं। कल्पना करते हैं कि धूप कोठरी के आईने में खड़ी मुस्करा रही है इस कल्पना के साथ ही अवचेतन में बहुत कुछ घट जाता है और याद आ जाता है, बचपन में देखा माँ का उदास मुख। यही बात मुख्य है। बात अन्त में कही गयी है पर मानो वहीं से पूरी कविता के प्रभाव को निर्देशित कर रही है। मानो जीवन के सारे रंगों, स्पर्शों, दृश्यों, छोटी-छोटी प्यारी घटनाओं, मुस्कानों, सुखों में भी, जो बात इन सब पर छायी है वह है उदास माँ की स्मृति, जिसे बहुत पहले उचपन में देखा है :

"धूप कोठरी के आईने में खड़ी / हँस रही है··· / ××× / आज बचपन का / उदास माँ का मुख / याद आता है"[89]

6. 'दिन' उनकी कविता में आता है, तो प्रेयसी के स्मरण के साथ :

"दिन / किशमिशी रेशमी गोरा / मुस्कराता / ××× / गोद यह / रेशमी गोरी, अस्थिर / अस्थिर / हो उठती आज"[90]

दिन का यह किशमिशी-रेशमी गोरापन देखते हैं तो ऐसी ही प्रेयसी की गोद, याद आ जाती है। पर साथ ही वे इस सत्य से अवगत हैं कि कुछ भी, कोई भी सम्बन्ध अन्त तक नहीं रहता, तभी अपनी प्रेयसी से कहते हैं कि तू मुझे सपने न दिखा, मैं जानता हूँ कि वास्तविकता क्या है। मान लो कि तुम शाश्वत हो, और शाश्वत है वह जिन्दगी, तब भी मुझ पर रहम करो और चली जाओ, क्योंकि मैं शाश्वत नहीं हूँ।

7. शमशेर को 'व्यक्ति' में विशेष रुचि है तभी, दिन तो प्रिय है, पर क्योंकि वह प्रेयसी का स्मरण लाता है, अतः सार्थक भी है; वैसे ही है एक पीली शाम, जो उदास ही सही, पर प्रेयसी का मुख याद दिलाती है। माँ के उदास मुख की याद

दिलानेवाली धूप या 'उस शाम' के बाद कभी न आनेवाली प्रेयसी का स्मरण दिलाने वाला 'सावन' सभी उन्हें प्रिय हैं।

वे सारनाथ गये हैं, तब भी उन्हें याद आता है अपना मित्र त्रिलोचन। उन्हें याद है अपने मित्र की क्षुब्धता। वरुणा के किनारे की कोंपलों का कोलाहल सुनते हैं और उन्हें ऐसे ही किसी सन्दर्भ में हुई मित्र की क्षुब्धता याद हो आती है :

"वह कोलाहल जो कोंपलों से भरा है
सुनकर
तू विक्षुब्ध हो, हो जाता"[91]

इस तरह से अनेक सन्दर्भों में यह देखा जा सकता है कि घटना और व्यक्ति-सन्दर्भ उन्हें अधिक प्रिय हैं।

उनके यहाँ अधिकतर शाम, सागर, ऊषा, रात, पूर्णिमा, बादल, गुलाब आदि के चित्र मिलते हैं।

उदास, आत्मीय शाम, टटकी ऊषा, बहता, बरसता, उत्ताल दरिया, नशीली रात, हल्के, रंगीन, ऊदे, काही बादलों के मौन गेरू पंख, और पीले, लाल और कत्थई गुलाब हैं उनकी कविता में।

XI

इस प्रकृति के अतिरिक्त शमशेर की अपनी प्रकृति भी है। उनकी प्रकृति एक अर्थ में सुररियल की सृष्टि है, तभी वहाँ पर जब बादलों से पूर्णिमा का चाँद निकलता है, तब आसमान गलने लगता है और वहाँ गुलाबों का एक दरिया उमड़ने लगता है :

"चाँद निकला बादलों से पूर्णिमा का / गल रहा है आसमान / एक दरिया उमड़ कर पीले गुलाबों का / चूमता है बादलों के झिलमिलाते स्वप्न जैसे पाँव"[92]

या फिर सुबह तब होती है जब आकाश में बैठा वह पत्थर (सूर्य) सजग होकर अपने-आप ही पसरने लगता है। उसके 'पसरने' से जो आलोक फैलता है वही सुबह का प्रकाश है :

"जो कि सिकुड़ा हुआ बैठा था वो पत्थर / सजग-सा होकर पसरने लगा/आप से आप"[93]

उनकी सृष्टि में आकाश नीला दरिया बन कर बरसने लगता है, लोहे के बख्तर कन्धों पर सींग और नाखून उग आते हैं, जड़ें शिला का खून पीने लगती हैं, आकाश इन्द्रधनुषी ताल बन जाता है और वे स्वयं उस ताल के सादे-से मत्स्य।

उनकी भीतरी सृष्टि का तो कोई पार नहीं, कहीं बादल झूलती टहनियाँ बन जाते हैं, तो कभी लहर पार लहर पार, सूर्य के इस ओर कोई पीड़ा ठहर जाती है; कभी

तो वे बादलों का हर्ष अपने भीतर भरकर हवा-से हल्के हो जाते हैं, कभी सँवलाती ललाई, तो कभी पारदर्शी नीलाहटों में खो जाते हैं।

XII

सहकलाकारों की कला के प्रति सह-संवेदित होना, शमशेर की कविता की एक विशेषता है। पिकासो की कला हो, या विजय सोनी के चित्र, वान गॉग का चित्र हो या अनिल चौधरी का, सबके प्रति सम-आदर रखते हैं। किसी की संवेदना को अपनी संवेदना बना कर उसमें रचना करना; इससे उनका औदार्य तो प्रकट होता ही है, साथ ही, उनकी कला का रसास्वादन वे अपनी कला में करते हैं। वान गॉग के चित्र को देखने पर उनके मन में जो भाव प्रकट होता है वह है :

> "सोने का एक ज्वार उठा…/ और / गहरे नीले अनगिन पंखों से / नीले अनगिन फेनिल पंखों से / उसे ढांप लेने को / व्यर्थ व्यर्थ / उट्ठा बवण्डर।"[94]

यहाँ वे कला और देश-भाषा का भेद नहीं जानते, मात्र कला को और कलाकार को ही जानते हैं।

शमशेर के काव्य-विश्व के रंग, स्वर, बुनावट और गोलाइयाँ स्पर्श से एकदम परे नहीं हैं। उनके संवेदनविश्व की थाह पायी जा सकती है। पर फिर भी, क्योंकि उनकी कविता में शिल्प की प्रमुखता है, अतः यही प्रभाव मन पर बना रहता है कि शमशेर का काव्य-विश्व बहुत वायवीय है।

इनका एकाकी संवाद, इतना एकाकी भी नहीं था कि वे आस-पास के विश्व को एकदम विस्मृत कर दें। उनकी चेतना निज से परे ब्रह्माण्डों तक विस्तरित होती दिखायी देती है। और इस विस्तार में वे मानवमात्र के पक्षधर कवि के रूप में हमारे सामने आते हैं। देश, भाषा और संस्कृति का भेद उनके यहाँ मिट जाता है। लेकिन फिर भी उनका सम्बोधन तो 'विशिष्ट जन' से ही है, 'सामान्य जन' से नहीं, यह तथ्य शायद इस बात का पूरक है कि 'मार्क्सवाद उनकी रचनात्मक अनिवार्यता कभी नहीं बन पाया।'

अपनी कविताओं में वे अम्न का काराग गाते हैं, एकता का सन्देश देते हैं। एकता और शान्ति के इस प्रवचन में चीन का सन्दर्भ उनके लिए महत्वपूर्ण हो जाता है।

शमशेर 'प्रेम' के कवि हैं। प्रेम उनके लिए जीवन में अनिवार्य है, एक मूल्य है। उनका यह प्रेम अशरीरी और अतृप्त है। 'चुका भी हूँ मैं नहीं, कहाँ किया मैंने प्रेम अभी'।

प्रेम की तरह 'मृत्युबोध' भी उनकी कविता में एक तीव्रता लिये आता है। मौत उन्हें अपनी प्रेमिका की तरह ही प्रिय है। बीसवीं शती में कवि मृत्यु को निजानु-

भूति के रूप में कविता में अभिव्यक्त करने लगे हैं मौत की बात करने वाले, उदासी का स्वर जिसकी कविता में सतत है ऐसे शमशेर जब दूसरों की बात करते हैं, तो आशा भरा सन्देश देते हैं। उन्हें आशा का गीत सुनाने के लिए वे उत्सुक हैं। सामाजिक घटनाएँ उन्हें आन्दोलित करती हैं और उनकी कविता का विषय बनती हैं।

गीति कवि शमशेर ने इतिवृत्तमूलक लिरिक लिखकर प्रयोग किया है। इसमें वे इतिवृत्त का कथ्य लेते हैं और बिम्बों, प्रतीकों एवं चित्रों के माध्यम से उसे कविता का रूप देते हैं।

शमशेर प्रकृति के उन्मुक्त चित्रकार तो नहीं हैं, पर प्रकृति उनके यहाँ 'मूड्स' के अनुसार अपना सौन्दर्य खोलती है। उनकी अपनी प्रकृति है जिसमें उमड़ता दरिया है, बरसता दरिया है, झिलमिलाते पाँव हैं, लोहे के बख्तर कन्धों पर उगे सींग और नाखून हैं, शिला का खून पीने वाली जड़ है, और है आकाश में गंगा की रेत, नीलाहटें, नर्माहटें···। यूँ बहुत कुछ है जिसका प्रभाव हमारे मन पर गहराई से अंकित हो जाता है।

यही शमशेर की कविता का विश्व बन कर हमारी स्मृति में रह जाता है। पिकासो की कला, उनके विश्व की बात जब करते हैं, तब वे वास्तव में अपने ही विश्व की बात करते हैं:

> "रेखाएँ तनों का तनावों का लिबास/ लिबास—रंग—प्रतिबिम्ब आत्यंतिक/ तालमेल निरपेक्ष नाटकीय / स्थिर स्तरीय रेखाएँ और रंग / तथापि यह / वह इन उन में तुम सबका / तथागतीकरण है कला यह"[95]

सन्दर्भ

1. ये शाम है, 'कुछ कविताएँ', पृ. 32
2. हमारे दिल सुलगते हैं, 'कुछ और कविताएँ', पृ. 10
3. कश्मीर, 'बात बोलेगी', पृ. 30
4. जहाजियों की क्रान्ति, वही, पृ. 38
5. यह क्या सुना है मैंने, वही, पृ. 47
6. वही, पृ. 48
7. दूसरा सप्तक (वक्तव्य), पृ. 80
8. 1949 में अप्रकाशित 'उदिता' की भूमिका, 'उदिता', पृ. 105
9. एक दोस्त से, 'चुका भी हूँ नहीं मैं' पृ. 57
10. समय साम्यवादी, 'बात बोलेगी', पृ. 64
11. वही

12. कुछ शेर, 'कुछ और कविताएँ', पृ. 94
13, समय साम्यवादी, 'दूसरा सप्तक', पृ. 102
14. श्री परमानन्द श्रीवास्तव का एक पत्र
15. समसामयिक कविता का वर्ग आधार—विष्णुचन्द्र शर्मा, 'इस नवान्न में', पृ. 205
16. 'अप्रकाशित उदिता की भूमिका', 'उदिता', पृ. 105
17. सूरज उगाया जाता, 'कुछ और कविताएँ', पृ. 5
18. अम्न का राग, वही, पृ. 18
19. चीन, वही, पृ. 62
20. 'पूर्वग्रह', जुलाई-अक्तूबर, 1980, अंक 39-40, पृ. 21
21. शमशेर बहादुर सिंह के साथ एक लम्बा इण्टरव्यू, देखिए परिशिष्ट III
22. शान्ति के लिए हो, 'चुका भी हूँ नहीं मैं', पृ. 58
23. ग़ज़ल, 'उदिता', पृ. 100
24. सत्यमेव जयते, 'चुका भी हूँ नहीं मैं', पृ. 40
25. वही, पृ. 39
26. वही, पृ. 42
27. वही
28. प्रेम की पाती, 'चुका भी हूँ नहीं मैं', पृ. 28
29. कला, 'इतने पास अपने', पृ. 44
30. सौन्दर्य, वही, पृ. 56
31. चीन, 'कुछ कविताएँ', पृ. 62
32. भाषा, 'चुका भी हूँ नहीं मैं', पृ. 67
33. चाँद से थोड़ी-सी गप्पें, 'कुछ और कविताएँ', पृ. 28
34. वही
35. ग़ज़ल, 'उदिता', पृ. 97
36. ग़ज़ल, 'कुछ और कविताएँ', पृ. 90
37. ग़ज़ल, 'उदिता', पृ. 97
38. टूटी हुई, बिखरी हुई, 'कुछ और कविताएँ', पृ. 52
39. वही
40. कत्थई गुलाब, 'इतने पास अपने', पृ. 17
41. वही
42. फिर भी क्यों, 'उदिता', पृ. 43
43. वही
44. थरथराता रहा, 'इतने पास अपने', पृ. 71
45. वही
46. आओ !, 'कुछ कविताएं', पृ. 60
47. सावन, 'कुछ और कविताएँ', पृ. 63
48. वही
49. आओ !, 'कुछ कविताएँ', पृ. 60
50. चुका भी हूँ नहीं मैं, 'चुका भी हूँ नहीं मैं', पृ. 103

51. मोहन राकेश के साथ एक तटस्थ बातचीत, वही, पृ. 31
52. वही, पृ. 34
53. टूटी हुई बिखरी हुई, 'कुछ और कविताएँ', पृ. 52
54. शमशेर बहादुरसिंह के साथ एक लम्बा इण्टरव्यू, देखिए परिशिष्ट III
55. मोहन राकेश के साथ एक तटस्थ बातचीत, 'चुका भी हूँ नहीं मैं', पृ. 31
59. वही, पृ. 32
57. वही, पृ. 31
58. वही, पृ, 34
59. रोम सागर के बीचों बीच, 'इतने पास अपने', पृ. 31
60. मोहन राकेश के साथ एक तटस्थ बातचीत, 'चुका भी हूँ नहीं मैं', पृ, 37
61. वही
62. हमारी ज़मीन, 'इतने पास अपने', पृ. 22
63. कौन बुलाता है मेरे पथ से मुझको, 'उदिता', पृ. 45
64. रोम सागर के बीचों बीच, 'इतने पास अपने', पृ. 32
65. ओ मेरे घर, 'वही, पृ. 19-20
66. सीता, 'चुका भी हूँ नहीं मैं', पृ. 59
67. आओ !, 'कुछ कविताएँ', पृ. 58
68. ओ मेरे घर, 'इतने पास अपने', पृ. 19
69. ईश्वर अगर मैंने अरबी में प्रार्थना की, 'चुका भी हूँ नहीं मैं', पृ. 100
70. दो मोती कि दो चन्द्रमा होते, वही, पृ. 94
71, वही, पृ. 98
72. 1949 में अप्रकाशित 'उदिता' की भूमिका, 'उदिता', पृ. 102
73. एक पीली शाम, 'कुछ कविताएँ', पृ. 21
74. वही
75. सूर्यास्त, 'चुका भी हूँ नहीं मैं', पृ. 23
76. वही
77. क्षीण नीले बादलों में, 'चुका भी हूँ नहीं मैं', पृ. 79
78. फाल्गुन शुक्ला सप्तमी की शाम, 'कुछ और कविताएँ', पृ. 82
79. ऊषा, 'कुछ कविताएँ', पृ. 15
80. प्रभात, 'चुका भी हूँ नहीं मैं', पृ. 63
81. एक स्टिल लाइफ़, 'इतने पास अपने', पृ. 63
82. शाम-सुबह वही, पृ, 81
83. घिर गया है समय का रथ, 'कुछ और कविताएँ', पृ, 38
84. वही. पृ. 39
85. वसन्त आया, कुछ कविताएँ', पृ. 53
86. होली : रंग और दिशाएँ, 'कुछ और कविताएँ', पृ. 35
87. वही, पृ. 36
88. सावन, 'कुछ और कविताएँ', पृ. 60
89. धूप कोठरी के आईने में खड़ी, वही, पृ. 37

90. दिन किशमिशी, रेशमी गोटा, 'कुछ कविताएँ', पृ. 38-39
91. सारनाथ की एक शाम 'चुका भी हूँ नहीं मैं', पृ. 21
92. पूर्णिमा का चाँद, 'कुछ कविताएँ', पृ. 14
93. सुबह, वही, पृ. 36
94. वान गॉग का एक चित्र, 'इतने पास अपने', पृ. 62
95. पिकासोई कला, वही, पृ. 23-25

2
शमशेर की कविता में बिम्बों का रचना-संसार

बिम्ब-रचना नयी कविता की एक विशिष्ट पहचान है। बिम्ब की यह चर्चा अनिवार्य रूप से जुड़ती है 19 वीं शती के उत्तरार्ध में यूरोप में चले बिम्बवादी आन्दोलन से।

1912 में एज़रा पाउण्ड* (1885) ने सर्वप्रथम इस आन्दोलन का पुरस्कार किया। सन् 1912 से सन् 1917 तक चला यह आन्दोलन वास्तव में शिथिल और अमूर्त भाषा और रूप के विरोध में खडा हुआ। यह कविता की भाषा को नव-जीवन देने का एक प्रयोग था। कुल मिलाकर यह आन्दोलन एक रूपात्मक प्रयोग के स्तर पर ही विशेष उल्लेखनीय बनता है।[1]

पश्चिमी काव्यान्दोलनों का प्रभाव हमारे साहित्य पर समय-समय पर पड़ा। 20वीं शती में यह प्रभाव विशेष रूप से उल्लेखनीय बनता है। हिन्दी में बिम्बवाद का आना उन्हीं आन्दोलनों में से एक है।

नयी कविता के कलेवर को सँवारने वाले, प्रत्येक नये कहे जानेवाले कवि ने काव्य की इस प्रवृत्ति को अपनाया। अज्ञेय, शमशेर, नरेश मेहता, केदारनाथ सिंह, सर्वेश्वरदयाल सक्सेना आदि की कविताएँ बिम्ब-रचना में विशेष उल्लेखनीय हैं।

शमशेर के बिम्बों की चर्चा करने के पूर्व यह जानना आवश्यक है कि बिम्ब से तात्पर्य क्या है? बिम्ब की बात जब की जाती है, तब यह मान लेना चाहिए कि यह काव्य-बिम्ब की चर्चा है।

अपनी पुस्तक 'पोएटिक इमेज' में हर्बर्ट रीड को उद्धृत करते हुए सी० डे० लेविस कहते हैं कि किसी भी कवि को मापने के लिए उसके बिम्बों या 'मेटाफ़र'

---

* इसका प्रथम लिखित सन्दर्भ मिलता है 'रिपॉस्टेस' (Ripostes) के एपेंडिक्स में। ('एन्सायक्लोपीडिया ऑफ़ पोएट्री ऐण्ड पोएटिक्स' से उद्धृत)

की तीव्रता और मौलिकता देखनी चाहिए।[2] जितने शक्तिशाली, जितने मौलिक उसके बिम्ब होंगे, उतना ही वह कवि श्रेष्ठ होगा, उतनी ही उम्दा उसकी कविता होगी।

वास्तव में देखा जाय तो बिम्ब अनिवार्यतः कवि के विविध जीवनानुभवों में से ही आते हैं। जीवन के अनुभवों की विविधता उसके बिम्बों में, और प्रकारान्तर से उसकी कविता में, समृद्धि लाते हैं।

ड्रायडीन तो यहाँ तक मानते हैं कि वास्तव में बिम्ब ही काव्य की सर्वोच्च ऊँचाई और उसका प्राण है,[3] उसका काव्यत्व है।

लेकिन बिम्ब को अगर परिभाषा में जानना हो, तो क्या कहा जाय, यह एक प्रश्न है। बिम्ब की सरलतम परिभाषा अगर कोई हो सकती है, तो यही है कि—'a picture made out of words' अर्थात्—'शब्द निर्मित चित्र'।[4] लेकिन यह परिभाषा तो बहुत ही सीमित है। इससे बिम्ब के बारे में कुछ भी पता नहीं चलता, इसके सिवा कि उसमें चित्र का भाव अनिवार्य है। सम्भवतः इसीलिए प्रत्येक काव्य-बिम्ब एक हद तक 'मेटाफ़ोरिकल' होता ही है।[5] बिम्ब को जब हम शब्द-निर्मित चित्र कहते हैं, तब वह मात्र हमारी दर्शनेन्द्रियों का विषय बन जाते हैं। जबकि बिम्ब तो हमारी प्रत्येक इन्द्रिय को संवेदित करते हैं। वह हमारे प्राण, स्पर्श, श्रवण, स्वाद, बोध सभी के प्रति संवेदित होते हैं। इससे भी आगे हमारे बुद्धि से संवेदित होते हैं।

कोई भी कविता आद्यन्त सम्बन्ध-सूत्रों से जुड़ी रहती है और ऐसी स्थिति में प्रत्येक बिम्ब एक वस्तु-मात्र की ही पुनर्रचना नहीं करता, अपितु वह वस्तु को सन्दर्भों के साथ रचता है, और इस तरह से वह बिम्ब कविता के सम्बन्ध-सूत्रों की श्रृंखला के साथ एकाकार हो जाता है।[6]

कविता में किसी भी बिम्ब को पढ़ने पर उसका एक मानसिक चित्र पाठक के भीतर बनता, उभरता है। लेकिन वह चित्र जो पाठक के मानस-चित्त पर बनता है, वह उसके ज्ञान, अनुभव और स्मृति पर आधारित है।[7] शायद इसीलिए एक ही बिम्ब अलग-अलग पाठकों को अलग-अलग प्रकार का आनन्द देता है।

बिम्ब अलंकार के, विशेष रूप से उपमा और उत्प्रेक्षा के बहुत करीब का लगता है। पर मानों, जानों तथा उपमा, उपमेय, साधारण धर्म और वाचक शब्द से उसका कोई सम्बन्ध नहीं है। भेद की यही और इतनी ही रेखा नहीं है, थोड़ा और बढ़कर कहें तो बिम्ब कविता की रचना-प्रक्रिया का ही एक अंग है।

फिर जब हम बिम्ब को नयी कविता की विशिष्ट पहचान मानते हैं, तब यह जान लेना जरूरी है कि बिम्ब वह विशिष्ट तत्त्व है जो कविता की रचना-प्रक्रिया का एक अंग है, जो हमारी ऐन्द्रिक अनुभूति को समृद्ध और समृद्धतर करता है। वह ऊपर से लगा नहीं है, अतिरिक्त नहीं है, ऐसी बात भी नहीं है कि किसी कविता को

नयी या विशिष्ट बनाने के लिए उसमें बिम्ब की रचना की जाती है।

बिम्ब-चर्चा की एक पद्धति है बिम्बों का वर्गीकरण। यह प्राथमिक आवश्यकता है। यह आवश्यक और सही पद्धति है। उसके बाद की जो स्थिति है, वह है, बिम्बों को खोलकर समझाना। तीसरी पद्धति सम्भवतः बिम्बों को रचना-प्रक्रिया के अंग के रूप में समझने की है। यहाँ पर दूसरी और कहीं-कहीं तीसरी पद्धति भी अपनायी गयी है। शमशेर के बिम्बों को खोलकर उसे यथासम्भव आस्वाद्य बनाने का प्रयत्न हुआ है।

शमशेर की कविताओं में बिम्ब उनकी कविता के अर्थविकास में योग देते हैं और इसीलिए उनके बिम्ब कई बार वर्गीकरण की सीमा को लाँघ जाते हैं। क्योंकि शमशेर की रचना प्रक्रिया जटिल है और अभिव्यक्ति संकेतात्मक, इसीलिए उनके बिम्ब अधिकतर संकुल होते हैं। वे ऐन्द्रिय और अतीन्द्रिय दोनों अनुभूतियों को अपनी रचनाओं में बिम्बों के द्वारा प्रस्तुत करते हैं।

बिम्बों की चर्चा में शमशेर विशेष उल्लेखनीय हैं। शमशेर की कविता में अभिव्यक्ति की समृद्धि प्रकट होती है उनकी भाषा के द्वारा और उनकी कविता में आये बिम्बों के द्वारा।

बिम्बों का जो संसार उनकी रचनाओं में प्रकट हुआ है उससे उनकी कविताओं का सौन्दर्य व्यक्त होता है। उनके रचना-संसार में शाम, समुद्र, दिवस, सूर्य, आकाश, क्षितिज, नदी, धूप लहरें, किरणें, बादल इत्यादि बिम्बात्मक अभिव्यक्ति पाते हैं।

उनकी कविताओं में अनेक रंग हैं। वैसे तो सारी रंग-सृष्टि हल्के रंगों की है, पर एक साँवलापन और गहरापन सतत रहता है। हल्की रेखाओं और रंगों से वे ऐसा प्रभाव उत्पन्न करते हैं कि पाठक के मन पर उसकी एक छाप अंकित हो जाती है।

यह जो सारा रंग-विश्व बाहर बिखरा पड़ा है, उसके प्रति एक कौतुक-भाव, आश्चर्य-भाव कवि के मन में है। उषा-काल में रंगों का यह खेल पूरे वातावरण को चमत्कृत कर देता है। और इसी चमत्कृति का कवि ने 'ऊषा' में वर्णन किया है।

विधानों से ब्रैकेट किया हुआ इस कविता का सारा चमत्कार, सारा सौन्दर्य इसकी रंग-सृष्टि में है। भोर से लेकर सूर्योदय का वर्णन है इस कविता में। जितनी तीव्रता और गति से, आकाश में रंग बदलते हैं, उससे होड़ लेते हुए, या उसे यथा-तथ वर्णित करते हुए कवि शमशेर आरम्भ करते हैं :

'प्रात नभ था बहुत नीला शंख जैसे / भोर का नभ'

देखने वाली बात यह है कि प्रातःकालीन नीलिमा को बताने के लिए नीले शंख का बिम्ब चुना है। कालिमा-युक्त नीले शंख से मात्र रंग बताना हो ऐसी बात

नहीं है। 'शंख-ध्वनि' मांगल्य का प्रतीक है। तो जब 'नीले शंख-सा आकाश है, तब वह मंगलमय बेला है', यह बात सूचित हो ही जाती है।

उसके बाद अब आकाश राख के रंग का हो जाता है। उसे देखकर कवि को राख से लीपे चौके का स्मरण हो आता है। कोष्टक में कहते हैं—('अभी गीला पड़ा है') वह कालिमायुक्त नीलिमा अब राख रंग की हो गयी है। घरों में काम-काज का समय हो गया है। प्रातःकालीन चौका लीपना इस बात को भी सूचित करता है। गीले पड़े होने की सूचना से मानो शमशेर एक स्पर्श के बोध को जगाना चाहते हों। भीगेपन के इस स्पर्श के साथ-साथ एक टटकापन भी इसमें शामिल हो जाता है।

अब सूर्य-बिम्ब दिखने के पूर्व की लालिमा से पूर्ण आकाश रँग गया है। गहरा केसरी। संभवतः यह एक दिन देखा हुआ सूर्योदय नहीं है। वह देखी गयी अनेक ऊषाओं का चित्र है। जब कभी घनश्याम मेघ आकाश में छाये होते हैं, तब यह लालिमा, केसरी-रंग-युक्त बहुत ही नयन-रम्य दिखती है। कवि की कल्पना है कि गहरी काली सिल पर लाल केसर धुल गया हो, और जो रंग-मिश्रण बन पड़ा है, यही है यह आकाश। वह गहरापन थोड़ा हल्का हो रहा है, अतः एक बिम्ब कवि के मन में उठता है। 'स्लेट पर लाल खड़िया चाक मल दिया गया हो।' यहाँ पर आकर सिल की स्याही और केसर की लाली दोनों हल्की हो जाती हैं, क्योंकि अब सूर्योदय होनेवाला है। पूर्वाकाश में उजाला हो रहा है। रात्रि के अन्धकार को धारण की हुई शंख-सी नीली ऊषा अब गायब हो चुकी है, और उपस्थित होती है पूर्वदिशा में एक गौर झिलमिल देह, आकाश के नील जल में।

यहाँ पर 'गौर' शब्द पर ग़ौर करें तो यह देखा जा सकता है कि गौर वर्ण मानव-देह के साथ जुड़ा रहता है। प्रकृति से उसे जोड़कर कवि एक मानवीय स्पर्श का संकेत देते हैं, जो एक मृदु काम-चेतना (इरोटिक) जगाता है। 'झिलमिल' के कारण वह मांसल नहीं बनती। फिर 'नील जल' कहकर आकाश को तरल एवं पारदर्शी बना देते हैं।

कवि कहते हैं कि उषा का यह, रूप का भूलभुलैया डालने वाला, जादू टूट रहा है: 'सूर्योदय हो रहा है।' बहुत कम समय का यह पूरा खेल है। कवि ने इसे बड़ी कुशलता से चित्रित किया है। यह कविता गतिशील बिम्बावलि का उदाहरण है।

यह नयनों के लिए उत्सव है, जब कवि कहते हैं:

'सूरज का गोल-पाल सन्ध्या के / सागर में अहरह / दोहरा है··· / ठहरा है···/'[9]

शाम का सुनहरा सागर आक्षितिज लहरा रहा है और उसमें सूरज गोल पाल की तरह स्थापित है। तब शाम कितनी सजीव हो उठती है। आँखों के कोरों से

आक्षितिज एक सुनहरा बादली रंग-सागर लहरा उठता है। सूर्य डूब रहा है सागर की सतह पर, अतः वह जल में प्रतिबिम्बित है—तभी दोहरा है। सागर भी दोहरा है। एक तो शाम के कारण सुनहरा हुआ सागर, और एक आकाश का बादली रंग-सागर। यह पाल क्योंकि सूर्य का है, अतः गोल है। पाल प्रयः गोल नहीं होते। फिर वह 'ठहरा' भी है। पाल गतिशील होता है। लेकिन कवि ने जिस क्षण को पकड़ा है, वह सूर्यास्त का है, अतः समय मानो स्थिर हो गया है। तभी तो वह 'ठहरा' है।

शाम सागर है, आकाश इन्द्रधनुषी ताल है :

"पूरा आसमान का आसमान है / एक इन्द्रधनुषी ताल / नीला साँवला हल्का गुलाबी / बादलों का धुला पीला धुआँ"[10]

आकाश तरल और पारदर्शी है। कहीं पर वह 'नील जल' है तो कहीं 'इन्द्रधनुषी ताल' है। कहीं पर उसमें 'गौर देह' है तो कहीं 'सादा मत्स्य'। दिशाओं से बँधे इस ताल में नीले, साँवले, हल्के गुलाबी और पीले रंगों का सम्मिश्रण है। जिसमें एक मत्स्य है, जो ऊपर से सादा है और उसके भीतर ताल की समस्त रंगीनियाँ हैं।

अधिकतर वे पीले, नीले और साँवले रंगों से कविता को रँगते हैं। कहीं-कहीं गुलाबी और सुनहरी छटा भी आ जाती है। लेकिन आखिर उनकी कविता तो है :

"और फिर मानो कि मैं/एक मत्स्य—हृदय में/बहुत ही रंगीन/लेकिन/बहुत सादा साँवलापन लिये ऊपर"[11]

रंग ऐसे आँखों से देख सको और स्पर्श भी कर लो ! सावन का आरम्भ है—बरसाती मौसम और बरसाती आकाश :

"मैली हाथ की धुली खादी/सा है/आसमान/जो बादल का पर्दा है वह मटियाला धुँधला-धुँधला/एकसार फैला है लगभग"[12]

सावन का आकाश है। धूल और वर्षा के बादलों से आकाश स्वच्छ नहीं रहा—मटियाला हो गया है। पर वह अब 'चिक्कन' नहीं रहा—खुरदरा हो गया है। आसमान कैसा है—तो—'मैली हाथ की धुली खादी-सा'। 'हाथ की धुली' कह कर एक अनगढ़पन का बोध कराना है, और यह भी कि धुल कर एकदम शुभ्र नहीं हुई है। 'खादी' कहने से एक खुरदरेपन का अनुभव किया जा सकता है।

बादलों का मटियाला पर्दा एकसार फैला है पर पूरा नहीं—लगभग, क्योंकि कहीं-कहीं पर आसमान, असमान रूप से नील दिया गया हो, ऐसा लगता है। शाम का समय है, डूबते सूरज का हल्का अहसास आसमान में झलक रहा है, लेकिन यह गुलाबीपन काले बादलों और शाम के गहरेपन से मिश्रित है। अतः जो रंग वे देते हैं, वह है : "जैसे घोल गया हो कोई/अपनी हल्की मेंहँदी वाले हाथ।"[13]

यहाँ पर संकेत से ही एक बिम्ब की कल्पना पाठक के पक्ष में हो सकती है। बादल के धूमिल पर्दे के पीछे है : "धूमिल अंगनारे के पीछे/ वह मौन गुलाबी झलक"[14]

और बाद में मेंहदी वाली बात। स्वाभाविक रूप से एक लजाई, ललाई अंगना की कल्पना की जा सकती है, जो अपने हल्के मेंहदी वाले हाथ धो रही है।

कितना अद्‌भुत होगा वह दृश्य जब :

"जब आँसू छलक न जाकर

आकाश का फूल बन गया हो"[15]

यहाँ क्रिया 'आँसू' के 'टपकने' की न होकर 'छलकने' की है। आँखों के कोटर में लबालब अश्रुजल है। इतना अधिक भरा है कि अभी टप-टपाटप चू सकता है, धूल में मिल सकता है, लेकिन कमाल की बात यह है कि आँसू छलककर धूल में नहीं मिला, अपितु आकाश में पहुँच गया। वहाँ पर जाकर तारा नहीं, फूल बना, अपनी धरती की जड़ों, सुगन्ध, रंग और स्पर्श के साथ, फिर भी धरती के फूल की तरह नहीं। वह असाधारण है, आकाशीय है। उसमें आँसू की तरलता है, पारदर्शिता है, भीगापन है। यही आँसू तारा भी बनता है :

"अब गिरा अब गिरा वह अटका हुआ आँसू/सान्ध्य-तारक-सा/अतल में"[16] प्रेयसी की आँखों की कोरों में एक उदास आँसू अटका है, जो 'अब गिरा, अब गिरा' की स्थिति में है। यह आँसू कवि की कल्पना में सान्ध्य तारे-सा है। शायद इसलिए कि प्रेयसी का मुख शाम है। यह शुक्र का तारा ही हो सकता है, जो शाम को बहुत जल्दी उगता है। पूरे आकाश में अकेला, और अल्पकालीन भी। आँसू की चमक और तारे की चमक एक हो जाती है। तरलता के कारण उसमें जो हलचल है, हल्की-सी, वह तारे के टिमटिमाने से जुड़ जाती है। अटका हुआ आँसू और अटका हुआ पत्ता कितने समान धरातल पर पहुँच जाते हैं।

सौन्दर्य कितना अद्‌भुत प्रतीत होता है जब : "एक अन्धकार के चमकीले निर्झर में / तुम्हारे स्वर चमकते हैं"[17] अन्धकार तो आँख का विषय है—पर सौन्दर्य की चर्चा के दौरान कवि की कल्पना में अन्धकार प्रवाही रूप में उपस्थित हो जाता है। पानी का वह स्रोत भी कौन-सा—तो—झरने का। अर्थात् एक नाद भी उसमें शामिल हो जाता है। पूरा रूप-परिवर्तन हो जाता है, अन्धकार निर्झर तो बना पर काला, और उस झरने में 'तुम' के स्वर चमकते हैं। यहाँ पर स्वरों की झंकार नहीं, चमक है, जैसे वहाँ अन्धकार की 'चमक' न होकर 'स्वर' है। यह अनुप्रविष्ट बिम्ब का उदाहरण है। इसे इन्द्रीय व्यत्यय भी कह सहते हैं। अन्धकार जो आँख का विषय है, वह श्रवणेन्द्रियों का विषय बन जाता है और स्वर जो कान का विषय है वह दर्शनेन्द्रिय का विषय हो गया है।

बिम्ब कविता की रचना-प्रक्रिया का अंग है, ऐसा मान लेने पर, जब शमशेर की कविता की बात करते हैं, तब ये चीजें इतनी घुली-मिली लगती हैं कि उनकी रचना-प्रक्रिया बिम्बों में से उद्‌भूत होती प्रतीत होती है। अनेक कविताएँ इसका साक्ष्य प्रस्तुत करती हैं। 'गोया वो'[18] कविता लें—

"शफ़क़ नीलगूं है। शफ़क़ और / नीलगूं···यों क्यों है / क्षितिज / एक धुंधला ब्रिज है / जो यकायक उठ आता है / उठा चला आता है / मेरी आँखों के सामने ही/ और आँखों से जुड़कर वह / फिर दू···र तक/ फैल जाता / खुद / मेरी आँखों के डेलों को लिये हुए दू···र / पाऽर तक / पहुँच जाते पार पार"

कवि ने कहा है—'शफ़क़ नीलगूं' है। फिर उनके अन्दर प्रश्न उठता है कि उषा और नीलापन यों क्यों है? यह काव्य-प्रक्रिया में उतरने के पूर्व की स्थिति है, ऐसा कह सकते हैं। (हालाँकि यहाँ काव्य-प्रक्रिया के पूर्व और बाद की स्थिति, ऐसा भेद नहीं होना चाहिए, पर बात को समझने की सुविधा के लिए ऐसा कहा गया है, वैसे तो यह सारी काव्य-प्रक्रिया ही है) अब क्षितिज उनकी कल्पना में एक पुल की तरह उभर आता है। केवल उभरकर स्थिर नहीं होता, अपितु वहाँ से उठकर उनकी आँखों तक चला आता है। यहाँ—'एकाएक उठ आता है / उठा चला आता है"—में यह बिम्ब उभरता है। अब वह पुल उनकी आँखों तक आकर फिर पार अनन्त तक विस्तीर्ण हो जाता है। उस पुल से होकर उनकी आँखों के कोये··· वहाँ पार तक जाते हैं। एक पूरा चित्र आँखों के सामने उभरता है, और रचना की गति के साथ हम उसके होने की प्रक्रिया अनुभव कर सकते हैं, देख सकते हैं।

यहाँ पर देखा जा सकता है कि कैसे कविता की रचना-प्रक्रिया और बिम्ब-प्रक्रिया साथ-साथ चलते हैं।

'एक नीला दरिया बरस रहा है'[19] बिम्बों से आरम्भ हुई है और बिम्बों से होते हुए आगे बढ़ती है।* आरम्भ में ही कवि कहते हैं:

"एक नीला दरिया बरस रहा है / और बहुत चौड़ी हवाएँ हैं / मकानात हैं मैदान / किस क़दर ऊबड़-खाबड़"

देखनेवाली बात यह है कि यह वर्णनात्मक हो सकता था, पर इसमें कुछ क्रियात्मक शब्द ऐसे हैं, जिनसे विशिष्ट प्रकार का बिम्ब उपस्थित हो जाता है। नीला दरिया बह नहीं रहा है, बरस रहा है अर्थात् यह दरिया की नहीं आकाश की बात है, जो बादलों की उपस्थिति से फेनिल लहरों का आभास दे रहा है। 'हवाएँ चौड़ी हैं'—तभी एक विस्तार का बिम्ब उभरता है—आगे चलकर वह विस्तार यानी मैदान मकानों की उपस्थिति से ऊबड़-खाबड़ हो जाता है। यह जो बिम्ब उभरता है, वह एकटक देखनेवाली नजर के फलस्वरूप वैसा दिखता है।

ऐसी ही एक कविता है—'एक पीली शाम'। 'अब गिरा अब गिरा' की बात

---

* इसका विस्तार के साथ विश्लेषण अध्याय 8 में किया गया है।

तो हो चुकी है। यह जो 'अब गिरा' की स्थिति है वही होने-होने का क्षण है। इस कविता का आरम्भ, इस चित्र से होता है—

"एक पीली शाम / पतझर का ज़रा अटका हुआ पत्ता / शान्त / मेरी भावनाओं में तुम्हारा मुखकमल / कृश म्लान हारा-सा !"

इसमें दो चित्र एक साथ आते हैं—प्रेयसी का मुख और पीली उदास पतझरी शाम। इसी में से पूरी कविता बनती है और अर्थित होती है। आगे चलकर यह दोनों बिम्ब अभिन्न होकर एक बन जाते हैं। घुल जाते हैं। पीली उदास पतझर की शाम में एक अटका हुआ पत्ता और प्रिया के पीले उदास मुख पर एक अटका हुआ आँसू—यही आगे चलकर सन्ध्याकाश में एक संझातारा बन जाता है। वास्तव में पीली उदास शाम प्रेयसी के मुख में परिवर्तित हो जाती है और प्रेयसी का मुख मानो शाम में विस्तार पा जाता है। इस उदास पतझरी शाम में साँझ तारा जितना उदास लगता है, वह उदासी प्रेयसी की आँखों की कोर में अटके आँसू से एक हो सकती है। कविता तब तक खुल नहीं सकती हमारे समक्ष—जब तक कि इन बिम्बों की यह संकुल—(confused) स्थिति खुलती नहीं है—इनमें अन्योन्य सम्बन्ध स्थापित नहीं होता।

रचना-प्रक्रिया के निदर्शन रूप में एक और बिम्ब[20] देखिए—

"तब छन्दों के तार खिंचे-खिंचे थे / राग बँधा-बँधा था / प्यास उँगलियों में विकल थी—/ कि मेघ गरजे / और मोर दूर और कई दिशाओं से / बोलने लगे पियूअ् ! पियूअ् ! उनकी / हीरे-नीलम की गर्दनें बिजलियों की तरह / हरियाली के आगे चमक रही थीं / कहीं छिपा हुआ बहता पानी / बोल रहा था अपने स्पष्ट मधुर / प्रवाहित बोल।"

पहली तीन पंक्तियों में कविता फूट पड़ने की सारी सम्भावनाएँ तैयार हैं और फिर एक बिम्ब के फ़्लैश के साथ कविता आती है। मेघों के गर्जन, मोर की ध्वनि से अभी तक जो वातावरण खिंचा, तंग और मौन था, एकदम खुल जाता है। स्वर, रंग, चमक और गति सब कुछ एक-साथ पूरे वातावरण को घेर लेते हैं। हीरे-नीलम की गर्दनें तो बिजली की तरह चमक रही हैं। हरियाली—अर्थात् एक टटकापन है; प्रवाहित जल के स्पष्ट बोल भी—एक साथ हमारी श्रवणेन्द्रियाँ, दर्शनेन्द्रियाँ और स्पर्शेन्द्रियाँ, सभी संवेदित हो उठती हैं।

शमशेर के बिम्बों का एक और आयाम है उनकी 'सुररियल' बिम्ब-सृष्टि। उनकी कुछ कविताएँ तो 'सुररियल' हैं ही, उनमें तो यह बात आती ही है, पर कहीं-कहीं छोटी-छोटी रचनाएँ तो समग्रतया 'सुररियल' बिम्ब ही हैं। इनमें—'शिला का खून पीती थी वह जड़'[21] और 'सींग और नाखून'[22] कविताएँ तो आती ही हैं। 'सींग और नाखून' कविता का आरम्भ ही एक ऐसे बिम्ब से होता है, जिसमें मनुष्य पशु बनता जा रहा है इस बात का निर्देश किया गया है—"सींग

और नाखून / लोहे के बख़्तर कन्धों पर"

दिमाग और कर्म से मनुष्य पशु बनता जा रहा है—एक ऐसा तर्क भी प्रस्तुत किया जा सकता है। अतः उसके लोहे के से बख्तर, सींग और नाखून की कल्पना की गयी है। यह वास्तविक नहीं, स्वप्न की सृष्टि है।* इसी में एक और बिम्ब आता है—"आँखों में घास-काई की नमी" यहाँ पर एक तो आँखें हैं, फिर घास-काई की नमी। उस घास-काई की नमी की स्थापना आँखों में। काई की नमी लिजलिजी होती है। एक जीवन्तहीनता का बोध इस बिम्ब द्वारा प्रकट होता है। इसमें भी देखा जा सकता है कि बिम्ब शमशेर की कविताओं के अर्थविकास में कैसे सहायक होते हैं।

सूर्योदय का एक 'सुररियल' बिम्ब देखिए :

"जो कि सिकुड़ा हुआ बैठा था वो पत्थर / सजग-सा होकर पसरने लगा / आप से आप"[23]

जिस बात पर गौर किया जा सकता है, वह यह कि सूरज को पत्थर बताया गया है, फिर उसके पसरने की कल्पना की गयी है। एक ऐसा बिम्ब उपस्थित होता है, जो स्पर्श्य है। पत्थर का कड़ापन मोम या किसी प्रवाही में बदल जाता है, जब वह 'पसरने' लगता है; एक निश्चित आकार फैलकर, पसर कर अनिश्चित हो जाता है। 'पसरने लगा'—कहीं समाप्त नहीं होता, अतः सम्भवतः पूरे आकाश पर फैल जाता होगा। फिर यहाँ सजग-सा होकर पसरता है। अर्थात् एक जीवन्त गति की स्थापना हो जाती है। जड़ पत्थर जीवन्त हो जाता है।

स्पर्श्य बोध का एक और उदाहरण है :

"चाँद निकला बादलों से पूर्णिमा का / गल रहा है आसमान / एक दरिया उमड़ कर पीले गुलाबों का / चूमता है बादलों के झिलमिलाते / स्वप्न जैसे पाँव"[24]

यहाँ पर 'गल रहा है आसमान' से स्पर्श का बोध होता है। पूरा आसमान एकदम मुलायम हो जाता है। आसमान चिकना तो होता ही है, पर जब गलने की बात आती है, तब मानो पूरी सृष्टि ही बदल जाती है। आसमान तो गल ही जाता है, पर चाँद का भी रूपान्तरण हो जाता है—पीले गुलाबों के दरिया में, जो उमड़कर बादलों के पाँवों को चूमता है।

यहाँ पर पाँव की कल्पना 'एब्स्ट्रैक्ट' हो जाती है, क्योंकि उसमें 'झिलमिल' की चमक है, और वे स्वप्न की तरह हैं। वास्तविक न होकर स्वप्न की तरह। आसमान गलकर प्रवाहमय हो गया है और उसमें गुलाब तैर रहे हैं, लहरों की तरह उमड़कर बह रहे हैं—एक अति वास्तविक सृष्टि।

---

* इन दोनों रचनाओं का विस्तार से विश्लेषण अध्याय 8 में किया गया है।

पूर्णिमा के चाँद वाला आकाश गल रहा है और है : "मोम-सा पीला / बहुत कोमल नभ"[25] रंग और स्पर्श के सम्मिश्रित अनुभव को इस बिम्ब के द्वारा ग्रहण किया जा सकता है। नभ मोम-सा पीला है। पर गलता हुआ या पिघलता हुआ मोम नहीं है। वह कोमल अवश्य है। इतना कि कोई खरोंच लग जाय तो छाप अंकित हो जाय।

बिम्ब कविता में सन्दर्भ के साथ अर्थित होते हैं। पूरी कविता के सन्दर्भ में निम्नलिखित बिम्ब कितना अर्थगर्भ है यह देखा जा सकता है : "टूटते हैं बिजलियों के स्वप्न के आँसू / आँख-सी सूनी पड़ी है भूमि'[26]

किसी ऐसी विवशता में कवि फँसा है, कि सरल जीवन भी संकट-ग्रस्त हो गया है। उसका यह परिणाम हुआ है कि स्वप्न टूट गये हैं और सारे जीवन में सूनापन व्याप्त हो गया है। पर कैसे स्वप्न और कैसा सूनापन ? तो कहते हैं कि बिजलियों के स्वप्न। ऐसे स्वप्न जिसमें बिजलियों की-सी चमक, तेज और अलग-सा प्रतीत होनेवाला निरालापन, एक गति भी है। ऐसे स्वप्न टूट रहे हैं। आँसू टूट रहे हैं, वह भी कड़ाके के साथ। क्षण-भर में ही सब समाप्त हो जाता है।

स्वप्न आँखों से देखे जाते हैं और उनके टूट जाने से अब वे सूनी हो गयी हैं। यहाँ पर कवि ने जो बिम्ब लिया है वह बिजली के टूट जाने से (शायद वर्षा की सम्भावना समाप्त होने से) भूमि का सूनापन जताता है। वर्षा की बूँदें भी नहीं, जिनसे भूमि में स्वप्न अंकुरित होने की सम्भावना बनी रहे। बिजली की गति से ये स्वप्न समाप्त हो गये हैं और आँखें अनंकुरित हैं। एक तटस्थता है इस विवशता में। दुःख भी नहीं है कि सम्भावना की स्थिति बनी रहे।

जीवन के बदलते हुए मूल्यों को जहाँ कवि अपनी रचनाओं में चित्रित करते हैं, वहाँ शाश्वत मूल्यों की गरिमा को भी वह गाते हैं। सत्य, शिव और सुन्दर की महिमा गाना कवियों का प्रिय विषय रहा है। प्रायः ऐसी रचनाओं के 'बोध-प्रधान' (डायडेक्टिक) होने का भय रहता है। अभिव्यक्ति सपाट-बयानी का रूप धारण कर ले, ऐसी सम्भावना भी बनी रहती है। लेकिन शमशेर की चेतना इसे पूरी बिम्बात्मकता के साथ ग्रहण करती है। कहते हैं :

> "सच्चाइयाँ / जो गंगा के गोमुख से मोती की तरह बिखरती रहती हैं / हिमालय की बर्फीली चोटी पर चाँदी के उन्मुक्त नाचते / परों में झिलमिलाती रहती हैं / जो एक हजार रंगों के मोतियों का खिलखिलाता समन्दर हैं / उमंगों से भरी फूलों की जवान कश्तियाँ / कि वसंत के नये प्रभात-सागर में छोड़ दी गयी हैं।"[27]

सत्य का रंग श्वेत माना गया है। सत्य एक पवित्र मूल्य है जिसके लिए सर्वस्व न्यौछावर किया जा सकता है। इन सब बातों की बिम्बात्मक अभिव्यक्ति ही है; जब वे कहते हैं कि सच्चाइयाँ—मानो गंगा के गोमुख से बिखरते मोती। गंगा के

गोमुख से पवित्र स्थान और कौन-सा हो सकता है ? गंगा तो पवित्र ही है पर उसका स्रोत तो पवित्रतम है। ऐसे स्रोत से बिखरते मोती--मोती जो मूल्यवान हैं, आब-युक्त हैं, उनमें एक प्रकार की चमक है। यहाँ पर मोती का प्रयोग बुदबुदों के लिए हो सकता है। पानी के बुदबुदे तो मोती की तरह बिखरते प्रतीत हो सकते हैं। उनमें एक उछाल है, एक गति है। फिर यह सच्चाई—हिमालय की ऊँची बर्फीली चोटियों में चाँदी के उन्मुत परों की तरह झिलमिलाती है। हिमालय की बर्फीली चोटी में चाँदनी, अर्थात् एक ऊँचाई के साथ-साथ श्वेतत्व का बोध। फिर एक चमक भी। उज्ज्वलता। सत्य में भी वही ऊँचाई है, श्वेतत्व है, उज्ज्वलता है, चमक है।

सच्चाई हजार रंगों के मोतियों का खिलखिलाता समन्दर है। उस श्वेत रंग में से ही मानो ये हजारों रंग फूट पड़े हों। इसमें एक उल्लास है, विस्तार के साथ-साथ रंगों की भी सृष्टि खड़ी हो जाती है। सम्भवत: वे कहना चाहते हों कि सत्य आखिर तो हमें उल्लास देता है, रंगों में सराबोर करके हमारे व्यक्तित्व को विस्तार देता है।

वसन्त के प्रात:कालीन सागर में सत्य फूलों की कश्ती है। मानो यह उमंग की हद हो। यह सत्य कवि के लिए कितना-कुछ अर्थ रखता है। वह एक फूल की तरह रंगीन, कोमल और सुगंध-भरा है। मोती की तरह कठोर, आबयुक्त और अमूल्य भी। समन्दर की तरह विशाल, गंगा की तरह पवित्र और बसन्तकालीन प्रभात की तरह उमंग और ताजगी-भरा।

सत्य की तरह सौन्दर्य भी कवि के जिए शाश्वत मूल्य है। देखा जाय तो सत्य और शिव मनुष्यमात्र के लिए शाश्वत मूल्य हैं, पर सौन्दर्य तो सविशेष कवि के लिए ही अर्थ रखता है। रचनाशील कवि और कलाकार के लिए सौन्दर्य से साक्षात्कार विशेष अर्थ रखता है। इसकी प्रतीति पहले दिये इस उदाहरण से तो होती ही है कि : "एक अन्धकार के चमकीले निर्झर में / तुम्हारे स्वर चमकते हैं"

कवि का सौन्दर्य से जब साक्षात्कार होता है तो उन्हें प्रतीत होता है मानों :

"एक सोने की घाटी जैसे उड़ चली / जब तूने अपने हाथ उठाकर / मुझे देखा / एक कमल सहस्रदली होंठों से / दिशाओं को छूने लगा।"[28]

जब उस सौन्दर्य की प्रतिमा ने कवि को हाथ उठाकर देखा तो उन्हें ऐसा लगा मानों एक सोने की घाटी उड़ चली हो।

सुनहरे रंग का सौन्दर्य कवि की आँखों में अँज गया और सम्भवत: घाटी की-सी गहराई और मोड़ भी। इतना ही नहीं, ऐसा लगा कि मानो एक सहस्र पंखुड़ियों वाले कमल पुष्प ने दिशाओं का स्पर्श किया हो। एक कमल खिलते-खिलते दिशाओं तक फैल गया। कितना अद्भुत होगा वह कमल जो दिशाओं तक विस्तरित हो जाता है। सम्भवत: 'आकाश के फूल की तरह ही अद्भुत'। सौन्दर्य का ऐसा

साक्षात्कार उन्हें कई बार होता है। सौन्दर्य चाक्षुष तो होता ही है, पर उससे भी अधिक वह हृदय को एक विस्तार देता है।

सौन्दर्य का ही तो विस्तार है उनकी कविताएँ—ऐसा कह सकते हैं। और तभी धूप उनकी कविताओं में कितनी चपल और क्रियाशील बन जाती है। धूप, धूप से भी ज्यादा बहुत कुछ है जब :

"अपनी अजब-सी खनक और चमक लिये / गोरी गुलाबी धूप / एक शोख आँख मारती-सी गिरती है।"[29]

धूप केवल गोरी और गुलाबी नहीं है, उसमें एक खनक है, जो सामान्य नहीं, अजीब है—शायद धूप की है, अतः अजीब है। उसमें एक चमक भी है। इतनी चंचल है कि 'एक शोख आँख मारती-सी गिरती है, किसी सूने कारिडोर में।' वह कारिडोर भी उसके इस रँगीले अस्तित्व से भर उठता है—उसका वह एकान्त, वह मौन, वह सूनापन सब समाप्त हो जाता है।

धूप और केले का खेल भी कितना रोचक हो जाता है :

"धूप थपेड़े मारती है थप्-थप् / केले के हाथों से पातों से / केले के थंबों पर / खसर-खसर एक चिकनाहट / हवा में मक्खन-सा घोलती है"[30]

केले का पूरा पेड़ धूप से सन गया है। फिर वह केले के धूपभरे पत्ते केले के थम्बों को पीट रहे हैं। सबसे आकर्षक बात वहाँ बनती है, जब कवि धूप को द्रव पदार्थ मानते हैं और कल्पना करते हैं कि यह सोनाली माटी इसे चुस्की-चुस्की पी रही हो —आँख मीच चुस्की लेने का आनन्द उठाते हुए कहते हैं : "धूप की चुस्कियाँ / पिये जाये, आँख मीच सोनाली माटी"[31]

शायद धूप की गरमाहट यह सोनाली माटी पिये जाये, तभी 'कन कन जिये जाये'।

शमशेर की कुछ कविताएँ पूरी की पूरी बिम्बात्मक हैं। 'ऊषा' की बात तो की जा चुकी है। इसके अतिरिक्त 'घिर गया है समय का रथ' 'धूप', 'सागर तट', 'सौन्दर्य', 'चेहरे की शामों में'। इसमें उन कविताओं का समावेश भी होता ही है जो किसी का चित्र देखकर लिखी गयी हों—जैसे 'वॉन गॉग का एक चित्र', 'एक स्टिल लाइफ़', 'विजय सोनी के चित्र', 'रावल गोस्वामी के चित्र'।

एक विस्तरित आयाम में देखें तो प्रायः उनकी सभी कविताएँ इसमें आ सकती हैं, क्योंकि शमशेर की रचना-प्रक्रिया बिम्बों में खुलती-खिलती है, यह देखा जा चुका है।

इन सब कविताओं में इस दृष्टि से विशेष है उनकी 'टूटी हुई बिखरी हुई' कविता जो 'कुछ और कविताएँ' में संकलित है।

बिम्ब से आरम्भ हुई यह रचना, बिम्बों में खुलती हुई बिम्ब में समाप्त हो जाती है। एक सौ चौदह छोटी-बड़ी पंक्तियों में व्याप्त यह रचना प्रेम की तीव्र

संवेदना लेकर आती है। ठीक मध्य में यह संवेदना तीव्रतम हो जाती है। इसकी संरचना भी इस तरह से महत्वपूर्ण है कि कैसे ठीक बीच की पंक्ति ही इस संवेदना को तीव्रतम रूप में अभिव्यक्त करती है। सारी आरम्भिक यात्रा उस तक पहुँचने की है और बाद का समग्र अंश उस प्रभाव को लेकर धीरे-धीरे शान्त हो जाता है। विभिन्न बिम्बों से यह प्रेम-अनुभव प्रकट हुआ है, पर अपने तीव्रतम क्षणों में—सबसे रहित—एकदम सीधी सपाट अभिव्यक्ति—"तुम मुझसे प्रेम करो जैसे मैं तुमसे करता हूँ" लेकिन चूँकि यह सीधा सपाट बयान बिम्बों से घिरा है, अतः अधिक प्रभावक है।

प्रत्येक बिम्ब अपने आपमें अलग है, पर एक भावान्विति प्रस्तुत करता है—तभी समग्रतया एक सघन रचना पढ़ने का अनुभव होता है, न कि अलग-अलग भावचित्रों के पढ़ने का।

कवि की संवेदनशीलता इस हद तक ही, कि कबूतर की गुटुर-गूँ भी सार्थक हो उठती है, और एक ग़ज़ल का रूप धारण कर लेती है—जिसके रदीफ़-क़ाफ़िये कवि की समझ के बाहर की बात है।

ऐसी ही संवेदनशीलता में अनेक बिम्ब उभरते हैं जैसे :

"मेरी बाँसुरी है इक नाव की पतवार / जिसके स्वर गीले हो गए हैं / छप् छप् छप् मेरा हृदय कर रहा है / छप् छप् छप्"

'स्वर गीले होना' मुहावरा है, पर कवि के यहाँ वह अपने विशिष्ट अस्तित्व के साथ आता है।

छप् छप् छप् करता हृदय, अर्थात् जल···अर्थात् हृदय उमड़कर बह रहा है, वह जल-स्रोत बन गया है—सम्भवतः नदी। उस नदी में आर्त स्वरों की नाव है, जिसे बाँसुरी खे रही है। बाँसुरी के सुरों की तरह मधुर और अपनी ओर आकर्षित करने वाली सारी बात को बिम्बात्मक ढंग से इस तरह रखते हैं—कि बाँसुरी नाव की पतवार में बदल जाती है और उसके पूर्व तो स्वर या आर्त्तपुकार बाँसुरी में बदल जाते हैं। क्योंकि वह पतवार है, अतः नाव की है, जो नदी के जल में खेई जा रही है। आगे आता है कि मेरा हृदय 'छप् छप् छप्' कर रहा है—पतवार चलाने की आवाज। यह आर्त्त पुकार हृदय में उठती है। हृदय को चीरकर यह स्वर इस तरह उभरता है, जैसे हर बार पतवार जल की सतह को गहरे तक चीरकर फिर बाहर आती है···और फिर छप्।

इस तरह हर बार जल को चीरकर वह नाव को आगे बढ़ाती है। इस पूरी प्रक्रिया में एक सम, गति, एक संगीत व्याप्त है, जो किसी भी संवेदनशील हृदय को झंकृत कर सकता है।

ऐसा ही एक बिम्ब आता है इस रचना में :

"मुझे प्यास के पहाड़ों पर लिटा दो जहाँ मैं / एक झरने की तरह तड़प रहा

हूँ / मुझको सूरज की किरणों में जलने दो / ताकि उसकी आँच और लपट में तुम / फौवारे की तरह नाचो"

सूखे पहाड़, जिस पर कोई झरना उछल कर बह रहा हो—सामान्य चित्र ही तो है यह। पर कवि के लिए यह 'प्यास के पहाड़' हो जाते हैं—अर्थात् 'चिर-अतृप्ति' की कामना। 'तृप्ति' तो बात को समाप्त कर देती है। अतृप्ति ही उसे 'चिर-जीवित' रखती है। 'वह' कुछ भी हो सकता है, प्रेम भी।

झरने का उछलकर बहना—कवि के लिए 'तड़प' बन जाता है—तब 'प्यास के पहाड़' सार्थक हो जाते हैं। इतने बड़े विशाल प्यास के पहाड़ हैं, जिनको तृप्त करने के लिए एकमात्र क्षीण-धार झरना।

आगे एक और बात कहते हैं कि मैं सूरज की किरणों में जलूँ ताकि जलने की उस आँच और लपट को देखकर तुम प्रसन्न होओ, और फौवारे की तरह नाचो कि मैं कैसे जल रहा हूँ, और तड़प रहा हूँ। यहाँ पर फौवारे और आग की लपट के बीच तनाव खड़ा होता है। यहाँ पर परम्परागत उर्दू शायरी का 'बेदर्द आशिक' सजीव हो उठता है। सूरज से ताप तो मिलता है, पर लपट नहीं उठती। पर अतिशयोक्ति शायद इसलिए कि कवि ऊपर तक उठती लपटों में जल रहे हैं, और प्रेयसी ऊपर उबलते फौवारे में नाच रही है। यानि कवि के जलने का प्रभाव प्रेयसी पर नहीं पड़ रहा है—उल्टे वह शान्त शीतल और निश्चिन्त है।

दोनों बिम्बों से जो एक कंट्रास्ट खड़ा होता है, वह बिम्बों के सौन्दर्य को और अधिक निखारता है।

रंग, स्पर्श, गन्ध, स्वर—सारी संवेदनाएँ तीन पंक्तियों में कैसे उभरती हैं—यह देखने वाली बात है :

"एक फूल ऊषा की खिलखिलाहट पहनकर / रात का गड़ता हुआ काला कम्बल उतारता हुआ / मुझसे लिपट गया"

यहाँ ऊषा की खिलखिलाहट में फूल का विकसित होना, उसकी गन्ध का हवा में बिखरना, सभी कुछ सूचित है। फूल ने किसकी खिलखिलाहट पहनी है—तो ऊषा की। अर्थात् इसमें ऊषा का टटकापन, उसका मांगल्यभाव, उसका रंगवैभव सभी कुछ विद्यमान है। फूल ने यह खिलखिलाहट धारण की है, अर्थात् वह आद्यन्त सुगन्धित और खिला हुआ है। वह रात का गड़ता हुआ काला कम्बल उतारता है। रात का काला कम्बल, वह भी चुभनेवाला—अर्थात् फूल जो इतना कोमल है कि रात की कालिमा भी उसे चुभती है और शायद इसलिए हल्के रंगों वाली ऊषा धारण किये हुए है। ऊषा के रंग तो मानो पारदर्शी हैं, कि धीरे-धीरे नभ की नीलिमा उसमें से झांकती है। रात जैसे-जैसे गहराती है, कालिमा बढ़ती है, और कवि को वह कम्बल खुरदरा चुभने वाला लगता है।

लेकिन क्या वास्तव में कवि फूल की ही बात कर रहे हैं—यह सन्देह होता है,

उसी से जुड़े दूसरे बिम्ब को पढ़कर। जिस फूल की बात कवि ने की है—वह काँटों वाला नहीं था, पर उस फूल में एक ज़ुल्फ़ थी। बहुत लम्बी—ज़मीन तक—और उसी ज़ुल्फ़ में कवि उलझ गये हैं। वह फूल प्राप्त करने के लिए किसी अतिरिक्त सजगता की आवश्यकता नहीं, क्योंकि उसमें काँटे नहीं हैं, पर प्राप्त करने की बात तो तब हो जब कवि या 'मैं' होश में हों। उनके पाँव तो वहीं उलझ गये हैं और वे वहाँ से बाहर नहीं आ पा रहे हैं :

"उसमें काँटे नहीं थे—सिर्फ़ एक बहुत / काली, बहुत लम्बी ज़ुल्फ़ थी, जो ज़मीन तक / छाया किये हुए थी···जहाँ मेरे पाँव / खो गये थे"

कवि के पाँव तो उलझ ही गये—पर साथ ही उस गुल ने क्या ग़ज़ब किया, तो :

"वह गुल मोतियों को चबाता हुआ, सितारों को / अपनी कनखियों में धुलाता हुआ, मुझ पर / एक ज़िन्दा इत्रपाश बनकर बरस पड़ा"

यह कोई साधारण पुष्प नहीं जिसने कवि को इतना हिला दिया है। यह तो ऐसा फूल है जिसमें मोती का रंग है, उसकी आब है, चमक है, और जो मोती की तरह ही मूल्यवान है, दुष्प्राप्य है, न जाने कितनी हज़ार खाली सीपों के बाद किसी सीप में मिलता है। उस फूल में सितारों की चमक है, जो कनखियों में धुल चुकी है अतः उसकी आँखों में भी एक चमक है—वह सितारों की तरह अप्राप्य भी है। इतना ही काफ़ी नहीं था। वह फूल 'मुझ पर' एक ज़िन्दा 'इत्रपाश' बनकर बरस पड़ा। सम्पूर्ण रूपेण सुगन्धमय। और वह तो 'बरस पड़ा'। सुगन्ध की यह तेज़ बौछार अपने पर झेलने के बाद कवि की स्थिति क्या हो सकती है इसकी कल्पना की जा सकती है। वे केवल श्वास-रूप में शेष रह जाते हैं।

एक बहुत ही विलक्षण बिम्ब इसमें है, जो शब्दों की विशेष अर्थगर्भता से वैसा बना है :

"एक खुशबू जो मेरी पलकों में इशारों की तरह / बस गयी है, जैसे तुम्हारे नाम की नन्ही-सी / स्पेलिंग हो, छोटी-सी, प्यारी-सी तिरछी स्पेलिंग"

बात ही कैसे आरम्भ करते हैं—खुशबू का पलकों में बसना। यह रोमाण्टिक कल्पना अपने आप में वायवीय है। फिर कैसे—इशारों की तरह सारे पूर्व-संकेत, अब भी कवि के लिए सुगन्धित हैं। वे बासी नहीं हुए हैं। वे गन्धमय सारे संकेत कवि की पलकों में बस गये हैं। अब आगे जो बात कही गयी है वह सम्भवतः 'इशारों' से सम्बन्धित है। अंग्रेजी में जिसे 'साइन' कहते हैं। साइन—अर्थात् व्यक्ति के हस्ताक्षर नाम का एक अंश। प्रायः लोग 'तिरछे' ढंग से लिखते हैं। इस साइन करने के ढंग में ही व्यक्ति का बहुत-कुछ बोलता है, फिर साइन यानी नाम की 'स्पेलिंग' का एक अंश—उसी में वस्तुतः पूरा नाम समाया रहता है।

इसी तरह पूरा भूतकाल कवि की पलकों में बस गया है—एक संकेत रूपी

सुगन्ध में। उसी एक सुगन्ध में पूरा समय वह सिमटा हुआ है। वे सारे संकेत कवि की पहचान बन गये हैं। कवि के पूरे जीवन में ये सारे गन्धमय संकेत वैसे ही उभरकर उपस्थित हैं, जैसे किसी की तिरछी स्पेलिंग—क्योंकि 'हस्ताक्षर' ही किसी भी पत्र को वजन देते हैं।

इस तरह से इस कविता में अनेक ऐसे बिम्ब हैं जो इसमें निहित प्रेम के संवेदन को गहन और कविता के 'मैं' को उजागर करते हैं।

दिन-रात के विभिन्न समय-खण्ड कविता में विषय बनकर आते हैं। जब नरेश मेहता की कविताएँ पढ़ते हैं तो यह बात बहुत गहराई से प्रतीत होती है कि 'दिवस' का उत्सवी रूप उनकी कविताओं में है। दिवस के इस उत्सवी रूप का उन्होंने बहुत गौरव किया है। प्रहरों के इस विशेष चुनाव से कवि की कविताओं का 'मूड' पकड़ा जा सकता है।

शमशेर के यहाँ शाम सर्वत्र है। आकाश में, पहाड़ों में, चेहरे पे, और समग्र जिस्म में भी। पर जो बात प्रहरों को लेकर विशेष है, वह यह कि वे या तो शाम से लेकर रात, या भोर से लेकर सुबह, या रात्रि से सुबह तक का वर्णन करते हैं।

कई बार शाम से आरम्भ हुई उनकी कविता भोर में जाकर समाप्त होती है। प्रहरों का ऐसा गतिशील वर्णन उनके यहाँ है। 'घिर गया है समय का रथ'[32] कविता का आरम्भ होता है डूबती हुई शाम से जो रात्रि के बहुत करीब है और अन्त होता है लालिमा-युक्त और भोरकालीन आकाश में :

"मौन सन्ध्या का दिये टीका / रात / काली / आ गयी / सामने ऊपर उठाये हाथ-सा / पथ बढ़ गया"

फिर चाँदनी की बात है, पंचमी की रात और होता यह है :

"भेद ऊषा ने दिये सब खोल"/ ··· / ··· / "आँख मलता पूर्व स्रोत"

यह तो पूरी प्रक्रिया है कि धीरे-धीरे शाम, रात में ढलती हुई बीतती है और वहीं से भोर उगती है। बात का आरम्भ करते हैं कि 'रात आ गयी'—। लेकिन कैसे तो—सन्ध्या का टीका दिये हुए। यह सन्ध्या मौन है। चुपचाप चली आयी शाम है। रात के भाल पर टीके के रूप में। यह शाम रक्तिम थी। सुन्दर—अर्थात् रात की शोभा थी। यह पहाड़ों की शाम है। इसीलिए चढ़ता हुआ पथ कवि को, ऊपर उठाये हाथ-सा प्रतीत हो रहा है। अन्तिम पंक्ति में जो बात है—'आँख मलता पूर्व स्रोत'—यहाँ भी लालिमा का बोध कराना है—वह आँखों के मलने से सूचित किया गया है। आँखों को मलने पर वे अक्सर लाल हो जाती हैं—फिर यहाँ पर भोरकालीन लालिमा है—अतः आँखों के मलने का बिम्ब सटीक हो उठता है। यहाँ देखने वाली बात यह है कि आरम्भ में सन्ध्या का टीका कहकर लालिमा सूचित की गयी है और अन्त में भी आँखों के मलने से वह सूचित हो जाती है।

कई बार ऐसे भी वे इस परिवर्तन को बताते हैं :

"हँसी बन / खिली साँझ / बुझने को ही / एक हाय-हाय की रात / बीती न थी / कि दिन हुआ"[33]

ऐसी ही कुछ और कविताएँ हैं—'सावन, शाम और रात : तीन स्टैंज़ा' (कुछ और कविताएँ) 'ऊषा', 'रुद्रदत्त भारद्वाज की शहादत की पहली वर्षी पर' (कुछ कविताएँ) एवं 'शाम-सुबह' (इतने पास अपने), जिनमें इन समय-खण्डों की क्षण-क्षण परिवर्तित नवीनता को चित्रित करने वाले अनेक बिम्ब हैं, जैसे 'स्लो-मोशन' में पकड़े गये चित्र हों।

II

कितना भी बड़ा कवि क्यों न हो, उसकी कविताओं में कुछ ऐसे बिम्ब बार-बार आते हैं। कई बार उसकी मानसिकता को इससे पकड़ा जा सकता है। जो भाव-सृष्टि, जो संवेदन चेतना को अधिकाधिक झंकृत करता रहता है, वही बार-बार विभिन्न सन्दर्भों में प्रकट होता रहता है।

बिम्ब जब बार-बार प्रयुक्त होते हैं तब वह प्रतीक बन जाते हैं। यह बात सही होने पर भी, हमेशा ऐसा ही होता है, यह बात नहीं है। शमशेर की कविताओं में शाम, गुलाब, दरिया, बादल, नींद और आईना बार-बार आते हैं।

शाम उनके यहाँ विशेष रूप से लक्षित होती है। शाम जुड़ी है अनिवार्यतः उनकी उदासी से, उदासी निकट है मृत्यु के, प्रेमिका के। वैसे भी जो सतत उदासी का स्वर है उनकी कविताओं में वह उनके शाम के बिम्ब से जुड़ा है। शाम उदासी का स्वर लिये हुए है। कितने अलग-अलग रूपों में, रंगों में शाम उनके यहाँ खुलती-खिलती है। अनेक नये अनुभव शाम उनके लिए लाती है।

पीली पतझड़ी उदास शाम उनके लिए प्रेयसी के उदास मुख का स्मरण लेकर आती है तो कई बार सलोने जिस्म के लिए उन्हें शाम का बहता हुआ दरिया याद आता है। जिस्म का वह उभार दरिया के उमड़ने के करीब का—फिर वह दरिया शाम का। यह शाम चेहरे पर अंकित हो जाती है, तब भी जल रूप में, क्योंकि उसमें कश्तियाँ डोलने लगती हैं :

"चेहरे को शामों में / होठों की कश्तियाँ / हौले-हौले हौले-हौले / खिलती हैं"[34]

आगे वे कहते भी हैं :

"शाम के जल में ढलती हैं / मौन चतुर्दिक / से सारी सृष्टियाँ"

और फिर शाम उनकी मुस्कराहट के करीब इस तरह आती है :

"मैं इस तरह मुस्कराया / जैसे शाम के पानी में डूबते पहाड़ / ग़मगीन मुस्कराते हैं"[35]

यहाँ फिर शाम प्रवाही बन जाती है। डूबती हुई शाम में गहराते अन्धकार में डूबते पहाड़ जैसे गम्भीर और विवश लगते हैं, वैसे ही कवि मुस्कराते हैं—गम्भीर पर विवश। यहाँ पर पहाड़ों के मुस्कराने की कल्पना है, शाम के जल में।

इस तरह से शाम उनके लिए ठोस नहीं है, न वायवी है; वह प्रवहमान है। चाहे वह प्रवाह उच्छल तरंगमय न हो—ग़मगीन ही हो।

उनकी शाम में स्वाद भी है। शाम के अँधेरे में डूबता सूरज तो उनके तईं—'अँधेरे की मिठास में डूबता है'। अर्थात् अँधेरा (शाम का) स्वादमय हो जाता है :
"डूबता सूरज अँधेरे की मिठास में"[36]

यह शाम, यह अँधियारा उनके लिए आश्वासक है। उन्हें सन्तोष देता है। तभी तो यह शाम उनकी प्रेयसी के सीने पर ठहरकर उसके भीतर कुछ समानता, कुछ अपनत्व खोज रही है :

"तुम छोटा-सा हो लाल, घिरा फैलाव लहर हल्की-सी / जिसके सीने पर ठहर शाम / कुछ अपना देख रही हो उसके अन्दर··· / ···अँधियाला"[37]

शाम उनके लिए ऐसी भी है :

"ये शाम है / कि आसमान खेत है पके हुए अनाज का / लपक उठीं लहू भरी दरातियाँ / —कि आग है"[38]

ग्वालियर की उस खूनी शाम का ऐसा चित्र भी उनके मन पर अंकित हुआ है।

कितनी ही शामें उनके लिए कविता की रचनाभूमि रचती हैं। 'शाम' से उनकी रचना जन्म लेती है : "मैंने शाम से पूछा / या शाम ने मुझसे"[39]

यहीं से राग-भाव प्रेरित रचना जन्म लेती है। शाम उनके लिए कई स्मृतियाँ लाती है। वे कहते हैं : "यादों की शाम है / मेरे चिलमन में / जरा ठहरो···"[40]

ये शामें कैसी हैं ? मधुर भी हैं, और ऐसी भी हैं :

"उस फ़ाख्ता के बाज़ू के अन्दर का रोआँ / कितना कोमल, कितना उजला / जिसको उस शाम हमने मारा था"[41]

'जिसको उस शाम हमने मारा था'—यह केवल घटना का निर्देश नहीं है। या यह बिम्ब मात्र इन्द्रियग्राह्य नहीं है, पर एक व्यथा जगती है इसे पढ़कर। फ़ाख्ता की मृत्यु मानो उनके प्रेम की मृत्यु है। और यह सामान्य मृत्यु न होकर उन दोनों द्वारा हुई है। अतः कोई शिकायत नहीं है, तभी गहन दुःख है। सावन का नीला आकाश जो कवि अब—इस समय देख रहे हैं, उन्हें उस शाम की स्मृति में ले जाता है, जब उनके प्रेम की मृत्यु हो गयी थी और अनिवार्यतः वह शाम अनेक पूर्वस्मृतियाँ लाती है।

इसके अतिरिक्त ऐसी अनेक रचनाएँ हैं जो 'शाम' से रचित हैं। इनमें न कोई घटना है, न शाम का चित्र ही है। पर शाम की जो उदासी है वह पूरी कविता में प्रसरित है। ये कविताएँ समान्तर चित्तवृत्ति को प्रस्तुत करती हैं।

'सारनाथ की एक शाम' (चुका भी हूँ नहीं मैं) या 'लहरें' / 'शाम' / 'वह नगर' (उदिता) ऐसी ही रचनाएँ हैं।

उनके यहाँ शाम के इतने बिम्ब देखकर यह समझना जरूरी हो जाता है कि शाम उनकी रचना की अनिवार्यता बनकर आती है। ऐसी अनिवार्यता में जब उनमें और शाम में एकरूपता आ जाती है, तभी वह कहते हैं : "मैंने शाम से पूछा या शाम ने मुझसे"[42]

इस तरह से देखा जा सकता है कि शाम उनके लिए एक विस्तार, एक गहराई, एक साँवलापन, और एक गोलापन लेकर आती है। उनकी कविताओं में शाम का जो बार-बार उल्लेख आता है वह एक उदासी, एक ठहराव का बोध लाती है! 'शाम' एक तरह से कवि-चेतना का पर्याय बनकर आती है। उनकी कविता में जो उदासी का स्वर है, वह शाम के विभिन्न अनुभवों में प्रकट होता है। वह भी सलोनी-साँवली गहराती शाम।

शाम ही की तरह 'आईना' उनके बहुत बार आते बिम्बों में से एक है। पारदर्शी, चिकना, जो दूरियों को प्रतिबिबिम्बित करें, और उन तक जा पहुँचाये। लेकिन वह कभी इतना 'बेठोस' है कि उसके भीतर पैठा जा सकता है। जब आकाश उनके लिए एक नीला आईना बन जाता है पर वह ठोस नहीं—'बेठोस' है, क्योंकि कवि उसके भीतर चल सकता है :

"एक नीला आईना / बेठोस-सी यह चाँदनी / और उसके भीतर / चल रहा हूँ मैं"[43]

यहाँ पर 'चाँदनी' भी बेठोस है, और 'आकाश' भी। और इस बेठोस के भीतर चलते-चलते कवि भीतर-ही-भीतर धँसते चले जाते हैं—गहरे तक।

आईना तो सब कुछ स्पष्ट रूप से प्रतिबिम्बित करता है, पर हम ही कई बार उसे धुंधला बना देते हैं : "हम राख हैं जो आईने के मुँह पर मले हुए हैं / क्या उसे माँजने के लिए"[44]

कवि का सन्देह है कि उसे स्वच्छ करने के लिए तो नहीं, पर उसे धुँधला बनाने के लिए ही हम उसकी सतह पर (राख) मले हुए हैं।

कहीं पर नजर के आईना बनने की बात है, जहाँ वे किसी में प्रतिबिम्बित होना चाहते हैं।

एक तो एकदम ही 'इरॉटिक इमेज' वे आईने में देते हैं : "सूरज को आईना जैसे नदियाँ हैं" (दूसरा सप्तक)

यहाँ पर सूरज के नदियों में प्रतिबिम्बित होने की बात है। रचना 'शृंगार' की है, जिसमें पुरुष-देह का वर्णन है, अतः यह बिम्ब उसी सन्दर्भ में अर्थित होने के कारण 'इरॉटिक' हो जाता है।

इनकी कविताओं में गुलाब का बहुत उल्लेख है। गुलाब सुर्ख हैं, पीले हैं और

कत्थई भी। कहीं पर दो गुलाब हैं तो कहीं पर गुलाबोंका दरिया उमड़ता है। इनके यहाँ गुलाब केवल गंध नहीं देते, अपितु स्पर्श का भी बोध देते हैं। वे नर्म केसरिया साँवलियापन लिये हुए कत्थई गुलाब हों, या तकिये पर रखे दो सुर्ख गुलाब हों।

इस तरह शमशेर की इस वैविध्यपूर्ण बिम्ब-सृष्टि को देखते हुए यह बड़ी सहजता से अन्दाज़ा लगाया जा सकता है कि उनकी कविताएँ इस दृष्टि से कितनी समृद्ध हैं।

रंगों की सृष्टि में सराबोर उनकी कविताओं का सौन्दर्य हल्के रंगों में ही है। उन रंगों में स्पर्श और स्वाद दोनों का अनुभव होता है।

सौन्दर्य से साक्षात्कार कराते हुए इनके बिम्ब हमें एक अपरिचित विश्व से साक्षात्कार कराते हैं। आकाश के किसी अद्‌भुत लोक तक ले जाते हैं, अन्धकार के चमकीले निर्झर में ले जाते हैं। साथ ही वे हमें उनकी 'सुररियल' सृष्टि में भी ले जाते हैं, जहाँ सूरज पसरता है और आकाश पिघलता है।

इन बिम्बों से उनकी रचना-प्रक्रिया तक पहुँचा जा सकता है, और यह बात स्पष्ट हो जाती है कि बिम्ब उनकी रचना की अनिवार्यता बनकर आते हैं।

उनके यहाँ बिम्ब सन्दर्भ के साथ अर्थित होते हैं। कहीं पर वे सौन्दर्य और सत्य जैसे शाश्वत मूल्यों को भी बिम्बों के द्वारा अभिव्यक्त करते हैं।

कहीं पर पूरी की पूरी कविताएँ बिम्बात्मक हैं। एक तरह से सौन्दर्य का विस्तार ही हैं उनकी कविताएँ।

कुछ ऐसे बिम्ब भी हैं, जो बार-बार कवि-चेतना को आकृष्ट करते हैं, अतः बार-बार कविता में आते हैं। शाम, आईना, गुलाब ऐसे ही कुछ बिम्ब हैं।

उनके बिम्ब पाठक की सारी इन्द्रियों को संवेदित करते हैं। तथा एक नयनोत्सव लेकर आते हैं।

शमशेर की कविता सघन है, और इसीलिए प्रथम पाठ में दुरूह भी लगती है। कुछ दुर्ग्राह्य भी। लेकिन जब निकट से पढ़ते हैं, बिम्बों की सृष्टि का संस्पर्श पाते हैं और अपने भीतर उन बिम्बों की सजीवता अनुभूत करते हैं, तब उनकी कविताओं का जादू हम पर सवार होता है, और इस मितव्ययी कवि की लाघ्वी कला के हम बरबस प्रशंसक बन जाते हैं। तब कवि की यह पंक्ति सार्थक हो उठती है :

"नशा मुझे नहीं होता है
मुझे पीने वालों को होता है
अगर वे उठाकर पी सकें
एक घूँट"[45]

सन्दर्भ

1. 'एनसाइक्लोपीडिया ऑफ़ पोएट्री ऐण्ड पोएटिक्स', पृष्ठ 377
2. 'I think', says Mr. Herbert Read, "we should always be prepared to judge a poet...by the force and originality of his images", 'Poetic Image', p. 17
3. 'पोएटिक इमेज' सी. डे. लेविस, (ड्रायडीन का उद्धरण), पृ. 18
4. वही
5. वही
6. वही, पृ. 39
7. 'पोएट्री फ्रॉम स्टेटमेंट टु मीनिंग, विभाग-II, (जीओरोम बेंटी एवं विलीयम एच. मैशेट), पृ. 174
8. 'कुछ कविताएँ', पृ. 15
9. एक मौन, वही, पृ. 44
10. पूरा आसमान का आसमान, वही, पृ. 41
11. वही
12. सावन, 'कुछ और कविताएँ', पृ. 60
13. वही
14. वही
15. राग, 'कुछ कविताएँ', पृ. 10
16. एक पीली शाम, वही, पृ. 21
17. सौन्दर्य, 'चुका भी हूँ नहीं मैं', (नया संस्करण), पृ. 98
18. 'इतने पास अपने', पृ. 27
19. 'चुका भी हूँ नहीं मैं', पृ. 17
20. राग 'कुछ कविताएँ', पृ. 12
21. 'कुछ और कविताएँ', पृ. 74
22. वही, पृ. 75
23. सुबह, 'कुछ कविताएँ', पृ. 36
24. पूर्णिमा का चाँद, वही, पृ. 14
25. धूप कोठरी के आईने में खड़ी, 'कुछ और कविताएँ', पृ. 37
26. यह विवशता, 'कुछ कविताएँ', पृ. 51
27. अम्न का राग, 'कुछ और कविताएँ', पृ. 18
28. सौन्दर्य, 'इतने पास अपने', पृ. 56
29. भुवनेश्वर, 'कुछ और कविताएँ', पृ. 78
30. धूप, 'कुछ कविताएँ', पृ. 54
31. वही, पृ. 55
32. टूटी हुई बिखरी हुई, 'कुछ और कविताएँ', पृ. 51-55

33. घिर गया है समय का रथ, वही, पृ. 38
34. हार-हार समझा मैं, वही, पृ. 50
35. चेहरों की शामों में, 'इतने पास अपने', पृ. 46
36. टूटी हुई बिखरी हुई, 'कुछ और कविताएँ', पृ. 54
37. शाम सुबह, 'इतने पास अपने', पृ. 61
38. फिर भी क्यों, 'उदिता', पृ. 32
39. ये शाम है, 'कुछ कविताएँ', पृ. 32
40. राग, वही, पृ. 9
41. सावन, 'कुछ और कविताएँ' पृ. 63
42. वही
43. एक नीला आईना, 'कुछ कविताएँ', पृ. 13
44. एक आदर्श लहरों के पार, 'इतने पास अपने', पृ. 58
45. एक नीला दरिया बरस रहा है, 'चुका भी हूँ नहीं मैं', (नया संस्करण), पृ. 22

3
शमशेर की भाषा

(अ) भाषाकर्म ही कविकर्म है

"So here I am, in the middle way, having had twenty years
Twenty years, largely wasted, the years of 'L'entre deux guerres'
Trying to learn to use words, and every attempt is wholly a new start."

(तो मैं अब यहाँ हूँ, बीस वर्षों के बाद; दो महायुद्धों के बीच के ये वर्ष जो मैंने व्यर्थ बिगाड़े हैं, शब्द-प्रयोग सीखने के प्रयत्न में। प्रत्येक प्रयत्न एक सर्वथा नया आरम्भ है और एक भिन्न प्रकार की निष्फलता भी)

प्रसिद्ध अंग्रेजी कवि टी० एस० इलियट अपने 'फोर क्वारटेट्स' में प्रत्येक क्षण नयी भाषा, नयी अभिव्यक्ति खोज निकालने के महत्त्व को बताते हैं।

कविता में तथा रचनाकर्म में भाषा के इस उत्तरोत्तर बढ़ते महत्त्व को सर्वप्रथम फ्रांस के प्रतीकवादी कवियों ने स्थापित किया। सृजन-व्यापार में इस तरह भाषा को शीर्ष महत्त्व का स्थान मिला।

कविता मूलतः भाषा-कर्म है। इस बात को थोड़ा और खींचकर कहें तो भाषा ही कविता है ऐसा कह सकते हैं। किसी भी रचना की चर्चा करते समय या तो हम उसके अर्थ से आरम्भ करके भाषा-सौन्दर्य तक जाते हैं, या भाषा से आरम्भ करके अर्थ तक जाते हैं। अर्थात् कह सकते हैं कि किसी भी रचना को समझने का आरम्भिक और अन्तिम बिन्दु उसकी भाषा है।

कविता में भाषा का स्वतन्त्र रूप से महत्व है। वह केवल विचारों को अभिव्यक्त करने का माध्यम नहीं है।

भाषा की रचनात्मकता के आधार पर ही कवि की अनुभूति और कल्पना की सीमाएँ बँधती या खुलती हैं।

गद्य की बात जब होती है, तब उसमें विचारों का महत्त्व प्रमुख रहता है।

विचार स्थापना के विरोध में कविता-भाषा के बारे में प्रसिद्ध अंग्रेजी कवि ऑडेन ने एक बार लिखा था[1] :

"तुम कविता लिखना क्यों चाहते हो? अगर वह युवक कहता है, 'मुझे महत्त्व-पूर्ण बातें कहनी हैं' तो फिर वह कवि नहीं है। 'मुझे शब्दों के चारों ओर घूमना और वो क्या कहते हैं, यह सुनना अच्छा लगता है', तब फिर सम्भव है वह कवि बनने वाला है।"

अर्थात् कविता क्या अर्थ देती है कि अपेक्षा क्या ध्वनित करती है यह ज्यादा महत्त्वपूर्ण है।

कविता में भाषा और विचार साथ ही आते हैं। ऐसी बात नहीं है कि पहले भाषा आती हो और फिर उसमें विचारों का समावेश होता हो या फिर पहले विचार आते हों और उनके लिए उपयुक्त शब्द ढूंढ़े जाते हों।

ऑडेन ही ने एक बार कहा था, "मैं कैसे जान सकता हूँ कि मैं क्या सोचता हूँ जब तक कि मैं कह न दूं।"[2] अर्थात् जब तक कवि स्वयं लिख नहीं लेता, तब तक वह अपने विचारों को, कथ्य को नहीं जान सकता। अगर वह कोई शब्द काट-कर दूसरा लिखता है, तो उसका अर्थ यह नहीं कि पहला शब्द उसके विचारों को गलत ढंग से अभिव्यक्त करता है, अपितु यह कि वह स्वयं स्पष्ट नहीं है कि वास्तव में वह क्या कहना चाहता है। शब्द बदलते-रखते अचानक कोई शब्द मिल जाता है और तब उसे लगता है कि 'हाँ, मुझे यही कहना था।'

प्रसिद्ध फ्रांसिसी कवि मलार्मे और उनके चित्रकार मित्र दगास के बीच हुए पत्र-व्यवहार के दौरान एक महत्त्वपूर्ण बात सामने आयी। दगास ने एक बार कहा कि 'मैं भी कविता लिखना चाहता हूँ, क्योंकि मुझे बहुत विचार आते हैं।' तब मलार्मे ने दगास को सलाह दी थी—'वन मेक्स पोएट्री विथ वर्ड्स नाट विथ आय-डियाज़' अर्थात् कविता शब्दों से बनती है, विचारों से नहीं।[3]

कविता में विचारों के इस विरोध के विरुद्ध प्रसिद्ध बंगला समीक्षक अबू सैयद ऐयूब ने अपने समीक्षा ग्रन्थ 'रविन्द्रनाथ ओ आधुनिकता' में कहा है :

"इन काव्य-तत्वविदों के अनुसार कवि-कर्म का लक्ष्य एकदम भिन्न है, इस अर्थ में कि ये कविता के मूल में शब्द को स्थान देते हैं और भाव को मिलावट मानते हैं। इससे यह हुआ कि कविता में शब्द-योजना मात्र ध्वनि की दृष्टि से होने लगी। लेकिन यह कार्य अपने-आपमें कठिन है, क्योंकि भाषा में अर्थ और ध्वनि का कोई आन्तरिक सम्बन्ध नहीं है, बाहरी सम्बन्ध है।"[4]

पुराने काव्य-मानों और मान्यताओं के सर्वथा प्रतिकूल शब्द की ऐसी सर्वोपरि

स्थापना, शायद ऐसे प्रश्न जगा सकती है। किन्तु जैसा कि वॉलेरी कहते हैं, कविता की सार्थकता का आधार भाषा के उपयोग की रीति, नीति और उद्देश्य में एक मूलगत परिवर्तन लाने पर रहेगा। कविता की भाषा अपने अर्थ को प्रेषित करके निःशेष हो जाती है, जबकि कविता की भाषा अर्थ प्रेषित करने के बाद भी अपने रूपाकार के साथ बनी रहती है। अर्थात् शब्द का मात्र ध्वन्यात्मक गुण ही विशेष नहीं है। अतः शब्द को उसकी पूरी अर्थवत्ता और रचनात्मकता के साथ प्रयुक्त करने पर ऐयूब का भय बहुत अंश तक नहींवत् हो जाता है।

कविता में भाषा के इस महत्त्व को स्वीकारने के बाद कवि-कर्म कितना कठिन है, इस बात की प्रतीति होती है। साथ ही काव्यकला की अन्य कलाओं के साथ तुलना का सन्दर्भ प्रासंगिक हो उठता है।

चित्रकला और संगीतकला की अपेक्षा कविकर्म अधिक कठिन इस अर्थ में है कि चित्र और संगीत के साधन हमारे रोज-बरोज के उपयोग के नहीं हैं, जबकि कविता का माध्यम भाषा है, जो लगातार घिसती है। रोजबरोज उपयोग में आती है। उसी भाषा का, उन्हीं शब्दों को जब काव्य में प्रयुक्त करना होता है, तो उन्हें साधना पड़ता है, कसना पड़ता है, तब यह काम और कठिन हो जाता है। चित्रकला और संगीतकला के माध्यम विशुद्ध कलात्मक हैं। जैसा कि मलार्मे कहता है कि कविता का काम है 'मनुष्य जाति' की बोली को शुद्ध करना। इसका अर्थ यह हुआ कि वे मानते हैं कि रोज-बरोज़ प्रयुक्त होने का कारण भाषा अशुद्ध हो गयी है और कविता उसे शुद्ध करती है।

पॉल वॉलेरी ने ऑक्सफर्ड में दिये अपने एक वक्तव्य में कहा था कि कविता के कथ्य की गहरी परीक्षा लेने के पूर्व, वे उसकी भाषा की ओर देखते हैं और एक सर्जन (शल्य चिकित्सक) की भाँति उसे विसंक्रमित करते हैं। उनके मत के अनुसार यह एक वैज्ञानिक पद्धति है।

पर भाषा को विसंक्रमित करने की आवश्यकता क्यों? उनके शब्दों में—

"क्लीनिंग अप दी वरबल सिच्यूएशन"[5] की आवश्यकता क्यों?

ऐसी अशुद्ध भाषा को काव्योपयुक्त बनाना वास्तव में कठिन काम है।

हर रोज शब्द के बार-बार घिसने से ही नहीं, अपितु काव्यभाषा के नये रूप के कारण भी कवि-कर्म कठिन हो गया है।

काव्य-भाषा और काव्यात्मक भाषा में एक अन्तर है। 'बहुत ही सुष्ठु-सुष्ठु शब्द प्रयोग'—यही 'काव्यात्मक' का प्रचलित अर्थ है। इस अन्तर के सन्दर्भ में एग्नेस ऐथेल मैके का कहना है :

'काव्यात्मक भाषा की समस्या जब आती है, तब हमें अपने मस्तिष्क को इस बात से मुक्त कर देना चाहिए कि 'काव्यात्मक' से तात्पर्य है बहुत ही सुष्ठु एवं रोमाण्टिक शब्द। दूसरी ओर यह भी नहीं है कि एकदम सादा वक्तव्य, ग्रामीण या

घिसे-पिटे शब्द, बहुत अधिक प्रयुक्त अभिव्यक्ति, टुकड़ों में कटा गद्य चाहे वह लयात्मक हो या न हो—कुछ अधिक अच्छा या अभिव्यक्तिपूर्ण है।"[6]

सुष्ठु शब्द के विरोध में साधारण शब्द की स्थापना कविता में हुई। इस साधारण शब्द को काव्यात्मक कहने का तात्पर्य है "कोई भी शब्द अगर सर्जनात्मक रूप से कविता में प्रयुक्त हो तो वह काव्यात्मक बन जाता है।"[7]

प्रतीकवादी कवियों का ऐसा मानना है कि कविता में भाषा एक सजग प्रयास है। कवि भाषा पर लगातार काम करता है, उसे गढ़ता है और फिर उसका कविता में प्रयोग करता है। 'गढ़ने' की इस प्रक्रिया में साधारण शब्द भी काव्यात्मक हो उठता है।

प्रत्येक शब्द को ठोंक-बनाकर, उसकी जाँच-पड़ताल करने के बाद उसे कविता में प्रयुक्त करने से उसके सम्भावित अर्थ-स्तर सृजनात्मक रूप से कविता में खिलते हैं। शब्द की प्रत्येक ध्वनि सार्थक हो। सृजनात्मक—अर्थात् प्रत्येक शब्द को हम कविता में जानें ही नहीं, अनुभव कर सकें।

कविता में तो एक-एक अव्यय भी महत्त्वपूर्ण हो जाता है। कवि इस तरह से उसे अपनी कविता में रखता है कि वही सम्पूर्ण पंक्ति का प्राण हो जाता है। वह सृजनात्मक हो जाता है, काव्यात्मक हो जाता है।

आज कविता में भाषा के महत्व की बात जब करते हैं तब हमारा तात्पर्य होता है कि कविता का अर्थ, कविता के बिम्ब, प्रतीक, सभी इसी भाषा में से निकलें। उसकी काव्यात्मकता सिद्ध करने का एक मान यह भी है।

प्रत्येक युग की कविता अपनी विशेष शब्दावली और काव्यरीति से पहचानी जाती है, किन्तु हमें किसी कवि को हेय नहीं समझना चाहिए। अगर उसकी कविता में से हम कोई ऐसा शब्द ढूँढ़ निकालें जो हमने प्राचीन युग के लेखकों में पढ़ा या सुना हो तो हम उतने ही गलत होंगे अगर दूसरी ओर हम कुछ शब्दों को 'अकाव्यात्मक' घोषित कर दें, जो अब तक कविता में अपरिचित हों, क्योंकि शब्द, संगीत में सुरों की तरह होते हैं, उन्हें साधना पड़ता है, बस।"[8]

काव्यात्मक भाषा और काव्य-भाषा में जहाँ अन्तर है, वहाँ आज की काव्य-भाषा और साधारण-भाषा में भी अन्तर करना जरूरी है। रोज-बरोज के शब्दों को नये सन्दर्भ, प्रकारान्तर से नये अर्थ देना, पुराने शब्दों, पदों, मुहावरों को नये ढंग से प्रयुक्त करना, जिससे वे एक नये अर्थ से दीप्त हो उठें, या अभिव्यक्ति अगर माँग करती हो तो नये शब्द बनाना, और उन्हें पूरी काव्यात्मकता के साथ प्रयुक्त करना। प्रत्येक कवि अपनी रचना-प्रक्रिया में ये दोनों ढंग अपनाता है। उसकी रचना-प्रक्रिया से गुजरकर ये शब्द उसके निजी बन जाते हैं, 'रोज-बरोज' के नहीं रहते। यही काव्य-भाषा और साधारण-भाषा में अन्तर है।

लेकिन कविता केवल शब्दों को रख देने से नहीं बनती। वह उनके क्रम से

बनती है। शब्दों का महत्त्व उनकी आपसी टकराहट से होता है। साधारण बोल-चाल में एक शब्द अपने-आपमें भी सार्थक है जबकि कविता में वह अपने सन्दर्भ के साथ सार्थक बनता है।

रामस्वरूप चतुर्वेदी ने लिखा है : "साधारण बोलचाल में शब्दों का अर्थ निश्चित और सीधा होता है, घण्टे की तरह टन-टन। साहित्य में उसी शब्द का अर्थ अपने पूरे वैविध्य में तारों की झंकार की तरह उभरता है। पर भाषा में की यही झंकार बिना शब्दों के आपस में टकराहट के नहीं बनती। इसीलिए बोलचाल का एक शब्द भी ('आओ, 'चलें' 'अच्छा' याकि 'सुनो' भी) अर्थ देगा। पर कविता बिना शब्द-क्रम के नहीं बनेगी।"[9]

कविता में प्रत्येक शब्द एक-दूसरे के पास रख देने से उसका अर्थ कैसा ध्वनित या झंकृत होता है, यह उनकी आपसी रगड़ से पता चलता है। शब्द अर्थ देता है, पर मात्र यह अर्थ कविता में प्रेय नहीं है। कविता में तो रगड़ से उत्पन्न अर्थ ही प्रेय है। अर्थात् कविता में अभिधात्मक अर्थ की अपेक्षा व्यंजनात्मक अर्थ ही प्रेय रहता है।

"शब्दों की रगड़ से अर्थ वैसे ही व्युत्पन्न होते हैं, जैसे लकड़ियों को जलाकर ऋषि अग्नि जलाते थे।"[10]

ऋषि यहाँ कवि भी है, पाठक भी है। कवि एक बार शब्दों की यह रगड़ पाठकों के समक्ष प्रस्तुत कर देता है, पर पाठक तो बार-बार ऋषि है, क्योंकि उसकी संवेदना में रगड़ से, बार-बार अर्थ व्युत्पन्न होता है। भाषा इसीलिए प्रत्यक्ष कविता है— क्योंकि जितनी बार उसका अर्थ पाठक की संवेदना में खुलता है, नया प्रतीत होता है।

इस प्रकार हम देखते हैं कि प्रतीकवादियों ने भाषा की पुरानी भूमिका ही बदल दी। भाषा का यह महत्त्व अनेक भय-स्थान भी खड़े करता है। पर वास्तव में देखा जाय तो इसी से तय होगा कि समय के प्रवाह में कौन कितना टिक पायेगा। काव्य-भाषा जब साधारण भाषा के निकट पहुँच गयी है, तब यह भय और भी गहरा हो गया है। शब्दों को उनकी पूरी अर्थवत्ता के साथ प्रस्तुत करना निश्चय ही महत्त्वपूर्ण हो गया।

भाषा की ध्वन्यात्मकता का काव्य में प्रवेश हुआ—पूरे जोश के साथ मलार्मे और वॉलेरी ने ध्वन्यात्मक दृष्टि से उत्तम काव्य की रचना की।

भाषा के इस महत्त्व का स्वीकार शमशेर के यहाँ भी है। उनके पूरे काव्य-संसार को समझने पर इस बात की बार-बार प्रतीति होती है कि उनकी प्रकृति शब्दों की जड़ों तक जाने की है। वे कहते हैं :

"मुझे तो इस अध्ययन से एक कवि के नाते भाषा की जड़ें महसूस करने में सहायता मिलती है, शब्दों के आदि रूप, उनकी मूल ध्वनियाँ कैसे हमारे मन-मस्तिष्क को प्रभावित करती है, उन्हें क्रिया, प्रतिक्रिया के विशेष साँचे में ढालती हैं

—इसका अध्ययन बहैसियत एक कवि के सचमुच कितना लाजिमी है···जरा आप शब्दों की जड़ों तक जाइए, आप एक दूसरे ही सौन्दर्य में डूब जायेंगे···कैसा अद्भुत नियम काम करता है उनके पीछे।"[11]

यह अद्भुत नियम कवि के संसार का है, भाषा-शास्त्री का नहीं।

भाषा ही वह बिन्दु है, जहाँ हम शमशेर को उनके समकालीनों और आज के कवियों से अलग कर सकते हैं।

(आ) शमशेर की भाषिक सर्जनात्मकता

1

शमशेर पहले से ही भाषा को वरे हुए कवि हैं। उनकी आलोचना करते समय उनकी कविताओं में कथ्य (प्रचलित अर्थ में) एवं सामाजिकता के अभाव की चर्चा बार-बार होती है। यह बात प्रकारान्तर से भाषा वाले प्रश्न से ही जुड़ी है। क्योंकि उन्हें कुछ 'कहना' नहीं है, 'बोध' नहीं देना है; वे कविता से किसी धर्मगुरु, किसी समाज-सुधारक या किसी राजनीतिज्ञ का काम नहीं लेना चाहते। शमशेर कविता की सार्थकता 'रचनाकर्म' में मानते हैं। इसका यह अर्थ नहीं कि समाज का उनके यहाँ नितान्त अभाव है। संवेदन-विश्व की चर्चा करते हुए इसका यथोचित उल्लेख हो ही गया है अतः यहाँ चर्चा करना अनावश्यक है।

भाषा-प्रयोग के प्रति सजगता उनके यत्र-तत्र दिये वक्तव्यों तथा कविताओं द्वारा भी उजागर होती है। अपने एक इण्टरव्यू में उन्होंने कहा था :

"असल में मेरी दृष्टि शिल्प-शैली पर शुरू से ही जियादा रही है I am very conscious of style. मैं बचपन से ही उर्दू और हिन्दी में तुलनात्मक दृष्टि से भी पढ़ता था। इंग्लिश से भी उन्हें कम्पेयर करता था। मैं ग्रैमर पर बहुत ध्यान देता था। It was a joy for me, always a joy. My imagination had been awakened from the very beginning."[12]

इससे यह स्पष्ट है कि भाषा, शमशेर के यहाँ, रचनात्मक और संरचनात्मक दोनों रूपों में महत्त्व रखती है।

अपने इस इण्टरव्यू में 'वॉन गॉग का एक चित्र' के सम्बन्ध में जब 'उसे ढाँप लेने को' पंक्ति में, 'को' की अनिवार्यता पर चर्चा हुई तो उन्होंने कहा : "पश्चिमी हिन्दी में 'को' का प्रयोग अधिक होता है। 'को' मुहावरे के करीब का लगता है, मैंने इसके बारे में कहीं पढ़ा था। यह 'डेफिनिट आर्टिकल' का संकेत देता है। बात को निश्चित बनाता है। उन्होने बार-बार इस पंक्ति को पढ़कर जाँचना चाहा कि यह शब्द अनिवार्य है अथवा नहीं।

'एक नीला दरिया बरस रहा है'[13] में, जो रचना-प्रक्रिया की कविता है, वे कहते हैं :

"मगर / मेरी पसली में है—गिन लो / व्यंजन : और उनके बीच में हैं / स्वर/ उसे मेरा ही कहो फ़िलहाल :"

अर्थात्—जैसे कविता, कवि के भीतर से जन्म लेती है, वैसे ही भाषा भी (कवि की अपनी भाषा) कवि के भीतर से जन्म लेती है—इस अर्थ में वह एक, एकदम ही निजी वस्तु है। अगर बाहर का उसमें कुछ प्रतिबिम्बित भी होता है, तो वह भी कवि के निजत्व के साथ। यहाँ पर देखा जा सकता है कि कवि भाषा को माध्यम की तरह प्रयुक्त नहीं करते, उनके लिए वही कविता है। इन्सानियत के चूक जाने पर भी मनुष्य के पास 'भाषा' रहती है। और भाषा में ही वह सम्भावना है, जो उसे पुनः रचनात्मकता की ओर अग्रसर करती है। वही सीमारेखाओं और दिशाओं को जोड़ती है। कहते हैं :

"शराब / यानी इन्सानियत की तलछट का छोड़ा हुआ / स्वाद। / मुझे दो / मगर पैमाना हो / फ़ोनिमिक्स का / उन भाषाओं का, पश्चिम और पूर्व की जो / मिलन सीमा को / आर्गनित / करती है।

शमशेर अपनी अनुभूति को केवल बिम्बों और प्रतीकों द्वारा नहीं, भाषा के द्वारा भी अनुभूत कराते हैं।

'सूर्यास्त'[14] रचना में उस जल की बात करते हैं. जो विशद् है। इस विशदता को बिम्ब या अन्य किसी माध्यम द्वारा प्रकट न करके मात्र शब्द द्वारा किया है :

"फेन फूलों से गुथी हुई, सागर लटों के बीच बीच / थाह् लेता / विशद् / जल विशद् / विशद्।

विशद् के पुनरावर्त्तन और साथ ही मुद्रांकन से जल की विशद्ता का एक चित्र पाठक की आँखों के सामने आ जाता है। इसी प्रकार का एक उदाहरण 'सारनाथ की एक शाम'[15] में भी है :

"तू किस / गहरे सागर के नीचे / के गहरे सागर / के नीचे का / सागर गहरा होकर / भिच गया है।"

यहाँ पर सागर की गहराई उसकी थाह के साथ हम चाक्षुष कर सकते हैं। दसों दिशाओं[16] का विस्तार इन पंक्तियों में देखने को मिलता है :

"दसों दिशाओं की भी दसों दिशाओं की भी··· / दसों दि···शा···ओं··· / में।"

ये सारे अनुभव भाषा के द्वारा प्रकट हुए हैं अतः विशिष्ट बन जाते हैं।

'मोहन राकेश के साथ एक तटस्थ बातचीत'[17] की आरम्भिक पंक्तियाँ यह प्रभाव बनाती हैं कि कैसे कवि को मोहन राकेश की मृत्यु कुछ समय से लगातार 'हांट' (उपसृष्ट करना) कर रही हैं। बार-बार वह नाम कवि के मन में घुमड़ रहा

है, इसकी प्रतीति होती है 'राकेश' से शुरू होती कविता से। इसके बाद कवि बड़ी स्वस्थता से आगे की बात करते हैं। पूरी रचना नाटकीय लगती है। पर शब्द द्वारा यह प्रभाव उत्पन्न करना शमशेर की विशेषता है :

"राकेश मोहन राकेश मो···/··· ··· ···/ सारा दिन कल, परसों, आज / मोहन राकेश मोहन···/ मो··· ··· ··· / यों ही खामखाही यों ही खाम / खाही बार-बार अचानक और / फिर-फिर डिस्टर्ब करता रहा मुझे / मोहन राकेश"

शब्द की अर्थवत्ता या जीवन्तता भी, कवि की रचनात्मकता पर आधारित है। शब्द की ऐसी अर्थवत्ता ही शमशेर के यहाँ महत्त्वपूर्ण है। [यहाँ 'अर्थवत्ता' से तात्पर्य है शब्द के वहाँ होने की अनिवार्यता (जस्टिफ़िकेशन) से] एक उदाहरण से यह बात समझी जा सकती है :

"मौत कोई सेंटीमैंट की चीज नहीं / वह एक ठोस हस्ती है व्यक्ति के लिए / हर व्यक्ति के लिए / मौत हमारी आँखों में / अचानक देखती है— अचानक देखने लगती है / वह दृष्टि कितनी खरी होती है / अचानक / मोहन राकेश"

यहाँ तीन बार प्रयुक्त 'अचानक' इस बात को पुष्ट करता है। मौत के एक सामान्य दर्शन, एक वास्तविकता के बारे में कवि बता रहे हैं कि कैसे बिना किसी पूर्वसूचना के (अचानक) मौत से हमारा सामना होता है। उसके बाद तुरन्त जब वे कहते हैं 'अचानक देखने लगती है'—तब मौत अपने 'दर्शन' के कवच से बाहर निकलकर सजीव हो उठती है। एक 'व्यक्ति' की तरह मौत हमें दिखने लगती है। अन्त में जब वे कहते हैं—'अचानक / मोहन राकेश' तो मानो इन दो शब्दों के अन्तराल में वे कहना चाहते हों—"अचानक—मौत ने तुम्हारी आँखों में देखा और वह दृष्टि इतनी खरी थी कि तुम उसका एक अंश बनकर—मोहन राकेश।" यहाँ 'अचानक' का वहाँ होना उसे जीवन्त बना देता है—काव्यात्मक बना देता है। इसके साथ ही एक और बात समझी जा सकती है कि कैसे साधारण शब्द काव्यात्मक बन उठता है।

शमशेर की कविता में एक आन्तरिक संवाद, या एकालाप लगातार चलता है। कोई एक 'पाठक' है, जो सदैव उनके समक्ष है, जिसे वे उद्‌बोधते हैं। यह उनका दूसरा आधार भी है। 'सावन'[18] कविता का अन्तिम अंश मोनोलॉग की दृष्टि से विशेष महत्त्वपूर्ण है :

"आज मेरे लिए तुम/उसकी हद हो।/ उस बात की हद हो / जो मेरे लिए हो —तुम / वह मेरी / हद हो / तुम / तुम मेरे लिए / मेरी हद हो मेरी हद हो / तुम / मेरे / लिए···

कविता में तुम के साथ कवि का संवाद अन्त में एकालाप हो जाता है। यहाँ पर कवि 'कन्फ़्यूज़्ड' नहीं है, वह 'मैं और तुम' में डूब गया है। अर्थात कवि तुम

के पार नहीं जा सकते। इस बात को 'तुम मेरी हद हो' के बार-बार आवर्तन से जाना जा सकता है। जिस ढंग से यह लिखा है, उससे स्थिति कन्फ़्यूज्ड लग सकती है, पर यह शब्दों का बिखराव, मैं और तुम की सीमाओं को जोड़ता है। (सम्भवतः एक दूसरे से) इस अभेद स्थिति तक पहुँचने की बात केवल शब्द द्वारा कवि अनुभूत कराना चाहता है। ये शब्द-रचना को बार-बार सर्जित करने के लिए हमें बाध्य करते हैं।

पुनः सर्जन कई बार स्वयं शमशेर के यहाँ भी होता है। चित्र-रूप में आयी कविता को शब्द-रूप में अभिव्यक्त करना। यह प्रक्रिया उतनी सायास नहीं है, जितनी कि उक्त कथन द्वारा लग सकती है। परन्तु जो रचनाएँ ऐसी चित्रात्मकता से सर्जित हैं, उनमें भी 'भाषा' महत्त्वपूर्ण है। यह बात दो रचनाओं को लेकर समझी जा सकती है। 'होली : रंग और दिशाएँ' का उपशीर्षक है 'एक एब्स्ट्रैक्ट पेण्टिग'।[19]

एब्स्ट्रैक्ट पेण्टिग—जैसे बार-बार देखने पर, अनेक बार अपनी आँखों और दिमाग को उस पर लगाये रहने से खुलती है—सम्भवतः। उसका आकार रचना के सृजन के समय भी तय नहीं होता। रचना पूर्ण होने के बाद कोई आकार हम प्राप्त करें ऐसी सम्भावना खड़ी होती है। रचना के दौरान तो एक या अनेक भाव ही प्रमुख रहते हैं।

इस रचना में भी यही बात है।

सही अर्थ में देखा जाय तो न भाषा टूटी हुई है, न ही भाव या चित्र के अंश इस हद तक बिखरे हैं कि समेटे न जा सकें, परन्तु जो संघटना इन चित्रों की है, वह पूरी बात को एब्स्ट्रैक्ट बनाती है। जो पूरी कविता में एब्स्ट्रैक्ट और ठोस के कांबीनेशन एक साथ आते हैं—यह भी कुल मिलाकर कविता को एब्स्ट्रैक्टनेस की ओर ले जाता है। उदाहरण देखिए :

"जंगले जालियाँ / स्तम्भ / धूप के संगमरमर के / ठोस तम के / कँटीले तार हैं / गुलाब वाड़ियाँ।"

यहाँ उन जंगलों, जालियों और स्तम्भों की बात है, जो संगमरमर के हैं, पर धूप की तरह पारदर्शी हैं। वे अन्धकार की तरह हैं, परन्तु ठोस हैं। जंगले, जालियाँ, दरवाजे, खिड़की, पर्दे, सड़क, धूल, वक्ष, केश, मुख आदि से पार होकर कविता देश और काल की निस्सीमता तक जाती है। भूतकाल तक जाकर आती है; पर आखिर तो इसी ऋतु की, 'हम' की बात तक आकर ठहरती है—एक के बाद एक ऐसी घटना-संघटना रचना को एब्स्ट्रैक्ट बनाती है।

लेकिन फिर भी कोई निश्चित चित्र हमारे मन में नहीं बनता, जैसे 'पथरीली घास भरी इस पहाड़ी के ढाल पर'[20] में बनता है।

रेखाओं और हल्के रंगों से एक चित्रांकन कवि कर रहे हैं। यहाँ पर

गद्यात्मक भाषा का प्रयोग करके, एक स्थिर; निश्चित चित्र कवि बनाते हैं। इस हद तक गद्यात्मक है कि कविता न भी लगे :

"पथरीली घास-भरी इस पहाड़ी की ढाल पर, / टॉप्सी और मैं / बगल में सचेत बैठी स्पैनियल की तेज-तेज साँस ! / एक अनमना-सा आधा स्केच / धूप में चमकती, मेरी गोद में एक सफेद कॉपी खुली / हिलते-चमकते बहुत हरे, छोटे-बड़े पेड़ मेरे चारों ओर खड़े···"

पहाड़ी पर बैठे कवि की दृष्टि के साथ-साथ हम भी आसपास का परिवेश देखते और सुनते हैं (स्पैनियल की तेज-तेज साँस ?) यहाँ पर दिक्-काल तक, या उसके पार जाने की बात नहीं है, परन्तु वहीं तक, जहाँ तक कवि की दृष्टि जाती है। न किसी के भीतर तक, गहरे तक ही कवि गये हैं। विशालता है, पर सतही* है।

भाषा का ऐसा ही रूप 'मोहन राकेश के साथ एक तटस्थ बातचीत' में है जिससे हमें अनुभूति होती है कि 'मौत वास्तव में एक ठोस हस्ती है हम सबके लिए।'

'होली : रंग और दिशाएँ' में शब्द पारदर्शी हैं, जो हमें उनके परे और भीतर पार तक ले जाते हैं। भाषा के द्वारा ही इन रचनाओं की चित्रात्मकता भी सिद्ध होती है। भाषा, इस तरह शमशेर के लिए पारदर्शी भी है, सीधी भी है और ठोस भी।

भाषा की ध्वन्यात्मकता शमशेर को विशेष आकृष्ट करती है। 'मणिपुरी काव्य साहित्य पर एक विहंगम हल्की-सी झाँकी'[21] उस भाषा (मणिपुरी) के ध्वन्यात्मक सौन्दर्य के कारण ही लिखी गयी ! रचना का उत्स बन गया। एक इण्टरव्यू[22] में वह कहते हैं :

"मुझे मणिपुरी काव्य-साहित्य का एक पैम्फलैट हाथ लगा। मैं प्रभावित हुआ। जिस तरह से उन्होंने अपनी भाषा पर उत्साह से लिखा था, मैं वाकई में शर्मिन्दा हुआ कि मैं इस अपनी एक भारतीय भाषा के बारे में नहीं जानता···मैं अपनी प्रयोगात्मक कविता में केवल उसका परिचय देकर कुछ 'इवोक' (evoke) करना चाहता था। और विशिष्ट प्रसिद्ध नामों का जो ध्वनिगत सौन्दर्य है उसे मैं देना या प्रदर्शित करना चाहता था।··· I wanted to give the flavour of the original pronunciation of the names."

अर्थात् किसी भी भाषा का ऐसा ध्वन्यात्मक सौन्दर्य उनकी काव्य-रचना की प्रेरणा हो सकता है। कभी-कभी भाषा का चित्रात्मक सौन्दर्य भी काव्य-सृजन का कारण होता है जैसे 'चीन' कविता में देखा जा सकता है। इस कविता को प्रकाशित

---

* यहाँ 'सतही' गुणात्मक के अर्थ में नहीं—देश-स्थान के सन्दर्भ में है।

करते समय हाशिये पर चीनी लिपि के ब्लॉक्स हों ऐसा उनका विशेष आग्रह था। अपने इण्टरव्यू [23] में वे कहते हैं "···मैं बहुत प्रभावित हुआ। मैंने सोचा हमें कम-से-कम यह जानना चाहिए कि चीनी लोग अपने देश को कैसे पुकारते हैं, यानी एक तरह से अपनी माँ को। यानी जैसे हम लोग कहते हैं—भारत। लिपि और उच्चारण दोनों। मूल बात मुझे यही कहनी थी कि दोनों देश एक हों। तो मैंने कोशिश की, कि मैं चीन देश के इन चीनी नामचिह्नों का मूल के अनुरूप ही अर्थ दूँ···तो मैंने यह चिह्न देखकर और अपनी कल्पना से···वैसे मैंने इनके अर्थों की काफी हद तक रक्षा की है, केवल अन्तिम चिह्न को छोड़कर,···कविता लिखी।···पर मेरा मुख्य उद्देश्य वह संज्ञा अपने उच्चारण के साथ रखने का था।" एक ओर शमशेरजी मानते हैं कि संज्ञाएँ अपने उच्चारण के साथ आनी चाहिए, वहाँ इस कविता में लिपि चित्रात्मक होने के कारण उच्चारण के पहले उसके चित्र आते हैं। उदाहरण के लिए हम निम्न उद्धरण लें :

"और महान संदेश लिये / दौड़ता हुआ सन्देशवाहक हो जैसे—/ मैं दौड़ा"[24]

यहाँ पर उस चिह्न का लिप्यन्तर देवनगरी में किया हो, ऐसा लगता है।

यह सन्देश तो शान्ति का ही हो सकता है, एकता का हो सकता है, जो कविता की रचना का मूल उत्स है। अर्थात् किसी भाषा-विशेष का ध्वन्यात्मक और चित्रात्मक (लिपि का) सौन्दर्य भी कवि अपनी कविता में शब्द-प्रयोग के स्तर पर अभिव्यक्त करते हैं।

अन्यथा सामान्य अभिव्यक्ति कई बार शमशेर की कविता में विशिष्ट इसलिए हो जाती है कि वह अलग ढंग से आती है। पूरा आसमान का आसमान इसका उदाहरण है। कवि ने आसमान की कल्पना एक इन्द्रधनुषी ताल के रूप में की है :

"पूरा आसमान का आसमान है / एक इन्द्रधनुषी ताल / नीला-साँवला हल्का-गुलाबी"[25]

सामान्य रूप से 'पूरा का पूरा आसमान' कहा जायेगा। पर यहाँ ऐसा न कहकर कवि 'पूरा आसमान का आसमान' कहते हैं। सम्भवतः 'पूरा का पूरा' उन्हें सूचनात्मक अधिक लगा होगा, जबकि 'आसमान का आसमान' में पूरा आसमान इस दिशा से उस दिशा तक आँखों के सामने घूम जाता है।

शमशेर की कविताओं में कई बार सामान्य रूप से प्रचलित शब्दों का प्रयोग न होकर असामान्य प्रयोग मिलते हैं। लिंग के अप्रचलित प्रयोग इनमें से एक है। इससे कविता का 'मैं' बहुत ज्यादा निजी हो गया है। 'इतने पास अपने' की 'थरथराता रहा'[26] कविता में वे कहते हैं :

"थरथराता रहा जैसे बेंत / मेरा काय···कितनी देर तक / आपादमस्तक।"

सामान्य रूप से काया शब्द प्रयुक्त होता है, लेकिन अपना निजत्व स्थापित करने के लिए वे 'काय' शब्द लाते हैं। इसी तरह का एक और उदाहरण है :

"और फिर मानो कि मैं / एक मत्स्य हृदय में"[27]

'मछली'···यह सामान्य प्रयोग न करके वे 'मत्स्य' का प्रयोग करते हैं, जिससे वे स्वयं रचना में स्थापित हो जाते हैं।

यथासम्भव कम शब्द-प्रयोग से भावाभिव्यक्ति शमशेर के काव्य का विशिष्ट गुण है। इसमें व्यंजना की बात प्रमुख है। और इसी प्रक्रिया में शब्दों का 'देहली-दीप' प्रयोग उनकी रचनाओं में कई बार मिलता है। 'देहलीदीप' अर्थात् वह शब्द जो दोनों पंक्तियों में समान रूप से अर्थ दीप्ति देता हो।

'एक विदा'[28] में इसका उदाहरण मिल सकता है:

"मुझे शक होने लगा। / वाकई / क्या वह जिन्दा है?"

यहाँ पर 'वाकई' शब्द 'देहलीदीप' का काम करता है। 'मुझे वाकई शक होने लगा' और 'वाकई क्या वह जिन्दा है?'

इसी तरह 'एक पीली शाम'[29] में भी एक ऐसा अंश है:

"पतझर का ज़रा अटका हुआ पत्ता / शान्त / मेरी भावनाओं में तुम्हारा मुख-कमल···"

यहाँ पर 'शान्त' अटके हुए पत्ते के अर्थ को भी दीपित करता है और 'मुख-कमल' को भी। 'कुछ कविताएँ' के 'एक गीत' में भी ऐसी ही बात है। देहलीदीप का एक और अच्छा उदाहरण है, 'चेहरे की शामों में'[30] की निम्न पंक्तियाँ: "शाम के जल में ढलती हैं / मौन चतुर्दिक / ये सारी सृष्टियाँ"

यहाँ पर 'मौन चतुर्दिक', देहलीदीप—'शाम के जल', 'ढलती हैं' तथा 'ये सारी सृष्टियाँ', तीनों को अर्थालोकित करता है।

अपने आरम्भिक रचनाकाल में शमशेर की रचना-भाषा उर्दू थी। वे काफी बाद में हिन्दी में आये। हिन्दी, रचनात्मकता के स्तर पर, उनके लिए नयी भाषा थी, अतः उन्होंने इसे चुनौती के रूप में लिया। सन्धिकाल की ऐसी स्थिति में जो उनकी आरम्भिक रचनाएँ हैं। ('उदिता' में संकलित सन् '31 से '47 तक की।) उनमें संस्कृतमय भाषा-संस्पर्श दिखता है। यह छायावाद का प्रभाव था, ऐसा कहा जा सकता है। 'कवि-कला का फूल हूँ मैं', रचना इस दृष्टि से आँकी जा सकती है:

"मृत्यु के वर नील / वक्षालिंगनों में सो चुका हूँ / स्वप्न शून्याधर हिम के / चूम आया हूँ विवश उर: / चार दिन के विवश जीवन में / उसी की शूल हूँ मैं"[31]

'उदिता' में और पहले के संग्रहों (प्रकाशन वर्ष की दृष्टि से पहले) में उनकी '30-'40 तक की ऐसी अनेक रचनाएँ हैं, जिनमें भाषा का दूसरा स्तर भी दिखता है। जैसे: "मेरा झूठा मान / जाता है मेरे घर से मेहमान"

पहली रचना सन् 1937 की है और दूसरी 1939 की। यहाँ पर वर्षों का या रचना सन् का महत्त्व इतना नहीं है, परन्तु जो बात महत्त्वपूर्ण है वह यह कि

रचनात्मक भाषा की प्राप्ति के विश्वास का अभाव इन रचनाओं में है।

शमशेर की कविताओं में भाषा के अनेक स्तर हैं। ये स्तर कई बार लिरिक का रूप निश्चित करते हैं, तो कई बार ये स्तर विषय और प्रयोगात्मकता भी निश्चित करते हैं।

अन्य लिरिक-रूपों की भाषा की तुलना में उनकी ग़ज़लों की भाषा परंपरागत ग़ज़ल की भाषा है। उनकी ग़ज़लों के विषय भी वही परम्परागत आशिक़-माशूक़, इश्क़-हुस्न, दर्देदिल हैं। आशिक़ का सीना और माशूक़ की चोटें हैं। एक ग़ज़ल में वे कहते हैं :

"जहाँ में अब तो जितने रोज़ / अपना जीना होना है,
तुम्हारी चोटें होनी हैं / हमारा सीना होना है"[32]

जब वे गीत रचना करते हैं, तो उनकी भाषा अलग हो जाती है। उदाहरण के लिए : "सावन की उनहार / आँगन पार / बरसे स्वाति धार"[33]

या "निंदिया सतावे मोहे, सँझही से सजनी/सँझही से सजनी/प्रेम बतकही / तनक हू न भावे / सँझही से सजनी"[34]

यहाँ पर निंदिया, तनकहू, सँझही, मोहे आदि शब्द-प्रयोग इसमें गेयता लाते हैं। उनकी भाषा जब फ़्रीवर्स में ढलती है, तब उसका रूप ऐसा होता है :

"कोई / आँख मुँदी है न खुली / एक ही चट्टान···लहर पार लहर, पार···/
सूर्य के इस ओर ठहर / स्तम्भ तुला पर सिहरा / मौन जलद कन।"[35]

कहा जाता है कि इनकी भाषा बहुत लचीली है, जो अलग-अलग रचनाओं में अलग-अलग आकार लेती है।

इस दृष्टि से 'शरीर-स्वप्न'[36] रचना बहुत ही विशिष्ट है। एक ही रचना में विविध भाषायी अनुभव मिलते हैं। इस रचना में एक तरह से पुरुष-देह का नख-शिख वर्णन है।

कुछ पंक्तियों में शुद्ध शारीरिक स्तर की बात है, कुछ में काव्यत्व है, कुछ में रहस्योन्मुखता है, रहस्यवादिता है। ये तीनों अनुभव इतने एक-साथ इस रचना में आते हैं कि एक विरोध, एक तनाव पूरी रचना में लाते हैं, जिससे पूरी रचना 'कविता' बनती है :

"मकई से लाल गेहुएँ तलुए / मालिश से चिकने हैं / सुखी-भूरी झाड़ियों में व्यस्त / चलती फिरती पिंडलियाँ।··· / (मोटी डालें जाँघों से न अड़ें) / सूरज को आईना जैसे नदियाँ है—/ इन मर्दाना रानों की चमक / 'उन' को खूब पसन्द !···/ वह वन शिव का स्थान"

यहाँ पर मकई से लाल तलुए, पिंडलियाँ और रानों का उल्लेख उसे ठोस शारीरिक स्तर देता है। वहाँ 'सूरज को आईना जैसे नदियाँ है' एकदम काव्यात्मक अभिव्यक्ति है। 'वन शिव' का स्थान कहकर वे कुछ-कुछ रहस्यवादी

बन जाते हैं। 'कुछ-कुछ—क्योंकि आभास मात्र देते हैं। कविता वास्तव में 'इरॉटिक' (लैंगिक चेतना) है और वे जब ऐसा रहस्यवादी रूप लाते हैं, तब कविता 'मिस्टिको-इरोटिक' (mystico erotic) हो जाती है।

'मर्दाना रानों' की बात के बाद तुरन्त नदियों के सूर्य के दर्पण होने की बात करते हैं—इससे एक तनाव आता है, जिससे रचना 'कविता' बनती है।

भाषा के से स्तर 'चुका भी हूँ नहीं मैं'* तक के संग्रहों में मिलते हैं। 'इतने पास अपने' में फ़ीवर्स की रचनाएँ हैं, अत: वैसी भाषा-स्तर-भेद की सम्भावना समाप्त-प्राय हो गयी है। ('सन्ध्या' रचना विद्युल्लता छन्द पर आधृत है किन्तु प्रयोग के स्तर पर)

कहीं पर उनकी भाषा हमें अतियथार्थ अनुभूति के प्रदेश में ले जाती है, जब वे कहते हैं: "गल रहा है आसमान"[37] यह ऐन्द्रीय नहीं, उसके परे की अनुभूति है। कई स्थानों पर वह ऐन्द्रीय भी होती है: "आँखों में घास-काई की नयी"[38]

इन दोनों उदाहरणों की चर्चा करें तो आश्चर्य होगा कि गलना देह की अनुभूति होते हुए भी आकाश के साथ जुड़ जाने पर इन्द्रिय की अनुभूति के परे हो जाती है, जबकि 'घास-काई की नयी' देह से बाहर की स्थिति है, प्रकृति की है, उससे सम्बद्ध है—वह आँखों से जुड़ जाने के कारण ऐन्द्रिक हो जाती है। यहाँ भाषा के, शब्दों के, इस प्रयोग से एक नया ही अनुभवलोक स्थापित हो जाता है।

अनेक स्थानों पर उनकी भाषा बिम्बात्मक हो उठती है: "एक फूल उषा की खिलखिलाहट पहनकर / रात का गड़ता हुआ काला कम्बल उतारता हुआ / मुझसे लिपट गया"[39]

तमाम रात अपने ऊपर गुज़ार लेने के बाद प्रात:कालीन पुष्प की स्थिति की बात है। उष:काल की सारी ताज़गी, सारा टटकापन, सारी उजास 'खिलखिलाहट' में समा गयी है। रात का घनापन, गड़ते हुए काले कम्बल में है। ऐसी बिम्बात्मक भाषा के विरोध में उनके यहाँ सपाट बयानी भी है। 'दूसरा सप्तक' में 'भारत की आरती' नामक ऐसी ही एक रचना है:

> "भारत की आरती / देश-देश की स्वतन्त्रता देवी / आज अमित प्रेम से उतारती"

रूपवादी कवि जब मार्क्सवादी रचना लिखता है, तो मानो, उसके नियमों का चुस्ती से पालन करता है।

इस प्रकार से हम देखते हैं कि शमशेर के यहाँ भाषा के विभिन्न रूप हैं। ये उनकी भाषा-क्षमता को प्रकट करते हैं।

---

* यहाँ पर 'बात बोलेगी' और 'उदिता' को रचनाकाल की दृष्टि से देना है, प्रकाशन वर्ष की दृष्टि से नहीं।

II

भाषा के इन विभिन्न रूपों और स्तरों के बाद भी, भाषा-व्याकरण की छोटी-से-छोटी इकाई भी उनके यहाँ महत्त्वपूर्ण है। अव्यय का सार्थक प्रयोग उनकी भाषा-क्षमता को प्रस्तुत करता है। 'एक नीला दरिया बरस रहा है'[40]—में से यह उदाहरण इस सन्दर्भ में द्रष्टव्य है :

"अजब बेअदबी है जमाने की—कि / कि / अक्स है, इन्तहाई गहरा / वही दरिया"

यहाँ पर 'कि' कवि के परम आश्चर्य को व्यक्त करता है। वे बाहरी वस्तु के साथ तद्‌मय होने की प्रक्रिया में लगे हैं और उन्हें लगता है कि वह सब उनके भीतर आ रहा है। पर जमाने की बेअदबी इस हद तक की है कि उनके अस्तित्व का साया तो रहता ही है। बाहरी वस्तु (प्रकृति) और उनके बीच समाज है, लोग हैं, तो संभवत: वे तर्क से उस एकाग्र होने की प्रक्रिया में रोड़ा अटकाते हैं।

कवि को आश्चर्य है कि ऐसा क्यों? क्यों इस तद्‌मय होने की 'आयडेण्टीफ़िकेशन' की सहज प्रक्रिया को लोग स्वीकार नहीं कर पाते। इस आश्चर्य की सृष्टि इस 'कि' अव्यय में है।

ऐसा ही एक और उदाहरण है :

"वह सागर / उट्‌ठा जो, उठा और—और—और / पाने मुझे"[41]

यहाँ पहली पंक्ति में निर्दिष्ट सागर अपनी जीवन्तता दूसरी पंक्ति के 'और' में पाता है। 'उट्‌ठा' से एक गति, एक उछाल मिलता है पर उसका सागर अथाह रूप "और—और—और" से प्रकट होता है।

एक और कविता में[12] 'और' अपनी पूरी रचनात्मक सम्भावनाओं के साथ प्रस्तुत हुआ है। कवि को केवल अपना 'अकेलापन', जो लगातार गहराता है, उसे उजागर करना है। कवि ने तीन चित्र प्रस्तुत किये हैं। एक घरेलू सम्बन्धों का, दूसरा दिल्ली के मौसम का और तीसरा चित्र है, कवि के राजनीतिक, साहित्यिक और धार्मिक सन्दर्भों का :

कहीं फिल्मों के प्यारे-प्यारे-से / गीत, और कोई भूली-भटकी-सी मैटनी सहेली-राज / और दोस्त अजय और / ताऊजी कभी नाराज़ कभी बहुत खुश / और 'टॉफ़ी' अब कम-कम / उपदेश ज्यादा"

और अन्त में

और राजनीति और धर्म और / साहित्य की हृदयहीनता··· / ············/ और वही / गहराता अकेलापन"

इन सारी बातों को 'और' जोड़ता नहीं, उसे एक रुटीन का रूप देता है। और यह भी बतलाता है कि यह सब होते हुए भी कवि के जीवन में अकेलापन है।

'और' की व्याकरणिक भूमिका वाक्यों और पदांशों को जोड़ने की है, पर यहाँ उसका निर्वाह नहीं होता क्योंकि वाक्यांश टूटे हुए हैं। यहाँ 'और' अगर जोड़ता है तो कवि के अकेलेपन को इन सब बातों से। जिस तरह अव्यय का सार्थक प्रयोग शमशेर की काव्य की विशेषता है, उसी तरह उनकी कविता में बड़े ही अप्रचलित शब्द-संयोजन मिलते हैं।

उनके यहाँ चाँदनी बेठोस है, सँवलाती ललाई है, और नीलाहटें पारदर्शी हैं। सूरज अँधेरों की मिठास में डूबता है, उनकी बाँसुरी के स्वर गीले हैं, शिला अथाह है, उनके यहाँ अन्धकार का विस्तार नहीं, गहराई है, क्योंकि वह 'अतल तम' है।

इन संयोजनों के द्वारा वे अनुभव का नया स्तर अभिव्यक्त करते हैं। 'नीला-हटें' को लें, तो 'आहट' प्रत्यय प्राय: गरमाना (गरमाहट), अकुलाना (अकुलाहट), घबराना (घबराहट) आदि के साथ लगा रहता है, अर्थात् वह एक शारीरिक या मानसिक अनुभूति को प्रकट करता है। 'नीला' के साथ उसे जोड़ने से मानो नीले रंग को शरीर या मन के स्तर पर भी अनुभूत किया जा सकता है। इससे एक प्रकार का इन्द्रीय-व्यत्यय होता है। और जैसा कि निर्दिष्ट किया जा चुका है, यह प्रतीक-वादियों की काव्य सम्बन्धी मान्यता थी।

इस चर्चा के उपरान्त कहा जा सकता है कि शमशेर के यहाँ भाषा के विविध स्तर एवं विभिन्न स्वाद हैं। सबसे मुख्य बात तो यह है कि भाषा उनके तईं 'कविता' है, माध्यम नहीं। रचना और संरचना, दोनों ही दृष्टि से भाषा के प्रति उनकी सजगता आँकी जा सकती है।

भाषा के ये विभिन्न स्तर उनके यहाँ तो लिरिक के रूपों के अनुसार बदलते हैं, जैसे गीत, ग़ज़ल इत्यादि या तो छायावादी सपाट-बयानी आदि अभिव्यक्ति-प्रकारों के अनुसार बदलते हैं। उनकी कविता में भाषा की ध्वन्यात्मकता और चित्रात्मकता उजागर होती है। कई बार उनकी कविताएँ पाठक को, और स्वयं को भी पुन: सर्जित करने के लिए बाध्य करती हैं—चित्र से शब्द तक, स्वर/ध्वनि से शब्द तक।

बिम्बों और प्रतीकों से ही नहीं, भाषा से भी इन्द्रीय अनुभूति के प्रदेश में जाया जा सकता है, ऐसा उनकी कविताएँ स्पष्ट कहती हैं। अतियथार्थ अनुभूति के क्षेत्र में भी। चित्रकला के विभिन्न प्रकार भी उनकी कविताएँ भाषा द्वारा प्रकट करती हैं।

असामान्य शब्द-संयोजना (Unusual words combination) द्वारा उनकी कविताएँ नये अनुभव-विश्व को प्रकट करती हैं। बात कहने का ढंग उनके यहाँ नया है, अप्रचलित है, असामान्य है, अत: उनकी कविताएं विशिष्ट हैं। उनकी कविताओं में शब्द की अर्थवत्ता महत्त्वपूर्ण है।

कथन-संक्षिप्ति उनके काव्य का गुण है, तभी उनकी कविता में व्यंजना, अध्याहार शैली और शब्दों का देहलीदीप प्रयोग महत्त्वपूर्ण बनता है।

शमशेर की भाषा-क्षमता को उजागर करने के उपरान्त तुलना का एक प्रश्न सहज रूप से खड़ा होता है। पन्त जब 'पल्लव' लेकर हिन्दी के छायावादी काल में आये तो उनकी भाषा ताजगी से पूर्ण थी। वह अनुकरणीय भी सिद्ध हुए। किन्तु 'लोकायतन' तक वे उसी भाषा में लिखते रहे। उन्होंने भाषा की सृजनात्मक सम्भावनाओं को खोला नहीं। यह उनकी सीमा सिद्ध होती है। 'दिनकर' में भी भाषा पर प्रभुत्व है, उनमें वाग्मिता है, पर शब्द-प्रयोग की वैसी सजगता नहीं, अतः उनकी कविताएँ वाग्मिता में बह जाती हैं।

भाषा का विकास निराला में देखा जा सकता है। भाषा की यह सजगता देखकर ही, सम्भवतः शमशेर निराला से प्रभावित हैं। इसलिए जैसा कि पहले कहा गया है कि भाषा-प्रयोग की यह क्षमता, यह सामर्थ्य ही कवि को टिकाये रखेगी।

आज भी शमशेर की कविता में यही बात ठीक उतरती है जो कि इलीयट कहते हैं: 'Trying to learn to use words' वे आज भी कविता में लगातार एक नयी भाषा की खोज में हैं। इसीलिए भाषा उनके यहाँ हमेशा टटकी है, पुरानी नहीं। वह परम्परागत भी है और प्रयोगात्मक भी।

सम्भवतः शमशेर को 'कवियों का कवि' इसी अर्थ में कहते हैं कि उनकी कविता में हिन्दी भाषा की अभिव्यक्ति-क्षमता खिलती-खुलती नजर आती है। ऐसी बात नहीं है कि उन्होंने हिन्दी भाषा को अभिव्यक्ति के उच्चतम शिखर तक पहुँचा दिया है, पर आनेवाले कवियों के समक्ष ऐसी अनेक सम्भावनाएँ खोल दी हैं।

III

शमशेर की काव्यभाषा : आलोचना और आलोचना

'शमशेर की भाषा एक ऐसी कविता है जो संस्कृतियों के उद्‌गम तक पहुँचाने का उपक्रम है' से लेकर 'इनके पास व्यक्त करने के लिए कभी उपयुक्त शब्द नहीं रहे' तक के दो छोरों के बीच शमशेर की भाषा चर्चित रही है।

बड़ा ही विचित्र विरोधाभास है कि जितने अधिक शमशेर अपनी भाषा के प्रति सजग हैं, (जैसा कि देखा जा चुका है) शायद उतने ही अनाश्वस्त आलोचक उनकी भाषा के प्रति हैं।

उनकी भाषा-आलोचना के एक पक्ष में है उनकी रचनात्मकता के माध्यम, उर्दू-हिन्दी की समस्या है और दूसरे पक्ष में है, अभिव्यक्ति की असमर्थता, जिसमें

शब्द-चुनाव से लेकर व्यंजना तक की बात है।

कुछ एक आलोचक उन्हें उर्दू का ही मानते हैं। 'आधुनिक हिन्दी कविता में उर्दू के तत्त्व' नामक अपने शोध-प्रबन्ध में डा० नरेश[43] लिखते हैं : "उन्हें (शमशेर की कविताओं को) हिन्दी की कविताएँ दो कारणों से कहा जाता है। एक तो यह कि वे नागरी लिपि में हैं। दूसरी यह कि स्वयं शमशेर इन्हें हिन्दी कविताओं से भिन्न नहीं मानते।"

सम्भवतः दोनों ही तर्क हास्यास्पद हैं। 'नागरी लिपि में है' कहकर वे दोनों भाषाओं को बहुत दूर का मानते हैं। अगर ये वास्तव में इतनी दूर की हैं तब क्या कोई भी भाषा मात्र नागरी लिपि में लिखे जाने के कारण ही हिन्दी की मानी जा सकती है ? और कदाचित् यह शमशेर और हिन्दी कविता का सौभाग्य है कि कवि ने लिखित रूप से इन कविताओं को हिन्दी का माना है, अन्यथा ये कविताएँ उर्दू की ही कहलातीं।

वस्तुतः उर्दू और हिन्दी अलग जाति (species) की भाषाएँ नहीं हैं, बल्कि वह एक ही जाति के दो विभेद (variety) हैं, ऐसा कह सकते हैं; क्योंकि उनका व्याकरणिक ढाँचा समान है। शब्द-रूप और लिपि अवश्य अलग हैं, जिसके कारण यह विभेदक रेखा खींची जाती है।

इसी प्रकार का आक्षेप, इनके सन्दर्भ में अज्ञेय ने अपनी 'शाश्वती'[44] में किया है। उन्होंने उर्दू और हिन्दी इन दो भाषा-स्वभाओं की चर्चा के दौरान शमशेर की बात की है। वे मानते हैं—"पर वे (शमशेर) मूलतः उर्दू के कवि हैं, और रहे हैं, उनकी संवेदना और संस्कार उर्दू का रहा है।"[45] आगे कहते हैं, "चालीस बरस तक हिन्दी में लिखकर भी उन्होंने हिन्दी से सीखा बहुत कम : अब भी उर्दू कविता लिखते हैं, तो उसके अनुशासन में रहते हुए, उसकी रीति को अक्षुण्ण रखकर, और हिन्दी कविता लिखते हैं तो मनमाने प्रयोग (और सब प्रयोग उर्दू के, कभी-कभार अंग्रेजी के) करते हुए। यानी उनके लिए उर्दू अभी भी संस्कारी भाषा है और अभ्यास तथा साधना माँगती है : हिन्दी तो जैसा भी होगा, सध जायेगी।"[46] और आगे उनकी पन्त और महादेवी से प्रभावित भाषा के सन्दर्भ में कहते हैं :

"पर शमशेर की हिन्दी कविता में ये शब्द बिल्कुल अलग के अलग रह जाते हैं, न अर्थवृद्धि करते हैं; न शब्दार्थ की दृष्टि से किसी अनिवार्यता, किसी औचित्य या किसी संगति का भी प्रमाण देते हैं, बेमेल दिखते हुए वे अधर में टँके से रह जाते हैं।"[47] एक और स्थान पर वे कहते हैं : "शमशेर हिन्दी के नाद-सौन्दर्य की ओर आकृष्ट हुए—क्या यह कह सकता हूँ कि हिन्दी के नाद-सौन्दर्य की ओर, हिन्दी की ओर नहीं—क्योंकि हिन्दी के गिने-चुने शब्द ही उन्होंने लिये, हिन्दी के संस्कार में उन्होंने डूबना नहीं चाहा।"[43]

निःसन्देह शमशेर उर्दू से हिन्दी में आये, जिस तरह से प्रेमचन्द। उनके भीतर

उर्दू के संस्कार बहुत रहे, सम्भवतः आज भी हैं। तीसरे आक्षेप को पहले लें, तो यह बात शत-प्रतिशत ठीक है कि शमशेर हिन्दी के नाद-सौन्दर्य की ओर आकृष्ट हुए।

मात्र हिन्दी भाषा की ध्वनि ही नहीं, अपितु भाषा-मात्र या वस्तु-मात्र की ध्वन्यात्मकता शमशेर को सदैव आकृष्ट करती रही है। 'मणिपुरी काव्य-साहित्य पर एक विहंगम नन्ही-सी झाँकी'[49] कविता (जिसकी बात हो चुकी है) मणिपुरी भाषा की ध्वन्यात्मकता के कारण ही काव्य का विषय बनी।

यह तो तर्क का एक पक्ष हुआ। इसके अतिरिक्त जो एक ठोस और सीधा तर्क इस आक्षेप के विरोध में रखा जा सकता है, वह यह है कि अगर हिन्दी को अपने संस्कारों में उतारे बिना शमशेर ने उसे, मात्र उसके (हिन्दी भाषा के) नाद-सौन्दर्य के कारण ही ग्रहण किया होता तो आज पचास वर्षों तक वे हिन्दी में टिक ही नहीं पाते। लोगों के द्वारा स्वीकार-अस्वीकार की बात तो है ही, पर उससे भी अधिक है, स्वयं शमशेर की सृजनात्मक ईमानदारी। जो भाषा उनके संस्कारों की नहीं, उसमें इतने लम्बे समय तक सृजन सम्भव ही नहीं हो सकता। कुछ वर्षों के आकर्षण के बाद, कालान्तर में यह समाप्त हो जाता, क्योंकि प्रत्येक ईमानदार कवि, कम-से-कम और ज्यादा-से-ज्यादा भी, अपने प्रति तो ईमानदार रहता ही है।

और फिर शमशेर ने हिन्दी के साथ-साथ उर्दू में उतना नहीं लिखा। अतः यह स्पष्ट है कि उनकी रचनात्मक ऊर्जा के निर्गम का मुख्य स्रोत हिन्दी ही रहा है। अतः यह कहना कि हिन्दी भाषा उनके संस्कारों में, या वे हिन्दी भाषा के संस्कारों में घुल नहीं पाये हैं, ग़लत होगा।

एक और तर्क जो इसके सन्दर्भ में दिया जा सकता है वह यह कि शमशेर एक ऐसे कवि रहे हैं, और अब भी हैं, जो अपने प्रकाशन के प्रति बेहद उदासीन हैं। यह इसी से स्पष्ट हो आयेगा कि जो कवि आज पिछले पचास वर्षों से लिख रहा है उसके मात्र छः स्वतन्त्र कविता संग्रह लोगों के बीच आ पाये हैं। ऐसी स्थिति में, अगर उनकी भाषा भीतर की, निजी नहीं होती, संस्कारी नहीं होती, तो क्या वे आज पढ़े जाते?

वैसे भी इनकी कविताओं में विषय और समाज का अभाव है, ऐसा कहा जाता है, और भाषा भी 'असंगत आदि···'—। अगर ऐसा है, तब यह शोध का विषय हो सकता है कि यह कवि किस बल पर टिका है।

यह सब तब ज्यादा महत्वपूर्ण हो जाता है जब हम देखते हैं कि शमशेर की रचनात्मकता में उनकी 'भाषा' केन्द्रीय महत्व और आकर्षण का बिन्दु रही है। उनके भाषा-वैशिष्ट्य की चर्चा किये बिना उनकी काव्य-चर्चा किसी भी अर्थ में सार्थक नहीं हो सकती।

अज्ञेय का यह आरोप कि 'उर्दू में वे उसकी रीति को अक्षुण्ण रखते हुए रचना

करते हैं और हिन्दी में मनमाने प्रयोग"—'मनमाने' विशेषण को छोड़कर देखा जाये तो बात सही है। इसीलिए शायद उर्दू में वे उसकी रीति-नीति, चली आती भाषा-परम्परा के प्रति चुस्त होते हुए भी उससे अपना निजी और उर्दू भाषा का भी काव्यात्मक विकास नहीं कर पाये हैं, जैसा कि हिन्दी में किया है। हिन्दी में प्रयोग (वे आज भी प्रयोग करने में रुचि रखते हैं) करने के कारण ही वे आज भी एकदम अलग और विशिष्ट हैं, और हिन्दी कविता में एक धारा के रूप में प्रवर्तमान हैं—अकेली धारा के सम्भवत:, अकेले कवि।

'मनमाने' विशेषण से या तो व्याकरण का मनमाना प्रयोग या शब्दार्थ का 'मनमाना' प्रयोग, तात्पर्य हो सकता है। किन्तु जैसा कि कहा जा चुका है, शमशेर भाषा की रचनात्मकता और संरचनात्मकता दोनों के प्रति सजग हैं।

प्रयोग के साथ ही उनके एक और आक्षेप की बात आती है। प्रयोग भाषा में तभी हो सकते हैं जब वह भाषा साध ली गयी हो। अगर वह भाषा साधी हुई हो तो सम्भवत: 'उनकी कविता में शब्द अलग-के-अलग रह जाते हैं, या अधर में टंके रह जाते हैं' कहना असंगत है, या 'औचित्य का निर्वाह नहीं करते'— आदि आक्षेप निश्चय ही पुन: विचारणीय हो जाते हैं।

हाँ, 'उदिता' की कुछ आरम्भिक रचनाओं में भाषा कमजोर अवश्य है, पर यह कवि के लिए, उर्दू से हिन्दी में प्रवेश का संक्रान्ति-काल था, अत: जब कवि के मूल्यांकन का प्रश्न खड़ा होगा तब निश्चय ही इस काल की रचनाओं को उदाहरण-स्वरूप नहीं रखा जायेगा। और जब अज्ञेय कहते हैं कि 'यह शमशेर के काव्य की अवज्ञा नहीं है, दो भाषा-स्वभावों की तुलना है'[50] तब समस्या और जटिल हो जाती है, क्योंकि इन दो बातों को (काव्यत्व और भाषा को) अलग कैसे करेंगे। शमशेर के काव्यत्व की चर्चा भाषा को छोड़कर करना सम्भव ही नहीं है।

शमशेर ने तो भाषा का जो रूप अपनी कविताओं में उकेरा है वह उर्दू और हिन्दी—दोनों का मिला-जुला, समन्वित रूप है। वह सर्वथा उनका अपना, उनका निजी है। उर्दू और हिन्दी शब्द इतनी सहजता से उनकी कविता में एक साथ आते हैं कि कविता में वे कहीं भी अजनबी नहीं लगते।

वास्तव में कविता की रचना-प्रक्रिया में शमशेर के यहाँ यह भेद रह ही नहीं जाता कि यह उर्दू का शब्द है या हिन्दी का। कुछ भी सायास नहीं है। रचनात्मक प्रवाह के सातत्य में भाषाओं (उर्दू+हिन्दी) की अभेदता के एक उदाहरण से उक्त बात स्पष्ट हो सकती है :

"कबूतरों ने एक ग़ज़ल गुनगुनायी / मैं समझ न सका रदीफ़ क़ाफ़िये क्या थे/ इतना ख़फ़ीफ़, इतना हलका, इतना मीठा / उनका दर्द था।"[51]

या जब वे कहते हैं—"सिर्फ़ एक बहुत / काली, बहुत लम्बी ज़ुल्फ़ थी जो ज़मीन तक / साया किये हुए थी" तब ख़फ़ीफ़ या ज़मीन, ज़ुल्फ़, सिर्फ़ इत्यादि कहीं

भी रचनात्मकता में बाधा उत्पन्न नहीं करते। वास्तव में उनकी कविताओं में उर्दू और हिन्दी के अलग-अलग शब्द ढूँढ़ने की कोई विशेष सार्थकता भी प्रतीत नहीं होती।

वास्तव में शमशेर की कविता में दोनों भाषाओं का स्तुत्य समन्वय है, संश्लेषण है। इसी सन्दर्भ में रामस्वरूप चतुर्वेदी का मत है : "शमशेर ने दोनों काव्यभाषाओं में अलग-अलग रचना की है और दोनों के वैशिष्ट्य को—यद्यपि बिना समझे, मिलाया भी है। कवि के सन्दर्भ में स्पष्ट ही महत्त्व विश्लेषण का नहीं, संश्लेषण का है।"[52]

यहाँ पर सम्भवतः 'बिना समझे', 'अचेतन रूप में' (unconscious) के अर्थ में प्रयुक्त हुआ होगा।

शमशेर के भाषा-सम्बन्धी विवाद का दूसरा पक्ष है उनकी अभिव्यक्ति। मलयज तो यहाँ तक मानते हैं कि "भाषा शमशेरजी के लिए कविता है, सिर्फ माध्यम नहीं।"[53]

प्रतीकवादी कवियों ने भाषा को माध्यम नहीं माना था। भाषा में काव्यत्व की सम्भावनाएँ खोजकर उसी में विभिन्न अर्थों को प्रतिध्वनित होने देना इन कवियों का लक्ष्य रहता था। भाषा को वे उसकी समस्त सम्भव रचनात्मकता के साथ अपनी कविता में स्थान देते थे। इस हद तक कि अगर वह बात उन शब्दों, उस ढंग के अतिरिक्त किसी और ढंग से, शब्दों में कही जाये, तो वह बात ही समाप्त हो जाये। मात्र शब्द ही नहीं, शब्द-क्रम भी उतना ही महत्त्वपूर्ण माना जाता है। प्रत्येक शब्द को बजाकर फिर चुना जाता था, इसीलिए भाषा की वह पुरानी भूमिका अब समाप्त हो गयी थी—कि भाषा तो भावों को वहन करने का साधन है।

शमशेर ने प्रतीकवादियों की इस बात को अपनी रचनात्मकता में स्वीकार किया, ग्रहण किया। भाषा के परिष्करण की सतत प्रक्रिया उनकी कविता में दिखायी देती है।

उनके 'शब्दों' को लेकर विश्वम्भर 'मानव' अपने 'हिन्दी साहित्य का सर्वेक्षण' में लिखते हैं : "यह बराबर लगता है कि यह कुछ अच्छा लगनेवाला कह रहे हैं—यद्यपि यह बहुत स्पष्ट नहीं होता। कारण यह है कि इनकी अनुभूति तो बहुत गहरी है, पर उसे पूरी तरह व्यक्त करनेवाले उपयुक्त शब्द इनके पास कभी नहीं रहे।"[54]

इसके सन्दर्भ में एक ही बात कहना ठीक होगा कि शमशेर की कविता शब्दों, पंक्तियों और स्तबकों के द्वारा ही नहीं, उनके बीच के अन्तराल में भी उतना ही बोलती है। जब तक उस अन्तराल को, उस मौन की भाषा को, अर्थ को पाठक ग्रहण नहीं करता तब तक मात्र शब्द पाठक के लिए कवि की अनुभूति को सम्भवतः पूरा नहीं खोलते।

शमशेर की कविता हमारी सामान्यीकरण की उस आदत के एकदम विपरीत है, जो सामान्य रूप से कृति का आस्वादन या समीक्षा करते समय हमारे साथ जुड़ी रहती है।

बहुत कुछ इन्हीं शब्दों में ऐसी ही बात परमानन्द श्रीवास्तव कहते हैं : "शमशेर पर लगाया गया यह दोषारोपण कि वे उलझे हुए हैं और उनकी बात समझ में नहीं आती, उस आदत को सूचित करता है, जिसे हम सामान्यीकरण की आदत कह सकते हैं।"[55]

उनकी व्यंजना के सन्दर्भ में रामदरश मिश्र का यह कथन आश्चर्य में डालता है : "शमशेर की 'कथन-संक्षिप्ति' (ब्रेभिटी) उपलब्धि तब मानी जा सकती है, जब वह अपनी व्यंजना-शक्ति को आहृत किये बिना औरों के भीतर तीव्र वेग से उतर सके। स्पष्ट है कि ऐसा नहीं हो पाता। मुक्त-आसंग, चेतना प्रवाह, अमूर्त-चित्रात्मकता, शब्द-संगीत आदि शमशेर के शिल्प को एक नया रूप अवश्य देते हैं, किन्तु उन्हें अनुभव-लोक को मूर्त करने के स्थान पर उलझा देते हैं।"[56]

यहाँ पर उक्त कथन की आलोचना की दृष्टि से दो बातें महत्त्वपूर्ण हैं। एक तो 'व्यंजना शक्ति का आहत होना' और दूसरा उसका तीव्र वेग से उतरना (?) !

व्यंजना शक्ति के आहत होने से क्या तात्पर्य है यह मिश्रजी ने स्पष्ट नहीं किया है, अत: उसका यह अर्थ निकाला जा सकता है कि या तो व्यंजना का अभिधा बन जाना या उसका तीव्र वेग से पाठक के भीतर उतर न पाने के कारण व्यर्थ हो जाना। इससे एक प्रश्न उठता है : क्या प्रत्येक पाठक की ग्राहिका-शक्ति समान है कि वह प्रत्येक कवि को, उसकी प्रत्येक कविता को समान रूप से ग्रहण करे ? यह नितान्त असम्भव है। जब शमशेर की कविता की बात आती है तब यह स्पष्ट है कि वे सामान्य जन के कवि नहीं हैं। (जैसा कि अज्ञेय कहते हैं—वे 'कवियों के कवि हैं') सवाल यह नहीं है कि यह बात उनके पक्ष में है या नहीं, पर वस्तुस्थिति यही है। हमें पाठकों के स्तर तो करने ही पड़ेंगे।

फिर व्यंजना तो कवि के शब्द-प्रयोग और अभिव्यक्ति-क्षमता एवं पाठक की ग्रहण-क्षमता और सम-संवेदित होने की क्षमता पर आधारित रहती है।

व्यंग्य (सैटायर) की बात अलग है कि वह तीव्रता से उतरने पर एक विशेष प्रभाव हम पर डालता है। वह चुभता है। उसकी सार्थकता तुरन्त आघात करने में है। पर व्यंजना से यह अपेक्षा शायद नहीं रखी जा सकती।

व्यंजना तो ऐसी होनी चाहिए कि कविता का अर्थ कभी भी अन्तिम न हो। उसमें और भी अर्थ-सम्भावनाएँ बनी रहें।

शमशेर की कविताएँ बहुत बार पढ़े जाने की मांग करती हैं। अपना अर्थ तब भी थोड़ा-थोड़ा ही खोलती हैं।

सन्दर्भ

1. Critical Approaches to Literature ; David Daiches 'The Poet and his Medium', p. 159
2. Ibid
3. काव्य मां आधुनिकता ('कविता नी भाषा'), पृ. 44
4. वही
5. Modern Poets on Modern Poetry, Ed. James Scully, p. 8
6. The Universal Self ; Theory of Language, p. 138
7. Ibid p. 139
8. Ibid, p. 146
9. सर्जन और भाषिक संरचना, 'शब्द और सृजन', पृ. 24
10. वही
11. कविता से साक्षात्कार : मलयज, ('बात बोलेगी पर कब'), पृ. 26
12. देखिए, परिशिष्ट II
13. एक नीला दरिया बरस रहा है, 'चुका भी हूँ नहीं मैं', पृ, 10, 13, 14
14. सूर्यास्त, वही, पृ. 23
15. सारनाथ की एक शाम, वही, पृ. 20
16. दो बातें, वही, पृ. 70
17. मोहन राकेश के साथ एक तटस्थ बातचीत, वही, पृ. 30
18. सावन, 'कुछ और कविताएँ' पृ. 65
19. होली : रंग और दिशाएँ, वही, पृ. 32
20. 'चुका भी हूँ नहीं मैं', पृ. 85
21. पूर्वग्रह, जुलाई-अक्टूबर 1980, अंक 39-40, पृ. 21
22. देखिए परिशिष्ट II
23. वही
24. चीन, 'कुछ कविताएँ', पृ. 64
25. पूरा आसमान का आसमान, वही, पृ. 41
26. थरथराता रहा, 'इतने पास अपने', पृ. 71
27. पूरा आसमान का आसमान, 'कुछ कविताएँ', पृ. 41
28. एक विदा, 'इतने पास अपने', पृ. 68
29. एक पीली शाम, 'कुछ कविताएँ', पृ. 21
30. चेहरे की शामों में, 'इतने पास अपने', पृ. 46
31. कवि कला का फूल हूँ, 'उदिता', पृ. 19
32. ग़ज़ल, 'कुछ और कविताएँ', पृ. 90
33. गीत, 'कुछ कविताएँ', पृ. 52
34. गीत, 'कुछ और कविताएँ', पृ. 81
35. घनीभूत पीड़ा, 'कुछ कविताएँ', पृ, 46

36. 'मकई से वे लाल गेहुँए तलवे', 'दूसरा सप्तक', पृ. 87
37. पूर्णिया का चाँद, 'कुछ कविताएँ', पृ. 14
38. सींग और नाखून, 'कुछ और कविताएँ', पृ. 74
39. टूटी हुई बिखरी हुई, वही, पृ. 53
40. एक नीला दरिया बरस रहा है, 'चुका भी हूँ नहीं मैं', पृ. 10
41. वह सागर, वही, पृ. 64
42. शोभा, 'इतने पास अपने', पृ. 74
43. 'आधुनिक हिन्दी कविता में उर्दू छन्दों का प्रयोग', पृ. 68
44. 'शाश्वती', (अन्तःप्रक्रियाओं का संकलन), पृ. 42
45. वही
46. वही
47. वही
48. वही
49. 'पूर्वग्रह', अक्टूबर, 1980
50. शाश्वती', अज्ञेय, पृ. 43
51. टूटी हुई बिखरी हुई, 'कुछ और कविताएँ', पृ. 51
52. नयी कविताएँ, 'एक साक्ष्य', रामस्वरूप चतुर्वेदी, पृ. 87
53. 'कविता से साक्षात्कार', बात बोलेगी पर कब, पृ. 26
54. वही, पृ. 353
55. 'समकालीन कविता का व्याकरण', भाषा का मायावस्त्र और कविता का रूपवाद, पृ. 40
56. 'हिन्दी कविता : आधुनिक आयाम' पृ. 112

4
शमशेर की कविता में छन्दोलय का बन्धन

"तुम लफ्ज़ नहीं हो; न / कठिन अर्थ हो कोई !
तुम छन्द की लय हो भी अगर, / पर्दा हो (मान लिया !)

—सावन, 'कुछ और कविताएँ', पृ० 62

अपने काव्य पर 'कवियाया निर्णय' देनेवाले शमशेर की बात मान लेने पर भी, कवि के छन्दों का विश्लेषण-परीक्षण कर लेना आवश्यक है।

किसी भी साहित्यिक कृति (चाहे गद्य हो या पद्य) का मूल आधार है ध्वनियों का निश्चित क्रम, जिसमें से अर्थ की निष्पत्ति होती है।[1] यह बात जान लेनी चाहिए कि साहित्यिक कृति में निहित ध्वनियों का आन्तरिक नियोजन एवं उसका प्रस्तुतीकरण (प्रेज़ेण्टेशन) ये दोनों बातें नितान्त भिन्न हैं। 'प्रस्तुतीकरण'—अर्थात् किसी भी कृति का सस्वर पठन; तभी 'प्रस्तुतीकरण' को छन्द और लय का आधार नहीं बनाया जा सकता।

एक और बात इस सन्दर्भ में जानना जरूरी हो जाता है। ये क्रमबद्ध ध्वनियाँ प्राथमिक रूप से 'गुणात्मक' एवं 'संख्यात्मक' इन दो प्रकारों में विभाजित रहती हैं, जिससे कविता के अध्ययन की दो नयी दिशाएँ हमारे सामने खुलती हैं।

कविता में कुछ ऐसे स्वर या व्यंजन होते हैं, जो उस कविता को संगीतात्मक बनाते हैं, जैसे अ, र, ल, न···आदि। ये इयॉफ़ोनी* कहलाते हैं। इस बात का

* इयॉफोनी के विरोध में 'कॅकोफ़ोनी' भी है, जिसमें कठोर स्वरों का समावेश है।

कोई बन्धन नहीं है कि इन स्वरों का आवर्तन हो भी, या हो तो कितना हो। इनका कविता में होना मात्र, उसे एक हद तक संगीतात्मक बना देता है। ध्वनियों का यह गुणात्मक विभाजन हुआ।

'संख्यात्मक विभाजन' का आधार है, कुछ विशेष ध्वनियों का निश्चित एवं नियमित आवर्तन। इस आवर्तन से 'छन्द और लय' की सम्भावना बनती है। यही वास्तव में लय और छन्द का आधार है। इसमें स्वरों का आरोह-अवरोह, पदाघात, ध्वनि-निलम्बन, पुनरावर्तन आदि के लिए अवकाश रहता है।

किन्तु इन दोनों प्रकार की ध्वनि-भातों (साउण्ड पैटर्न्स) का केवल भाषा-वैज्ञानिक महत्त्व नहीं है। साहित्य के सन्दर्भ में बात करते हैं तब "अर्थ, सन्दर्भ और टोन ये तीन तत्त्व ऐसे हैं, जो इन भाषा-वैज्ञानिक ध्वनियों को कलात्मक तथ्यों में बदल देते हैं।" सम्भवतः तभी, कविता में जिस तरह बिम्ब-प्रतीक, अलंकार, भाषा आदि का अभ्यास उसके अध्ययन-विश्लेषण के लिए आवश्यक है, उसी तरह छन्द, लय, प्रास आदि का भी अध्ययन आवश्यक है।

I. छन्द

कविता को आकार देने की सबसे बड़ी जिम्मेदारी छन्द की ही है। विश्व की प्रायः सभी भाषाओं के साहित्य में छन्द का विशेष महत्त्व रहा है।

'छन्द' अर्थात् निश्चित एवं नियमित आवर्तन··· मात्राओं का या फिर अक्षरों का। इन निश्चित एवं नियमित आवर्तनों में संख्यातीत भावों की अनिश्चित गति को बाँध पाना इतना सरल नहीं है। कवि के लिए यह कसौटी बन जाता है।

पर यही कई बार कवि के लिए सीमा भी बन जाता है। इस सीमा को पार करने के लिए उसने और नये-नये छन्दों का निर्माण किया, जिसका एक आधुनिक परिणाम है—'मुक्त छन्द'।

'छन्द' की दृष्टि से शमशेर की कविता वैविध्यपूर्ण है, और इसीलिए उसका अध्ययन कुछ ऐसे निष्कर्षों की ओर ले जाने की सम्भावना खड़ी करता है, जिससे कवि का एक महत्त्वपूर्ण पक्ष पाठक के सामने उजागर हो।

शमशेर की कविता में दृष्टिगत होते छन्द-वैविध्य का महत्त्वपूर्ण कारण है, उनकी कविताओं में गीति-स्वरूपों की विविधता। उन्होंने गीत, रूबाई, ग़ज़ल, सॉनेट, क़त्आ आदि में तो रचना की ही है, साथ ही कुछ कविताओं में उन्होंने संस्कृत वृत्तों को भी प्रयोग के स्तर पर प्रयुक्त किया है :

(अ) उर्दू बह्र : शमशेर ने मुख्य रूप से अपनी ग़ज़लों, रूबाइयों में उर्दू छन्दों का प्रयोग किया है। यहाँ पर शमशेर द्वारा प्रयुक्त उर्दू बह्रों पर 'ग़ज़लों' के सन्दर्भ

में विशेष चर्चा होगी। साथ ही ग़ज़ल के रूपाकार की भी चर्चा होगी।

हिन्दी में सफल ग़ज़लें बहुत कम शाइरों ने कही हैं। शमशेर की ग़ज़लों का अध्ययन करने पर इस बात को विश्वास के साथ कहा जा सकता है कि शमशेर एक सफल ग़ज़लगो शाइर हैं।*

रूपाकार की दृष्टि से देखें तो ग़ज़ल की बाहरी शर्त है उसके रदीफ़-काफ़ियों का ठीक से निर्वाह होना। वह बह्‌र में लिखी गयी हो, यह उसकी आन्तरिक शर्त है।

शमशेर की समग्र काव्यकृतियों में उनकी करीब तेरह ग़ज़लें संकलित हैं। एक नज़्म है 'गजानन माधव मुक्तिबोध' पर, जो ग़ज़ल के रूपाकार में लिखी गयी है और बह्‌र की दृष्टि से मुकम्मिल है। "भाषा में ग़ज़ल का लोच और मुहावरेदानी शमशेर की ग़ज़लों को मुकम्मल ग़ज़लें बनाती हैं।"[3]

शमशेर ने अपनी अधिकतर ग़ज़लों में उर्दू के परम्परागत रदीफ़-काफ़िये बाँधे हैं, क्योंकि ये खड़ी बोली के भी उतने ही निकट हैं! तभी वे आयात किये हुए नहीं लगते। दो-एक ग़ज़लों में उन्होंने ठेठ खड़ी बोली के भी रदीफ़ बाँधे हैं। उनकी एक ग़ज़ल है—"मैं आपसे कहने को ही था, फिर आया खयाल एकाएक।"[4] इसमें रदीफ़ है 'एकाएक'। 'एकाएक' यह उर्दू के 'यकायक' का पर्याय है, एक तरह से। पर क्योंकि उन्होंने 'एकाएक' रदीफ़ बाँधा है, तभी उसकी तकती (scanning) में थोड़ा ध्यान रखने की आवश्यकता पड़ती है। उच्चारण के आधार पर 'एकाएक' का दूसरा 'ए' छोटा बोला जाता है। विश्लेषण करने पर इसी उच्चारण के आधार पर ठीक परिणामों तक पहुँचा जा सकता है। वैसे ही एक और ग़ज़ल है "फिर निगाहों ने तेरी दिल में कहीं चुटकी ली।"[5] इसमें उन्होंने 'का बाँधा' रदीफ़ लिया है। यहाँ विश्लेषण में 'क बाँधा' हो जाता है।

लेकिन, कहना होगा कि इन दोनों ग़ज़लों के मिस्रों में जो भाषा दौड़ती नजर आती है, वह इन रदीफ़ों पर आकर सहसा अटक-सी जाती है, ऐसा प्रतीत होता है। इससे, इसकी गेयता में भी कहीं दोष-सा आ जाता है।

उन्होंने अधिकतर छोटा 'काफ़िया' बाँधा है। अनेक ग़ज़लों में तो केवल 'आ' स्वर का ही काफ़िया पकड़ा है। उनके रदीफ़ लम्बे हैं। कई बार पूरे के पूरे वाक्य-खण्ड रदीफ़ के रूप में रखे गये हैं, जिससे वह प्रभावशाली अधिक रहते हैं।

ग़ज़ल के लिए काफ़िया अनिवार्य है, रदीफ़ न हो तब भी चल सकता है।

---

* यह बात अलग है कि 'कुछ और कविताएँ' की भूमिका में वे एक कन्फ़ेशन देते है: "ग़ज़लें मैंने थोड़ी ही, और केवल अपने ही गुनगुनाने के लिए ही लिखीं। और उनमें किसी मौलिकता का दावा मुझे नहीं है···पर मुझे असाधारण कवि होने का ही दावा कब है?"

शमशेर की दो ग़ज़लों में यह प्रवृत्ति दिखायी पड़ती है। एक तो 'यहाँ कुछ रहा हो, तो हम मुंह दिखाएँ'[6] और दूसरी 'मैं गया आप क्यों मग़मूम'[7] में।

सामान्य रूप से ग़ज़ल में मतले का एक शेर होता है। कई बार अधिक भी होते हैं। इनकी 'अन्दाज़ा ही बहक न गया था निशाँ के पार' वाली ग़ज़ल में उन्होंने 'मत्‌लए-सानी' का प्रयोग किया है।

सामान्यतया मतले के शेर के दोनों मिस्‌रों में रदीफ़-काफ़िये का निर्वाह होता है। उनकी एक ग़ज़ल 'फिर निगाहों ने तेरी दिल में कहीं चुटकी ली' का आरम्भ सीधे शेर से होता है। इसमें मतला नहीं है।

"फिर निगाहों ने तेरी दिल में कहीं चुटकी ली
फिर मेरे दर्द ने पैमान वफ़ा का बाँधा।"

यहाँ 'वफ़ा का बाँधा' रदीफ़ काफ़िया है, जो केवल दूसरे मिस्‌रे में है।

वैसे ग़ज़ल में प्रत्येक शेर का भावविश्व अलग रहता है। ये शेर केवल रदीफ़-काफ़िये के कारण एक-दूसरे से जुड़े रहते हैं। पर एक अनायास संयोग है कि उनकी यह ग़ज़ल 'मैं गया आप क्यों हुए मग़मूम' के मतले के शेर और अन्तिम शेर तक भावविश्व की बहुत कुछ समानता के कारण सारे शेर एक-दूसरे से जुड़े हुए लगते हैं और उसमें एक नज़्म का-सा बोध होता है। हालाँकि यह अनायास ही हुआ प्रतीत होता है। वही बात 'कहो तो क्या न कहो, पर कहो तो क्योंकर हो'[8] ग़ज़ल में है। कवि मानो प्रत्येक शेर में अपनी प्रेमिका के साथ वार्तालाप कर रहा है। अर्थात् भाव-विश्व का सातत्य इसमें है।

ग़ज़लों के लिए स्वीकृत मूल उन्नीस बह्‌रों (सर्वमान्य रूप से यही संख्या स्वीकृत है) में से कुछ का ही अधिक प्रयोग होता है। इनमें बह्‌रों हज़ज, रजज़, रमल, कामिल, मुतदारिक इत्यादि हैं। इन तमाम बह्रों के अनेकानेक विभाग हैं।

शमशेर ने प्रायः छोटी बह्‌रों का प्रयोग किया है। उन्होंने प्रायः जिन बह्‌रों में ग़ज़लें कही हैं, वे हैं बह्‌रे हज़ज, बह्‌रे मुतकारिब, बह्‌रे रजज़, बह्‌रेमल, बह्‌रे मुजास, बह्‌रे ख़फ़ीफ़ आदि।

उर्दू के छन्द-शास्त्र का मूल आधार उच्चारण है। यहाँ लघु-गुरु (फ़-फ़े) का निर्धारण उच्चारण के आधार पर होता है, पर ये उच्चारण भी शास्त्र-सम्मत होते हैं, यादृच्छ नहीं।

यहाँ पर, शमशेर की ग़ज़लों में प्रयुक्त बह्‌रों की माक़ूलियत की परीक्षा करने के लिए कुछ ग़ज़लों की तकती प्रस्तुत की जा रही है, जिसके आधार पर कहा जा सकता है कि उन्होंने उर्दू बह्‌रों का अपनी ग़ज़लों में कितनी सफलता से प्रयोग किया है।

अरकान	फ़	ऊ	लुन	फ़	ऊ	लुन	फ़	ऊ	लुन	फ़	ऊ	लुन
गण	I	S	S	I	S	S	I	S	S	I	S	S
शेर 1.	य उ	हाँ न्हीं	कुछ् ने	र बु	हा ला	हो या	त ह	हम् क्या	मुँह् ले	दि क	खा जा	एँ एँ
2.	कु छ	छा मा	पस् री	म दु	जै आ	से एँ	ब तु	दल् म्हा	सी री	ग ब	ई ला	हैं एँ
3.	तु तु	मिक् म्हें	ख़ा या	ब द	थे आ	जिस् एँ	म त	खुद् क्या	खो या	ग द	ए आ	हम् एँ
4.	व ज	इक् तुम्	बा भू	त ल	जो जा	ज़िन् ओ	द त	गी हम्	बन् भू	ग ल	ई जा	हैं एँ
5.	व म	ख़ा ग़र्	मो हैं	शि तु	याँ म्हा	जिन् री	म ह	तुम् मा	हो री	न स	हम् दा	हैं एँ
6.	ब कि	हुत् से	ना पू	म छ	हैं ते	ए हो	क कि	शाम् से	शे हम्	र ब	भी ता	हैं एँ

'कुछ और कविताएँ', पृ० 67

नोट : इसमें बह्‌रे मुतक़ारिब मुसम्मन का प्रयोग किया गया है। अर्थात् 'फ़ऊलुन की चार आवृत्तियाँ (एक मिस्रे में) अर्थात् यगण की चार आवृत्तियाँ। उर्दू में 'दिखाएँ' का उच्चारण 'दिखांय' होगा। (उदाहरण 'गाँव' न कि 'गाँऊँ') और 'खाँय' की मात्रा एक 'गुरु' के बराबर होगी (खाँय=) पर यहाँ 'खाएँ' बाँधा गया है, जो खड़ी बोली का प्रभाव है। 'वही उम्र का एक पल कोई लाए'…कुछ और कविताएँ—ग़ज़ल भी इसी बह्‌र में लिखी गयी है।

अरकान	मफ़	ऊ	ल	फ़ा	इ	ला	त	म	फ़ा	ई	ल	फ़ा	अ	लुन
गण	S	S	I	S	I	S	I	I	S	S	I	S	I	S
शेर 1.	ई	मा	न	गड़	ब	ड़ी	मि	ह	दिल्	के	हि	सा	ब	में
	लिक्	खा	हु	आ	कु	छों	र	मि	ला	है	कि	ता	ब	में
2.	दिल्	जिन्	म	कूं	ढ़	ता	थ	क	भी	अप्	नि	दा	स	तां
	वो	सुर्	खि	याँ	क	हाँ	ह	मु	हब	बत्	क	बा	ब	में
3.	ए	दिल्	न	वा	ज़	पह्	लु	हि	जब्	दिल्	क	औ	र	हों
	क्या	खिल्	व	तों	मि	लुत्	फ	ध	रा	क्या	हि	ज़ा	ब	में
4.	उस्	आ	स्	ताँ	त	खम्	क	ब	हा	रें	म	ले	क	जा(व) ज़ाईद
	जिस	पर्	क	ई	श	ही	द	हु	आ	हो	श	बा	ब	में

'कुछ और कविताएँ', पृ० 67

नोट : इसमें 'मफ़ऊल फाईलात मफ़ाईल, फाअलुन' है अर्थात् 'तगण + रगण + यगण + रगण' चौथे शेर के पहले मिस्रे में 'जाओ' का उच्चारण 'जाव' होगा। पर फिर भी 'व' 'ज़ाईद' है। उसी मिस्रे में 'तक हम' को तवती सन्धि के अनुसार 'त खम' हो जाएगी। त क ह म—तखम् इस ग़ज़ल पर उर्दू का भरपूर प्रभाव है। ''अन्दाज़ा ही बहक न गया था निशाँ के पार'' भी इसी बह्र में लिखी है। ('उदिता', पृ० 100)

अरकान	मु	फ़ा	ई	लुन	मु	फ़ा	ई	लुन	मु	फ़ा	ई	लुन	मु	फ़ा	ई	लुन
गण	।	S	S	S	।	S	S	S	।	S	S	S	।	S	S	S
शेर 1.	ज़ कि	मा अप्	ने नी	भर् जिन्	क द	को गी	ई खुद्	इस आ	क प	दर् को	अप् बे	ना गा	न न	हो हो	जा जा	ए ए
2.	स कि	हर् बे	हो हो	गी शी	य ह	शब् मा	बी रे	ते हो	गि श	अर् का	से पै	सी मा	स न	हर् हो	हो जा	गी ए
3.	कि दि	रन् लों	फ़ू की	टी रौ	ह श	ज़रब् नी	[illegible] के	के फू	ल ल	हू है	से नज़्	ये रा	न न	यां हो	दिन् जा	है ए
4.	ग ह	री मा	बुद् रे	दह ना	र म	थे से	हम रौ	उठ शन्	ग अ	ए ग़र	दुनि वी	या रा	स न	अच् हो	घा जा	है ए
5.	ब रि	हुत् या	रवीं ज़त्	चे ख्वा	ति र	रे हो	मस् ती	तों है	न अ	फ़ा गर	के अफ़्	फिर सा	भि न	कम् हो	रवीं जा	चे ए
6.	च कि	मन् जै	खिल् से	ता हर्	थ क	वो ली	खिल् से	ता दर्	थ द	अर् का	वो या	दिल् रा	न न	कै हो	सा जा	था ए
7.	व .क	गह् फ़न्	रे सौ	आ ज़रब्	स म	मा फू	नी लों	रं में	ग व	की ही	चा पर	दर दा	स न	लिप् हो	टा जा	है ए
8.	इ फ़	घर् कत्	में इक्	हूँ ना	उ म	घर् है	में यह	हूँ ना	अ म	जल् भी	तू थो	बी का	च न	में हो	क्या जा	है ए

'चुका भी हूँ नहीं मैं' : पृष्ठ 35 (नया संस्करण)

नोट : यह नज़्म 'गजानन मुक्तिबोध', बह्‌र हजज सालिम में लिखी गयी है। इसमें 'मुफ़ाईलुन' की चार आवृत्तियाँ रहती हैं। (एक मिस्रे में) अर्थात् 'यगण ग' की चार आवृत्तियां। इस नज़्म में 'बह्‌र' को बखूबी निभाया है।

"जहां में अब तो जितने रोज़ अपना जीना होना है" 'कुछ और कविताएँ', पृ० 90 की भी यही बह्‌र है।

अरकान	मु	फ़ा	इ	लुन	फ़	इ	ला	तुन	मु	फ़ा	इ	लुन	फ़अ्	लुन
गण	I	S	I	S	I	I	S	S	I	S	I	S	S	S
शेर 1.	क ज	हो बा	त त	क्या बा	न तः	क म	हैं आ	पर जा	क य	हो वो	त त	क्यों क्यों	कर कर	हो हो
2.	ह म	मा ग़र्	रि य	बा जा	त क़	ह उ	मी न्हीं	से से	सु क	नो हो	त त	कै क्यों	सा कर	हो हो
3.	ख़ तु	या म्हीं	ल ज	हो ए	कि क	मि न	रे अप्	दिल् ने	क ब	वह् नो	म तो	हो क्यों	आ कर	ख़िर हो
4.	ज़ ज	मा अप	न नि	तुम बा	ह त	ज प	हाँ का	तुम् यम्	ह र	ज़िन् हो	द त	गी क्यों	तुम कर	हो हो
5.	ह म	मा ग़र	र ज	बस् ये	ह भि	क सं	ई हा	आ रा	ह न	की हो	हु त	ए क्यों	खा कर	मोश् हो
6.	ह य	रे जिन्	क द	तर् गी	ह क	व ब	ही हा	आ ना	र न	ज़ू हो	ब त	ने क्यों	मे कर	री हो
7.	य क	सब् ई	स भि	ही ग़म्	ह क	म सि	ग़र वा	ए दोस्	मि त	रे हो	दि त	ले क्यों	ना कर	शाद् हो
8.	य व	सां जिन्	स द	में गी	ज स	उ फ	सी रा	ना मो	म श	की हो	अ त	टक् क्यों	सी कर	है हो
9.	ज़ व	आ आ	र ह	ज़ू दिल्	म स	न फ	ही रा	यब् मो	व श	सां हो	स त	में क्यों	कुछ् कर	है हो
10.	ह ज	ज़ा सां	र स	हम् सां	उ स	स म	चा रम्	हैं जा	कि य	अब् वो	न त	चा क्यों	हैं कर	अर हो

'कुछ और कविताएँ', पृष्ठ 39

नोट : यह बह्रे 'मुजास' में लिखी गयी है, अर्थात् इसके अरकान हैं :
'मफ़ाइलुन, फ़इलातुन, मफ़ाइलुन फ़अलुन' अर्थात् ''जगणग+सगणग+जगणग+ग ग।

ग़ालिब के एक ग़ज़ल की जमीन पर लिखी गयी यह ग़ज़ल है।

इस तरह से यह देखा जा सकता है कि उनकी ग़ज़लें बह्‌रों की दृष्टि से काफी मुकम्मिल हैं। कहीं-कहीं पर दोष भी है। पर जहाँ तक ग़ज़ल की 'आत्मा' की बात है उनकी ग़ज़लें क़ाबिले-तारीफ़ हैं।

(आ) रूबाई : ग़ज़ल की तरह रूबाई उर्दू का एक प्रसिद्ध काव्य-रूप है। यह मूल फ़ारसी विधा है। 'फ़िट्ज़ेरल्ड' के अनुवाद के बाद केवल 'उमर ख़ैयाम' की रूबाइयाँ ही नहीं, 'रूबाई मात्र' बहुत लोकप्रिय हुई।

रूबाई जितनी सरल दिखती है, उतनी ही चुस्त होती है। रूबाई लिखनेवाले शाइर को बहुत अधिक छूट नहीं मिलती। सामान्य रूप से कहा जाय, तो रूबाई चार मिस्‌रों का टुकड़ा है, जो 'मुक्तक' से साम्य रखता है। पर वास्तव में ऐसा होता नहीं है। 'हिन्दी कवियों ने रूबाई को मुक्तक का ही पर्याय समझा है। इसलिए अधिकांश कवि अपने मुक्तकों को रूबाई की ही संज्ञा दे गये हैं।'[9]

मोटे तौर से रूबाई के चार मिस्‌रों में पहला, दूसरा व चौथा हमकाफ़िया होते हैं। तीसरा स्वतन्त्र होता है। यह अनिवार्य है, अन्यथा रूबाई और क़तअे में कोई भेद ही नहीं रहेगा। क़त्‌आ भी चार मिस्‌रों का ही होता है, जिसमें चारों पद हम-काफ़िया होते हैं।

पर रूबाई केवल इतनी ही नहीं है। 'हदाइकुल-बलाग़त'[10] में इस सन्दर्भ में कहा है :

"रूबाई का वज़न बह्‌रे-हज़ज है। इसमें नौ जिहाफ़ात हैं और इन जिहाफ़ात की तब्दीलियों से चौबीस वज़न बनते हैं। हर मिस्‌रा रूबाई का वज़न अलहिदा होना और उसके दो शजरे (1) अख़रब (2) अख़रम के औज़ान को आपस में जमा करना भी दुरुस्त है। इसके चौबीस औज़ान में से ही चारों का वज़न होना ज़रूरी है। बहुत क़रीब ध्वनियाँ होने से कोई ख़ास फ़र्क नहीं पड़ता।"

अर्थात् रूबाई में या तो हज़ज के चौबीस औज़ानों में से एक, या हर मिस्‌रा अलग वज़न का, (एक ही रूबाई में) प्रयुक्त करना जाइज है। पर हज़ज के अति-रिक्त किसी भी बह्‌र में रूबाई नहीं लिखी जा सकती।

शमशेर ने कुछ सफल रूबाइयाँ लिखी हैं। कहीं पर हर मिस्‌रे में अलग वज़न है, तो कहीं, थोड़ा-सा परिवर्तन है।

उदाहरण के लिए प्रस्तुत है एक रूबाई :

1. था बहते सदफ़ में बन्द यकता गौहर
2. ऐसी दुनिया में किसको तकता गौहर
3. दिल अपना जो देख सकता ठहरा है कहाँ
4. दरिया का सुकून देख सकता गौहर[11]

इसमें पहले, तीसरे व चौथे मिस्‌रे के अरकान इस तरह होंगे :

SSSI SISI SSSS

केवल दूसरे मिस्रे के पहले रुक्न में ही थोड़ा परिवर्तन है। वह इस तरह है : 'SSI' के स्थान पर 'SSII'। शेष सभी मिस्रे समान हैं।

(इ) **संस्कृत वृत्त** : उर्दू के छन्द-शास्त्र के अनुसार, उच्चारण को आधार बनाकर, शमशेर ने कुछ रचनाओं में संस्कृत वृत्तों के भी प्रयोग किये हैं। उन्होंने संस्कृत वृत्तों का प्रयोग हिन्दी में, खड़ी बोली के उच्चारण के अनुसार किया है। अपने एक इण्टरव्यू में शमशेर कहते हैं :

"सन्ध्या तथा 'प्रेम की पाती' में मैंने 'छन्द-प्रयोग' किये हैं। मैंने उस पुराने छन्द के जीवित रूप को रखना चाहा है। जीवित रूप से मेरा मतलब है, छन्द का जो संस्कृत में निश्चित रूप है वह नहीं, पर वैसा, जिससे उसके रूप एवं अर्थ की सम्भावनाएँ ज्यादा खुलें।"[12]

यह प्रश्न अलग है कि इस प्रकार के प्रयोग को कितना स्वीकार्य माना जा सकता है। इसका निर्णय तो पिंगल-शास्त्री ही दे सकते हैं।

यहाँ पर उनकी दो रचनाओं का छन्द-विश्लेषण प्रस्तुत है :

'सन्ध्या'[13]—विद्युल्लता (विद्युन्माला) छन्द में लिखी गयी है। 'विद्युन्माला' चार टुकड़ों का छन्द है, जिसके प्रत्येक टुकड़े में दो गुरुवर्ण होते हैं। कुल चौदह गुरुवर्ण होते हैं।

'सन्ध्या' में केवल तीन टुकड़े प्रयुक्त हुए हैं, और एक तरह से इसे खण्ड 'विद्युल्लता' कह सकते हैं। मूल रूप में छन्द इस तरह होगा : 'SS SS SS SS' पर उन्होंने 'SS SS SS' इतना ही प्रयुक्त किया है।

रचना को छन्द में बिठाने के लिए कई स्थान पर उच्चारण बदले हैं जैसे दूसरी ही पंक्ति में 'प्रिया' के स्थान पर 'प्रीया' किया है।

उर्दू में जिस तरह दो लघु का एक गुरु करना जाईज़ है, वैसा संस्कृत छन्दों में नहीं होता।* इस रचना में कई स्थानों पर दो लघु को एक 'गुरु' के रूप में प्रयुक्त किया गया है, जैसे चौथी पंक्ति में 'इत' को एक गुरु माना है। सामान्य रूप से 'ठहरा' शब्द है, पर उच्चारण 'ठैरा' होता है। एक स्थान पर (पन्द्रहवीं पंक्ति में) वे यही रूप अपनाते हैं। रचना की ध्रुव पंक्ति है, 'इतने पास अपने'। इसका विश्लेषण करें तो 'SS SI SS' होगा। अर्थात् एक लघु वर्ण है। पर उसके पहले का वर्ण 'प' खिंचकर 'स' को गुरु बना देता है। पर यह एक नियमित पैटर्न के रूप में कविता में आता है। इस छन्द की लय मन्द है, जो पूरी रचना में विद्यमान है, और कविता में एक विधेयात्मक

* संस्कृत रचनाओं में प्रायः छन्द के प्रति ऐसी कट्टरता निभायी जाती है। परन्तु देशज भाषाओं में (11वीं शती के बाद) इन संस्कृत वृत्तों में 'एक दीर्घ के दो ह्रस्व' ऐसी परम्परा भी चल पड़ी थी। जिन वर्णवृत्त छन्दों में एक खण्ड का आवर्तन होता है, उनका मात्रिक स्वरूप भी बाद में प्रचलित हुआ। संस्कृत में कुछ छन्द ऐसे हैं, जिनमें कुछ वर्णों में छूट मिलता है—जैसे अनुष्टुप आदि।

प्रभाव उत्पन्न करती है। 'प्रेम की पाती'[4] पंक्ति छन्द में लिखी रचना है। यह वर्णवृत्त छन्द है। पंक्ति छन्द का सूत्र है : 'भो गौ पंक्ति यथा' अर्थात् 'भगण+दो गुरु', आठ मात्राओं के इस छन्द में लघु-गुरु का स्थान निश्चित है। इसका उदाहरण है : "फाल्गुन मासे। फुल्ल वनान्ते। पावक तुल्या। किंशुक पंक्ति"[5] 'प्रेम की पाती' में इसका प्रयोग करें, तो छन्द विश्लेषण ऐसा होगा :

SI SSIIS I S SS / SI ISS SS I SS

कौन के पीतम कौन की पाती / आस लगाये दीया न बाती। इसमें 'आस लगाए' खण्ड एकदम सही है। शेष में बहुत परिवर्तन है। पर पढ़ते वक्त उसे 'पंक्ति' के मूल सूत्र के अनुसार पढ़ना होगा। यथा :

I S I I

कौन के प्रीतम कौन की पाती / आस लगाये दीया न बाती।

इस छन्द के कारण, पूरी कविता में एक गति आती है। यह छन्द उन्होंने खड़ी बोली उच्चारण के आधार पर प्रयुक्त किया है।

II. सॉनेट

शमशेर ने सॉनेट भी लिखे हैं। सॉनेट उन काव्य प्रकारों में से है, जिनकी ओर हिन्दी के कवियों का बहुत कम ध्यान गया है। शमशेर में प्रयोगशीलता की जो अदम्य प्रवृत्ति है उसका उदाहरण उनके सॉनेट भी प्रस्तुत करते हैं। चौदह पंक्तियों के इस काव्य-रूप में प्रायः विभिन्न छन्दों का प्रयोग किया जाता है। पर प्रास पद्धति, सॉनेट की प्रचलित प्रास पद्धतियों में से ही कोई रख जाती है।

'चुका भी हूँ नहीं मैं', में एक सॉनेट है जिसके नीचे नोट दिया गया है—"एक ही रूबाई के अन्तर्गत रूबाई के लिए निश्चित छन्दों में से दो या तीन विभिन्न छन्द तक प्रयुक्त हो सकते हैं। इस सॉनेट में मैंने रूबाई के लिए निश्चित छन्दों में से कइयों का प्रयोग किया है।"[16] अर्थात् सॉनेट में प्रयोग, वह भी प्रयोग की पूरी सजगता के साथ। सॉनेट पढ़ने पर इस बात की प्रतीति होती है कि इसमें तीन-चार छन्दों का प्रयोग हुआ होगा।

सॉनेट की प्रास-पद्धति, उसके रूपाकार में महत्त्वपूर्ण है। शमशेर के सॉनेट की प्रास पद्धति की चर्चा गीति-स्वरूप वाले अध्याय में की गयी है।

III. अछान्दस / मुक्त छन्द

निराला ने कविता को छन्द के बन्धन से मुक्त किया, पर प्रायः उन्होंने अपनी मुक्त छन्द की रचनाओं में छन्द के टुकड़ों का प्रयोग किया है। लयबद्धता को उन्होंने कविता का प्राण माना।

प्रयोगवाद, नयी कविता के समय से, जिस प्रकार की कविता लिखी जा रही

है, वह तो 'फ़्री वर्स' के करीब की है। अतः उसे अछान्दस कहना अधिक ठीक रहेगा।

"'छन्द' में रचना करना जितना कठिन है, उतना ही कठिन है अछान्दस में कविता लिखना। ऐसी कविता का सबसे बड़ा खतरा है, उसका गद्य में सरक पड़ना।"[17]

भावानुरूप, लम्बी-छोटी पंक्तियों में, विभिन्न बिम्बों एवं प्रतीकों, इन्द्रीय-व्यत्यय द्वारा, विशेष भावदशा एवं संकुल अनुभूतियों को अधिक अच्छी तरह से व्यक्त किया जा सकता है। यही अछान्दस का स्वरूप है।[18] अछान्दस कहने से छन्द को नकार दिया जाता है। शमशेर की अधिकतर रचनाएँ अछान्दस हैं। इन रचनाओं के रूप की चर्चा करना जरूरी है। अपनी अछान्दस रचनाओं में उन्होंने अपने विशिष्ट फ़ार्म का ईजाद किया। इनकी कविताओं का फ़ार्म सुबद्ध होता है। इस 'फ़ार्म' की सजगता के कारण उनकी कविता दूसरों से अलग दीख पड़ती है।

जिन रचनाओं में यह 'अलगता' या विशिष्टता परिलक्षित होती है, उनमें से कुछ द्रष्टव्य हैं। सर्वप्रथम 'टूटी हुए बिखरी हुई'[19] रचना की जा रही है।

यह एक लम्बी रचना है। पर मानो अछान्दस में कही गयी ग़ज़ल। इस अछान्दस रचना में 'ग़ज़ल की आत्मा झलकती है।' ग़ज़ल के शेरों की तरह, प्रत्येक स्तबक, एक अलग ही चित्र, अलग ही भाव-छटा प्रस्तुत करता है। कहीं पर ऊषा की खिलखिलाहट ओढ़े कोई फूल है, तो कहीं बहुत-सी नावें, बहुत से तीर हैं, प्यास के पहाड़ हैं। पूरी रचना में मगर एक भाव-सातत्य है। निष्ठुर प्रियतम के प्रति उनकी अभिव्यक्ति है।

इसकी संरचना विशिष्ट है। यह एक सौ चौदह छोटी-बड़ी पंक्तियों की कविता है, जिसमें धीरे-धीरे कवि का प्रेम खुलता है, बढ़ता है। जहाँ पर बात चरमसीमा पर पहुँचती है, वह कविता का ठीक मध्यभाग है, जिसके बाद धीरे-धीरे वह तीव्रता मद्धम होती-होती फिर पहले की-सी ही विराग की भाव-दशा में पहुँच जाती है, पर यह "बात अनुभव करने की हद तक कह लेने के बाद का विराग है"—अर्थात् भरा-भरा सा।

'मुझे प्यास के पहाड़ों पर लिटा दो···' से बात थोड़ी तीव्र होती है, जो 'तुम मुझे प्रेम करो, जैसे मैं तुमसे करता हूँ' तक आते-आते इतनी तीव्र हो जाती है कि वे एक तरह से आर्तनाद कर उठते हैं, (यह 'आशिक़' का आर्तनाद है):

"आईनो, रोशनाई में घुल जाओ और आसमान में/मुझे लिखो और मुझे पढ़ो।/
आईनो, मुस्कराओ और मुझे मार डालो / आईनो, मैं तुम्हारी जिन्दगी हूँ"

और फिर धीरे-धीरे भाव की तीव्रता कम होती जाती है: "एक फूल ऊषा की खिलखिलाहट पहनकर···"

अन्त में तो 'अनहोनी और होनी की उदास रंगीनियाँ ही फ़क़त' थीं।

इस तरह ग़ज़ल की आत्मा इसमें झलकती है। वैसे भी इसमें जो आशिक़ है,

वह उर्दू की परम्परा का ही है, कि उसे निष्ठुर प्रेयसी ने जलाकर खाक कर दिया है, फिर भी : "पर मैं तो जैसे इसी शरीर से अमर हूँ/तुम्हारी बरकत"

अपनी अछान्दस रचनाओं में कहीं कोई गीत देना, उनके फ़ार्म की एक और विशेषता है। इन बीच के खण्डों को गीत इसलिए कहा गया है कि ये अंश कुछ विलम्बित लय से पढ़े जाने पर अधिक प्रभावी प्रतीत होते हैं। गीत से यहाँ इतना ही तात्पर्य है।

ये खण्ड अलग टाइप से दिये गये हैं। इस दृष्टि से उनकी 'आओ', 'सावन', 'नशा', 'सागर तट', 'घनीभूत पीड़ा', 'एक सिम्फ़नी', 'ज़िन्दगी का प्यार' आदि रचनाएँ महत्त्वपूर्ण एवं उल्लेखनीय हैं।

जो बात इस प्रकार के विशेष फ़ार्म से सिद्ध होती है कि कवि अपने भीतर के श्रोता से लगातार कुछ कह रहा है। यह 'प्रलाप' या 'एकालाप' और इसीलिए अनाप-शनाप नहीं है। वह कोई बात है, जिसे वे किसी से कहना चाह रहे हैं। यह श्रोता कवि की ही संवेदनशीलता की हद तक पहुँचा हुआ पाठक भी हो सकता है।

'आओ'[20] कविता में तो पूरी बात इतनी भावुकता से सामने आती है कि 'एक गीत तुम्हें याद होगा' ('वह गीत तुम्हें भी तो याद होगा') के बीच, गीत का सारा सन्दर्भ और कवि का अपना सन्दर्भ, अपना वक्तव्य एक हो जाते हैं।

पर 'सावन'[21] और अन्य रचनाओं में यह बात अधिक स्पष्टता से प्रस्तुत हुई है। 'सावन' भी एक प्रेम रचना है, जिसमें निष्ठुर प्रेमिका से कवि का वार्तालाप है, जो अन्त में एकालाप हो जाता है। रचना के बीच में ही 'शमा-परवाने' का प्रचलित रूपक लेकर एक अलग ही टोन में (जो पढ़ने पर उभरती है) दो टुकड़े रखे गये हैं, जिससे कवि-नायक ने अपना आशिक़ीपन अधिक मुखरित किया है, अधिक प्रभावशाली ढंग से रखा है। या कहें उसे 'फोरग्राउण्ड' में किया है।

'सागर तट'[22] और 'घनीभूत पीड़ा'[23] इसी तरह की, पर थोड़ी अलग पड़ जानेवाली रचनाएँ हैं। 'घनीभूत पीड़ा' को आरम्भ और अन्त में दो-दो मिस्रों से ब्रैकेट किया गया है। ये मिस्रे सीधे कविता से जुड़े नहीं हैं पर उनके होने से कविता ज्यादा भावाकुल हो जाती है। कविता का भाव अधिक उभरकर प्रकट होता है। आरम्भिक शेर है :

> "ज़बांदराज़ियाँ ख़ुदी की रह गयीं
> तेरी निगाहें कहना था सो कह गयीं"

और अन्त में :

> "लजाओ मत अभाव की परेख ले,
> समाज आँख भी तुम्हें न देख ले"

ये मिस्रे शेष कविता से अलग दिखाने के लिए भिन्न टंकन में प्रस्तुत किये हैं। वैसे भी इस कविता में अलग-अलग चित्र हैं जो कविता के आरम्भ में दिये हुए रेखांकन

के सहारे पढ़े एवं समझे जा सकते हैं।

'सागर-तट' में कुछ पंक्तियाँ हैं जो टंकन विभेद से, अलगाई जा सकती हैं, और वे कविता के आरम्भ एवं अन्त में दी गयी हैं। जो पंक्तियाँ आरम्भ में हैं, वही अन्त में हैं, इससे कविता ब्रैकेट भी होती है और आवर्तन के फलस्वरूप प्रभावक भी। ये पंक्तियाँ 'सागर तट' का दृश्य उभारने में बहुत सफलतापूर्वक प्रयुक्त हुई हैं।

इस आवर्तनसे शमशेर की कविता सागर-तट से आरम्भ होकर वहीं तक रहती है एक डिसिप्लिन के साथ जो शमशेर की कविता का सामान्य गुण नहीं है।

'नशा'[24] कविता में भी एक गीत है, जो दो अछान्दस खण्डों के बीच है। यहाँ पर कवि का वही समर्पित प्रेमी का रूप दिखता है, जो इन गीत-खण्डों के कारण अधिक उभरता है। ये गीत इस पूरी कविता की भावसृष्टि को तीव्र बनाने में सहायक सिद्ध होते हैं। इतना अधिक कि 'बिन पिये' चढ़ा हुआ नशा जो प्रेमिका की एक 'नहीं' और एक 'हाँ' पर, 'इधर का उधर' हो सकता है।

'रेडियो पर एक यूरोपीय संगीत सुनकर'[25] का फ़ॉर्म भी विशिष्ट है। यह फ़ॉर्म मानो इसी रचना के लिए हो सकता है। यह संगीत सुनने के बाद की प्रतिक्रिया है। देखनेवाली बात है कि रचना आठ स्तबकों में बँटी है। 'सा' से 'सा' तक। पर यह अवरोह की यात्रा है। संगीत सुन चुके हैं, अतः भावारोहण उस दौरान हो गया है। अब उसे अपने भीतर उतार रहे हैं।

प्रत्येक स्तबक भी करीबन सात पंक्तियों का है। कहीं कम कहीं ज्यादा भी हैं। कविता भी अवरोह की सरगम है और प्रत्येक स्तबक भी, अपने-आपमें अवरोह की दिशा में जाता है। कविता में यहाँ आते-आते तो वही स्वर बना रहता है : "—जा/—जा/—जा/—सो !···/फिर वह पूरी बात '× ×' इसके द्वारा समाप्त घोषित होती है और उपसंहार के रूप में, एक सात पंक्तियों का स्तबक आता है, जो 'सा' है। (सा नी ध प म ग रे सा)

इस कविता को पढ़कर, यह बात बार-बार अनुभूत होती है कि शमशेर एक नये रूपाकार को अछान्दस में ले आये हैं। यह उनकी कविता की लाक्षणिकता है।

फ़ार्म की दृष्टि से 'दो मोती कि दो चन्द्रमा होते[26] उनकी महत्त्वपूर्ण रचना कही जा सकती है। यह एक तरह से इतिवृत्तात्मक लिरिक है। कविता में ऐसा कोई फ़ार्म प्रचलित नहीं है।

आरम्भ में कवि का मोनोलॉग है फिर कुछ अंश संवादों के द्वारा प्रस्तुत करते हैं, जिसके कारण नाटकीयता का एक अंश भी कविता में आ जाता है। इसे हम 'इतिवृत्तात्मक नाटकीय लिरिक' भी कह सकते हैं।

संवाद की शैली में लिखी उनकी कविता में जो उन्हें कहना है, उसे संवाद में

रखकर 'फ़ोरग्राउण्ड' करते हैं।

'एक दोस्त'[27] कविता का आरम्भ 'गजेन्द्रपाल सिंह' से और अन्त भी 'गजेन्द्रपाल सिंह' से होता है। जैसे कुण्डलियाँ छन्द में आरम्भ और अन्त के शब्द समान होते हैं, कुछ इस तरह का प्रयोग है, ऐसा कह सकते हैं। कुण्डलिया छन्द की यह एक विशेषता मुक्त छन्द में ढलकर हमारे सामने आती है।

IV. लय

लय अर्थात् 'रिद्म'

···लय,—हमारे श्वासोच्छ्वास में, हमारे रक्तचाप में,

···हमारे स्पन्दनों में

लय—प्रकृति में, कल-कल बहते झरनों में, सागर की उत्ताल तरंगों में, साँय-साँय करती तूफ़ानी हवाओं में।

लय—आकाश में विचरती चीलों की उड़ानों में, कबूतरों की गुटुर-गूँ में।

लय—संगीतकार के सुरों में, चित्रकार के रंगों-रेखाओं में, कवि की शब्द-संयोजना में।

और तो और—लय—लाइट सिग्नलों में, थोड़ा रूपकात्मक ढंग से कहें तो 'प्लास्टिक आर्ट' में भी एक लय होती है।

यहाँ पर चर्चा का मुद्दा काव्य-लय है, उससे भी आगे शमशेर की काव्य-लय।

सर्वप्रथम काव्य-लय के विषय में आरम्भिक चर्चा करना उचित होगा। काव्य-लय के बारे में दो नितान्त विरोधी मत हैं। एक मत यह है कि 'लय', अनिवार्यतः नियमित आवर्तन है। अर्थात् छन्द के साथ इसका निकट का सम्बन्ध स्थापित हो जाता है। साथ ही गद्य-लय की सारी सम्भावना समाप्त हो जाती है, यहाँ तक कि मुक्त-छन्द भी इसकी चर्चा के बाहर हो जाता है।[28]

दूसरा मत, नियमित आवर्तन न होने पर भी, रचना में एक लय का अस्तित्व स्वीकार करता है। इससे सामान्य बातचीत में वर्तमान लय का भी जायजा लिया जा सकता है।

इस प्रकार की लय 'स्वराघात' ('पिच' और 'इन्टोनेशन') से तय की जा सकती है। अर्थात् कविता या 'गद्यखण्ड' को अर्थ की दृष्टि से पढ़ा जाय।

लय कविता के समग्र विश्व को अनुभूत कराने में सहायक सिद्ध होती है। कविता अगर मुक्त छन्द में हो, तो लय बहुत ही उपकारक सिद्ध होगी।

शमशेर की अधिकतर रचनाएँ मुक्त-छन्द में हैं। उनकी ऐसी कविताओं में 'लय' की बात बराबर की जाती रही है, जो सही भी है। लेकिन 'अगर हम ऐसा

अतिवादी मत भी लें कि लय निष्पत्ति के लिए निश्चित एकम का नियमित आवर्तन होना उसकी अनिवार्य शर्त है', जो प्रायः छन्दों में मानी जाती है, तब भी शमशेर की कविता में वह विद्यमान है।

इस सन्दर्भ में उनकी 'ऊषा'[29] कविता एक उत्कृष्ट उदाहरण के रूप में उद्धृत की जा सकती है। इसमें सात मात्राओं का नियमित आवर्तन है।

ऊषा

प्रा त न भ था	S I S S	
ब हु त नी ला	I S S S	—गण-पैटर्न बदलता है। यगण की एक आवृत्ति
शं ख जै से	S I S S	रगण ग की तीन आवृत्तियाँ
भो र का न भ	S I S S	
रा ख से ली	S I S S	रगण ग की चार आवृत्तियाँ
पा हु आ चौ	S I S S	
का अ भी गी	S I S S	
ला प ड़ा है	S I S S	
ब हु त का ली	I S S S	गण-पैटर्न बदलता है। यगण ग की एक आवृत्ति
सिल् ज रा से	S I S S	
ला ल के स र	S I S S	
से कि जै से	S I S S	'रगण ग' की चार आवृत्तियाँ
धुल् ग ई हो	S I S S	
स्लेट पर या	S I S S	
ला ल ख ड़ि या	S I S S	रगण की चार आवृत्तियाँ
चा क मल दी	S I S S	
हो कि सी ने	S I S S	
नी ल जल में	S I S S	
या कि सी की	S I S S	रगण ग की चार आवृत्तियाँ
गौ र झिल् मिल्	S I S S	
दे ह जै से	S I S S	
हिल् र ही हो	S I S S	

औ···र जा दू	s । s s	
टू ट ता है	s । s s	रगण ग की चार आवृत्तियाँ
इस् उ षा का	s । s s	
अब् सु र्यो दय	s । s s	
हो र हा है	s । s s	

पूरी रचना में रगण—ग की नियमित आवृत्तियाँ हैं। दो स्थानों पर यगण ग की एक-एक आवृत्ति है। यह उसकी एकरसता तोड़ती है, तथा रिद्म को और अधिक रेखांकित करती है। इसमें तीन एकम चार आवृत्तियों के हैं, और तीन पाँच आवृत्तियों पर सात मात्राओं की नियमितता का प्रायः ध्यान रखा गया है।

यह थोड़ा स्थूल, पर निश्चित रूप से लय का तथ्यात्मक प्रस्तुतीकरण हुआ। किन्तु जब शमशेर की कविता की बात होती है, तब उनकी कविता में निहित सूक्ष्म लय को अगर ध्यान में न लिया जाय, तो उनकी महत्त्वपूर्ण कविताएँ केवल गद्य-खण्ड बनकर रह जायेंगी। एक तरह से 'पिच' और 'इण्टोनेशन' उनकी कविता का प्राण है।

बार-बार पढ़ने पर, शब्दों के बीच अन्तरालों में रही लय को अनुभव करने, समझने पर ही उनकी कविता को समग्रता से पाया जा सकता है।

उनकी 'मोहन राकेश के साथ एक तटस्थ बातचीत'[30] कविता में तो यह प्रतीत होगा कि पूरी रचना एक प्रवाह है, जो कवि के 'मूड्स' के अनुसार बह रहा है। इस प्रवाह में एक लय है, जो रुकती, टूटती बहती चली जाती है। इसे हम 'टैनशन्स'[31] कह सकते हैं। यह कवि के 'मूड' के टैनशन्स हैं, जो किसी (वॉटर-टाइट कम्पार्टमेण्ट्स) चलाचल स्थिति में बँधे नहीं हैं। कवि बड़ी सरलता से एक भाव से दूसरे भाव में सरक जाते हैं और इन टैनशन्स में एक समतोल बनाये रखते हैं। असल में देखा जाय तो इस कविता का एक महत्त्वपूर्ण तथ्यांश बन जाता है। यही वे टैनशन्स हैं, जहाँ कवि कहीं रैहटॉरिक, कहीं आत्मालाप करते से तो कहीं नाटकीय लगते हैं।

इसमें आते अन्तराल और डॉट्स बहुत ही सहायक सिद्ध होते हैं।

कुछ इस तरह कविता के इन मूड्स को बताया जा सकता है : कविता का आरम्भ होता है 'राकेश मोहन राकेश···' यहाँ से लेकर '···मो' तक एक, गहरा अपने में डूबा हुआ मूड है जो 'यूँ ही खामखाही' से कुछ सतह पर आता है और··· 'मोहन राकेश' तक करीबन वैसा ही चलता है। उस बीच कवि अब बात करने की, बातों को विश्लेषित कर पाने की स्थिति में आ जाता है। उसका 'नौजवान···'से लेकर 'किधर छिपे हुए हो', तक यह स्थिति है। फिर तो मनःस्थिति सँभलती जाती है, और वे, एक अर्जित किया हुआ दर्शन अधिक तटस्थता से हमारे सामने रखते हैं

"मौत कोई सेन्टीमेण्ट की चीज़ नहीं···" ।

यूं कविता अन्त तक ऐसे ही, अलग-अलग मूड्स में चलती है ।

कविता में आगे चलकर वह अंश आता है, जब वे अपने नितान्त निजी भावों में डूब जाते हैं···"मैं/एक गुमशुद्गी को प्यार करता हूँ···" यह निजीपन इतनी सरलता से सामाजिक स्थिति तक पहुँच जाता है कि वे अकुलाहट से भरे कह उठते हैं : "जहाँ यह गन्दगी आज की सियासत की···शायद नहीं है" ।

"शायद नहीं है···" तक आते-आते वे फिर से एक सन्तुलन अपने भीतर खड़ा कर देते हैं । फिर उसी सहज भाव से बात को आगे बढ़ाते हैं ।

"शायद नहीं है···" पर कविता का भावतन्तु एक चरम सीमा पर आ जाता है, और उसे वहीं न काटकर कवि थोड़ा विस्तार देते हुए उसे एक सम लय पर लाकर खड़ा कर देते हैं ।

इस कविता को समग्रता से पाने के लिए उसकी लय बहुत महत्त्वपूर्ण है, हालाँकि, सीधे-सपाट वाक्यों में पूरी बात कही गयी है ।

इसी तरह 'धारीदार जाँघिया पीला'[32] की लय उसकी आन्तरिक संरचना का एक अंश है ।

कवि ने शब्दों को कुछ इस तरह रखा है कि एक धारीदार जानवर का वैसे ही दबे-पाँव, पूरी सावधानी से चलना, हम देख सकते हैं :

> "हर-हर कदम पर वो पतला सर/एक बे-मालूम झटके-से/दायें से बायें को बायें से दायें को/हिलता हुआ अब भी मेरे आगे से/चुपचाप निकला जा रहा है ।"

उसकी दृढ़ता और उसका इतमीनान अन्तिम परिच्छेद में प्रयुक्त 'से' के आवर्तन से स्पष्ट होता है : (1) "अब भी इत्मीनान से (2) उसी एक चाल से (3) और उसी अन्दाज से (4) वो मेरे सामने से (5) धीरे-धीरे/ निकला जा रहा है ।"

इस कविता में वातावरण की सृष्टि बहुत कुछ इसकी लय से सम्भव होती है । 'लय' इस कविता के विश्व को समझने में सहायक सिद्ध होती है ।

'सावन', 'टूटी हुई, बिखरी हुई', 'आओ इ०' कविता की लय इतनी प्रस्तुत नहीं कि सरलता से पकड़ी जा सके । शब्दों और पंक्तियों के बीच के अन्तरालों में ही उसे पकड़ना सम्भव है । यह बार-बार पढ़ने पर ही सम्भव है । यह लय कविता में निहित उदासी के स्वर से जुड़ी है ।

उनकी 'वाम वाम वाम दिशा' कविता तो कूच-गीत की लय पर ही लिखी गयी है । यह स्वीकार कर लेने पर यह रचना एक दूसरे ही स्तर पर हमारे सामने खुलती है । शमशेर का मार्क्सवाद के प्रति जो सच्चा एवं खरा, ईमानदार भाव है, वह प्रकट होता है । इस दृष्टि से यह कविता महत्त्वपूर्ण हो जाती है ।

कई बार एक स्वर के आवर्तन से कविता लयात्मक हो जाती है । ऐसे बहुत

सारे टुकड़े शमशेर की कविता में मिलते हैं। उदाहरण के लिए एक खण्ड देखें :

"लुटी-मीठी बाँसुरी की धुन/भूल सपनों की लिए बैठी/कौन चिलमन में/मौन रिमझिम की/आँसुओं लिपटी/—फिर कहाँ वह मन-कली—/ठुनकी खिली, ठहरी, झुकी, मद-भार, अलसाई गिरी/खोई कहीं सोई···"[33]

यहाँ पर 'ई' के इतने आवर्तन कविता को अनायास लयात्मक बना देते हैं।

कई बार 'प्रास' के कारण भी ऐसी ही लयात्मकता कविता में आती है। यह पुनरावर्तन के फलस्वरूप आती है। 'नशा' कविता की आरम्भिक दस पंक्तियों में 'बनेगा' का प्रास हर पंक्ति में आता है। इन स्वरों 'ए आ' के आवर्तन से कविता में एक लयात्मकता आती है।

इस तरह से कई बार लय और प्रास एक-दूसरे में मिल जाते हैं।

V. प्रास

"सब तुक एक है
यानी कि मेरा खून"

(एक नीला दरिया बरस रहा है, पृष्ठ 10)

कविता में, प्रास का प्राथमिक कार्य है, उसमें एक विशेष नाद-सौन्दर्य की सृष्टि करना। लेकिन एक कृती कवि प्रास से ऐसे भी काम लेता है, जिससे उसकी कविता समृद्ध बने।

स्टैंज़ाइक पैटर्न (श्लोकबद्ध) वाली कविताओं में प्रास पंक्ति का निर्धारण करता है। छन्द की पंक्तियों को तय करता है। इससे अधिक महत्त्वपूर्ण कार्य है कि वह समग्र कविता को अथित करता है। ऐसी स्थिति में प्रास बहुत महत्त्वपूर्ण हो जाते हैं। कई बार ये समान भावदशा और कई बार विरोधी भावदशा को उभार कर लाते हैं।

प्रास की दृष्टि से जो सर्वाधिक लाक्षणिक बात शमशेर की कविताओं में दृष्टिगोचर होती है, वह है उनकी रदीफ़-काफ़िया पद्धति। अधिकतर इसी प्रकृति की उनकी प्रास योजना है।

यह पद्धति उनकी छन्दबद्ध रचनाओं में भी है, जिसमें उर्दू और संस्कृत दोनों छन्द आते हैं, और उनकी अन्य कविताएँ भी जो अन्त्यानुप्रास वाली हैं। उदाहरण के लिए प्रभाकर माचवे पर लिखी उनकी कविता[34] की बात इस सन्दर्भ में की जा सकती है।

रचना द्विपदी में लिखी हुई है। आरम्भिक द्विपदी की दोनों पंक्तियाँ हमकाफ़िया हैं, जैसाकि ग़ज़ल में होता है : "जट्टे ! बहुगुनी मरहट्टा / लाय सहस पदी एक झपट्टा।" इसमें 'मरहट्टा' और 'झपट्टा' दोनों हमकाफ़िया हैं। साथ ही इन

'मरहट्टा'—और 'झपट्टा' की ध्वनियों से मानो पूरा दंगल का स्वरूप कविता में आ जाता है, जिसका आगे उल्लेख भी है : "छायावादोत्तर दंगल में/अग्रिम सरस्वती का पट्ठा। इस तरह प्रत्येक द्विपदी की पहली पंक्ति स्वतन्त्र है, और दूसरी में 'मरहट्टा' का क़ाफ़िया पकड़ा है।

संस्कृत वृत्त में भी यही प्रास-पद्धति अपनायी गयी है। 'प्रेम की पाती' की बात करें तो, यह रचना दो भागों में बँटी है। दोनों भागों में क़ाफ़िये अलग हैं। पहले भाग का आरम्भ होता है :

"कौन के पीतम कौन की पाती,/आस लगाये दीया न बाती"

इस द्विपदी की दोनों पंक्तियाँ हमक़ाफ़िया हैं, और शेष भाग में हर द्विपदी की दूसरी पंक्ति हमक़ाफ़िया है यथा—थाती, छाती, भाँति, संगाती, बराती, जाति आदि।

दूसरे भाग में बाँची, साँची का क़ाफ़िया पकड़ा है यथा - जाँची, टाँची, ताँची, राँची, काँची, साँची इत्यादि।

'राजनीतिक करवटें--1948'[35] रचना का फार्म ग़ज़ल का है, तर्ज़ कव्वाली की ओर है अपने आप में एक नज़्म।—क़ाफ़िये उसे ग़ज़ल के निकट ले जाते हैं। पहला शेर है :

"हाय लीडर दुरंगी, न कम गुम हुए ।।
बीच धारा अगम थी गुड़म गुम हुए ।।

बाक़ी शेरों में कम, गुड़म का क़ाफ़िया पकड़ा है,—नियम, एकदम, कलम, बलम, क़दम, कसम, सितम आदि। 'गुम हुए' रदीफ़ पूरी रचना में यथावत् चलता है।

इसी तरह 'हैवाँ ही सही'[36] रचना में 'दुश्मन' का क़ाफ़िया और 'ही सही' का रदीफ़ पकड़ा है।

'यह क्या सुना है मैंने'[37], 'कुछ मुक्तक'[38] में भी इसी प्रकार की प्रास-पद्धति अपनायी गयी है।

कई बार एक ही रचना में अलग प्रकार की प्रास-पद्धति रहती है। इस सम्बन्ध में उनकी नशा कविता देखी जा सकती है। आरम्भिक खण्ड में प्रायः 'बनेगा' का प्रास पकड़ा है। उभरकर आनेवाले प्रास, थोड़े अलग ढंग से, पर वही रदीफ़-क़ाफ़िये में आते हैं :

"नशा वह **बनेगा**, और/**उतरेगा नहीं**/जो **चढ़ेगा** सरे-शाम से/यादों के पैमानों में किसी के/वह **सरेगा** नहीं/बिन पिये प्रेम में किसी के/सरंजाम से/वह **बढ़ेगा**, **मरेगा** नहीं/वह नशा, वह नशे का दौर/एक कत्रे **का नहीं**।"

यहाँ पर 'नहीं' का विशेष महत्त्व है। इस 'नहीं' के होने से, नशे का जो प्रभाव कवि पर हो रहा है, वह बढ़ता जा रहा है। फिर देखनेवाली बात यह है कि प्रास

विरोधी हैं, पर एक और नकारात्मक शब्द के आने से भाव दशा में तीव्रता लाते हैं। यहाँ, 'बनेगा-उतरेगा', 'चढ़ेगा-सरेगा', 'बढ़ेगा-मरेगा' ये प्रास-युग्म हैं, जो विरोधी हैं। पर उतरेगा, सरेगा एवं मरेगा के बाद 'नहीं' रदीफ़ आने के फलस्वरूप वे अपनी साथी-प्रास के भाव को ही तीव्र करते हैं। इस तरह नशे का दौर अधिक प्रभावक होता जाता है, क्योंकि वह आखिर 'कत्रे का नहीं' है। वह तो 'अन्तर में बसा, शाह नशा है।'

इस प्रास-योजना से यह स्पष्ट होता है कि उर्दू काव्य रूप के प्रति उनका झुकाव तो है ही पर साथ ही मुक्त-छन्द की रचनाओं में वे रदीफ़-काफ़ियों का बेहद सार्थक प्रयोग भी करते हैं। जो प्रास 'छन्द-बद्ध' रचनाओं में पंक्ति-निर्धारण करते हैं, वह मुक्त-छन्द में अर्थदीपित होकर आते हैं।

उनकी प्रास-योजना, प्रायः 'उदिता' और 'बात बोलेगी' संग्रह में अधिक उभरकर आती है। संग्रहों की कविताएँ प्रायः श्लोकबद्ध पद्धति (स्टैंज़िएक पैटर्न) की हैं।

'नशा' कविता प्रासों के आधिक्य के कारण मुक्त-छन्द की होते हुए भी, 'एक नीला दरिया बरस रहा है,' से अलग पड़ जाती है। लेकिन प्रास का जैसा सार्थक प्रयोग 'नशा' में है, वैसा ही इस रचना में भी है।

इसमें 'जुनून' और 'सुतून' में दोनों प्रास पूरी सार्थकता से रचना में प्रयुक्त हैं।

काव्य-रचना के क्षण में सम्भवतः स्थिरता एवं गतिशीलता कहीं आकर एक हो जाती हैं। उनमें भेद नहीं रहता। वह चाहे बाहरी (सुतून) हो या भीतरी (जुनून) हो, जो पहले शब्द था, अब अनुभव हो गया है, और यही बात इन दो विरोधार्थी शब्दों से प्रकट होती है। इस तरह यह प्रास कविता को अर्थित करते हैं।

'जुनून और सुतून' एक-दूसरे के विरोधी हैं, पर 'कविता' और 'भवता' नहीं :

"और लो मेरा आविर्भाव/कि **भवता**/कि है—हो—**था**/अभी तक/वही मैं कोई/एक **कविता**

अपना होना या अपनी कविता, रचना का होना, उसके काल में बँट जाने की बात वे करते हैं। कवि को अपने होने और रचना के होने में कोई भेद नहीं मालूम पड़ता। वह वस्तुतः एक ही है। और उनके लिए काल में बँटना भी समान है। यूँ 'भवता' और 'कविता' के बीच 'था' भी उतना ही सार्थक है।

कई बार वह ऐसे शब्द एक साथ ले आते हैं कि चौंकानेवाली अर्थ-सृष्टि खड़ी हो जाती है। बात अपनी कविता की कर रहे हैं :

तो ! इसमें और कुछ नहीं !/कोई संगीत नहीं। केवल **प्रलाप**।/केवल तम।/ केवल **प्रलाप**। केवल मैं और आप। **अनाप-शनाप**।

'प्रलाप' के साथ 'आप' तथा 'अनाप-शनाप'। अर्थात् कविता तो प्रलाप है ही, पर हैं, मैं और आप भी, क्या इसलिए कि "मैं लिखता हूँ आप पढ़ते हैं? और यह इतना ही अनाप-शनाप, व्यर्थ, बेकार है, जितनी कि मेरी कविता। इसमें उतना ही 'कुछ नहीं है' जितना कि आपमें और मुझमें नहीं है।"

उनकी 'सूर्य अपोलो स्तुति'[39] रचना अछान्दस है, पर प्रत्येक स्तबक की पंक्तियों का निश्चित संयोजन है। उसकी बुनियादी संरचना कुछ ऐसी होगी :

—1

—2

—3 ——4

—5 ——6

——7 ——8

——9

(यहाँ पर जो संख्या क्रम है, वह पंक्तियों के क्रम से दिया गया है)

इसमें पंक्ति चार, आठ एवं नौ का प्रास मिलता है। प्रत्येक स्तबक में जो शब्द इन स्थानों पर आते हैं, वे सानुप्रासिक हैं। जैसे पहले स्तबक में 'साक्षात्, अजात्, अनुपात', दूसरे स्तबक में 'आदित्य, प्रवृत्त, नित्य', तीसरे में 'खोली, अडोली, बोली', चौथे में, 'ध्येय, अज्ञेय, उपमेय' और अन्तिम में 'सम्बल, कोमल, एवं पल'—जैसी प्रास-योजना है।

जैसाकि वैरेन एवं वैलेक ने अपनी पुस्तक में कहा है कि प्रास, कविता में, ध्वनि-सौन्दर्य की दृष्टि से, छन्दनिर्धारण की दृष्टि से, एवं सार्थक प्रयोग की दृष्टि से महत्त्वपूर्ण है, ठीक वैसे ही, शमशेर की कविताओं में प्रास का विनियोग होता देखा जा सकता है।

शमशेर की कविता में गुम्फित छन्द, लय और प्रास को खोलते हुए, अनुभवते, सुनते हुए ऐसी प्रतीति होती है कि वे कुशल काव्य-शिल्पी हैं।

छन्द को उन्होंने प्रयोग और परम्परा दोनों स्तर पर ग्रहण किया है। उर्दू बह्‌रों की जहाँ तक बात है, उन्होंने अपनी ग़ज़लों और रूबाइयों में उन्हें, परम्परा का पूरा निर्वाह करते हुए प्रयुक्त किया है। उन्होंने प्रायः छोटी बह्‌रों में ग़ज़लें कही हैं।

रदीफ़-काफ़िये का निर्वाह, मतलए-सानी का प्रयोग, कहीं सीधे शेर से ग़ज़ल का आरम्भ करना आदि उनकी ग़ज़लों की विशेषत है। वे सम्पूर्णतया दोष-मुक्त नहीं हैं, पर फिर भी अपनी ग़ज़लों में वे उसकी आत्मा को पा सके हैं।

संस्कृत वृत्त उनकी कविता में प्रयोग के स्तर पर आये हैं। उच्चारण के आधार पर उन्होंने इसमें गुरू-लघु का परिवर्तन किया है। छन्दशास्त्र की दृष्टि से यह कितना स्वीकार्य है, यह प्रश्न अलग है, पर संस्कृत वृत्त में ऐसे प्रयोग से उन्होंने

हिन्दी में प्रयोग की उसी देशज परम्परा को जाने-अनजाने स्थापित किया, जो 11वीं शती में प्रचलित थी। छन्द की दिशा में सम्भावना खोली है, ऐसा कह सकते हैं।

ये कविताएँ सफल हैं और यथोचित प्रभाव डालती हैं। वे खड़ीबोली को उर्दू के अधिक निकट मानते हैं, अपने इस विश्वास को भी ऐसे प्रयोगों से मानो वे पुष्ट करते हैं।

शमशेर ने अधिकतर मुक्तछन्द में लिखा है। मुक्तछन्द में उन्होंने एक अलग ही रूपाकार का ईजाद किया। अन्तराल, विभिन्न अक्षरमुद्रा (टायपोग्राफ़ी) आदि से, उनकी कविता का मुक्तछन्द और मुखर हो उठता है। उनकी मुक्तछन्दों की रचनाओं में लय कवच का काम करती है, सामान्यतया, जो छन्द के द्वारा होता है।

शमशेर लयबद्ध कवि हैं। उनकी कविताएँ पढ़ते हुए यह प्रतीति ही नहीं होती कि वे छन्दोबद्ध नहीं हैं। यही उनकी सिद्धि है। यह लयसिद्धि शमशेर के कवि-कर्म की विशिष्टता है।

उनकी प्रास-योजना, प्रास के तीनों महत्त्वपूर्ण कार्य सम्पन्न करती है। वह कविता का नाद-सौन्दर्य बढ़ाती है, छन्द में पंक्ति का निर्धारण करती है, और समग्र कविता को अथित करती है। उनकी प्रास-योजना की एक लाक्षणिकता यह है कि वह अधिकतर रदीफ़-काफ़िये की पद्धति को अपनाती है। इससे उर्दू काव्य-शिल्प के प्रति उनके झुकाव को देखा जा सकता है।

छन्दोलय का यह साम्राज्य उनकी कविता में इतना महत्त्व रखता है कि कई बार तो रचना वहीं से प्रसूत होती है :

> "तब छन्दों के तार खिचे-खिचे थे/राग बँधा-बँधा था/प्यास उँगलियों में विकल थी/कि मेघ गरजे···" ('राग'/कुछ कविताएँ)

सन्दर्भ

1. देखिए—थियोरी ऑफ लिटरेचर, रेने वैलेक एण्ड वैरेन ऑस्टीन, 'रिद्म इयोफ़ोनी ऐण्ड मीटर', पृ. 160-165
2. वही
3. धर्मयुग, धीरेन्द्र वर्मा का लेख, (दिसम्बर '80)
4. 'कुछ और कविताएँ', पृ. 87
5. वही पृ. 41
6. वही, पृ. 67
7. 'उदिता', पृ. 96

8. 'कुछ और कविताएँ', पृ. 88
9. 'हिन्दी कविता पर उर्दू का प्रभाव', डा. नरेश, पृ. 70
10. 'हदाईकुल बलाग़त', (फ़ारसी), उर्दू तर्जुमा—इमाम बख्श सहबारि, पृ. 115-116
11. 'कुछ और कविताएँ', पृ. 83
12. देखिए परिशिष्ट-II
13. 'इतने पास अपने', पृ. 13
14. 'चुका भी हूँ नहीं मैं', पृ. 28
15. 'छन्दोऽनुशासन', हेमचन्द्र सूरि, सं. ह. दा. बेलणकर
16. 'चुका भी हूँ नहीं मैं', पृ. 55
17. 'काव्यनु संवेदन', हरिवल्लभ भायाणी, पृ. 115-160
18. देखिए—वही, पृ. 155-160
19. 'कुछ और कविताएँ', पृ. 51
20. 'कुछ कविताएँ', पृ. 58
21. सावन, 'कुछ और कविताएँ', पृ. 60
22. 'कुछ कविताएँ', पृ. 29
23. वही, पृ. 58
24. 'उदिता', पृ. 85
25. 'कुछ कविताएँ', पृ. 18
26. 'चुका भी हूँ नहीं मैं', पृ. 94
27. वही, पृ. 51
28. देखिए, 'इयोफ़ोनी रिद्म ऐण्ड मीटर', (पूर्वोक्त)
29. ऊषा, 'कुछ कविताएँ', पृ. 15
30. मोहन राकेश के साथ एक तटस्थ बातचीत, 'चुका भी हूँ नहीं मैं', पृ. 30
31. "Generally tension has been located whenever opposing forces, impulses or meanings could be distinguished and related to one another"
32. 'इतने पास अपने', पृ. 52
33. 'उदिता', देखिए : इयोफ़ोनी रिद्म ऐण्ड मीटर', 'थियोरी आफ लिटरेचर' पृ. 77
34. 'इतने पास अपने', पृ. 72
35. राजनीतिक करवटें, 'बात बोलेगी', पृ. 71
36. वही, पृ. 49
37. वही, पृ. 47
38. वही, पृ. 23
39. 'चुका भी हूँ नहीं मैं', पृ. 37

5

शमशेर की कविता में गीतिस्वरूपों का वैविध्य

"एपिक राइटिंग नीड्स ए ग्रेट पोएट एण्ड आय एम नॉट"[1] शमशेर की इस बात से एक हद तक सहमत होते हुए भी, गीति-कवि के रूप में उन पर विचार किया जाय तो वे हिन्दी के उच्च एवं शीर्षस्थ गीति कवियों में अग्रणी माने जायेंगे।

'गीति' से यहाँ तात्पर्य है, 'लिरिक काव्य' से जिसमें 'गीति' के तमाम रूपों का समावेश हो जाता है यथा, गीत, सॉनेट, ओड, एलिजी, ग़ज़ल, रूबाई, क़तआ इत्यादि।

शमशेर की कविता पर पाश्चात्य और उर्दू काव्य परम्परा का प्रभाव है, यह एक जाना हुआ तथ्य है। इन साहित्यों की काव्य-विधाओं में उन्होंने अपने आपको अभिव्यक्त किया। इन्होंने ग़ज़ल, रूबाई, क़तआ, सॉनेट, ओड, एलिजी आदि लिखे हैं।

इसके अतिरिक्त इन्होंने संस्कृत वृत्तों में प्रयोग भी किये हैं। अछान्दस तो लिखा ही है, गीत भी लिखे हैं, एक अलग ही प्रकार के। पर उनकी कविताओं से यह प्रतीत होता है कि उर्दू परम्परा का उन पर अधिक प्रभाव है। बात कहने का लहज़ा, एवं वज़न पर ही उनकी कविता की लय अवलम्बित रहती है।

यूँ भी शमशेर के रचना-संसार की तुरन्त आकृष्ट करनेवाली जो बाहरी विशेषताएं हैं, उनमें से प्रमुख हैं, उनके काव्य-संसार में आते गीति-स्वरूपों की विविधता। एक गीति-कवि अपने आपको कितने विभिन्न स्वरूपों में अभिव्यक्त कर सकता है, कितनी सफलता से, यह भी एक मापदण्ड हो सकता है, उसकी श्रेष्ठता आँकने का। यह बात तय है कि हर-एक कवि अपना कार्य चुन लेता है, जिसमें वह अपने आपको श्रेष्ठतम रूप में अभिव्यक्त कर सकता है।

उनकी प्रकाशित रचनाओं में अछान्दस के बाद ग़ज़ल रूप प्रमुख है। उनकी प्रकाशित ग़ज़लें काफी कम हैं, पर ग़ज़ल के रूप को इस तरह से उन्होंने आत्मसात्

किया है कि उनकी शेष रचनाओं में भी उसकी झाँई दिख जाती है।

हिन्दी ग़ज़लों की परम्परा में (जो और जैसी भी वह है) वे काफी चर्चित हैं।

I

ग़ज़ल

जब ग़ज़ल की बात होती है, तब जहाँ उसका रूपाकार महत्त्वपूर्ण है, वहाँ यह भी सच है कि इसके सिवा भी बहुत कुछ महत्त्वपूर्ण है। बह्र और रदीफ़-काफ़िये का सही निर्वाह होने के बावजूद रचना में 'ग़ज़लियत' का अभाव हो, तो उसे ग़ज़ल नहीं कहा जा सकता। 'भाषा में लोच और नज़ाकत तथा एक अनायास बहता प्रवाह और जो बात कहनी है, उसमें एक इन्तहा दर्द'—यह शायद 'ग़ज़लियत' के लिए ज़रूरी है। फिर तो यह कवि की प्रकृति, उसके स्वभाव पर अवलम्बित है कि यह दर्द 'हाय ! हाय !' के रूप में अभिव्यक्त होता है या एक तिरछे कटाक्षपूर्ण ढंग से।

ग़ज़ल मूलतः एक फ़ारसी गीति-काव्य-रूप है। उर्दू में यह काव्य-रूप बहुत लोकप्रिय रहा। हिन्दी में ग़ज़ल का प्रवेश उर्दू शाइरी से ही माना जाना चाहिए।

भारतेन्दु स्वयं ग़ज़लें कहा करते थे। भारतेन्दु एवं द्विवेदी युग में जिन लोगों ने ग़ज़लें कही हैं, वे हैं, भारतेन्दु तथा उनके कुछ समकालीन, श्रीधर पाठक, हरिऔध, रत्नाकर, नाथूराम, मन्नन द्विवेदी, सत्यनारायण कविरत्न, रामनरेश त्रिपाठी इत्यादि। पर ये नाम गिनाने भर के ही हैं।

फिर निराला, प्रसाद ने भी इसे अपनाने का प्रयास किया है। पर यह भी प्रयास-भर रहा। निराला ने विशुद्ध गीतों के साथ, पर प्रायः इनके ग़ज़लों में ग़ज़लियत का अभाव रहा। ग़ज़ल के क्षेत्र में शमशेर, दुष्यन्त और त्रिलोचन का नाम भी काफी चर्चित है। आज, सूर्यभानु गुप्त, रामावतार त्यागी, कुमार रवीन्द्र आदि नाम ग़ज़ल के क्षेत्र में लिये जाते हैं।

फिर भी ग़ज़ल हिन्दी में इतना चर्चित काव्यरूप नहीं हो पाया। उर्दू और हिन्दी की भाषायी निकटता देखते हुए, उर्दू की ग़ज़लें हिन्दी में वैसे ही सहज भाव से अपना ली गयी हैं, अतः हिन्दी में कभी अलग-से इस काव्य-रूप का अभाव खला नहीं होगा, ऐसा कह सकते हैं।

प्रेम, ग़ज़ल का परम्परागत विषय माना जाता है जो प्रेमिका और ईश्वर दोनों के प्रति समान रूप से अभिमुख / अभिव्यक्त हो। भाषा के प्रति जो विशेष रुख इसमें रहता है, उसका कारण भी सम्भवतः यही है कि जब प्रेमिका या ईश्वर से बातचीत होती है तब भाषा में एक स्वाभाविक 'अदब' रहता है।

आगे चलकर इसका विस्तार, परिवार, देश, विश्व आदि के प्रति प्रेम-भावना

में हुआ। यूँ व्यापक रूप से प्रेम ग़ज़ल का विषय बना रहा। परन्तु चूँकि प्रेमिका के प्रति प्रेम मुख्य विषय रहा अतः चमन, बुलबुल, लालपरी, साक़ी, मय, मयख़ाना, हाय ! हाय ! आदि उसकी प्रचलित संज्ञाएँ हैं, जो ग़ज़लों में अक्सर प्रयुक्त होती हैं, इतनी अधिक कि मानो वही उसका कलेवर बन गयीं।

शमशेर की ग़ज़लें : शमशेर की ग़ज़लों में परम्परागत प्रतीकों का भी समावेश है, और इनसे अलग भी हैं उनकी ग़ज़लें। प्रेम, शृंगार के अतिरिक्त धर्म, ईश्वर-भक्ति, देश-प्रेम, मजदूरों की बात, और कहीं-कहीं फलसफ़ा भी इनकी ग़ज़लों का विषय बनकर आते हैं।

अक्सर यह बात उठायी जाती है कि शमशेर जब ग़ज़लें कहते हैं, तब उसकी परम्परा को निबाहते हैं, उस काव्य-रूप की, उस भाषा-प्रयोग की परम्परा पर जब हिन्दी में लिखते हैं तो ऐसे किसी बन्धन को नहीं स्वीकारते।

जब किसी कार्य विशेष को अपनाया जाय तो उसकी बुनियादी उसूलों को, (जिसे हम 'नियम' भी कह सकते हैं) तो अपनाना ही पड़ेगा। ग़ज़ल का विषय कुछ भी हो सकता है, चाहे क्रान्ति की बात हो, प्रेम की हो, या कोई और बात, पर रदीफ़-काफ़िया और बह्‌र का निर्वाह तो करना ही पड़ेगा। नहीं तो जैसा कि धनंजय वर्मा कहते हैं, "यदि आप फ़ार्म को इतना अहम् और निर्णायक नहीं मानते तो फिर आपकी यह जिद क्योंकि आप जो कुछ लिखें उसे ग़ज़ल ही कहें।"[2]

यह बात स्पष्ट हो जानी चाहिए कि शमशेर ने ग़ज़लों का परम्परागत रूप ही ग्रहण किया है। उन्होंने इस काव्य-रूप को उसकी समग्र परम्परा में से सीखा और ग्रहण किया है।

उन्होंने केवल रदीफ़—काफ़िये का निर्वाह ही नहीं, अपितु प्रत्येक शेर में अलग बात कहने की जिम्मेदारी भी निभायी है। साथ ही यह बात नज़रअन्दाज़ नहीं की जा सकती कि उन्होंने बह्‌र-निर्वाह में भी यथेष्ट सावधानी बरती है।

जहाँ तक विषय का प्रश्न है, शमशेर मुख्यतः प्रेम और सौन्दर्य के कवि हैं। उनकी अधिकतर रचनाएँ इसी भाव को लेकर आती हैं। देश-प्रेम, सामाजिक चेतना, आदि की बात भी कहीं-कहीं आती है, पर यह उनका मुख्य स्वर नहीं है।

विषय वैभिन्न्य की दृष्टि से कुछ शेर द्रष्टव्य हैं :

"आज फिर देर से लौटा हूँ, बड़ी रात गये
ताक़ पर ही मेरे हिस्से की धरी है शायद"[3]

या—"क़ायम महाज़ अन्न के हिन्दोस्ताँ से हों
फौजें न जाएँ सरहदे हिन्दोस्ताँ के पार।"[4]

इस सन्दर्भ में दुष्यन्तकुमार का नाम लिया जा सकता है, जिनकी ग़ज़लों में एक ताज़गी है, विषय और अभिव्यक्ति दोनों सन्दर्भ में। पर दुष्यन्त और शमशेर की प्रकृति और रचनात्मकता का यह अन्तर समझना पड़ेगा कि दुष्यन्त में साम्प्रत

(उनकी ग़ज़लों के द्वारा अभिव्यक्त) स्थितियों और राजनीतिक, सामाजिक स्थितियों के प्रति विद्रोह है, जबकि शमशेर में यह विद्रोह रचनात्मक स्तर तक नहीं आता।

शमशेर की ग़ज़लों में अधिकतर प्रेम की बात है। कहीं-कहीं पर वह 'आशिक-मिज़ाज' भी पूरी तरह बरक़रार है। परम्परागत प्रतीक हैं, जैसे : "तुम्हारा तूर पर जाना, मगर नावीना होना है।"[5] यहाँ पर सन्दर्भ उस तूर पहाड़ का है, जो सीरिया में है। कहा जाता है कि यहाँ पर हज़रत मूसा को ईश्वर का 'जल्वा' दिखा था, पर वे उस तेज को सह नहीं पाये और अन्धे हो गये।

शमशेर का दीवाना आशिक़-मिज़ाज कुछ शेरों में बड़ी ही तीव्रता से प्रकट हुआ है, जैसे :

"जहाँ में अब तो जितने रोज़ अपना जीना होना है।
तुम्हारी चोटें होनी हैं हमारा सीना होना है।"[6]

मानो कवि को जीवन भर अब कोई काम ही नहीं रह गया हो। यह ध्यान रखना पड़ेगा कि ऐसा आशिक़-मिज़ाज भी ग़ज़लों की परम्परा में आता है।

बहुत प्रतीक्षा कर लेने के बाद भी जब प्रेमिका के आने के कोई आसार नज़र नहीं आते, तब यह भी कहते हैं :

"वो कल आयेंगे वादे पर, मगर कल देखिए कब हो
ग़लत फिर हज़रते दिल, आपका तख़मीना होना है।"[7]

या प्रेमिका की कठोरता बताने के लिए वे कहते हैं :

"मुस्कराते हुए वह आए, मेरी आँखों में
देखने क्या सरोसामान कज़ा का बाँधा।"[8]

प्रेमी पर प्रेमिका की सर्वोपरिता और प्रेमी की बेबसी भी अपने शेरों में कहते हैं :

"ज़माना तुम हो, जहाँ तुम हो, ज़िन्दगी तुम हो,
जो अपनी बात पर कायम रहो, तो क्यों कर हो।"[9]

दिल की विवशता की यह हालत है कि अब उस पर कोई काबू ही नहीं रहा, क्योंकि :

"हज़ार बार हम उसे चाहें कि अब न चाहें और
जो साँस-साँस में रम जाए वो तो क्यों कर हो।"[10]

प्रेमी का ऐसा आशिकी-मिज़ाज, प्रेमिका की कठोरता, तीव्र विरह, आदि परम्परागत रूप ग़ज़ल में आते हैं। शमशेर की ग़ज़लें इस दृष्टि से परम्परागत हैं।

इसके अतिरिक्त, जैसा कि पहले उद्धृत किया गया है कि कुछ मज़दूरों के, कुछ देश-प्रेम के शेर भी उन्होंने कहे हैं। सामान्य रूप से जीवन के दर्शन की (हरेक का अपना जीवन-दर्शन होता है) बात भी गाहे-बगाहे उनके शेरों में आ जाती है। यह एक वास्तविकता है कि प्रायः व्यक्ति का मूल्य उसकी मृत्यु के बाद ही आँका,

पहचाना और स्वीकारा जाता है, तब उसकी मृत्यु पर दुःखी या उदास होने की क्या आवश्यकता है? व्यंग्य करते हुए कहते हैं :

"मैं गया आप क्यों हुए मग़मूम
ज़िन्दगी मौत से ही थी मौसूम।"[11]

या जब वे कहते हैं कि जिसे हम अपनी समृद्धि, उत्कर्ष का कारण मानते हैं, वही हमें धोखा दे सकता है, नष्ट कर सकता है :

"है चमन की बहार ही गुलचीं
ए कली दिल की इस कदर मत झूम।"[12]

किसी भी महफ़िल में जाओ, तो कई बार अपना स्वाभिमान खोकर भी, किसी-न-किसी के सामने झुकना ही पड़ता है। ऐसी स्थिति से कवि तंग आ चुके हैं और अब सब कुछ छोड़कर एकान्तवासी होना चाहते हैं। कहते हैं :

"बस ए शमशेर चलकर, अब कहीं उज्जलत गज़ी हो जा
कि हर शीशे को महफ़िल में, गदाए मीना होना है।"[13]

लेकिन इन परम्परागत विषयों को अपनी ग़ज़ल में कहने पर भी जो बात उन्हें पठनीय बनाती है, वह है उनकी भाषा। उनकी ग़ज़लों का स्वर बड़ा ही तिरछा है। यह तिरछापन उनके कथ्य को प्रभावात्मक रूप से और तीव्रता (इंटेंसिटी) से व्यक्त करता है।

उन्होंने अपनी ग़ज़लों में उर्दू शब्दों और मुहावरों का बड़ी छूट से प्रयोग किया है—ऐसा कहना लाजिमी नहीं होगा सम्भवतः, क्योंकि उन्होंने ग़ज़ल या भाषा में भेद को माना ही नहीं। अछान्दस् में भी ऐसा किया है। किन्तु ग़ज़ल में उनका प्रयोग जिस तरह से हुआ है, वह कई बार हिन्दी के पाठकों के लिए अवरोध बन सकता है। सवाल केवल उर्दू शब्दों का ही नहीं है, पर व्याकरणिक ढांचे से जो पद बनते हैं, उनका विशेष रूप से है, जैसे 'संगे-आस्तानए-यार' या 'गर्मेसफ़र', 'सबाते-नक्श-पा', या 'खित्तए वहमो गुमां' आदि।

उनकी ग़ज़लों का स्वर (टोन) भी उर्दू परम्परा में ठीक बैठता है। अभिधात्मक लगने वाले कथन की सादगी में ध्वनित होने वाले अर्थ का सौन्दर्य उनकी ग़ज़लों में है। एक पैनापन उनकी भाषा में है, जो कभी अपने पर, कभी परिस्थिति पर हँसने के मिस प्रकट होता है। एक शेर प्रस्तुत है :

"इल्मो-हिकमत, दीनो-ईमाँ, मुल्को-दौलत, हुस्नो-इश्क़
आपको बाज़ार से जो कहिए ला देता हूँ मैं"[14]

इसमें ला देने की तत्परता नहीं है, अपितु इन चीज़ों के बिकाऊ हो जाने की ओर संकेत है।

भाषा के तिरछेपन से शेर का सौन्दर्य प्रकट करता एक और उदाहरण है :

"वो कल आएँगे वादे पर, मगर कल देखिए क्या हो

ग़लत फिर हज़रते दिल आपका तख्मीना होना है।"[15]

यहाँ पर हज़रते दिल को सम्बोधित किया गया है। बात कह रहे हैं, अपने दिल से, पर इस तरह से कि वह कोई और हुआ। कहते हैं कि 'मियाँ दिल तुम फिर ग़लत-फ़हमी में हो। वो कह तो गये हैं कि 'कल' आयेंगे, पर सवाल है कि उनका 'कल' कब होता है। सारा सौन्दर्य 'हज़रते दिल' में है।

जीवन स्वप्नहीन हो गया है, कहीं भी कोई गति नहीं है, तब भी क्या बात है कि मैं इस जिन्दगी को थोड़ा भी महत्त्व दूं, एक पदचिह्न जितना भी महत्त्व दूं। किन्तु यह एक तीव्र जिजीविषा है शायद कि सब कुछ खत्म हो जाने के बाद भी इन्सान, इस आशा पर जिन्दा रहना चाहता है कि कुछ अवश्य होगा। कितनी सादगी से यह बात कही गयी है, पर शब्दों का कमाल देखिए कि बात इतनी सादी नहीं रह जाती :

"आरज़ूओं की बियाबानी है और खामोशियाँ
जिन्दगी को क्यों सबाते-नक्श-पा देता दूं मैं"[16]

'बियाबानी' शब्द अपने आपमें बिम्बात्मक है, पर पूरा कथन सादा है, यह उनकी कविता की विशेषता है। एक हद तक उर्दू कविता की भी विशेषता है। इस सन्दर्भ में एक और शेर देखा जा सकता है। वे कहते हैं :

"हो चुकी जब खत्म अपनी जिन्दगी की दास्ताँ
उनकी फरमाइश हुई है, इसको दोबारा कहें"[17]

यह शेर-कथन की सादगी की हद है, और असर की दृष्टि से बेहद है। कवि का सारा दर्द इस शेर में उभर कर आया है। इस पर कोई टिप्पणी नहीं हो सकती।

'तो क्यों कर हो' रदीफ़ में लिखी उनकी ग़ज़ल का सौन्दर्य उसके 'अन्दाज़े-बयाँ' में है। यह बारह शेरों की ग़ज़ल है, जिसके कुछ शेरों की चर्चा इस सन्दर्भ में की जा सकती है।

वे कहते हैं :

"जो आरज़ू में नहीं, वो साँस में कुछ है
वो आह, दिल से फ़रामोश हो तो क्योंकर हो"[18]

जिसके बारे में सोचा ही नहीं था वह पहले साँसों में, फिर दिल में आ बैठा और अब अगर जाय, तब तो बात ही क्या है—अर्थात् नहीं जा रहा है। वह न जाय यह तो उनकी इच्छा स्पष्ट है ही। पर डूबने की खबर तब होती है, जब पानी सिर से गुज़र जाता है। यह बात अपने ही एक निराले ही अन्दाज़ से, उन्होंने कही है।

या जब वह कहते हैं :

"ये साँस में जो उसी नाम की अटक-सी है
वो जिन्दगी से फ़रामोश हो, तो क्योंकर हो।"[19]

कवि कहते हैं कि मेरी साँस का सहारा भी वही है, वही अटकी हुई है मेरी साँसों

में। वह अब जिन्दगी से तो नहीं जा सकती, क्योंकि वह जायेगी तो जीवन भी समाप्त हो जायेगा। किन्तु वह जब है, तब भी जीवन कम दुःखद नहीं है। उनकी प्रेमिका तो उर्दू काव्य की परम्परागत माशूक है, जो कठोर है। फिर भी अपने आशिक को स्वीकार्य है।

विषय में विविधता होने पर भी, समग्र रूप से देखें तो प्रेमी का वक्तव्य ही उनकी ग़ज़लों में मुख्य है। वे सर्वत्र 'हाय ! हाय !' नहीं करते, पर एक तीव्र वेदना की अतिशयोक्तिपूर्ण अभिव्यक्ति अवश्य है, जो उर्दू ग़ज़ल की परम्परागत देन है।

भाषा का पैनापन उनकी ग़ज़लों की विशेषता है, और बहुत हद तक बह्र की दृष्टि से उनकी ग़ज़लें मुकम्मल ग़ज़लें हैं।

शमशेर की ग़ज़लें उनके समग्र कवि को बहुत प्रभावित किये हुए हैं। उनका वह आशिकी मिज़ाज, उनकी अन्य कविताओं में भी प्रकट होता है।

इतना ही नहीं, ग़ज़ल का काव्य-रूप भी उनकी अछान्दस् कविताओं को प्रभावित किए हुए है। 'टूटी हुई बिखरी हुई' के सभी स्तबक, अलग-अलग भाव-बिम्बों को प्रस्तुत करते हुए भी भावान्विति बनाए रखते हैं।

भाषा और अभिव्यक्ति में जो नज़ाकत है, वह भी एक हद तक ग़ज़लों का परिणाम हो सकता है, ऐसा कहा जा सकता है।

इस सन्दर्भ में स्वयं शमशेर का यह कहना ठीक ही है कि ग़ज़लें उनकी हिन्दी की कविताओं से अलग नहीं मानी जानी चाहिए।

इसके अतिरिक्त उन्होंने रूबाई और क़त्आ भी लिखे हैं, हालांकि अल्प संख्या में।

रूबाई की चर्चा छन्दोलय वाले अध्याय में की है, अतः यहाँ उसका उल्लेख करना ठीक नहीं समझा गया।

II
सॉनेट

हिन्दी में सॉनेट लिखनेवाले बहुत कम कवि हैं। यह स्वरूप ही कम, नहीं के बराबर ही, अपनाया गया है। सॉनेट में अगर कोई नाम सर्वाधिक चर्चित है, तो वह त्रिलोचन का है। प्रभाकर माचवे ने भी कुछ सॉनेट लिखे हैं। शमशेर ने भी कुछ सॉनेट लिखे हैं। उनके सॉनेट, 'प्रयोग' के प्रति उनकी सजगता को पुष्ट करते हैं।

सॉनेट मूलतः इटालियन काव्य प्रकार है, जो सामान्यतः चौदह पंक्तियों का होता है। उसकी प्रास-पद्धति भी निश्चित होती है। प्रायः चौदह पंक्तियों के इस काव्य रूप में जो बात कही जाती है, वह किसी भी पद्धति का हो (पेटरार्कन, स्पेंसरियन, शेक्सपीरियन) उसकी अन्तिम दो पंक्तियों में एक तरह से पूरी बात का समाहार किया जाता है। यह सॉनेट के स्वरूप की प्रकृति है, एक तरह से।

शमशेर के सॉनेट: यहाँ पर शमशेर के दो संकलित और शेष असंकलित सॉनेटों को ध्यान में रखकर चर्चा की जायेगी।

शमशेर के कुल छ:* उपलब्ध सॉनेटों में से तीन पेटरार्कन पद्धति से पंक्तियों में विभाजित हैं—अर्थात् आठ और छ:, एक स्पेसरियन पद्धति से, अर्थात्—चार, चार, चार और दो में विभाजित है, तथा शेष दो इन तीन प्रमुख प्रकारों में से किसी के भी अनुसार न होकर यादृच्छिक विभक्त हैं। यहां उनके सभी सॉनेटों की प्रास-योजना दी जा रही है :

सॉनेट	पंक्ति विभाजन	प्रास योजना
1. इच्छा यही तुम्हारी	8-6	AA BB CC DD EE BB FF
2. एक कर्मठ कवि से	8-6	ABBA ABBA
3. बैठा हूँ तो रह गया हूँ बैठा ही मैं	8-6	ABACCDBD EFFGGE
4. मेरे सूने जग में	4-4-4-2	ABBA ABBA CDDC CD
5. पाओ उनको		A BBA C DDCE FF E GG
6. ऐसे ही प्रण	15 पंक्तियाँ 2-3-6-4	A B B C C D D C E F E G G H H

इन सॉनेटों में शमशेर ने ज्यादातर, केवल चौदह पंक्तियों का बन्धन निभाया है।

'सॉनेट' के निकष पर केवल 'एक कर्मठ कवि से' सॉनेट ठीक उतरता है। यह सम्पूर्ण रूप से पेटरार्कन सॉनेट है। बाकी दो इस पद्धति का अनुसरण नहीं करते। 'इच्छा यही तुम्हारी' में तो दो पंक्तियों में प्रास मिलता है।

'डिक्शनरी ऑफ लिटरेरी टर्म्स'[21] में यह स्पष्ट लिखा है : "कोई भी संयोजन सिवा किसी तुकान्त द्विपदी के।"

---

* ये सॉनेट श्री नरेन्द्र वशिष्ठ से प्राप्त हुए।

इस हिसाब से 'बैठा हूँ तो रह गया हूँ बैठा ही मैं' की प्रास योजना इसके अन्तर्गत आ सकती है।

'मेरे सूने जग में' में चार, चार, चार, दो की पद्धति अपनायी गयी है। यह पंक्ति विभाजन की दृष्टि से शेक्सपीरियन भी है, और स्पेंसरियन भी, पर प्रास योजना की दृष्टि से एक भी नहीं। (मात्र शमशेरियन ?)

शेष दो सॉनेट समग्र रूप से प्रयोग हैं। पंक्ति-विभाजन की दृष्टि से या प्रास-योजना अनुसरण की दृष्टि से ही—वे परम्परित सॉनेट को नहीं अपनाते।

जार्ज मेरीडिथ[22] ने सॉनेट की चौदह पंक्तियों को सोलह तक बढ़ाया—यह एक नया प्रयोग और आरम्भ था सॉनेट के काव्य रूप में। पर शमशेर का 'ऐसे ही प्रण' पन्द्रह पंक्तियों का है। या अगर कर्टेल सॉनेट की पद्धति—दस पंक्तियों और एक टेल लाइन, का मॉडेल स्वीकारें, तो उन्होंने चौदह पंक्तियाँ और एक 'टेल-लाइन' प्रयुक्त की है।

'पाओ उनको' में विभाजन तो है ही, पर उपविभाजन भी है। सूक्ष्म रूप से देखें तो यह प्रचलित सॉनेट-प्रकारों में से ही अनेक काम्बीनेशन लिये हुए है। यह A B B A / C D D C / E F F E / G G इस प्रास योजना से मिलता-जुलता है। इस प्रास-योजना में प्रयोग है, ऐसा कह सकते हैं।

मिल्टन[23] ने 'प्रसंगोचित' (ऑकेज़नल) सॉनेट लिखने की परम्परा का आरम्भ किया। उसी प्रकार का एक सॉनेट शमशेर ने बच्चन की सत्तरवीं वर्षगाँठ के निमित्त लिखा—सॉनेट का शीर्षक है—'एक कर्मठ कवि से' (बच्चन के जन्मदिवस पर)।

आरम्भिक अष्टक में उन्होंने कवि को बधाई देते हुए उनके प्रति अनेक शुभ-कामनाएँ प्रकट की हैं और षष्टक में उन्हें कर्मठ मानते हुए, उनके गुणगान करते हैं। सत्तर वर्ष की आयु में भी बच्चन कर्मठ रह पाये हैं, इस बात को लेकर कहते हैं कि उसी का युग अमर है जो कवि कर्मठ है।

'बैठा हूँ तो रह गया हूँ बैठा ही मैं' सॉनेट में वे अपनी अनिर्णीत स्थिति और कुछ-कुछ विवशता की बात करते हैं। अपना होना, अपना अस्तित्व एक संयोग मात्र ही है, ऐसा उन्हें लगता है। सुकून माँगना या सुकून चाहना भी सम्भव नहीं है, यह बात विभिन्न उपमाओं से बताते चलते हैं :

"झोंका हूँ शाम का कि फटती हुई पौ
झुकते हुए दीवट पे सिसकती हुई लौ"[24]

अपना होना भी इतना निरर्थक है :

"ठहरा हूँ समय की सरा में कुछ देर
बेकस की हँसी है मेरा जीना शमशेर
मरना है सुकून माँगना भी मेरा"[25]

यह चरमसीमा है पूरे सॉनेट की। 'यह एक संयोग है', 'अर्थहीन', 'कि मैं हूँ' इनमें इन्होंने शब्दों में व्याकरणिक (और हिज्जेगत) प्रयोग किये हैं। जैसे 'तो', 'वो' आदि शब्दों को लय के अनुरूप करने के लिए 'त', 'वा' इस तरह से प्रयुक्त किये हैं। इसी तरह 'हूँ' को ह्रस्व लिखा है।

'इच्छा यही तुम्हारी' में सम्बोधन है किसी प्रियजन को, जिसके लिए सबकुछ छोड़ दिया है। वैसे ही निर्धन, इस जीवन को प्रेम और सौन्दर्य के लिए और लुटाया। कुछ ऐसी प्यारी स्मृतियाँ, कसकन भरी घड़ियाँ थीं, जिनके लिए स्वर्गीय सुख भी छोड़ा।

पर उसी प्रिय के कारण, और सम्भवतः भाग्य में यही बदा था, अतः उसका प्रेम भी त्याग दिया। वे तो आत्मस्पन्दन रोक देना चाहते थे, पर :

"आत्मस्पन्दन रुके अब यही होच्छा /यही तुम्हारी भी है इच्छा, प्यारे-अच्छा/ निराहार निर्जल व्रत रख सो जावे निर्धन / प्रेम आज ! अर्पित प्राणों के सुप्तावाहन"[26]

'मेरे सूने जग में' में एक पंक्ति लम्बी दूसरी छोटी का नियमित पैटर्न है। जिसे सारी बात कह रहे है, उस व्यक्ति के कारण पहले जीवन कितना सुखद था, रंगीला था; अब उस व्यक्ति के चले जाने पर कितना दुःखमय हो गया है। इस बात को प्रस्तुत किया गया है।

अन्तिम दो पंक्तियों में कारण भी बताते हैं। कारण यह है कि प्रभुहीन नश्वर प्राणी से उन्होंने प्रेम किया और उसी का यह फल पा रहे हैं। स्वाभाविक है कि यह सम्बोधन ईश्वर रूपी शक्ति के प्रति ही है।

इसी तरह 'पाओ उनको' में किसी अमूर्त को पाने की बात करते हैं। जिन्हें पाना है, वह कवि के बस में नहीं है, पर उन्हें अपने दर्पण में सीमित करने की इच्छा हैं। उन्हें मूर्त करना है। यह कुछ-कुछ रहस्यवादिता है, पर स्पष्ट रूप से है ही, ऐसा नहीं कह सकते। लेकिन बात यही है कि अमूर्त को पाने की उनकी इच्छा इस सॉनेट का विषय है।

शमशेर के सॉनेट, बहुत विशिष्ट नहीं हैं। ऐसा कह सकते हैं कि सॉनेट के क्षेत्र में उन्होंने कदम-भर रखा है। उनके सॉनेटों में सामान्य और रहस्यवादी दोनों प्रकार की बातें हैं। न ही सॉनेट की परम्परागत प्रास-योजना के प्रति वे इतने सचेत है। ये सॉनेट उनकी प्रयोगशीलता की अदम्य प्रवृत्ति को उजागर करता है, इसी दृष्टि से उनके सॉनेट महत्वपूर्ण हैं···हालाँकि उनकी पूरी काव्य-सृष्टि में, या सॉनेट-परम्परा में भी, उनके सॉनेट विलक्षण हैं, ऐसा नहीं कह सकते।

III
गीत

'गीत' (Song) भी लिरिक कविता का एक प्रमुख प्रकार है। गीत सामान्य रूप से

'संगीत' से जुड़ा है, इसमें कि गीत को स्वरबद्ध कर गाया जा सकता है।

पर ऐसा न भी किया जाये, तब भी गीत में एक आन्तरिक लयबद्धता की ऐसी समृद्धि अनिवार्यतः होती है कि वह गेयता की सारी शर्तें पूरी करे।

शमशेर की कविताओं में 'लय' की प्रमुखता है। परन्तु 'गीत' स्वरूप में उन्होंने बहुत कम रचनाएँ की हैं। कुल मिलाकर छः गीत रचनाएँ उनके संकलनों में मिलती हैं।

शमशेर के गीतों की बात करते हैं तब एक बात विशेष रूप से लक्षित होती है कि उनके गीत बहुत ही छोटे हैं। उन, बार-बार आवृत्त पदों में और, कम, संक्षिप्त पंक्तियों में स्वरों का पूरा वैभव कल्पित किया जा सकता है।

संक्षिप्तता, जो सामान्य रूप से शमशेर की कविता का गुण है, उनके गीतों में भी प्रकट हुई है। उनका 'सावन की उनहार'[27] गीत पढ़कर सबसे पहले यही विचार आता है कि यह गीत तो शास्त्रीय राग की बंदिश में ही बाँधा जा सकता है।

सावन के दिन हैं, एक छोटा-सा चित्र उकेरा है कवि ने, सावन के बहाने। इस गीत को 'उनहार', 'पार', 'धार' से गेयता मिली है, पर साथ ही 'स', 'न', 'र', 'उकार' आदि लघु-स्वरों के आधिक्य से एक मृदुता भी पूरे गीत में व्याप्त है।

इसके अतिरिक्त भी, यह गीत, जो दो समान्तर अर्थछायाएँ देता है, वह उसके सौन्दर्य को बढ़ाने में कम सहायक नहीं है। सामान्य रूप से तो यही अर्थ निकलता है कि सावन है, वर्षा हो रही है, वर्षा के बहाने आकाश से पानी नहीं, अपितु अमृत बरस रहा है, स्वर्ण बरस रहा है। पानी तो अमृत है ही, और जब खेतों में पड़ेगा, तो धान उगेगा। धान पकने पर स्वर्ण की तरह चमकेगा, बिकेगा तो स्वर्ण समृद्धि लायेगा। समृद्धि कैसी ? तो 'स्वाति बूंद' वाली नहीं, स्वाति धारवाली, ढेर की ढेर। सावन के बहाने समृद्धि का एक भरा-पुरा चित्र दिया है।

सारा सौन्दर्य 'आँगन-पार' की व्याख्या का है। यह सब तो ऊपर कहा गया है, वह आँगन के उस पार खेतों का चित्र है। पर आँगन के इस पार, घर के भीतर का सन्दर्भ लेकर पूरा गीत पढ़ा जाये, तो बात कुछ और ही हो जाती है।

यह संयोग श्रृंगार का पूरा चित्र हो जाता है। समृद्धि और आनन्द यहाँ भी है। पर समृद्धि मन की है। इस छोटे से गीत में राग और स्वर के साम्राज्य द्वारा अर्थ मिल भी सकता है।

एक और भी छोटा-सा गीत[28] है, जो शास्त्रीय राग की बंदिश में अपने पूरे सौन्दर्य के साथ प्रकट हो सकता है। यह गीत भी श्रृंगार का है। अभिधा के स्तर पर एक अस्वीकार चलता है, जो व्यंजना के स्तर पर विपरीत अर्थ देता है। यहाँ पर प्रिय अपनी प्रियतमा से कह रहा है कि शाम से ही मुझे नींद आ रही है। मुझे झपकियाँ आ रही हैं, यह बात कितने मनोरम ढंग से कही है—'दुखि नैना मोहे झुलना

झुलावे'। पर वास्तव में यह प्रियतमा के लिए संकेत है कि चाहे अभी केवल शाम ही क्यों न हो रही है, पर अब मेरे लिए विलगता की स्थिति सह्य नहीं है। अब मुझे बात करने में रुचि नहीं है। यह तो सब 'नींद' की उनहार है।

यहाँ पर एक बात लक्षित की जा सकती है कि दोनों गीत प्रकृति में रीति-कालीन लगते हैं। साथ ही, ये दोनों गीत किसी शास्त्रीय राग की बंदिश के लिए हों ऐसा लगता है। यह बात कुछ इसलिए भी जँचती है कि शमशेर 'कलाओं की एकता' में विश्वास रखते हैं। यहाँ पर संगीत और कविता में एकता की बात दिखती है।

'यादें'[29] शीर्षक से उनकी जो रचना है, उसमें शीर्षक के तुरन्त बाद कोष्ठक में 'एक गीत' लिखा है। यह एक बाहरी शर्त है जिसके कारण हम इसे गीत मान लेते हैं। उनके पहले दो गीतों की तरह यह एकदम संक्षिप्त रचना भी नहीं है, पर लम्बी भी नहीं है। इसमें एक विलम्बित का-सा भाव है, उसकी विषय-वस्तु के कारण, जो समय का एक अतिरिक्त विस्तार उसे देती है।

कवि स्मृतियों की बात कर रहे हैं। वे स्मृतियाँ कवि के स्मृति-पटल पर चित्रों और स्वरों के रूप में आती हैं। कुछ ऐसा कवि का मूड है, कि लग रहा है, जिन स्मृतियों से वे घिरे बैठे हैं वे किसी बीते पूर्वजन्म की है। जितनी दूर की लगती हैं जितनी अस्पष्ट-सी याद आ रही हैं उतनी ही जुड़ी हुई भी हैं।

स्मृतियों में अनेक सुबहें एक साथ उभरती हैं। वे सुबहें अपनी समस्त मधुरता के साथ आज के सुन्दर प्राणों में लय हो रहे हैं, उन्हें सुन्दरतर बनाते हुए, दीप की तरह झिलमिल आलोकित होकर, उन्हें और सुन्दर बना रहे हैं।

क्षीण निर्झर के 'अशब्द' शब्द को अपने में भरती हुई सुबहें, उनकी स्मृति में ताजा हो उठती है। यहाँ पर दीप की मन्द झिलमिल ज्योति और क्षीण निर्झर का करुण, क्षीण स्वर दूरता का बोध देते हैं।

शमशेर के करीब सारे गीत प्रेम-गीत हैं, ऐसा कह सकते हैं। 'कुछ और कविताएँ' संकलन में दो गीत हैं। एक तो प्रेम का है ही, जिसमें नायक, नायिका को विरह और मिलन, दोनों के द्वारा 'सुहाग' देने की बात करता है। हृदय में उठी मिलन की ज्वाला से भी और विरह की आग से भी। विरह, कैसी नायिका को, तो वह जो विकल मुकुल की तरह है, जो जीवन से भरी है, यौवन से परिपूर्ण, जो चिर वसन्त का स्वप्न देखनेवाली अधीरा है; उसे विरह की आग के द्वारा सुहाग देने की बात करते हैं। जब कि आरम्भ में तो उसे कहते हैं कि आओ, अपना सिर मेरे हृदय पर रखो, इसमें उमड़नेवाले तीव्र आवेगों की अग्नि से तुम्हें सुहाग दूँ।

हालाँकि इसकी संरचना 'गीत' की तरह नहीं है। पर सम्भवतः कवि के मन में

इसकी कोई विशेष तरन्नुम रही हो सकती है।* 'मैं सुहाग दूं' का आवर्तन इसकी गेयता की सम्भावना खोलता है।

दूसरा गीत है—'एक मुद्रा से'। गीत में जो 'मुद्रा' है, वह शिल्प का आभास भी देती है। कविता का अन्तिम अंश शेष कविता की तुलना में लम्बी पंक्तियोंवाला है। पर शब्द-क्रम की संयोजना के कारण पंक्ति लम्बी नहीं लगती। तभी, ऐसा कह सकते हैं कि गाने में अवरोधक नहीं बनती।

'कुछ कविताएँ' में एक और गीत[30] है, जो इन सभी गीतों से एकदम अलग प्रकार का है। उसमें भावुक उक्तियाँ अधिक हैं। शाम बीत रही है, और यह शाम का आखिरी गाना है जो कवि गा रहे हैं। (शाम का आखिरी गाना, रात का नहीं) अपनी प्रियतमा की बहुत प्रतीक्षा कर लेने के बाद वे कह उठते हैं, तुम आना चाहे न आना, यह मन तो तुम्हारे नाम की ही रटन लगायेगा। भावुकता इस हद तक है कि उन्हें लगता है कि यह शाम बीतते ही, धरती की सारी सुन्दर सन्ध्याएँ समाप्त हो जायेंगी। सभी आ गये, एक तुम्हें छोड़कर। तुम्हें कुछ भी याद दिलाना, और अपना कुछ भी भूलना असम्भव लगता है। यह तय है कि न तो मैं ही कुछ भूलने-वाला हूँ, न ही तुम कुछ भी याद करनेवाली हो। तुम्हें कुछ भी याद नहीं आयेगा।

इस गीत की कड़ियाँ असमान हैं। उनकी अन्य गीत रचनाओं की तुलना में यह काफी लम्बा है।

इनके गीतों में भाषा का स्वरूप भी अलग-अलग दिखता है। 'धरोशिर' और 'एक मुद्रा से', गीत की भाषा काफी संस्कृतनिष्ठ शब्दों से भरी है, जब कि 'निंदिया सतावे···' की भाषा 'गीत' की भाषा लगती है! इसमें 'साँझ' के बदले 'संझ' रूप का प्रयोग है; 'दो' के स्थान पर 'दुअि' का प्रयोग है, जिससे एक मृदुता पूरे गीत में आती है।

'सावन की उनहार' और 'शाम का गाना' में भाषा का कोई विशेष प्रयोग नहीं है। परन्तु 'सावन की उनहार' में जहाँ संक्षिप्तता उसका गुण है, वहाँ 'शाम का गाना' भावुक उक्तियों से युक्त है।

शमशेर के ये गीत, परम्परागत गीत-रचना के अनुरूप नहीं हैं, तब भी अपने विशेष गुणों के कारण लाक्षणिक हैं। शमशेर की गीत रचनाएँ कम हैं, फिर भी उल्लेखनीय हैं।

इस चर्चा के उपरान्त यह कहना अतिशयोक्ति नहीं होगा कि शमशेर की कविता में उनका गीतिस्वरूपों का वैविध्य उनके रचना-संसार का एक बहुत अहम् आकर्षण है। इन सभी स्वरूपों के द्वारा, उनके भीतर रहे लिरिक-तत्त्व को

---

* यहाँ पर ऐसा कथन इसलिए है कि अगर रघुवीर सहाय की 'हँसो-हँसो जल्दी हँसो' रचना स्वरबद्ध हो सकती है, तब तो यह हो ही सकती है। दे—'हँसो-हँसो जल्दी हँसो'

अभिव्यक्ति के कितने ही माध्यम मिलते रहे हैं। शमशेर ने इन सभी के द्वारा अपने आपको लय के विभिन्न स्तरों पर अभिव्यक्त किया है।

उर्दू और अंग्रेजी साहित्य का प्रभाव उन पर विधेयात्मक ही रहा है। इन साहित्यों में प्रयुक्त हुए विविध रूपों ने उनकी रचनात्मकता को अभिव्यक्ति के नये आयाम दिये हैं।

उन्होंने ग़ज़ल और सॉनेट विधाओं में भी रचनाएँ कीं, जो हिन्दी में कम ही लोकप्रिय रहीं। शमशेर ने ग़ज़ल को उसके परम्परागत रूप में ही अपनाया, जब कि सॉनेट और संस्कृत वृत्तों को प्रयोग के स्तर पर अपनाया। फ़ारसी साहित्य का आरम्भ से ही परिचय, और एक तरह से इसी से वे काव्य में दीक्षित हुए, शायद तभी, इसका असर उनकी रचनाओं में अधिक है।

उनकी ग़ज़लों में 'ग़ज़लियत' है, तभी मुकम्मल ग़ज़लें कही जा सकती हैं। बह्र का निर्वाह, परम्परागत प्रतीक एवं विषय की दृष्टि से उनकी ग़ज़लें काबिले-तारीफ़ हैं।

उनकी ग़ज़लों की विशेषता है, उनका 'अन्दाज़े बयाँ'। बात कहने का तिरछा ढंग, उनकी ग़ज़लों का प्राण है।

शमशेर 'प्रेम' के कवि हैं। ग़ज़ल के द्वारा उनका यह समर्पित हो जानेवाला प्रेम उभरकर अभिव्यक्त होता है। उनकी ग़ज़लों का उनकी अछान्दस रचनाओं पर भी काफी असर दिखता है।

ग़ज़ल की तरह ही उन्होंने सॉनेट भी लिखे। सॉनेट हालाँकि बहुत नहीं लिखे, पर उसमें उनका दृष्टिकोण प्रायः प्रयोग का अधिक रहा। उनके सॉनेट प्रास-पद्धति, या पंक्ति-विभाजन किसी भी रूप में परम्परागत सॉनेट का अनुकरण नहीं करते।

गीत में भी, उन्होंने परम्परागत गीत के स्वरूप को नहीं अपनाया। उनके गीत प्रायः छोटे और ऐसे हैं कि शास्त्रीय राग की बंदिश में ही गाये जा सकते हैं, ऐसा लगता है। उनके गीतों में भाषा के अनेक स्तर मिलते हैं। गीत उन्होंने कम लिखे, पर फिर भी उल्लेखनीय हैं। इसके अतिरिक्त उन्होंने क़त्आ, रूबाई आदि भी लिखे हैं।

उनके गीति-स्वरूपों के वैविध्य ने जहाँ एक ओर कौतुक जगाया है, वहीं विवाद भी खड़ा किया है। क्योंकि ग़ज़ल के अतिरिक्त अन्य सभी स्वरूपों को, चाहे वह सॉनेट हो, छन्द रचना हो, सम्भवतः उन्होंने प्रयोग के स्तर पर ही ग्रहण किया है।

सन्दर्भ

1. देखिए परिशिष्ट-II
2. 'ग़ज़ल को ग़ज़ल ही रहने दें', धनंजय वर्मा, धर्मयुग, 16 नवम्बर 1980, पृ. 16
3. 'धर्मयुग' (16 नवम्बर 1980) पृ. 16
4. 'कुछ और कविताएँ', पृ. 94
5. 'उदिता', पृ. 100
6. 'कुछ और कविताएँ', पृ. 90
7. वही
8. वही
9. वही
10. वही
11, वही
12. 'उदिता', पृ. 96
13. वही
14. 'कुछ और कविताएँ', पृ. 90
15. वही
16. वही
17. 'उदिता': पृ. 99
18. वही, पृ. 97
19. 'कुछ और कविताएँ', पृ. 89
20. वही
21. 'डिक्शनरी ऑफ़ लिटरेरी टर्म्स', पृ. 646
22. वही
23. वही
24. वही
25. 'चुका भी हूं नहीं मैं', पृ. 55
26. वही
27. डा. नरेन्द्र वसिष्ठ से साभार प्राप्त
28. 'कुछ कविताएँ', पृ. 52
29. निंदिया सतावे, 'कुछ और कविताएँ', पृ. 41
30. 'चुका भी हूँ नहीं मैं', पृ. 15
31. शाम का आखिरी गाना, 'कुछ कविताएँ', पृ. 43

6

शमशेर की कविता विभिन्न काव्यान्दोलनों के सन्दर्भ में

I

प्रतीकवादी काव्य-आन्दोलन और शमशेर की कविता

(अ) **प्रतीकवाद का सन्दर्भ :** शमशेर की रचनाएँ पढ़ते समय यह अनुभव होता है कि उनकी रचनात्मकता पर पश्चिम के अनेक काव्य-आन्दोलनों का प्रभाव पड़ा है, लेकिन ये सारे विभिन्न एवं विरोधी काव्य-प्रभाव उनकी रचनात्मकता में घुलकर विशिष्ट हो गये हैं। उनकी कविता प्रतीकवादी काव्य-आन्दोलन से काफी प्रभावित रही। अतः उसकी चर्चा करना आवश्यक है।

किसी अप्रस्तुत सन्दर्भ के लिए प्रयुक्त कोई सन्दर्भ सामान्य रूप से 'प्रतीक' कहा जाता है, और इस अर्थ में प्रतीक का व्यवहार काव्य में बहुत पहले से होता आया है। परन्तु जब 'प्रतीकवाद' की संज्ञा का विनियोग करते हैं तब उसका सन्दर्भ विशेष काव्य-आन्दोलन से है, जिसमें प्रतीक के विनियोग-विशेष के साथ अनेक अन्य बातों का समावेश भी होता है। उसका अपना एक काव्यशास्त्र है।

इस काव्य-आन्दोलन का आरम्भ फ्रांस में हुआ। कविता में पारानेशियनवाद और उपन्यास में प्रकृतवाद (नेचुरलिज्म) के बाद उन्नीसवीं शताब्दी के अन्त भाग में इसका उद्‌भव हुआ। 1850 से 1920 तक फ्रांस में जिस काव्य-प्रवृत्ति का विकास हुआ वह प्रतीकवाद के नाम से जानी जाती है। हालाँकि यह नाम इस काव्य-प्रवृत्ति को पूर्ण रूप से स्पष्ट करने में असमर्थ है।

इसका आरम्भ प्रसिद्ध फ्रांसीसी कवि बॉदलेयर (1821-67) के 'कॉरेसपोंडेंसेज' (Correspondences) नामक काव्य से माना जाता है। अमरीकी कथा-लेखक और कवि एडगर ऐलन पो (1809-1849) की काव्य-सम्बन्धी मान्यताओं को अपना काव्यादर्श मानते हुए बॉदलेयर के साथ-साथ मलार्मे (1842-98),

वर्लिन (1844-96) तथा रिम्बाँ (1854-91) ने इस काव्य-आन्दोलन का पुरस्कार किया।

आगे चलकर इस काव्य-आन्दोलन का प्रचार समग्र विश्व में हुआ। इसके प्रमुख पुरस्कर्ता कवि, फ्रांस के वालेरी (1871-1945) जर्मनी के रिल्के (1875-1926) और स्टिफ़न जॉर्ज (1868-1933) रूस के एलेकज़ेंडर ब्लॉक (1880-1921) और आयरलैंड के येट्स (1865-1939) आदि हुए।

प्रतीकवाद के व्यवहार एवं सिद्धान्त में मलार्मे शीर्ष महत्त्व का कवि माना जाता है। परन्तु बॉदलेयर के बिना उसका महत्त्व, उसकी स्थापना सम्भव नहीं होती। बॉदलेयर की 'कौरेसपोंडेंसेज़' कविता इस नये काव्य-प्रवाह के काव्यादर्श को प्रस्तुत करती है। कविता के दूसरे छन्द की अन्तिम पंक्ति है :

"Perfumes, sounds and colours correspond"

(गन्ध, स्वर और रंग परस्पर प्रतिस्पंदन अनुभव करते हैं।)

यहाँ पर वे इन्द्रीय व्यत्यय की बात करते हैं। कहते हैं :

"There are perfumes as cool as children's flesh, sweet as oboes, as meadows green and fresh—others, triumphant and corrupt and rich"

(गन्ध कैसी है, तो शिशु के स्पर्श-सी सुशीतल, मुरली के स्वर-सी, मधुर, हरियाले बनों-सी हरी-भरी और कुछ विजेता हैं, भ्रष्ट और समृद्ध)

यहाँ पर गन्ध, जो घ्राण का विषय है, एक साथ स्पर्श, जिह्वा, कर्ण एवं चक्षु का विषय बन जाती है। साथ ही वह सामाजिक भी बन जाती है।

प्रतीक के प्रयोग की तरह इन्द्रीय व्यत्यय का प्रयोग भी इसके पूर्व कई स्थानों पर अनेक युगों में हुआ है। रिम्बाँ की कविताओं में भी यह मिलता है। वह स्वरों को विभिन्न रंगों में देखता है :

"A black, E white, I red, U green, O blue." पर बॉदलेयर इसे जिस तरह से देखता है वह निम्नलिखित उद्धरण से जाना जा सकता है :

"This is when hallucinations set in. External objects acquire gradually and one after another, strange new appearances; they become distorted or transformed. Next occur mistakes in the identity of objects and transposal of ideas; sounds clothe themselves in colours and colours contain music."[1]

(यह तब होता है जब दृष्टिभ्रम के शिकार हो जाते हैं। बाह्य वस्तुएँ एक के बाद एक विचित्र आकार ग्रहण करने लगती हैं। वे या तो विकृत हो जाती हैं या परिवर्तित। फिर वस्तु की पहचान और विचारों के क्रम में गड़बड़ी होने लगती है। ध्वनियाँ रंगों में और रंग संगीत में बदल जाते हैं।)

प्रतीकवाद एस्थीटिसिज़्म का रहस्यवादी रूप भी माना जाता है,[2] क्योंकि वह अपनी प्रकृति से ही कुछ परालौकिक स्वभाव का है। बॉदलेयर ने अपनी कविताओं में कैथोलिसिज़्म के प्रतीकों को उल्टा कर प्रयुक्त किया है। जो श्रद्धा, धर्म के प्रति प्रवर्तमान थी, वही श्रद्धा वे सौन्दर्य के प्रति अनुभव करते थे। 'आदर्श सौन्दर्य' की स्थापना उनका प्रमुख ध्येय रहा।

इसी सौन्दर्य की बात सर्वप्रथम पो ने की है। यह सौन्दर्य गुणात्मक न होकर प्रभावात्मक रहा। इस सौन्दर्य की संभावना संगीत एवं रूप (फॉर्म) की परिपूर्णता के बिना सम्भव नहीं है। मलार्मे, बॉदलेयर और वर्लिन के लिए यह सौन्दर्य विशेष अर्थ रखते थे। बॉदलेयर के लिए यह आदर्श उनके संत्रस्त एवं अव्यवस्थित चित्त को एक गति, एक शक्ति देता था। वर्लिन के लिए यह एक वर्जित आनन्द की खोज को सिद्ध करता था और मलार्मे के लिए यही सब कुछ था। मलार्मे के लिए वह 'परमतत्व' 'सत्' न होकर 'सौन्दर्य' ही रहा है।

चूंकि प्रतीकवादी आन्दोलन का स्वभाव मूलतः रहस्यवादी था, अतः पो की 'सौन्दर्य कल्पना' इसके बहुत कुछ अनुकूल पड़ती है। पो का मानना है कि कवि को सामान्य रंग, दृश्य, स्वर, संवेदना की बात करके ही नहीं रहना चाहिए, बल्कि उसे इस जगत् के परे जिस सौन्दर्य को अनुभूत किया जा सके, ऐसे 'सौन्दर्य' की भावना को उत्तेजित करना चाहिए। इस विश्व का सौन्दर्य तो केवल उस जगत् के सौन्दर्य का छायारूप है। सौन्दर्य किसी भी प्रकार का हो अपने सर्वोच्च विकास में संवेदनात्मक चित्त से अश्रुमय बना देता है, अतः अनिवार्य रूप से कविता का स्वर विषाद बन जाता है।

इस तरह से यह स्पष्ट है कि 'सौन्दर्य' को इन कवियों ने बहुत महत्त्व का स्थान दिया। संवेदना के तीव्र क्षणों में ही सौन्दर्य का अनुभव होता है, और यह संवेदना लम्बी रचना में संभव नहीं है। अतः पो का कहना है कि आधुनिक काल में दीर्घ कविता संभव नहीं है।

पो ने कहा कि कविता मात्र कविता के लिए लिखी जानी चाहिए। उसकी कोई नैतिक, धार्मिक, सामाजिक या व्यक्तिगत प्रतिबद्धता नहीं होनी चाहिए। और इस तरह से 'कला कला के लिए' वाली बात की तरह उन्होंने कविता को काव्येतर सन्दर्भों से मुक्त करने की बात कही।

मलार्मे ने कहा कि किसी भी वस्तु को नाम देना यानी उसके तीन-चौथाई आनन्द को समाप्त करना है, जो थोड़ा-थोड़ा जानने के सन्तोष से मिलता है, उसे सूचित करना, उसे जगाना—यही वह चीज है जो कल्पना को मोहित करती है।[3] अर्थात् मलार्मे ने व्यंजना को महत्व दिया। किसी भी वस्तु को नाम न देना, अर्थात् उसे व्यंजना में कहना, प्रतीकों में कहना।[4]

पो, बॉदलेयर से लेकर वालेरी ने जिस एक बात को सामने रखा, वह है

कविता में संगीत-तत्त्व। वैग्नर का संगीत उनके लिए काफी प्रेरणादायी रहा। जिस उत्तेजना को वे कविता के द्वारा प्रस्तुत करना चाहते थे, जो प्रभाव कविता द्वारा उत्पन्न करना उनका प्रेय रहा था, वही उन्होंने संगीत में पाया। और इस तरह संगीत इन सभी के लिए प्राथमिक महत्त्व का रहा। वर्लिन ने वैग्नर के संगीत-महत्त्व को अपने सॉनेट द्वारा प्रस्तुत किया। वालेरी ने भी कहा कि, "प्रतीकवादियों का मुख्य ध्येय यही है कि संगीत से वह पुनः प्राप्त करना जो कवियों ने उसमें खोया था।"[5] मलार्मे तो कविता में आर्केस्ट्रा के सारे प्रभाव उत्पन्न करना चाहता था, जो अत्युक्तिपूर्ण कहा जा सकता है। वालेरी ने स्वर की संगीतमयता पर बल दिया। यह सरल काम नहीं था, क्योंकि संगीत का माध्यम शुद्ध है, जबकि कविता का माध्यम भाषा है, जो रोज-बरोज के व्यवहार से अशुद्ध हो गयी है। फिर भी उनका यह उद्देश्य था कि जो वैग्नर ने सुरों से प्राप्त किया वह शब्दों द्वारा प्राप्त किया जा सके।

यही कारण था कि उन्होंने इस बात का आग्रह किया कि भाषा भी सामान्य प्रचलित काव्य-भाषा से अलग हो। ऐसी भाषा जो अर्थबोध कराने की अपेक्षा प्रभावात्मक हो। भाषा, कविता के स्वर को (टोन को) स्पष्ट करे। इन कवियों को जिस ढंग से अपनी बात कहनी थी वह नयी थी, इसलिए उनकी भाषा भी पुरोगामी कवियों से भिन्न थी।[6]

बॉदलेयर, मलार्मे, वालेरी आदि के लिए इस सन्दर्भ में पो के दो निबन्ध आदर्शस्वरूप थे—पहला था 'फ़िलोसॉफ़ी ऑफ़ कम्पोज़ीशन' और दूसरा 'दी पोएटिक प्रिंसिपल'।

इन दो निबन्धों से प्रभावित होकर वालेरी ने दो नयी बातों की स्थापना की। एक तो उसने काव्यसृजन में प्रेरणा को अस्वीकार किया। उसके अनुसार काव्य-सृजन एक सजग प्रयास है। उसमें किसी भी दैवी या अन्य प्रकार की प्रेरणा की गुंजाइश नहीं है। लगातार प्रयास से ही कविता सम्भव है। पो के 'फ़िलोसॉफ़ी ऑफ़ कम्पोजीशन' में उनकी एक कविता 'रैवेन' की रचना-प्रक्रिया दी हुई है, जिससे यह स्पष्ट है कि कविता अथ से इति तक सायास प्रयास है।

यह अतिवादी मत अवश्य हो सकता है, किन्तु वालेरी ने इसे महत्वपूर्ण स्थान दिया। उसका तो यहाँ तक मानना है कि तन्द्रा में लिखे गये उत्तम काव्य की अपेक्षा जागृत अवस्था में लिखा गया मध्यम काव्य बेहतर है। इसीलिए वालेरी ने कविता से अधिक काव्य-सृजन की प्रक्रिया अर्थात् कवि-कर्म को महत्त्वपूर्ण माना, उसे महत्त्व दिया। कवि-कर्म सम्बन्धी अनेक रचनाएँ इसके बाद, कविता का विषय बन गयीं।

इसके साथ ही वालेरी ने रूपनिष्ठ कविता का भी आग्रह किया। रूपनिष्ठ कविता (फ़ॉर्मल पोएट्री) से उनका तात्पर्य यह रहा कि विषय की अपेक्षा कविता में रूप अधिक महत्त्वपूर्ण है। कविता की 'लय' पहले मिलती है, फिर उसे रूप देने के लिए विषय की अवतारणा होती है। प्रायः संवेदना का उद्भव होने के बाद उसके

लिए एक आकार की कल्पना होती है, परन्तु वालेरी के साथ ठीक उल्टी बात है। रूपनिष्ठ कविता के लिए शुद्ध उपादानों की चर्चा उसने की है, विशेष रूप से भाषा-सम्बन्धी।

इस प्रकार से प्रतीकवादी काव्य-आन्दोलन में कविता के जो नये-आदर्श स्थापित हुए वे संक्षेप में ये हैं :

> प्रतीक, इन्द्रीय व्यत्यय, सौन्दर्यबोध, संगीत तत्व, भाषा (अभिनव एवं शुद्धतर काव्य भाषा), कविता के लिए कविता, दीर्घ कविता का विरोध, काव्य-सृजन में प्रेरणा का अस्वीकार, कविता की अपेक्षा कविकर्म को प्रधानता एवं रूपनिष्ठ कविता का आग्रह।

इस प्रकार का काव्यादर्श कविता को शुद्ध-कविता की दिशा में प्रस्थापित करने का प्रयास करता है।

(आ) शमशेर की कविता : इस तरह से प्रतीकवाद का प्रसार विश्वभर में हुआ और देशकाल की साहित्यिक परम्परा के अनुसार उसका प्रभाव पड़ा। हिन्दी क्षेत्र में इस आन्दोलन का प्रभाव विशेषतया 20वीं शती के चौथे दशक के आसपास शुरू होता है—बिम्बवाद और मार्क्सवाद के समानान्तर। छायावाद और तदनन्तर प्रगतिवादी काव्य-आन्दोलन के साथ, प्रयोगवाद का जो आन्दोलन शुरू होता है उसमें एक विधायक प्रभाव इस प्रतीकी काव्यांदोलन एवं आदर्श का रहा। शमशेर की कविताओं पर इस आन्दोलन का प्रभाव काफी हद तक रहा।

शमशेर 'सौन्दर्य' के कवि हैं। सौन्दर्य के प्रति उनका दृष्टिकोण तद्विषयक एक-दो रचनाओं में देखा जा सकता है।

वे कहते हैं :

> "सौन्दर्य जो त्वचा में नहीं / थिरकते रक्त में नहीं / मस्तिष्क में, / नहीं, कहीं इनके पार से / बरसता है, अणु-अणु पल-पल में / बदन में, दृष्टि में / शब्द में; और उसके पार से / कहीं शब्द के अर्थ में / दुःख-सा मौन-सा /अपरिमित सुख की चेतना में / मथता है / मथता है।[7]

पो की सौन्दर्य-सम्बन्धी धारणा शायद इसके बहुत निकट की है।

सौन्दर्य के बारे में शमशेर क्या कहते हैं? वह यहाँ से नहीं कहीं पार से बरसता है—हमारे शब्दों में, हमारी दृष्टि में, हमारी देह में और शब्द के अर्थ में—संभवतः उसे अतीन्द्रीय भी कहा जा सकता है। पर वह 'दुःख-सा' बरसता है। सौन्दर्य को पाने की कांक्षा माध्यम द्वारा नहीं माध्यम से परे जाकर—तभी कहते हैं : "ओ माध्यम / क्षमा करना / कि मैं तुम्हारे पार जाना चाहता रहा हूँ"[8] उनके लिए सौन्दर्य जब 'दुःख-सा बरसता' है तब सौन्दर्य के साथ विषाद के अनिवार्य मेल की बात देखी जा सकती है।

यह सौन्दर्य कवि के अनुभव को विस्तार देता है, कवि को निर्भय बनाता है, उन्हें ममत्व देता है और निर्मम भी है कि उन्हें छील डालता है। एक तरह से सौंदर्य उनका आत्मीय है। कहते हैं :

"एक सोने की घाटी जैसे उड़ चली /जब तूने अपने हाथ उठाकर मुझे देखा/" ········/ "तूने मुझे दूरियों से बढ़कर / एक अहर्निश गोद बनकर / लपेट लिया है"[9]

नदी के जल में सूर्य की किरणें लगातार बरसती हैं और लहरें, उसका ताप तथा प्रकाश अपने में धारण किये रहती हैं, वैसे ही शमशेर की कविताएँ अपने में ऊपर से कहीं बरसता सौन्दर्य धारण किये रहती हैं। (लहरों का आन्तरिक सौन्दर्य तो रहता ही है।) उन्हीं के शब्दों में : "नदियों में अनुभव का ताप खिला हुआ है"[10]

उनकी कविताओं में गहरे स्तर पर संगीत है। वस्तुतः देखा जाय तो सौन्दर्य, विषाद, संगीत और प्रेम उनकी कविताओं में इस तरह गुँथे हुए हैं कि वही उनकी कविता बन जाते हैं।

यह संगीत परिभाषित नहीं हो सकता। पर यह अनुभव-सिद्ध तथ्य है कि बार-बार पढ़ने से उनकी कविताओं की लय उघड़ती जाती है और यह लय शब्दों के तथा पंक्तियों के सम्भावित संगीत को हमारे सामने खोलती है।

उनकी कुछ कविताएँ ऐसी हैं कि मलार्मे का संगीत के प्रति आग्रह याद आ जाता है। 'गीत' शीर्षक से उनकी एक छोटी-सी कविता देखिए :

"सावन की उनहार / आँगन पार। / मधु-बरसे, हुन बरसे / बरसे—स्वाति धार / आँगन पार / सावन की उनहार"[11]

इतना छोटा-सा गीत तो शास्त्रीय राग की बन्दिश ही हो सकती है, ऐसा कहा जा सकता है। जो बात कहनी है, या कहें जो गीत का 'कथ्य' है, वह बड़ा कोमल है, फिर 'स' 'र', 'स' तथा 'न' का बाहुल्य, जिससे पूरा 'टोन' भी कोमल हो गया है और फिर पार, धार, उनहार की प्रास योजना। लबालब भरे सुख, समृद्धि और मन के उल्लास को इस गीत में अंकित किया गया है। बाहर धारासार सावन बरस रहा है जो धरा के भीतर के कोमल उल्लास को दूब-रूप में उसके सपाटपन पर फैला देता है। उसी सावन के समान (उनहार) आँगन के इस पार, यानी कि घर के भीतर, उल्लास, मद बरस रहा है, स्वर्ण बरस रहा है और स्वाति 'बूंद' नहीं, 'धार' बरस रहा है, अर्थात् स्वर्ण के साथ मोती भी बरस रहे हैं, जो बहुत कम होता है। यहाँ पर आँगन के इस पार की बात साथ में है। और मधु तथा हुन दोनों बरस रहे हैं, अतः एक समृद्धि की बात है।

'रेडियो पर एक योरोपीय संगीत सुनकर' रचना इस अर्थ में विशेष उल्लेखनीय है। समस्त रचना एक उर्द्धगामी स्वरस्रोत है, जबकि प्रत्येक बन्द ऊपर से नीचे

की ओर बहता एक प्रवाह है।

पूरी रचना आरोह 'सा' से प्रारम्भ होकर अवरोह 'सा' तक आ पहुँचती है, जबकि प्रत्येक बन्द अपने आपमें 'सा' से 'नी' तक प्रवाहित होता है।

यह पूरी कविता विषाद का स्वर लिये हुए है। यहाँ बात भी विरह की है। ऐसे ही उनकी 'एक नीला दरिया बरस रहा है' 'राग', 'सावन', 'मोहन राकेश के प्रति एक तटस्थ बातचीत', 'निराला के प्रति', 'घनीभूत पीड़ा' आदि अनेक ऐसी रचनाएँ हैं जो अपने में विषाद का स्वर लिये हुए है।*

कला सम्बन्धी अपनी मान्यताओं और काव्य-प्रक्रिया को शमशेर ने अनेक रचनाओं में प्रकट किया है।

'अब गिरा अब गिरा वह अटका हुआ आंसू / सांध्य तारक-सा / अतल में— जब वे कहते हैं तब इसे अनहुआ और हुआ के बीच की, यानी सृजन की स्थिति ही समझनी चाहिए।

मेघ गरजे, अर्थात् भीतर से कविता का अवतरण हुआ। पर उसके पूर्व क्या स्थिति थी ? :

> "तब छन्दों के तार खिचे-खिचे थे / राग बँधा-बँधा था / प्यास उँगलियों में विकल थी /कि मेघ गरजे"[12]

काव्य-प्रक्रिया की बात 'गोया वो···' नामक रचना में बड़े ही स्पष्ट रूप में आती है :

> "शफ़क नीलगूँ है। शफ़क और / नीलगूँ··· यों क्यों है ? / क्षितिज / एक धुँधला ब्रिज है / जो यकायक उठ आता है / उठा चला आता है / मेरी आँखों के सामने ही और आँखों से जुड़कर वह / फिर दूर तक / खुद / मेरी आँखों के डेलों को लिए हुए जो दूऽर / पाऽर तक / पहुँच जाते पार /—पार"[13]

एक बड़ी ही खूबसूरत प्रक्रिया है। 'शफ़क नीलगूँ है' यह तो कवि का कथन है, जो उनके, अपनी काव्यात्मक प्रक्रिया में डूबने के पूर्व का है। (यहाँ पर काव्यात्मक प्रक्रिया के पूर्व और अनन्तर जैसी सीमारेखा बांधना उचित नहीं है, पर समझने के लिए इसे स्वीकार किया जा सकता है) कवि फिर अपने आपसे प्रश्न कर उठते हैं, ऊषा और नीलापन, यों क्यों है ?···और कवि अब अपनी काव्यात्मक प्रक्रिया में डूब गये हैं, तब क्षितिज उनकी कल्पना में ब्रिज बन जाता है···उस पार जाने के लिए। उस पार मगर किसे जाना है ? तो कवि की आँखों के कोयों को। एक पूरी

* दिल्ली में एक साक्षात्कार के दौरान उन्होंने कहा था कि विषाद का यह प्रभाव उन्होंने टेनिसन से ग्रहण किया। (मार्च, 1979) बाद में वह उनकी रचनात्मकता का सहज अंग बनी, यह बात भी महत्वपूर्ण है। शायद ज्यादा।

प्रक्रिया है, जिसमें कवि का कथन, सोचना, क्षितिज का देखते ही देखते एक ब्रिज बनकर कवि की आँखों से जुड़ जाना, और उनके कोयों का ब्रिज पर से दूर पार तक पहुँच भी जाना। तो यह कवि की काव्य-प्रक्रिया है। एक पूरी कल्पना कितने कम शब्दों में साकार हो जाती है। लेकिन कवि अभी तक तन्द्रा में ही हैं। उन्हें जगाने का खूब प्रयत्न किया जा रहा है। इस जगाने के प्रति वे सजग हैं, पर उनके सामने मार्मिक भाषाओं के स्वरूप, नाद, सचित्र गजल के टुकड़े तैरते आ रहे हैं। तो कविता इस रूप में उनके सामने आती है। यहाँ पर इस बात की पुष्टि होती है कि कविता-रचना के प्रति वे सजग हैं। अर्थात् जब हम कहते हैं कि कवि के लिए कविता, कला मात्र ही सब कुछ है, साधन नहीं है, तब यही तात्पर्य है। नाद, स्वरूप और बिम्ब के साथ ही भाषा कवि की कल्पना में आती है।

कला सजग प्रयास है, इसीलिए ठोस और वास्तविक है, वायवी नहीं। कला जोड़ती है। दो क्षणों को और वस्तुओं को। वह क्षण स्वर में लीपित है, (कविता/संगीत) समय में उत्पत्त है, समयातीत नहीं, क्योंकि उत्पत्त है। दो के राग भाव से जनित है, ठोस है, वास्तविक है, चाहे दृश्य हो। इस्पात की तरह कड़ा है, चाहे हवा की तरह हल्का, पारदर्शी हो, और वही सत्य भी है:

"हवा-सी एकदम पतली / कि आर-पार देख लो—किन्तु / इस्पाती दीवार / वह लीपित है स्वर में / वहीं समय में / खनित। यदि है कहीं / हम दोनों की राग / जनित, हमारे / प्राणों के बीच की, / वह / एकता / सम्भवतः / वही तटस्थ कला है।"[14]

जैसे कविता में सौन्दर्य और संगीत का कोई निश्चित आकार न होकर, एक प्रभाव मात्र होता है (एक अनुभूति होती है), जो कविता के भीतर से उठकर पाठक पर छा जाता है।

वह शब्दार्थ से परे व्यंजना में सिद्ध होती है, तभी वे कहते हैं:

"उसने मुझसे पूछा, इन शब्दों का क्या / मतलब है मैंने कहा : शब्द / कहाँ हैं ?"[15]

उनके तईं कविता किसी मतलब से नहीं लिखी जाती है, वह अपने भीतर के राग-भाव से जीवित रहती है, अर्थ से नहीं :

"उसने मुझसे पूछा, इन शब्दों का क्या / मतलब है मैंने कहा—कुछ नहीं / उसने पूछा, फिर तुम उन्हें क्यों लिखते हो / मैंने कहा—ये लिख जाते हैं। तब / इनकी रक्षा कैसे हो जाती है ?/ उसने क्यों यह प्रश्न किया ?"[16]

यह प्रश्न भी व्यर्थ है कि कविता की रक्षा कैसे हो। शमशेर की कविता के मूल में विषाद है, जो सौन्दर्य बन गया है : "जब आँसू छलक न जाकर / आकाश का फूल बन गया हो /—वह मेरी कविताओं-सा मुझे लगेगा"[17]

'एक नीला दरिया बरस रहा है' कविता पूरी की पूरी कवि की रचना-प्रक्रिया

से सम्बद्ध है। कवि के भीतर एक पूरा संसार है, नीला दरिया, अरावली के पहाड़, आकाश, मकान, मैदान, स्वर, व्यंजन, बिम्ब और अणु भी है, जो रचना की सम्भावना प्रस्तुत करता है। कवि का निजत्व है इसमें और कवि के पाठक भी हैं। यहाँ तक कि अपनी कविता के बारे में अपनी प्रतिक्रिया भी है :

"नशा मुझे नहीं होता। नहीं होता। / मुझे पीनेवालों को होता / है—मेरी कविता को / अगर वो उठा सकें और एक घूंट / पी सकें /अगर।"[18]

शमशेर की कविताएँ प्रायः छोटी होती हैं। प्रतीकवादी कवियों ने दीर्घ कविता का विरोध किया। लिरिक कविता एक भाव की कविता है। भावोर्मि कितने समय तक टिकी रह सकती है? शमशेर ने कुछ लम्बी कविताएँ भी लिखी हैं, जिनमें सर्वाधिक चर्चित उनकी 'अम्न का राग' कविता है। पर प्रायः शमशेर की प्रवृत्ति छोटी कविताओं की रही है।

रूपनिष्ठ कविता में पहले आती है 'लय' फिर विषय की अवतारणा होती है। 'इतने पास अपने' संग्रह की 'सन्ध्या' कविता इसका अच्छा उदाहरण है। इसकी मुद्रण योजना भी विशिष्ट है। लय के अनुसार इसका मुद्रण हुआ है। उच्चारण के अनुसार शब्दों को रखा है, यथा :

"एक—इक पत्ता सा कत्
ठैरा, सन्ध्या भा में"

दूसरे 'एक' में 'इ' का प्रयोग 'कत' में हलन्त 'त', ठहरा के बदले 'ठैरा' का प्रयोग इसकी 'लय' को निर्देशित करते हैं।

किसी भी रचना का जन्म बहुत पहले से चले आते प्रवाह का एक अंग है, और उसी के दौरान कवि की भाषा, अभिव्यक्ति गढ़ती जाती है। कवि के मानस में ये सारी बातें तो होती ही हैं। फिर जब वह कविता की अपनी मान्यताओं के प्रति सजग है और मानता है कि भाषा उपादान न होकर खुद कविता का विषय है, तब स्वाभाविक रूप से वह उसका कसा हुआ रूप सामने लाता है।[19]

II

मार्क्सवादी काव्य-आन्दोलन और शमशेर की कविता

"कहीं सर्द खूं में तड़पती है बिजली
जमाने का रद्दो बदल कोई लाए"[20]

मार्क्सवाद के प्रति इतना बुलन्द, इतना गहरा विश्वास रखने वाले शमशेर के कवि-व्यक्तित्व में मार्क्सवाद का कितना योगदान है इसकी चर्चा करना इसलिए आवश्यक है कि आलोचक उन्हें सीधा मार्क्सवादी न मानते हुए भी, मार्क्सवादी कवियों में गिनते हैं।

सन् 1935-36 में भारत में, साहित्य एवं राजनीति के क्षेत्र में मार्क्सवाद

बड़ी तेजी से छा गया। ऐसा प्रतीत होता था कि जीवन की यही एक दिशा, यही एक गति रह गयी है।

'प्रगतिशील लेखक संघ' की अध्यक्षता रवीन्द्रनाथ एवं प्रेमचन्द जैसे साहित्यकारों ने की, तब मार्क्सवाद को अपनाना किसी भी सजग साहित्यकार के लिए गौरव का विषय था। नेमिचन्द्र जैन, मुक्तिबोध, रामविलास शर्मा, नागार्जुन इत्यादि नियमित रूप से उस समय होनेवाली बैठकों में जाते थे। शमशेर भी इन बैठकों में जाते रहे, मार्क्सवाद के सिद्धान्तों को मानते रहे, पर वे इस अर्थ में मार्क्सवादी कभी नहीं रहे, जिस अर्थ में उनके मित्र रहे।

मार्क्सवाद के इस प्रभाव में आकर उस समय प्रायः सभी साहित्यकारों ने प्रगतिशील कही जानेवाली रचनाएँ लिखीं। पन्त ने 'युगान्त' के साथ छायावाद की समाप्ति की घोषणा की, 'युगवाणी' लिखकर नवीन प्रगतिशील युग का आह्वान किया। निराला की 'कुल्लीभाट', 'बिल्लेसुर बकरिहा' आदि रचनाएं भी इसी युग की हैं। सन् 1942-43 के दौरान सुमन, केदारनाथ अग्रवाल, गिरिजाकुमार माथुर, चन्द्रभूषण त्रिवेदी आदि कवियों ने भी प्रगतिशील कविताएँ लिखीं।

सन् 1942 तक शमशेर का रुझान अपनी एकाकी दुनिया की ओर अधिक था। लेकिन मार्क्सवाद का आधार लेकर ही वे उस एकाकीपन से उबर पाये। शमशेर ने मार्क्सवादी शास्त्र कभी नहीं पढ़ा। अमृतराय, शिवदानसिंह चौहान के सम्पर्क में आने के बाद वे मार्क्स के प्रति आकृष्ट अवश्य हुए। इस प्रभाव के अन्तर्गत कुछ कविताएँ उन्होंने लिखीं। ये कविताएँ उस समय के सत्य को पूरी तरह से प्रस्तुत करती हैं, फिर भी मार्क्सवाद उनके कवि का अन्तिम और शाश्वत सत्य नहीं बन पाया।

उनकी प्रथम ग्रन्थस्थ रचनाएँ 'दूसरा सप्तक' में उपलब्ध हैं। सप्तक के अपने वक्तव्य में शमशेरजी यह स्पष्ट कहते हैं कि उस समय वे मार्क्सवाद से बहुत प्रभावित थे। देखिए : "सुन्दरता का अवतार हमारे सामने पल-छिन होता रहता है। अब यह हम पर है, खास तौर से कवियों पर कि हम अपने सामने और चारों ओर की इस अनन्त अपार लीला को कितना अपने अन्दर घुला सकते हैं।

इसका सीधा-सादा मतलब हुआ अपने चारों तरफ की जिन्दगी में दिलचस्पी लेना, उसी को ठीक-ठीक, यानी वैज्ञानिक आधार पर (मेरे नजदीक यह वैज्ञानिक आधार मार्क्सवाद है) समझना और अपने अनुभव को इसी समझ और जानकारी से सुलझाकर स्पष्ट करके, पुष्ट करके अपनी कला-भावना को जगाना।"

अर्थात् आसपास के जीवन को, सौन्दर्य को समझने का आधार उनके तईं मार्क्सवाद है। लेकिन महत्त्व का मुद्दा यह है कि मार्क्सवाद में अपनी ऐसी आस्था प्रकट करते हुए भी एक रचनाकार के रूप में वे कहाँ तक मार्क्सवादी हैं? क्योंकि

आखिर 'अपनी कला-भावना को जगाना' है।

शमशेर की कविताओं को पढ़ते समय उनका प्रभाववादी कवि-व्यक्तित्व अनेक रूपों में उभरता है। वे बाहरी घटनाओं से बहुत जल्दी प्रभावित होते दिखते हैं। चाहे वह भारत-चीन युद्ध हो, किसी कर्मठ काँग्रेसी की मृत्यु हो, सह-कलाकार का अवसान हो, रेडियो पर सुना कोई संगीत हो या देखा हुआ कोई चित्र हो।

उनका मार्क्सवाद की ओर मुड़ना भी कुछ इसी प्रकार का है। जैसा कि पहले कहा गया है वे मार्क्सवाद के प्रभाव से अछूते नहीं रह पाये। परन्तु उनका हृदय मूलतः शुद्ध कलाकार का हृदय है। मार्क्सवाद उनकी रचनात्मक अनिवार्यता कभी नहीं बन सका। उन्होंने मार्क्सवाद को अपनी तरह से ग्रहण किया।

'बात बोलेगी' का प्रकाशन 1981 में हुआ। उसके पूर्व उनके संग्रहों में मार्क्सवादी भावधारा की रचनाएँ बहुत कम हैं। 'बात बोलेगी' में भी अधिकतर रचनाएँ देश-प्रेम की हैं। इसमें भी मार्क्सवादी दृष्टिकोण से जो महत्त्वपूर्ण रचनाएँ हैं, उनमें से अधिकतर पहले के अन्य संकलनों में उपलब्ध हैं। पर इसके प्रकाशन के बाद, ये सारी रचनाएँ एक ही स्थान पर संकलित होने के नाते बहुत हद तक प्रतिनिधि रूप में हमारे सामने आती हैं।

'इतने पास अपने' में एक भी ऐसी रचना नहीं है जिसे हम मार्क्सवादी कह सकते हैं। कवि की ईमानदारी इन सभी रचनाओं में पूरी तरह से प्रकट होती है, किन्तु जब यह जानना हो कि यह अच्छी रचना है, या नहीं, तब मूल्यांकन का प्रश्न आता ही है।

"भारत की आरती"—15 अगस्त, 1947 के अवसर पर लिखी गयी रचना है, जिसमें स्वतन्त्र भारत के गुण गाये गये हैं। साथ ही अन्य स्वतन्त्र देशों के प्रति शुभ कामना प्रकट हुई है। इसमें साम्राज्यवाद का अस्वीकार तथा समाजवाद का स्वीकार है, तथा भारत भूमि को स्पष्ट शब्दों में किसान-कमकर की भूमि कहा गया है :

> "भारत की आरती / देश-देश की स्वतन्त्रता देवी / आज अमित प्रेम से उतारती / × × × / साम्राज्य पूँजी का क्षत होवे / ऊँच-नीच का विधान नत होवे / साधिकार जनता उन्नत होवे / जो समाजवाद जय पुकारती / × × × / यह किसान कमकर की भूमि है / पावन बलिदानों की भूमि है।"[21]

समाजवाद, किसान-कमकर के विशेष उल्लेख से यह रचना प्रगतिवादी कही जा सकती है। अन्यथा यह रचना शुद्ध देशप्रेम की भी हो सकती है।

उसी तरह 'स्वतन्त्रता दिवस पर—1940' रचना में वे अपने कवि मन को सम्बोधित करते हुए कहते हैं कि किसानों तथा मजदूरों के स्वर में अपना हृदय मिलाओ। मात्र स्वर नहीं। उनके तन में क्रान्ति की; साँच की जो धधक है,

उसमें अपने बुर्जुआ भावों को जलाकर शुद्ध हो जाओ। जो पुराने, सड़े गीत हैं, उनको भुला दो और जो नया गीतों का स्वर उठ रहा है, उसमें अपना सुर मिलाओ :

"फिर वह एक हिलोर उठी—/ गाओ—/ वह मजदूर किसानों का स्वर कठिन हठी / कवि हे ! उनमें अपना हृदय मिलाओ / उनके मिट्टी के तन में है अधिक आग / है अधिक ताप / उसमें कवि हे / अपने विरह-मिलन के पाप जलाओ।"[22]

इन दोनों रचनाओं को पढ़ने पर यह लगता है कि ये रचनाएँ बहुत कुछ कट्टर मार्क्सवादी मापदण्डों (जो उस समय थे) को निभाती हैं—अर्थात् नाराबाजी, साम्यवाद का प्रचार, विशिष्ट शब्दों का प्रयोग जैसे साम्यवाद, कमकर, बुर्जुआ इत्यादि सरल भाषा, सपाटबयानी इत्यादि, लेकिन भावनागत ईमानदारी के होते हुए भी ये रचनाएँ 'कविता' के स्तर तक नहीं पहुँच पाती हैं।

'त्रिलोचन को' शीर्षक रचना में कवि अपने मित्र को जन-साधारण के लिए कर्म करने हेतु प्रेरित करते हैं। अपने आपको साधारण जन के प्रति समर्पित कर देना है। मौन रहना है, परन्तु अन्तर में कर्म-राग बजता रहे। उनका कहना है कि उन्हें धीर, सजग, सम्बद्ध, परिश्रमशील होकर आगे बढ़ना है, क्योंकि जिसका जीवन बुद्बुद् है, हृदय कठिन कराह-युक्त है, मस्तिष्क धुँधला है, और जिसे दैनिक अर्जन की चिन्ता बनी रहती है, ऐसे सर्वहारा जन के लिए उन्हें ही स्वप्न देखने हैं। अतुल धैर्य रखते हुए, कठिन कर्म करना है। इस 'जन' के जीवन की आत्मीयता, स्नेहभाव, सम्बन्धभाव पूर्ण रूप से इन्हीं के जीवन-मरण और सब कुछ पर आधृत है। उन्हें इसकी, इसलिए चिन्ता है, क्योंकि :

"आज / सत्ता का शैथिल्य सर्वहारा की सत्ता / ऊपर मूल्यों का दिग्दर्शन संघर्षों में / अपने और तुम्हारे संघर्षों में / आज, त्रिलोचन।"/ × × × /
"सम्बोधन करना होगा अपने को / उस जन में"[23]

इस कविता में भी बात सीधे ढंग से ही रखी गयी है, फिर भी कुछ पंक्तियाँ ऐसी हैं, जिनमें उनकी काव्यात्मकता का आभास मिल जाता है :

"हम तुम बन जाएँ वह मौन / जिसका अन्तर कर्मराग है / हम तुम पास रहें जैसे दो चरण / एक रास्ते पर गतिशील"[24]

इस पूरी प्रगतिशील रचना में इस स्थान पर वे कवि हो उठे हैं, इसका एक सम्भावित कारण त्रिलोचन जैसा व्यक्तिगत और आत्मीय सन्दर्भ है। कविता में द्वितीय पुरुष के आत्मीय होने के फलस्वरूप, काव्य-विषय से जो कवि की दूरी है वह बहुत कुछ पाट ली गयी प्रतीत होती है।

ऐसी कविताओं में जो गद्यात्मकता है; उसे लय के द्वारा सरस बनाया गया है। 'वाम वाम वाम दिशा' में वह साम्यवाद से इतने अधिक प्रभावित लगते हैं कि

उन्हें लगता है कि यह समय साम्यवाद का आ गया है, और मुक्ति की एक ही दिशा रह गयी है, वह भी 'वाम पन्थवादी'। मध्यवर्ग में जो दीनता है, जो विरोध है, जो भार है, उन सबका अगर कोई मुक्तिमार्ग है, तो वह साम्यवाद है। वह लाल-मशाल जो कमकर की मुट्ठी में है, वही मार्ग प्रकाशित कर रहा है। 'प्रोलेतेरियत ही समाज का नेतृत्व करेगा'—यह नारा जो बहुत चर्चित और प्रसिद्ध हो गया था, उसी भाव को यहाँ शमशेर विश्वास के साथ प्रकट करते हैं।

यह रचना इसलिए महत्त्वपूर्ण बनती है कि इसमें कवि ने लय बहुत ही अच्छे ढंग से साधी है, साथ ही शब्द-आवृत्ति के कारण एक गति भी कविता में आयी है। कविता पढ़कर कूच-गीत (मार्चिंग सांग) का-सा बोध होता है :

वाम/ वाम / वाम दिशा /समय साम्यवादी / पृष्ठभूमि का विरोध / अन्धकार लीन।/ व्यक्ति-/ कुहा स्पष्ट हृदय / भार आज हीन / हीन भाव / हीन भाव/ हीन भाव···/ मध्यवर्ग का समाज दीन[25]

इस रचना में एक और बात उल्लेखनीय है। इसमें कवि ने बहुत सारी बातें समाहित कर ली हैं। साथ ही (रचना की आन्तरिक संरचना के कारण) 'लय' की रक्षा भी अनिवार्य हो गयी, अतः समाटबयानी का यहाँ अपने-आप लोप हो गया। शमशेर मितकथन के कवि हैं, यह बात उनकी इस रचना में भी सिद्ध होती है। यह एक सुग्रथित रचना है, पर यह समग्ररूपेण एक सायास प्रयास की रचना लगती है। इस रचना की सराहना करने पर भी, उसका महत्त्व स्वीकार करने पर भी, हम उससे इतना प्रभावित नहीं हो पाते।

ऊपर चर्चित शमशेर की रचनाएँ अधिकतर प्रचारात्मक होने का बोध कराती हैं। पर शमशेर ने कुछ ऐसी भी रचनाएँ लिखी हैं, जिनमें उनका प्रभाववादी रूप खुला है। 'य' शाम है' कविता "ग्वालियर की एक खूनी शाम का भाव चित्र है, लाल झण्डे, जिन पर रोटियाँ टँगी हैं, लिये हुए मजदूरों का जुलूस। उनको रोटियों के बदले मानव शोषक शैतानों ने गोलियाँ खिलायीं" यह दृश्य देखकर कवि का मन करुणा से भर उठा :

"ये शाम है / कि आसमान खेत है पके हुए अनाज का / लपक उठी लहू भरी दरातियाँ / कि आग है"[26]

आसमान में शाम की लाली और सड़कों पर खून की लाली। गोलियों से मजदूरों के देह ही नहीं भूने गये, बल्कि उनका हृदय, उनका विश्वास धुआँ-धुआँ हो गया है। झण्डों पर रोटियाँ नहीं भूनी गयीं, गरीबों का हृदय भूना गया है।

इस कविता में कवि की सर्वहारा के प्रति सहानुभूति की अभिव्यक्ति काव्यात्मक होकर आती है, इसमें नारेबाजी नहीं है। 'शाम होने को हुई' में भी कवि की, किसानों एवं कमकरों की आर्थिक विषमता के प्रति अपार सहानुभूति प्रकट होती है। विडम्बना इस बिन्दु पर है कि ये लोग—बाबू लोग, निठल्ले युवक, चंचल

लड़कियाँ सभी अपने आर्थिक अभावों को भूलने के लिए सिनेमा देखते हैं। दिवा-स्वप्नों में खो, दुःखों को भूलने का प्रयास करते हैं। देखिए :

"घुमड़ते घुटते हृदय के भाव / चित्रपट पर नग्न आते बिखर / आर्थिक वास्तविकता का पाँव / भूले, हम छूते अपार्थिव शिखर"[27]

शमशेर की प्रगतिशील रचनाओं में सबसे महत्त्वपूर्ण है उनकी कविता 'बात बोलेगी'। इस कविता में शमशेर ने मजदूर की वास्तविक स्थिति को अंकित किया है, साथ ही समाज एवं लोगों की परिस्थिति को दर्शाया है। इन दो विरोधी स्थितियों को कवि ने हमारे सामने रखा है और कहते हैं कि : "बात बोलेगी / हम नहीं / भेद खोलेगी / बात ही"[28]

हमारी दृष्टि ही झूठ है, इसीलिए चाहे हम सच बोलें, तब भी प्रकारान्तर से हम झूठ ही बोलते हैं, तब 'देखने' से क्या होगा ? या देखने की आवश्यकता ही क्या है ? यह जनता, जो अभय है, वह सत्य का रुख अपना कर ही सुखी हो सकती है। पर उस सत्य का क्या रंग है। वे कहते हैं कि एकमात्र सत्य यही है कि जनता का दुःख एक ही है—और वह है आर्थिक विषमता—यही सत्य का रंग है। उसके कारण अनेक हो सकते है :

"एक—जनता का / दुःख—एक। / हवा में उड़ती पताकाएँ / अनेक।"

और परिस्थिति यही है :

"दैन्य दानव : काल / भीषण; क्रूर / स्थिति; कंगाल / बुद्धि; घर मजूर"[29]

मजदूर के घर की यही स्थिति है, बुद्धि और धन की दीनता, समय और स्थिति की भीषणता एवं क्रूरता। लेकिन यह सब होते हुए भी अगर दुनिया के मजदूर एक नहीं होंगे, तब फिर उनके स्वातन्त्र्य की इति समझनी चाहिए। स्वतन्त्रता के लिए यह सब होते हुए भी, एकता अनिवार्य है।

इस कविता में मित-कथन ही उसे विशिष्ट बनाता है। 'बात बोलेगी हम नहीं' के साथ ही स्पष्ट और खरे शब्दों में जो मजदूर की परिस्थिति बतायी गयी है, वह भी उल्लेखनीय है।

इन सब कविताओं को देखते हुए एक बात तो स्पष्ट है कि कुछ एक रचनाओं में ही नारेबाज़ी है, शेष सभी कविताएँ उनके कवि की विशिष्टता लिये हुए हैं।

कहीं पर उनके हृदय की करुणा सर्वहारा के प्रति उमड़ पड़ती है तो कहीं पर वे स्थिति की वास्तविकता को स्पष्टता के साथ, किन्तु काव्यात्मकता के साथ, प्रकट करते हैं।

कहीं पर वे रचनाकर्म में सजग हैं तो कहीं सहज ही इतने उत्तम भाव प्रकट हो गये हैं : "हम तुम बन जायें वह मौन / जिसका अन्तर कर्मराग है"[30]

कहीं पर उनकी कल्पना भी अद्‌भुत है : "य शाम है/ कि आसमान खेत़ है पके हुए अनाज का।"[31]

इतना सब होते हुए भी यह कहना ही होगा कि मार्क्सवाद शमशेर की रचनात्मक अनिवार्यता कभी नहीं बन सका।

उनके भीतर का यह द्वन्द्व सतत विद्यमान है। उन्होंने बार-बार मार्क्सवाद के पक्ष में वक्तव्य दिये, बातचीत की; अब भी करते हैं, पर उनकी उत्तम रचनाएँ प्राय: वे हैं, जो उनके कलाकार को उभारती हैं। एक तरह से, मार्क्सवाद को भी उन्होंने व्यक्तिगत स्तर पर ग्रहण किया। मार्क्सवाद ने उनके कवि को उबरने में मदद की है। फिर भी यह तो स्वीकार करना ही पड़ेगा कि जब भी इस विषय में लिखा डूबकर लिखा, और तभी मजदूर के दु:खों में ही नहीं, उसमें उसके व्यक्तित्व में एक होकर लिख पाते हैं, या अपने आपको मजदूर मानते हुए लिखा है; ऐसा कह सकते हैं : "आज फिर देर से लौटा हूँ, बड़ी रात गये / ताक पर ही मेरे हिस्से की धरी है शायद।"[32]

III

सुररियल काव्य-आन्दोलन और शमशेर की कविता

(अ) सुररियल कला का सन्दर्भ : सुररियलिज्म के लिए प्रचलित हिन्दी संज्ञा संबंधी कुछ बातें स्पष्ट करनी आवश्यक हैं। हिन्दी में 'सुररियलिज्म' के लिए 'अतियथार्थवाद' संज्ञा प्रचलित है। परन्तु यह अनुवाद सही नहीं लगता। 'अतियथार्थवाद' से ऐसा बोध होता है, मानो उसमें यथार्थवाद का अतिरेक हुआ हो, अर्थात् वह प्रकृतवाद के अधिक निकट का प्रतीत होता है। परन्तु सुररियलिज्म की थ्योरी का जहाँ तक प्रश्न है, यह संज्ञा उपयुक्त नहीं प्रतीत होती। इसका सर्वाधिक निकटवर्ती अनुवाद 'परा-वास्तववाद' हो सकता है अर्थात् जो सामान्य वास्तविकता से परे हो, परन्तु यह अनुवाद अंग्रेजी से आता है—'बियोंड रियलिटी' फ्रेंच में सुररियलिज्म का अर्थ 'ऑन रियलिटी' होता है (परन्तु प्राय: बियोंड के अर्थ में ही) अर्थात् सामान्य वास्तविकता पर अपनी निजी वास्तविकता को निर्मित करना—समाज में प्रचलित वास्तविकता पर अपनी व्यक्ति की वास्तविकता प्रस्थापित करना। इस अर्थ में 'ऑन रियलिटी' काफी निकट का प्रतीत होता है। एक वाक्य में कहना हो तो—'सामान्य वास्तविकता पर निजी वास्तविकता, जो वास्तविकता से परे हो'।

सुररियलिज्म ने मार्क्स से विद्रोह का भाव लिया। (शायद मार्क्सवाद और सुररियलिज्म का इतना ही सम्बन्ध है) विद्रोह में एक शक्ति है, जिससे वह विध्वंस का सामर्थ्य रखती है। मार्क्स ने समाज को बदलने की बात की। यही बात सारे मार्क्सवादी आन्दोलन के केन्द्र में थी। पर सुररियलिस्तों ने तो वास्तविकता को बदलने की बात की। इन दोनों के बीच अन्तर-बिन्दु यहीं से शुरू होता है। इसका कारण यह है कि सुररियलिज्म में वास्तविकता की भूमि पर रहकर अचेतन में जाने की बात है।

इस आन्दोलन ने, जो 'दादावाद' का परिणाम था, अपने पूर्व के सभी कलागत नीतिगत एवं सौन्दर्यगत मानदण्डों को तोड़ा अर्थात् वर्तमान विश्व में जो कुछ है, उसे नष्ट करके, 'सुररियल मॉडल' के अनुरूप उसे ढालना—यही उनका उद्देश्य था। प्रत्येक का अपना 'मॉडल' हैं, क्योंकि अपना विश्व है, एक अनन्य विश्व। वे एक समान्तर विश्व का सृजन करना चाहते थे। उनकी वास्तविकता अलग थी, उनका विश्व अलग था, उनके नियम अलग थे, उनका लक्ष्य अलग था—'अचेतन की खोज', अतः उनकी पद्धति और उनके माध्यम भी अलग थे। अचेतन की यात्रा, खोज अपने आप में महत्त्वपूर्ण है, क्योंकि जब तक व्यक्ति अपने आपको नहीं जानता वह कुछ भी नहीं जानता।

इससे एक बात स्पष्ट होती है कि सुररियलिज्म केवल विध्वंसकारी नहीं है, उसके पास अपनी एक पद्धति भी है।

'सुररियलिज्म' और 'दादा' में यही अन्तर है कि 'सुररियल' में सारी बातें एक पद्धति में थी, जबकि 'दादा' में ऐसी किसी पद्धति का अस्तित्व नहीं था।

मुख्य बात तो यह है कि सुररियलिज्म केवल शिल्पगत आन्दोलन नहीं था। सुररियलिज्म में एक साथ अनेक विरोधाभास हैं, जिनके यथासम्भव सूक्ष्म सम्बन्धों को जाने बिना सुररियलिज्म को पूर्ण रूप से समझना सम्भव नहीं होगा। उसका उद्देश्य एक तरह से अचेतन, अज्ञात तक पहुंचना था अर्थात् यह ऊपरी और बाहरी वास्तविकता से परे की यात्रा है।

यह जल सतह पर तिरनेवाले कमल या सूर्य और चन्द्र के प्रकाश से झिल-मिलाती लहरों के सौन्दर्य को पकड़ पाने का प्रयास नहीं है, अपितु तल में जाकर कुछ खोजना है—चाहे अमूल्य मोती मिले या हिंस्र और कुरूप जलचरों से सामना हो।

इसी अचेतन तक पहुँचने के लिए वह विश्व से सम्बन्धित वस्तुओं का आधार लेता है। साथ ही वह अमूर्त की ओर न जाकर विषय एवं रूपाकार पर बल देता है, तभी वह 'अनरियल' (अवास्तविक) नहीं लगता। वह अचेतन के साथ बाहरी विश्व को जोड़ने की बात करता है, परन्तु अपनी पद्धति में वह स्वप्न एवं स्वचालन को अपनाता है। इस पद्धति का इतना महत्त्व बढ़ गया, इतना प्रचलन हो गया कि कई बार यह प्रश्न उठता है कि ये लेखक उद्देश्य तक पहुँचने के पूर्व ही कहीं स्वप्न और स्वचालन की पद्धति में ही तो उलझकर नहीं रह गये?

सुररियलिज्म में निहित विरोधाभासों के कारण ही वह विवादास्पद भी रहा। वे सामाजिक क्रान्ति की बात करते हैं। सामाजिक क्रान्ति में समाज को बदलने की बात है, उन्होंने वास्तविकता को बदला, अपनी प्रकृति और स्वभाव के अनुरूप ही समाज को एक तरफ रखकर अपनी वास्तविकता की कल्पना में उलझ गये, खो गये। मार्क्सवाद का जो विद्रोहबोध उन्हें रुचा, उन्होंने उस शक्ति को आन्तरिक

विश्व में डूबने, ढूँढ़ने, बसने में लगा दिया। सुररियलिज्म में जब आकार, विषय एवं उपयोगितावाद का महत्त्व अधिक है, तब यह स्पष्ट हैं कि वह वायवीयता की सृष्टि नहीं है। (रोमाण्टिसिज्म में यह अधिक है, और यहीं पर सुररियल कल्पना रोमाण्टिक कल्पना से अलग पड़ती है।)

लेकिन यह जाँच करना रोचक होगा कि ये सारी विरोधाभासी लगनेवाली बातें किस प्रकार अपने उद्देश्य के इर्द-गिर्द घूमती है ?

सर्वप्रथम इस सन्दर्भ में 'स्वप्न' की चर्चा आवश्यक है। स्वप्न-विश्व भी अपने आप में एक विश्व है, जो मिथ्या नहीं है, क्योंकि स्वप्न में हम अपने अचेतन में निहित भावनाओं के चित्र देखते हैं। यह अचेतन ही सत्य है। इन लोगों का मानना है कि अचेतन में वास्तविकता है, जिसका साक्षात्कार करना आवश्यक है। इसका साक्षात्कार स्वप्न द्वारा ही सम्भव है।

स्वप्न में देखे गये चित्रों का कोई तात्कालिक, आपसी, निश्चित सम्बन्ध नहीं होता—पर यह सम्बन्ध हमारे मानस की वास्तविकता से होता है। यह मानस का सत्य ही व्यक्ति का सही परिचय-पत्र है। बाहरी वास्तविकता कई बार परिस्थितिजन्य होने से मिथ्या हो सकती है। एक व्यक्ति को हम वर्षों तक निभा लेते हैं, क्योंकि हमारे पास ऐसा कोई ठोस कारण नहीं होता कि हम उससे विमुख हों, परन्तु हो सकता है हमें वह तनिक भी न रुचता हो।

हम आन्तरिक जगत् और बाह्य जगत् ऐसे दो भेद करते हैं। आन्तरिक जगत् अनदेखा है, पर सत्य है। उसी प्रकार का सत्य यह स्वप्न भी है। सुररियलिज्म इन दोनों विश्वों की बात करता है। बाहरी जगत् की वास्तविकता आन्तरिक जगत् के प्रमाण एवं उदाहरण के रूप में विद्यमान है। डैनी की एक कविता है, जिसमें यह बात एक हद तक स्पष्ट है :

I have dreamed so much of you
That you lose your reality

इसमें कवि के लिए प्रिया की जीवित देह अवास्तविक हो जाती है, और उसका उत्कटता से देखा गया स्वप्न ही वास्तविक हो जाता है। प्रिया को प्राप्त करने के लिए उसे अब स्वयं भी अवास्तविक बनना पड़ेगा :

I have dreamed so much of you
walked much, spoken, lain with your phantom that all
I have to do now perhaps is to be a
phantom amongst phantoms

अर्थात एक सुररियल कलाकार की दृष्टि में इस हद तक बाहरी विश्व अपना अस्तित्व नष्ट कर देता है। वे मस्तिष्क की मुक्ति की बात करते हैं, अतः अचेतन की ओर गति करते हैं। यही उनके लिए परा-वास्तविकता है। वे एक अचेतन

अतृप्ति को वास्तविक बनाते हैं, उसका भौतिकीकरण करते हैं। रूप और आकार को इतना महत्त्व देने का यह कारण भी हो सकता है कि वे अचेतन की अपनी अतृप्त आकांक्षाओं (क्वेस्ट ऑफ़ दी अनकांशस) को वास्तविक करते हैं। (कल्पना तो है ही, पर एक प्रकार की साकार कल्पना।) स्वप्न में भी अमूर्त कुछ नहीं होता—बिम्ब होते हैं, चित्र होते हैं, अर्थात् रूप और आकार होते हैं। इसी अचेतन की अतृप्ति को अभिव्यक्त करने के लिए दाली ने 'सुररियल आब्जेक्ट' की खोज की। स्वप्न की ही भाँति ये 'आब्जेक्ट' सन्तोष नहीं अपितु अभाव का दर्शन कराते हैं।

स्वप्न में एक तरह से व्यक्ति अपने अभावों को पूर्ण करने का प्रयास करता है। वैसे तो कला द्वारा कलाकार अपने जीवन के स्वप्न, अभाव को पूरा करता है, स्वप्न और वास्तविकता के अन्तर को पाटने का प्रयास करता है। सुररियल में तो पद्धति यही है। एक तरह से इस दूरी को पाटने का लायसेंस उन्हें मिल जाता है। स्वप्न में मनुष्य की कल्पना मुक्त रहती है, मस्तिष्क मुक्त रहता है, और मुक्त मस्तिष्क और कल्पना ही क्रान्ति कर सकते हैं।

कल्पना तर्क से सबल है, बाहरी जगत् के भौतिक साधनों से भी सबल, अतः सुररियल कलाकारों ने उन साधनों को अतिकल्पना से मण्डित किया। जैसे दाली का 'सोफ़्ट वॉचीज़' या 'ब्रेड' चित्र देखें। 'ब्रेड' रोटी तो लगता ही है, पर पूरे शरीर से अलग कटी हुई कोहनी भी लगता है···कुरूप जुगुप्सामय। 'सोफ्ट वॉचीज़' में घड़ियाँ हैं, जो इस ढंग से पृष्ठभूमि में पड़ी हैं, मानों सारा काल—समय, वातावरण अलसाया ढीला लगता है। ठोस घड़ी के आकार ढीले पिघलते से प्रतीत होते हैं···दाली बताना चाहते हैं कि समय पिघल रहा है।

कहीं इस अतिकल्पना की बात है, जो कहीं 'सुररियल आब्जेक्ट' में ऐसा लगता है मानो उन्होंने अणुमात्र की कल्पना न करके भौतिक आकार ज्यों के त्यों बना दिये हैं। पर यह सही नहीं है।

मेरित ऑपनइम के 'फर कवर्ड कप, सॉसर ऐण्ड स्पून' चाहे साधारण प्याला, प्याली और चम्मच का आकार लिये हुए हों, पर हैं तो 'फर कवर्ड'। यह भी सम्भव है कि वास्तविक जगत् में उन्होंने ऐसा 'फर कवर्ड' देखा भी न हो, परन्तु अचेतन की कांक्षा को उस पर आरोपित करने की कल्पना तो उन्होंने की ही।

सुररियल कलाकार कला को माध्यम मानते हैं—ज्ञात का। वे कला को उपयोगितावादी भी मानते हैं। यह उपयोगितावाद ज्ञान-प्राप्ति का हो सकता है, क्योंकि सामाजिक उपयोगितावाद, उनके लोकघोषणा-पत्र के अतिरिक्त, किसी तरह भी उनकी कला द्वारा प्रतिफलित नहीं होता।

सुररिलिज्म में जो महत्त्व की बात है, वह है, कलाओं के एकीकरण की। विषय और रूप पर इतना अधिक बल दिये जाने का यह एक और कारण है। सुररियल कलाकारों ने रंग एवं चित्रकला के अन्य साधनों द्वारा अनेकानेक प्रयोग

किये। चित्रों (पेण्टिंग) में, पानी और तैल के रंग, पेंसिल, रेत आदि का एवं अन्य रंग-बिरंगे कागजों, चित्रों (पिक्चर) के 'कटिंग' का प्रयोग एक साथ किया। यह तो हुई माध्यम की बात, परन्तु चित्र में एक साथ अन्य कलाओं के भी प्रभाव उत्पन्न किये, शिल्पकला, बढ़ईगिरी, सुतारी इत्यादि अर्थात् चित्र को, एक चित्र रूप में एवं उससे सम्बन्धित सभी कलाओं की समस्त सम्भावनाओं से युक्त करके प्रस्तुत करना, उसमें नयी-नयी सम्भावनाएँ खोजना। यहीं पर कला, चाहे वह उपयोगी हो या ललित, एक हो जाती है। जैसे दाली का एक चित्र है 'ड्रावर्स'...जिसमें एक स्त्री मूर्ति है, आकृति है, जिसकी देह के विभिन्न भागों से, माथा, वक्षस्थल, पेट घुटने इत्यादि से ड्रावर्स (खाने) निकल रहे हैं। देखने पर यह तैलचित्र ऐसा लगता है मानो एक स्त्री का शिल्प हो। उसमें जो ड्रावर्स की कल्पना है, वह बढ़ईगिरी का क्षेत्र है, अर्थात् उपयोगी हो सकता है। इस तरह उस तैलचित्र में, अनेक कलाओं की सम्भावना प्रस्तुत की गयी है। दाली के अनेक चित्रों को देखकर सुनारों ने विभिन्न गहने बनाये, मालाओं के लिए पैण्डेण्ट बनाये।

इसी प्रकार पूर्व-चर्चित 'फर कवर्ड...' में एक आकार को दूसरे की बनावट का संस्पर्श देना (टेक्सचर)। आकार आँख का विषय है, टेक्सचर स्पर्श का। साथ ही प्याला-प्याली एक ठोस वस्तु है, जो चिकनी अवश्य है, पर पोतजन्य स्पर्शबोध उससे सम्भव नहीं है। असल में इस प्रकार का संयोजन ही उसे सुररियल बनाता है। यह अन्तर-परिवर्तन मात्र विभिन्न कलाक्षेत्रों तक ही सीमित नहीं रहा, अपितु ऐन्द्रीय गुणों में भी देखा गया। एक कला की भाषा ('एक्सप्रेशन' के अर्थ में) का होने पर भी दूसरी कला के माध्यम के अनुकूल हो। अर्थात् चित्र हो तब भी शिल्प-सा लगे और कविता हो तब भी चित्र-सी लगे। अब उपर्युक्त उदाहरण एक चित्र है, जिसका पैटर्न एक पोटरी ऑब्जेक्ट है जिस पर पोत का संस्पर्श दिया गया है।

इसीलिए अपनी प्रथम लोक-घोषणा में ब्रेताँ ने कहा कि हमें साहित्य से कोई मतलब नहीं है। अन्य कलाओं की भाँति हम उसका भी उपयोग कर सकते हैं। यहाँ पर शायद वे कलाओं के एकीकरण की बात की ओर संकेत करते हैं। वहाँ साहित्य का अलग से कोई विशिष्ट महत्त्व नहीं रह जाता, और यह बात निर्विवाद स्वीकार्य हो जाती है कि सुररियल सही अर्थों में कला का आन्दोलन है, महज चित्रकला या साहित्य का नहीं।

मूल बात यही है कि सुररियल कलाकार अचेतन की वास्तविकता में विश्वास करते हैं। प्रत्येक व्यक्ति का अपना अचेतन है, अपना विश्व है, उसे वह प्रस्तुत करता है, अपने स्वप्न द्वारा। इसमें उन्होंने भाषा को मुक्त किया। प्रत्येक व्यक्ति अपनी भाषा में, अपने विश्व की, अपने स्थान की बात करे। यहीं पर सम्प्रेषण की समस्या उठती है। और तभी दाली ने 'पारानुआ' समीक्षा की खोज की। इस तरह सुररियलिज्म नियन्त्रित हो गया और साथ ही रचना के लिए एक पद्धति का

निर्माण हुआ।

इस चर्चा के उपरान्त उन पद्धतियों की बात करना अनिवार्य है, जिसके द्वारा सुररियल कलाकार अपने आपको अभिव्यक्त करता है, ये हैं स्वचालन, स्वप्न कविता, पारानुआ समीक्षा इत्यादि।

ऑटोमेटिज्म, अर्थात् स्वचालन—यानी कि जो अनायास हो, अनिर्दिष्ट हो, वैसा ही जैसे स्वप्न में होता है। स्वप्न में जैसे कुछ भी तय नहीं होता, न विषय, न आकार। ये विषय और आकार कभी भी किसी भी तरह बदल सकते हैं। स्वचालन में भी ऐसा ही होता है। हम तय करके तो स्वप्न देखते नहीं हैं, परन्तु स्वप्न में जो देखते हैं, वह हमारे अचेतन का सत्य है, वही वास्तविकता है। इसीलिए स्वप्न के सत्य को प्रस्तुत करने के लिए यह पद्धति अपनायी गयी। सुररियलिस्टिक चित्र या स्वप्न इस पद्धति द्वारा प्रस्तुत होकर अपने आपको स्थापित करते हैं। रीड का कहना है कि स्वचालन पद्धति से वे यही समझते हैं कि मन में उठा बिम्ब और कागज पर उसके अवतरण के बीच समय का कोई अन्तराल न रहे। एक तन्तु का आभास मात्र हो और स्पष्ट रूप से वह एक कलाकृति के रूप में सीधे कागज पर ही अवतरित हो।

पर यह इसका आरम्भिक रूप कहा जा सकता है, जिसे पारानुआ समीक्षा द्वारा पद्धतियुक्त बनाया गया। देखनेवाली बात यह है कि पारानुआ चित्तभ्रम की स्थिति तो है, पर प्रकृति से ही पद्धतियुक्त। यह पद्धतियुक्त चित्तभ्रम है, सुररियल की ही भाँति।

'पारानुआ' चिकित्साजगत् की संज्ञा है, जिसका अर्थ है—एक ऐसा रोग, जो रोगी को चित्तभ्रम में डाल देता है। परन्तु पारानुआ 'चित्तभ्रम' के अन्य रोगी से भिन्न इस रूप में है कि अन्य ऐसे रोगों में भोक्ता का जग पर नियन्त्रण नहीं रहता, जबकि पारानुआ रोगी का रहता है। इसमें एक सम्पूर्ण एवं संगतिपूर्ण पद्धति होती है। सवर्ज्ञता की एक प्राप्ति होती है, जिससे भोक्ता स्वप्रतिष्ठा के उन्माद तक या तो अत्याचार के उन्माद तक पहुँच जाता है। हालाँकि उसमें इन्द्रियगत अन्य विकार नहीं होते फिर भी वह किसी दूसरी ही दुनिया में विचरण करता है। 'पारानुआ' में जो 'पद्धतियुक्त' वाली बात आती है, वही सुररियल में महत्त्वपूर्ण है। दादावाद में जो बिखरा-बिखरा और तितर-बितर वाली स्थिति में था, वही सुररियल में पद्धतियुक्त हो गया। अन्य साधारण लोगों की भाँति पारानुआ रोगी दुनिया के वश में न रहकर, उसे अपने वश में रखकर उसे गढ़ता है।

लेकिन पारानुआ समीक्षा किसे कहेंगे? चित्तभ्रम (डिलीरियम) की अवस्था में देखे गये जगत् को एक पद्धतिपूर्ण विश्लेषण देना। या कहें विश्लेषण की पद्धति देना। पारानुआ में व्यक्ति जिस चित्तभ्रम, दृष्टिभ्रम (हेल्यूसिनेशन) से पीड़ित रहता है, उसी को एक पद्धति देना।

सुररियल कलाकार 'दृष्टिभ्रम' को महत्त्व देते हैं, चाहे वह अनायास एवं स्वाभाविक हो, या ओढ़ा हुआ और लादा हुआ हो। इस पद्धति से सुररियल कलाकार अपनी बात बड़ी सरलता से कह सकता है।

इसी पारानुआ समीक्षा से आगे चलकर दाली ने 'सुररियल आब्जेक्ट' की बात की। 'सुररियल आब्जेक्ट' क्या है, यह प्रश्न हो सकता है। एक ऐसा विसंगत, विचित्र पदार्थ या वस्तु, जिसका होना, मात्र अपने कर्त्ता के सन्तोष के अतिरिक्त, किसी भी कारण से हो सकता है, जो अजाना हो और जो अपने निश्चित सन्दर्भों से अलग हटकर हो। या जो अलग उद्देश्य से बनाया गया हो, या जो अचेतन की वासना एवं स्वप्न को प्रस्तुत करे अर्थात् जिस प्रकार स्वप्न से व्यक्ति के अचेतन को जान सकते हैं, उसी प्रकार इन 'आब्जेक्टों' को देखकर व्यक्ति, सर्जक, कर्त्ता के अचेतन को जाना जा सकता है।

स्वप्न-सृष्टि का सुररियल कलाकारों ने विषय और शिल्प दोनों में उपयोग किया। जब हम स्वप्न-विश्व की बात करते हैं तब उस सत्य की बात करते हैं, यह उसका विषय हुआ। स्वप्न की चर्चा शिल्प के सन्दर्भ में करते हैं तब यह मान लेना गलत होगा कि स्वप्न को लिखना ही स्वप्न-कविता है। यह तो एक सत्य को दूसरी बार कहना हुआ। सुररियल में स्वप्न-कविता, अर्थात् स्वप्न में देखे गये बिम्बों की तरह जो कविता में आते हैं, जिनमें परिवर्तन होता हमें स्पष्ट नहीं दिखता, जो एक क्षण के लिए परा-वास्तविक लगे, जो असम्बद्ध हो, जो एकदम चौंकानेवाली (स्ट्राइकिंग) हो।

कविता और स्वप्न अपने आपमें अलग अस्तित्व रखते हैं, जैसे कविता और मिथक। मिथक जैसे पूरी संस्कृति की धरोहर है, एक समाज की धरोहर है, वैसे स्वप्न एक अकेले व्यक्ति की धरोहर है। स्वप्न में देखे गये चित्रों को पुनः लिखना यानी एक सृजन को दूसरी बार लिखना, जिससे वह मन्द हो जाता है, प्रभावहीन हो जाता है। क्योंकि स्वप्न में ये अपने पूरे प्रभाव, रंगों एवं बिम्बों के साथ प्रकट होते हैं, उनको कविता में लिखने का अर्थ है उनका अनुवाद करना।

जिस तरह कविता का अनुवाद करना सम्भव नहीं वैसे ही स्वप्न का अनुवाद करना भी सम्भव नहीं है। रीड ने प्रयोग भी किये। अपने एक स्वप्न को उन्होंने लिख दिया, जो वास्तव में असफल रहा।

स्वप्न कविता का यही अर्थ है कि स्वप्न में जैसे बिम्ब आते हैं वैसे ही कविता में भी आयें—एक में से दूसरा···में से तीसरा···में से चौथा, न कि एक, फिर दूसरा, फिर तीसरा। रंगों में चटख (बोल्ड) और प्रभावशाली, बाहरी रूप से एक दूसरे से असम्बद्ध पर भीतर से जुड़े हुए। कविता करते समय हम भीतर-ही-भीतर चले जायें। मात्र कुछ ही बाहर—शेष सब भीतर।

धीरे-धीरे सुररियलिज्म में स्वप्न-सृष्टि का महत्व मात्र टेक्नीक के रूप में

रहा, विषय के रूप में नहीं। इसमें महत्त्व 'तन्द्रा' (ट्रांस) का है। रीड ने एक ऐसा प्रयोग भी किया है।

हम अनेक चीजें पढ़ते हैं और जानते हैं। प्रत्येक छोटे-से छोटा अनुभव हमारे मस्तिष्क में अनुलिखित होता जाता है, हमारे जाने या अनजाने में। जब हम तन्द्रा में आते हैं तब ये सारे अनुभव, अपने ढंग से, अर्थात् उस रूप में जैसे हम उन्हें ग्रहण करना चाहते हैं, खुलते जाते हैं। अचेतन विश्व में कोई बन्धन नहीं है, सब मुक्त होता है, हमारा मस्तिष्क भी मुक्त रहता है। इसी मुक्ति में जिस कविता का जन्म होता है वह सुररियल के निकट की रचना है। इसी के साथ सुररियल की अन्य विशेषताएँ उसे सुररियल कविता बनाती हैं।

(आ) शमशेर की कविता : शमशेर के काव्य की बुनावट की चर्चा करते समय सुररियलिज्म की चर्चा अनिवार्य रूप से आ ही जाती है। हिन्दी में बहुत कम ऐसे लेखक हैं, जिन्होंने इससे प्रभाव ग्रहण किया हो। सुररियलिज्म, तभी शायद, हिन्दी के पाठकों के लिए इतना परिचित भी नहीं है।

शमशेर कहीं भी 'वादी' नहीं हैं। न बिम्बवादी, न सुररियलवादी, न प्रतीकवादी, न ही मार्क्सवादी। पर फिर भी शमशेर के काव्य पर इसका प्रभाव जड़ों तक जा चुका है।

यह बात तो जानी हुई है कि 'सुररियलिज्म' मात्र शिल्पगत आन्दोलन नहीं था। इसकी टेक्नीक इसलिए इतनी अलग रही, क्योंकि यह 'अलगता' इसमें निहित विषयगत परिवर्तन की माँग थी। वहाँ शिल्प सुररियलिस्टों की माँग के अनुसार बना था।

शमशेर यह मानते हैं कि अपनी कुछ रचनाओं में उन्होंने सुररियल टेक्नीक अपनायी है। यह प्रतीति उनकी रचनाओं को पढ़कर होती भी है। इन 'कुछ' रचनाओं के अतिरिक्त भी शमशेर को कविताओं में अनेक स्थानों पर सुररियलिस्टिक संस्पर्श मिलता है।

शमशेर के कवि की यह विशेषता है कि जहाँ उन्हें सुररियल मानकर, 'सुररियलिज्म' के लक्षण उनमें खोजना आरम्भ किया जाता है, वहाँ मात्र असफलता ही हाथ लगती है। पर जहाँ शमशेर के कवि को मुक्त छोड़ा, वहाँ वे बहुत कुछ 'सुररियल' लगते हैं।

सुररियल कवि की रचनाओं में सुररियलिटी की काफी पर्तें और स्तर होते हैं।

उसमें या तो असम्बद्ध अथवा अकल्पनीय बिम्बों की सह-उपस्थिति होती है, जैसे ब्रेताँ की कविता 'माई वाइफ़ विथ हर वुड फ़ायर हैर' में है। या फिर स्वप्न चित्रों की तरह बिम्ब एक में से दूसरा···में से तीसरा···निकलते चले जायेंगे। ऐसा भी हो सकता है कि ये बिम्ब शृंगारिक (इरॉटिक) सृष्टि लेकर आयें। पर

ऐसी कविताएँ बहुत खुली होती हैं। कई बार कवि एक साथ अपने भीतर और बाहर होता है, जैसे ब्रेतों की 'विजिलेंस' कविता, जिसमें वे अपने बाहर जाकर अपने क्रिया-कलाप को देखते हैं—और उसी का वर्णन वह कविता है।

सुररियल कलाकार अचेतन की यात्रा करते हुए, अचेतन की खोज में भीतर तक जाता है। बाहरी विश्व से कुछ सूत्र पकड़कर कवि अचेतन की ओर मुड़ता है और भीतर गहरे डूबते चला जाता है। वहीं, भीतर की गहराइयों से सारे बिम्ब, सारी कविता उभरती है।

यही पैटर्न शमशेर की महत्त्वपूर्ण रचनाओं में पाया जाता है। चाहे वह 'राग' हो, या 'आओ' या 'एक नीला आईना बेठोस' या 'एक नीला दरिया बरस रहा है' हो। यही कविता लें तो कवि आरम्भ करते हैं बाहरी दृश्य से—बस गिनकर चार पंक्तियाँ, और फिर वे भीतर चले जाते हैं :

"एक नीला दरिया बरस रहा है/और बहुत चौडी हवाएँ हैं/मकानात हैं मैदान/किस कदर ऊबड़-खाबड़"

बस उसके बाद ही वे कहते हैं :

"मगर/एक दरिया/और हवाएँ मेरे सीने में गूंज रही हैं—"[35]

हवाओं और दरिया के साथ भीतर जाने पर अरावली के पर्वत, विशाल आकाश, और न जाने क्या-क्या, कहाँ-कहाँ से आता चला जाता है। इसमें 'बिम्बों' की प्रकृति ही सुररियल है। कवि को बात तो आकाश की करनी हैं, पर कल्पना करते हैं 'बरसते नीले दरिया की'। इससे स्पर्श का बोध उभर उठता है। हवाएँ प्रायः तेज, मन्द, काटने-चुभनेवाली होती हैं, पर आकारित नहीं होतीं—जैसा कि वे कहते हैं—'और बहुत चौड़ी हवाएँ हैं।' नीला दरिया बरस रहा है और हवाएँ चौड़ी—यह एक सुररियल कल्पना है। फिर इसमें कवि का भीतर जाना—तभी यह कविता सुररियल लगती है।

इसी प्रकार की एक और रचना है, 'कठिन प्रस्तर में'। यह नौ छोटी-छोटी पंक्तियों की कविता है, जिसमें आरम्भिक कुछ पंतियों तक वे बाहरी विश्व से जुड़े रहते हैं, और अन्त में भीतर आत्मा तक पहुँच जाते हैं :

"कठिन प्रस्तर में अगिन सुराख/मौन पर्तों में हिला मैं कीट/(ढीठ कितनी रीढ़ है तन की—/तनी है।)"

फिर वे और भीतर चले जाते हैं :

"आत्मा है भाव :/भावदीठ/झुक रही है/अगम अन्तर में/अनगिनत सूराख सी करती।"[36]

बाहर से भीतर जाने की यह प्रक्रिया, शमशेर की कविताओं की विशेषता है। अचेतन के अगम अन्तर में सूराख करती सी वे अतल गहराइयों तक पहुँचती हैं।

कलाओं के आपसी भेद मिट जाना भी सुररियल कला की विशेषता है। 'दूसरा

सप्तक' के अपने वक्तव्य में शमशेर लिखते हैं "तसवीर, इमारत, मूर्ति, नाच, गाना और कविता—इन सबमें बहुत कुछ एक ही बात अपने ढंग से खोलकर या कुछ खोलकर-कुछ छिपाकर कही जाती है। मगर इनके ये अलग-अलग ढंग दरअसल एक दूसरे से ऐसे अलग-अलग नहीं हैं, जैसे कि ऊपरी तौर से लगते हैं।"

शमशेर की अधिकतर रचनाएँ चित्र का-सा आभास देती हैं। कुछ शिल्प का सा भी। यहाँ तक कि कुछ रचनाओं का जन्म ही चित्र से हुआ है, जैसे 'सींग और नाख़ून' या 'घनीभूत पीड़ा'। 'घनीभूत पीड़ा' रचना समझने के लिए तो उसके रेखाचित्र का साथ होना आवश्यक है। (इसे रचनागत कमज़ोरी अगर कहा भी जाय, तब भी वस्तुस्थिति यही है) 'सींग और नाखून' में यह बात नहीं है। रचना को अस्तित्व में लाने के बिन्दु तक पहुँचने के प्रयास में कवि को शब्द के पूर्व ही रेखाएँ मिल जाती हैं। ऐसी स्थिति में रचना का आरम्भ वहीं से हो जाता है। रेखाओं की सहायता से वे उस मूड को बनाये रखते हैं।

शमशेर ने टेक्नीक के रूप में भी सुररियल को अपनाया। 'शरीर स्वप्न' नामक रचना में उन्होंने स्पष्ट अभिव्यक्ति के लिए सम्भवतः यह टेक्नीक अपनायी है। परन्तु वह स्पष्टता, वह खुलापन एक हद तक ही सम्भव हो सका है। टेक्नीक अभिव्यक्ति का मार्ग प्रशस्त तो करती है, पर अनिवार्य रूप से साहस भी देती है, ऐसा नहीं है।

कविता का आरम्भ वे जिस खुलेपन से करते हैं, अन्त में जाते-जाते मानों अवरुद्ध हो जाते हैं और वे रहस्यगर्भ (मिस्टिकल) पंक्तियाँ लिख बैठते हैं :

> "मकई से लाल गेहुएँ तलुए / मालिश से चिकने हैं।···/ सूखी-भूरी झाड़ियों में व्यस्त / चलती-फिरती पिण्डलियाँ।···/ (मोटी डालें जाँघों से न अड़ें।) / सूरज की आईना जैसे नदियाँ हैं—/ इन मर्दाना रानों की चमक / 'उन' को खूब पसन्द।···/ वह वन शिव का स्थान। / शान्त ज्योति में लय है ध्यान।[37]

रचना में एक लैंगिक चेतना का बोध होता है—(फ़ैलस कांशसनेस) कविता के आरम्भ को पढ़कर यह अपेक्षा सहज ही बनती है कि इसी खुलेपन से कविता आगे बढ़ेगी जो कविता के लिए सहज है। वैसे कहीं भी समरूपता से जाता हुआ वर्णन नहीं है, अपितु टुकड़ों में हैं, जो एक के बाद दूसरा चिपकाया गया है। आरम्भ में साथ-साथ ही एक वन का संकेत भी है और उसीका सहारा तथा शिव के वैरागी रूप का सहारा लेकर कवि आगे बढ़ते हैं; एक तरह से पीछे हटते हैं। लगता है कि कवि झिझक गये। यह झिझकना स्पष्ट रूप से दिखता है, क्योंकि जाँघ के बाद रानों की बात जो पूर्ण रूप से शृंगारिक है और कवि फिर झिझककर गड़बड़ा गये। 'वन शिव का स्थान' में मात्र एक संकेत देते हैं। जो खुलापन ब्रेतां की 'माइ वाईफ़ विथ हर वुड फ़ायर हेर' में है, वैसा इसमें नहीं है। वह भी एक तरह से नखशिख वर्णन ही है। और ब्रेतां ने पूरा खुला वर्णन किया है—सुररियल बिम्बों द्वारा। यह

झिझक कवि की अपनी भी हो सकती है, और कुछ युग की भी—क्योंकि उस समय (1954) तक शायद ही किसी कवि या लेखक ने इस हद तक खुले वर्णन किये थे···न उपन्यासों या कथासाहित्य में न कविताओं में। एक और बात है कि स्त्रियों का नख-शिख वर्णन चली आती परम्परा है, किन्तु पुरुष (कवि) द्वारा पुरुष-देह के सौन्दर्य का इतना खुला वर्णन इसके पूर्व नहीं हुआ था।

नीति सम्बन्धी कल्पनाओं से उनका मानस कैसे एक हद तक ही मुक्त हो सका है, यह स्पष्ट रूप से दिखता है।

'कुछ और कविताएँ' में दो रचनाएँ हैं जिनको उन्होंने 'एक सुररियलिस्टिक पेण्टिग' कहा है। ये दोनों रचनाएँ अलग-अलग ढंग से सुररियलिस्टिक हैं··· परन्तु बहुत कुछ टेक्नीक की दृष्टि से ही। 'सींग और नाखून' में जिस प्रकार के बिम्ब हैं, वे उस कविता को सुररियल बनाते हैं। एक तरह से यह रचना सुररियल बिम्बों को समझने में सहायक है कि कैसे एक में से दूसरा, में से तीसरा, बिम्ब उभरता है। बाहरी तौर से असम्बद्ध और असंगत लगने पर भी; भीतर से कहीं संगत ही नहीं सार्थक भी है।

पहली दो पंक्तियों से दो अलग-अलग चित्र उभरते हैं, जो वास्तव में एक बिम्ब है। 'सींग और नाखून···' में एक पशु का चित्र उभरता ही है कि 'लोहे के बख्तर कंधों पर' में वह मनुष्य में परिवर्तित हो जाता है। एक ऐसा पशुवत् मानव जो स्वप्न में ही दिखना सम्भव है। किन्तु इस रचना में मात्र चमत्कृति के लिए यह नहीं है, अपितु रचना के मूल भाव के साथ यह बात जुड़ी है। मनुष्य पशु की तरह जड़ और सम्वेदनहीन बन गया है।

पूरी रचना में से पाँच अलग-अलग चित्रों से एक ऐसे मनुष्य की आकृति उभरती है जिसके 'सींग और नाखून' हैं, लोहे के बख्तर-कंधे हैं, जिसके सीने में सूराख है, आंखों में नमी है, एक मुर्दा हाथ, जिसमें उल्टी कलम थमी है, कुल मिलाकर एक पूरी तरह से सड़ चुके मनुष्य की आकृति। 'सूराख' अर्थात् अभाव, घासकाई की नमी अर्थात् बेहद लिजलिजापन। यह वास्तविक विश्व पर अपने विश्व का आरोपण है।

'शिला का खून पीती थी वह जड़' में ऐसे बिम्ब नहीं है। एक दूसरा ही विश्व है, जो मुक्त है, स्वतन्त्र है। सम्पूर्ण रचना की केन्द्रीय बात इस पंक्ति में हैं... 'आत्मा के कल्पतरु का'। आरम्भ में उभरे चित्र इसी पंक्ति तक आकर स्थगित हो जाते हैं।' 'मेरी आत्मा के कल्पतरु की वह जड़ जो शिला का खून पीती थी !!' अब स्वयं शिला बन गयी है। अपने जीवन्त स्पन्दन को छोड़कर वह पत्थर बन गयी है। वह एक हद तक निर्मम और निष्ठुर बन गयी है। या मेरी आत्मा का कल्पतरु जड़ से ही ऐसा निष्ठुर बन गया है। (स्वाभाविक है कि जो जड़ से ही इतना सड़ चुका है वह ऐसे ही फलेगा और फूलेगा।) उस कल्पतरु तक पहुँचना

है, उस तक जाने का मार्ग है बादलों की सीढ़ियों से—वह सीढ़ियाँ जो टहनियों की भाँति झूल रही हैं। वे जड़ें तो बेहद ऊबड़-खाबड़ हैं पर उनका चबूतरा पूरी तरह समतल और चिकना है। यह एक विरोधाभास है। पूरी रचना की विशेषता यह है कि इनमें तीन वस्तुएँ हैं—जड़, बादल और चबूतरा (आकाश)। तीनों पोतजन्य संस्पर्श की दृष्टि से अलग-अलग हैं। पहला ऊबड़-खाबड़, दूसरा स्वप्निल कुछ गीलापन लिये हुए और तीसरा एक चिकनापन लिये हुए।

पहला और तीसरा चित्र बड़ा स्थिर है, दूसरा चित्र, जो बीच का है हल्का-सा, झूलता, झूमता जीवन्त-सा। ये असम्बद्ध लग सकते हैं, पर इनमें यही एक बात है कि अचेतन की यात्रा में, वासना की जड़ चाहे कितनी भी कुरूप क्यों न हो, वस्तुस्थिति तो यह है कि इसी पर हमारा इच्छा-वृक्ष है, जिस पर अनेक फल लगे हैं, पर वहाँ तक जाने का मार्ग चिकना और सुस्पष्ट है। यह उस विरोधाभास का दूसरा स्तर है।

एक और विशेषता यह है कि इस रचना में आकाश से और ऊपर तथा धरती से और नीचे तक को पूरा घेर लिया है: "जड़ों का भी कड़ा जाल हो चुका पत्थर"[38] और:

"और वह
पक्का चबूतरा
ढाल में चिकना सुतल था
आत्मा के कल्पतरु का?"[39] अर्थात् आकाश तो चबूतरा है, जिस पर कल्पतरु की स्थापना कवि ने की है, जो हमें दिखता नहीं है।

इन दोनों कविताओं में बिम्ब ही पूरा सुररियल है। विशेषकर 'शिला की खून-पीने की जो कल्पना है वह। चेतन जड़ को अचेतन बनाकर अचेतन शिला को चेतन बनाना अपने आप में सुररियलिटी है। यह कवि की वास्तविकता है।

सींग और नाखून·· दोनों अलग-अलग हैं, जिन्हें पास-पास लाया गया और उसके साथ रखा गया है 'लोहे के बख्तर-कंधे'।

इस कविता में दो सुररियल टेक्नीकों का संकेत भी स्पष्ट है। एक तो 'आत्मा के कल्पतरु का' कहकर 'अचेतन की वासना (desire of the unconscious) की ओर संकेत किया गया है। चाहे अचेतन की यात्रा में प्राप्ति सड़ी जड़ों की हो, तब भी वह वहीं की यात्रा है: "शिला का खून पीती थी वह जड़ / जो कि पत्थर थी स्वयं"[40] यहाँ पर पारानुआ समीक्षा की बात आती है। पारानुआ समीक्षा में यह स्पष्ट रूप से अलेखित है कि—'पारानुआ की स्थिति में भोक्ता अत्याचार के उन्माद की सीमा तक पहुँच जाता है। यहाँ वह जड़ चेतना को तो सोखती ही है, पत्थर तक को सोखती है। पत्थर जो कि निष्प्राण है, उसे सोखना यह उन्माद की स्थिति तक पहुँचने पर ही सम्भव है। एक तरह से यह रचना सुररियल सौन्दर्य-

शास्त्र का भाष्यांश है।

इन दोनों रचनाओं के लिए शमशेर ने कहा है कि ये सह कविताएँ हैं— (companion poems[41]) 'सींग और नाखून' में मूल बात यही है कि जड़ तक सब सड़ चुका है, निस्पन्द, निष्प्राण हो चुका है। सृजन भी, कलाकर भी। 'शिला का खून पीती थी वह जड़' में जड़ से सारी बात आरम्भ होती है। वह जड़ जो इतनी सड़ चुकी है, इतनी उन्मादी हो गयी है कि आस-पास के पत्थरों तक को नहीं छोड़ती। प्रश्न है कि यह किसकी जड़ है? तो, हमारे आत्मा के कल्पतरु की। अर्थात् हमारी इच्छाएँ ही जड़ से सड़ गयी हैं।

इन कविताओं के अतिरिक्त कुछ अन्य कविताएँ भी यत्र-तत्र मिलती हैं जो कुछ दृष्टिबिन्दुओं से सुररियल हैं। एक रचना है जिसके बिम्ब सुररियल होने का आभास देते हैं :

> "चाँद निकला बादलों से पूर्णिमा का। / गल रहा है आसमान। / एक दरिया उमड़कर पीले गुलाबों का / चूमता है बादलों के झिलमिलाते / स्वप्न जैसे पाँव।"[42]

इसमें 'आसमान के गलने' की तथा 'पीले गुलाबों के दरिया के उमड़ने की' कल्पना सुररियलिस्टिक है। मानो आसमान के गलने पर नीचे से चाँद दिखा। या चाँद के उभरने से मानो (आसमान गलने की कल्पना कवि को सूझी।) कवि को आसमान गलता हुआ प्रतीत हुआ।

सुररियल बिम्बों की विशेषता यह होती है कि वे पोतजन्य संस्पर्श से युक्त होते हैं। 'शिला का खून···' तथा 'सींग और नाखून' में जड़ों का खुरदुरापन या चबूतरे का चिकनापन, या आँखों में घास-काई की नमी, में यह प्रकट होता है, तो 'पूर्णिमा का चाँद' में आसमान मानो कोई धातु बनकर पिघलने लगता है। यहाँ, भी वही बात आती है।

यहाँ वे आसमान के गलने की बात करते हैं, तो दूसरी ओर कविता में सूरज के फैलने की बात आती है। आसमान का गलना और सूरज का फैलना :

> "जो कि सिकुड़ा हुआ बैठा था, वो पत्थर / सजग-सा होकर पसरने लगा / आप से आप।"[43]

यहाँ पर एक तो सूरज को पत्थर कहना, उसे सम्पूर्ण गतिहीन बना देता है, पर उसके फैलने की बात कहकर, उसमें सारी चेतनता, तरलता के गुणों का आरोपण कर देते हैं। 'पत्थर, सजग-सा होकर पसरने लगा।'

इससे अधिक शमशेर सुररियल नहीं हैं। पर जैसे पहले ही कहा है कि रचनाकार का पूरा पैटर्न सुररियलिस्ट है।

सुररियल कलाकारों की तरह शमशेर ने अपने पूर्ववर्ती कलागत, नीतिगत मापदण्डों का बहिष्कार नहीं किया। न ही सुररियल कला को उन्होंने अपना

अन्तिम सत्य माना। शमशेर अपने पर पड़नेवाले प्रभावों को स्वीकारते रहे। परम्परागत काव्यारूपों को अपनाते भी रहे, और नया रचते रहे।

पर सुररियल उनकी रचनात्मक चेतना का अंश बन गया, एक तरह से। बारह से भीतर जाने की प्रवृत्ति, पोतजन्य बिम्बों का उनकी कविता में इतना महत्त्वपूर्ण स्थान, रचना में कितनी बार एक 'डिलीरियम' की-सी अवस्था, विरोधी बिम्बों का सह-अस्तित्व, सभी सुरीरियल के प्रभाव से ही माने जाने चाहिए।

प्रतीकवाद का प्रभाव शमशेर के शिल्प पर पड़ा, खूब पड़ा। मार्क्सवाद के पक्ष में वक्तव्य देने पर भी, उसके प्रति असीम हार्दिक विश्वास रखने पर भी वह उनकी रचनात्मक अनिवार्यता नहीं बन सका। और अपनी सम्वेदना को न चाहते हुए भी वे सुररियल संस्पर्श से अछूता नहीं रख सके। लेकिन यह मानना पड़ेगा कि इन तीनों काव्य-आन्दोलनों से उनकी कविता समृद्ध हो पायी है।

सन्दर्भ

1. 'My heart laid bare', Page 96
2. 'The heritage of symbolism', p. 3
3. To name an object is to do away with the three quarter of the enjoyment of the poem which is derived from the satisfaction of guessing little by little to suggest it, to evoke it—that is what charms the imagination. Edmund wilson. in 'Anel's Castle'.
4. सूचित करने तथा संगीत को अत्यधिक महत्त्व देने के फलस्वरूप मलार्मे की कविता अधिक रहस्यमय और दुरूह होती गयी। वह मानता भी रहा कि कविता दुरूह होनी चाहिए।
5. दि हेरिटेज़ ऑफ़ सिम्बॉलिज़्म, सी. एन. बोवरा, पृ. 9
6. मलार्मे की भाषा इतनी भिन्न थी कि वह फ्रेंच होते हुए भी फ्रेंच लोगों के लिए विदेशी थी और उसका अंग्रेज़ी अनुवाद अंग्रेज़ीदां लोगों के लिए विदेशी था।
7. 'चुका भी हूँ नहीं मैं' (पहला संस्करण), पृ. 90
8. वही
9. सौन्दर्य, 'इतने पास अपने', पृ. 56
10. एक आदर्श / लहरों के पार, वही
11. सावन की उनहार, 'कुछ कविताएँ', पृ. 52
12. राग, वही, पृ. 12
13. गोया वो, 'इतने पास अपने', पृ. 26
14. हवा सी एकदम पतली, वही, पृ. 65-66
15. 'कुछ कविताएँ', पृ. 11

16. वही
17. वही, पृ. 10
18. 'चुका भी हूँ नहीं मैं', पृ. 14
19. 'इतने पास अपने', पृ. 13
20. दे.—परिशिष्ट-II
21. 'कुछ और कविताएँ', पृ. 17
22. 'दूसरा सप्तक'. पृ, 98
23. वही, पृ. 97
24. 'चुका भी हूँ नहीं मैं' (पहला संस्करण), पृ. 82
25. वही, पृ. 81
26. 'बात बोलेगी', पृ. 64
27. 'कुछ कविताएँ', पृ. 32
28. वही, पृ. 24
29. 'दूसरा सप्तक', पृ. 81
30. वही
31. त्रिलोचन को, 'चुका भी हूँ नहीं मैं', पृ. 81
32. 'कुछ कविताएँ', पृ. 32
33. 'कुछ और कविताएँ', पृ. 94
34. पोएम टु दि मिस्टीरियस वुमैन, 'मिड सेन्चुरी फ्रेंच पोएट्स', वालेस फाउली, पृ. 208
35. वही
36. एक नीला दरिया—'चुका भी हूँ नहीं मैं', पृ. 9
37. 'कुछ कविताएँ', पृ. 31
38. शरीर स्वप्न, 'दूसरा सप्तक', पृ. 87
39. सींग और नाखून, 'कुछ और कविताएँ', पृ. 74
40. शिलाका खून पीती थी, वही, पृ. 75
41. वही
42. वही, भूमिका से, पृ. 8
43, पूर्णिमा का चाँद, 'कुछ कविताएँ', पृ. 14
44. सुबह, वही, पृ. 36

7

शमशेर की कविता : समकालीनों के सन्दर्भ में

I

प्रयोगवाद हिन्दी कविता की एक क्रान्तिकारी घटना है, जो 'तारसप्तक' (1943) के प्रकाशन के साथ अस्तित्व में आया। यह मुख्य रूप से शिल्पगत आन्दोलन रहा।

हालाँकि प्रयोगवाद अपने 'नाम' एवं अनेक अन्य कारणों से (जिनका उल्लेख करना यहाँ अनावश्यक है) बहुत चर्चित और विवादास्पद रहा, पर यह निर्विवाद है कि कविता के क्षेत्र में यह एक महत्त्वपूर्ण घटना सिद्ध हुआ।

'नयी कविता' प्रयोगवाद का ही अगला कदम कही जा सकती है। 'प्रयोगवाद' ने सभी 'नये कवियों' को अपनी मौजूदा उलझनों का, जो निश्चय ही पूर्ववर्ती कवियों से भिन्न थी, रचनात्मक स्तर पर सामना करने के लिए अभिव्यक्ति के नये साधन दिये। अभिव्यक्ति के इन नये साधनों का प्रयोगवाद काल में इतना स्वागत नहीं हुआ। यह बहुत स्वाभाविक भी है, क्योंकि तब काव्य का शिल्प पक्ष ही प्रमुख था। पर धीरे-धीरे एक सन्तुलन-सा स्थापित होता चला गया, कविता के कथ्य और शिल्प में।

नयी कविता का आरम्भिक दौर व्यक्तिवादी काव्य-चेतना का रहा, पर अब (1975 के बाद) जो कविता लिखी जा रही है वह शिल्प के स्तर पर एक तरह से मूल रूप में उसी प्रयोगवादी धारा का प्रौढ़तर रूप है, और कथ्य के स्तर पर प्रगतिवादी भावधारा का। इसमें सामाजिक चेतना और शिल्पगत सजगता दोनों के बीच एक सन्तुलन है।

'तारसप्तक' के सम्पादन से 'अज्ञेय' और उसमें संकलित अन्य छः कवि प्रयोग-वाद की इस यात्रा के अग्रणी बने। फिर 'दूसरा सप्तक' प्रकाश में आया।

इसमें संकलित सहयोगी कवि 'नयी कविता' के प्रणेता बने। 'तीसरे सप्तक' तक आते-आते यह आन्दोलन स्थायी रूप पा गया। 'नयी कविता' को स्थिरता देने का श्रेय इसमें संकलित कवियों को जाता है।

इस आन्दोलन द्वारा प्रदत्त काव्य-उपकरणों से अपने अभिव्यक्ति-पक्ष को पुष्ट करते हुए, इन कवियों ने हिन्दी कविता को एक निश्चित दिशा दी।

'नयी कविता' को पश्चिम के विभिन्न काव्यान्दोलनों ने प्रभावित किया। पर एक बुनियादी फर्क समझ लेना जरूरी है। वहाँ ये सारे आन्दोलन एक-एक करके आये। इंग्लैण्ड में सन् 1800 के दौरान 'रोमाण्टिसिज़्म' आया जो करीबन सन् 1830 तक चला। प्रायः सारे आधुनिक कला आन्दोलनों का जन्म फ्रांस की भूमि में हुआ। वहीं से उन्होंने विश्व के सारे साहित्यों को प्रभावित किया। 19वीं शती के उत्तरार्द्ध अर्थात् सन् 1850 से 1900 तक आधुनिकतावादी आन्दोलन चला, जिसमें पहले प्रतीकवाद फिर बिम्बवाद आता है। सन् 1910 के दौरान एज़रा पाउण्ड तथा एलियट ने बिम्बवाद का प्रवर्तन किया। सन् 1922-24 में दादावाद और सुररियलिज़्म आते हैं। यह भी मोटे तौर से आधुनिकतावादी आन्दोलन में ही समाविष्ट हो सकते हैं। ये एक दशक तक चले। इसके बाद सन् 1935 में वहाँ मार्क्सवाद आया।

हमारे यहाँ स्थिति कुछ अलग रही। पहले 'छायावाद' आता है, जो एक हद तक रोमाण्टिसिज़्म से प्रभावित था। फिर मार्क्सवाद के प्रभाव से 'प्रगतिवाद' आया। उसके बाद एक साथ प्रतीकवाद, बिम्बवाद, अतियथार्थवाद आदि आन्दोलन आये।

तभी 'नयी कविता' में अनेक विरोधाभासी प्रवृत्तियाँ एक साथ मिलती हैं। आधुनिक कविता में दिखता विरोध एक साथ हिन्दी कविता में आया, अपने रंग के साथ, अपने ढंग के साथ। इसके बाद फिर से 'नव्य प्रगतिवाद' आया, 'जनवाद', 'वाम कविता' आदि अनेक नामों से।

ये सारी प्रवृत्तियाँ आज के नये कवियों में हैं। शमशेर में सब एक साथ नज़र आती हैं। शमशेर बिम्बवादी तो हैं ही, प्रतीकवादी भी हैं, सुररियल भी हैं, उनमें रोमाण्टिसिज़्म है और एक अर्थ में प्रगतिवाद का प्रभाव भी।

शमशेर की कविता के सन्दर्भ में उनके समकालीनों की चर्चा करना आवश्यक हो जाता है, ताकि यह अन्दाज़ा लगाया जा सके कि वे कहाँ-कहाँ उनके साथ हैं और कहाँ अलग हैं तथा शमशेर का 'नयी कविता' को क्या अवदान था यह भी जाना जा सकता है। इस बात को अस्वीकार नहीं किया जा सकता कि 'नयी कविता' आन्दोलन की चर्चा अनिवार्यतः सप्तकों से जुड़ी है। सप्तकों से बाहर भी महत्वपूर्ण कवि हुए हैं, पर यहाँ शमशेर के उन्हीं समकालीनों को लिया गया है, जो 'नयी कविता' की विकास-यात्रा से जुड़े हैं।

'तार सप्तक' के मुक्तिबोध, अज्ञेय, 'दूसरा सप्तक' के रघुवीर सहाय, नरेश मेहता, 'तीसरा सप्तक' के केदारनाथ सिंह एवं सर्वेश्वर आदि की कविता का मूल स्रोत प्रयोगवाद होते हुए भी कैसे वे सब अपने-अपने पथ पर आगे बढ़ गये और अपनी विशिष्ट काव्य-प्रतिभा से 'नयी कविता' को उन्होंने समृद्ध किया यह एक उल्लेखनीय तथ्य है। बिम्ब' इन सभी कवियों को विशेष प्रिय रहा, ऐसा उनकी कविताओं से स्पष्ट दिखता है।

शमशेर, अज्ञेय और मुक्तिबोध के समकालीन हैं, हालाँकि वे संकलित हैं 'दूसरा सप्तक' में। इन तीनों कवियों का आरम्भिक काव्य 'छायावाद', 'उत्तर-छायावाद' से काफ़ी हद तक प्रभावित था। शमशेर की 'उदिता' की रचनाओं, मुक्तिबोध की ग्रन्थावली के द्वितीय खण्ड की कुछ रचनाओं और अज्ञेय की आरंभिक रचनाओं ('भग्नदूत', 'चिन्ता' और 'इत्यलम्') को पढ़कर इस बात का अंदाज़ा लगाया जा सकता है, लेकिन कुछ बाहरी राजनीतिक परिस्थितियों, कुछ सामाजिक सन्दर्भों, कुछ अपने कवि-स्वभाव और कुछ रचनात्मकता का ऐसा दबाव रहा कि ये तीनों अलग-अलग काव्य-व्यक्तित्व लेकर आगे बढ़े।

II

मुक्तिबोध ने जीवन की परिस्थितियों और तत्कालीन राजनीतिक, साहित्यिक वातावरण को कुछ इस तरह से ग्रहण किया कि उनकी कविता जीवन की बुनियादी और ठोस बातों को लेकर आयी। मुक्तिबोध की कविता के साथ यह समस्या रहेगी ही, कि जिस तरह से अन्य कवियों की काव्य-यात्रा का पूरा विकास हम देख सकते हैं, वैसा उनकी कविताओं के साथ सम्भव नहीं है। अपनी संघर्ष की भूमिका से आज के एक विशाल युवा कवि-वर्ग को मुक्तिबोध आकर्षित करते हैं।

मुक्तिबोध ने अपनी कविताओं की अभिव्यक्ति के लिए फ़ंतासी का माध्यम चुना। लिरिक तत्त्व की अपेक्षा उनकी कविताओं में नाटकीयता और कथातत्त्व कुछ अधिक मात्रा में है। उनकी कविताएँ प्रायः लम्बी होती हैं। संयोग है कि उनकी बहुत सारी कविताएँ अधूरी हैं। दृश्यात्मकता उनकी कविता का गुण है।

मुक्तिबोध की कविता हमें कहीं भी सुकून नहीं देती। वह हमें आतंकित कर देती है, हिला देती है। फ़ंतासी में अभिव्यक्त उनका सत्य अधिक भयावह हो जाता है। "मुक्तिबोध की कविता को किसी राज़दाँ की बातों की तरह सँभल-संभलकर, बल्कि कभी-कभी दोहरा-तिहरा कर पढ़ना चाहिए। किसी-किसी कविता के कई अंश जासूसी उपन्यासों की भी याद दिलाते हैं, मगर वह हर्गिज़ एक सपाटे में पढ़ लिये जानेवाले उपन्यास का अंश नहीं है।"[1]

मुक्तिबोध और शमशेर दोनों का कविता-संसार यथार्थ से जुड़ा होकर भी

एकदम अलग है। मुक्तिबोध पाठक को अपने फंतासी के विश्व में, अपने से बाहर, बीहड़ बियाबानों में ले जाते हैं। बहुत ही सुनसान और एकान्त बीहड़ -- ऐसी बेहद डरावनी सृष्टि है उनकी। पर वे पाठक को साथ में ले आते हैं। अपनी काव्य-सृष्टि के बियाबान में वे पाठक को कभी अकेला नहीं छोड़ते। इससे एक आश्वासन अवश्य मिलता है, पर उनकी कविता सरल नहीं बनती। मुक्तिबोध के भीतर, बाहर का सारा वातावरण प्रतिच्छवित है जो उनके भीतर आकर एक अलग ही रूप धारण कर लेता है।

शमशेर आरम्भ में हाथ पकड़कर तो नहीं, पर कुछ आधार देकर अपने भीतर की सृष्टि में पाठक को ले जाते हैं। कुछ देर तक साथ-साथ भी रहते हैं, पर कब वे स्वयं भी खो जाते हैं, कुछ कहा नहीं जा सकता है। पाठक स्वयं उलझ भी सकता है, उलझता भी है। अपरिचय कई बार यहाँ भी है, पर क्योंकि इनके यहाँ बीहड़ बियाबान नहीं, तभी वह डर उनके यहाँ नहीं है। वे पाठक को उसके हाल पर छोड़ देते हैं।

फ़ंतासी (प्रायः) कथा-साहित्य की अभिव्यक्ति का माध्यम है, यह भी एक कारण है कि मुक्तिबोध की कविता में एक प्रकार का तनाव रहता है। यह तनाव रूप और अभिव्यक्ति का है। यही उनके काव्य को दुरुह और विशेष भी बनाता है। मुक्तिबोध का विश्वास था कि 'जन-संग-ऊष्मा' के बिना व्यक्तित्व के स्तर जुड़ नहीं सकते, और यह कि 'मुक्ति के रास्ते अकेले नहीं मिलते।''[2]

मुक्तिबोध की सारी व्यक्तिगत निराशाएँ, अपेक्षाएँ और अनुभव बड़ी तीव्रता से उनकी कविता में प्रस्तुत हुए हैं। उनका 'व्यक्ति' उनकी रचनाओं में 'जन' के साथ जुड़ने में प्रयत्नशील है, बहुत हद तक सफल भी हुआ है। वे लगातार 'बाहर' से जुड़ते प्रतीत होते हैं।

रचना में उनका 'आपा' घुलकर समष्टि में मिलने की प्रक्रिया में जुड़ जाता है बाहर से।

उनकी कविताओं में व्यक्त होता उनका संघर्ष, एक ऐसे व्यक्ति का संघर्ष है, जो आहत है। लगातार उस पर दबाव हैं, बोझ है परिस्थितियों का, और वह प्रत्येक क्षण इन समस्याओं का सामना कर रहा है, उनसे मुखातिब हो रहा है, अपनी सारी शक्ति से। सम्भवतः तभी अभिव्यक्ति पक्ष उनके यहाँ इतनी अहमियत नहीं रखता। अपनी इन अनुभूतियों को मुक्तिबोध ठोस बिम्बों से कहते चलते हैं। मनुष्य के भीतर ही पशुता का वह तत्त्व है, जो मनुष्य-मात्र को नष्ट कर देता है। इस पाशविकता को कितने फिज़िकल बिम्बों द्वारा व्यक्त किया गया है :

> "भीतर जो शून्य है/उसका एक जबड़ा है/जबड़े में मांस काट खाने के दाँत हैं.../....../....../जबड़े के भीतर अँधेरी खाई में/खून का तालाब है/ ऐसा वह शून्य है।"[3]

भीतर जो शून्य है, वह पाशविक है, उसे वह इस तरह से मूर्त करते हैं कि वह एकदम काला और बर्बर लगने लगता है।

उनकी कविताओं में टूटे बुर्ज, खँडहर, टीले, खाइयाँ, बावड़ी, चट्टानें, कहीं दीवार पर उगा पीपल—सब अन्धकार में हलचल करते हैं, सजीव हो उठते हैं। यह उनकी फ़ंतासी के विश्व का अनिवार्य हिस्सा है। ऐसे वातावरण में स्वाभाविक ही उनके यहाँ फूल, चाँदनी और हवा बहुत सुखदायी या कोमल नहीं रह जाते हैं। उखड़ी जड़ों, खुरदरे रास्तों और चट्टानी जमीन पर आकर ये भी अपनी कोमलता खो देते हैं। पर यहाँ तो जीवन का यथार्थ भी है उनके तईं। जिस सत्य को लगातार, प्रत्येक क्षण उन्होंने भोगा है, उसके उसी रूप को वे हमारे सामने रखते हैं, कोई झूठी आश्वस्ति नहीं देते।

मुक्तिबोध का 'अँधेरा' भयावह है। सही अर्थों में 'अँधेरा' है। वह मनुष्य के सारे सत्य, सारी पोल खोलकर रख देता है। तभी वह और भी 'भयानक' लगता है। एक तो बियाबान रात का अन्धकार, जिसमें सारे राज़ खुल रहे हों, उसमें चाँदनी—वह भी तीखी, इन चीजों को उजागर करती। काव्य के वे सारे उपमान जो मधुरता का भाव जगाते हैं, मुक्तिबोध के यहाँ अनाश्वस्ति को ही पुष्ट करते हैं। एक आतंक जगानेवाली अनाश्वस्ति। चाहे वह चाँदनी हो, लहरें हों, या कन्द-कलियाँ भी। मुक्तिबोध के लिए अँधेरा अनिवार्य है, अपने कथ्य की काव्यात्मक अभिव्यक्ति के लिए जबकि शमशेर के यहाँ 'अँधियाला' है, अर्थात् प्रिय है, स्वीकार्य है, अपनी विधेयात्मकता के साथ।

मुक्तिबोध की कविता में 'संघर्ष' उनके कथ्य को सघन बनाता है पर उनकी अभिव्यक्ति थोड़ी कमज़ोर है। यह कमजोरी उसे दुरुह बनाती है, जो उनकी कविता के साथ जुड़ी हुई है। शमशेर की कविता की तरह मुक्तिबोध की कविता हमारी सारी पूर्व आदतों को, अनुभवों को एक ओर ठेलकर हमें एक दूसरे स्तर पर ले जाती है। मुक्तिबोध की अभिव्यक्ति का माध्यम मुख्य रूप से फ़ंतासी रहा वहाँ शमशेर की 'अभिव्यक्ति' सुररियल बिम्बों द्वारा होती है।

मुक्तिबोध की अभिव्यक्तिगत कमजोरी को स्वीकारते हुए भी उनकी कविता की ठोस भूमि से टकराना एक चुनौती है, इस बात को नकारा नहीं जा सकता।

इसके ठीक विपरीत, शमशेर का अभिव्यक्ति पक्ष बहुत कसा हुआ है, वहाँ तुलना में उनका कथ्य एक हद तक तरल लगता है। आरम्भिक देशप्रेम और मार्क्सवादी दौर की रचनाओं को छोड़कर शेष रचनाओं में उभरते शमशेर के कथ्य को निश्चित रेखाओं से बता पाना निश्चय ही कठिन होगा।

III

शमशेर की 'उदिता' की रचनाओं को देखकर उनकी शिल्प-सजगता का बोध

होता है।

प्रयोगवाद का पुरस्कार करके अज्ञेय ने शिल्पगत प्रयोगों से अपना एक विद्रोही व्यक्तित्व सामने रखा। उनकी 'भग्नदूत', 'चिन्ता' और 'इत्यलम्' की रचनाओं में छायावादी भावप्रवणता अधिक है। लेकिन 'हरी घास पर क्षण भर', 'बावरा अहेरी' और 'इन्द्रधनु रौंदे हुए ये' में आधुनिकता का बोध प्रबल है। इन संग्रहों तक आते-आते अज्ञेय एक प्रौढ़ और प्रधान कवि के रूप में स्थापित हो जाते हैं।

इसके बाद यानी 'अरी ओ करुणा प्रभामय' में एक नव्य-रहस्यवादी दिशा में कवि गतिशील होते दिखते हैं। 'कितनी नावों में कितनी बार' तक आते-आते एक आत्मान्वेषी कवि के रूप में हमारे सामने आते हैं। इन कविताओं में कवि की 'आध्यात्मिक उदीषा' का संकेत मिलता है।

यह आध्यात्मिकता एक लम्बी, सतत और वैविध्यपूर्ण यात्रा से उपजी है। यह जीवन में रहकर, उसे भोगकर, उससे आनन्दित होकर प्राप्त की हुई आध्यात्मिकता है, वैराग्य से उपजी आध्यात्मिकता नहीं।

प्रकृति का बिम्बात्मक चित्रण, अज्ञेय की कविता की विशेषता है। तिनके की नोंक-भर प्रकृति भी उन्हें संवेदित करती है, और खुला-व्यापक प्रकृति का विस्तार भी। लहर-पर-लहर हहराता सागर भी, और दूर से बुलाता नन्दादेवी का शिखर भी। उनकी सारी संवेदना, विचार, अनुभव प्रकृति के माध्यम से ही खिलते-खुलते हैं। यूँ प्रकृति का छोटे-से-छोटा अणु भी उनसे संवादोत्सुक है।

जो पर्वत, नदी, चिड़िया, उन्हें बार-बार संवेदित करती है, वह उनकी रचनात्मक शक्ति है। अपने अन्तिम संग्रह 'नदी की बाँक पर छाया' में ये ही उन्हें नये रूप में दिखते हैं मानो : 'आज मैंने पर्वत को नयी आँख से देखा/आज मैंने नदी को नयी आँख से देखा/आज मैंने पेड़ को नयी आँख से देखा"[4] क्योंकि शायद यही सत्य है : "तुम्हें नया पहचानता हूँ/यद्यपि सदा से ठीक वैसा ही जानता हूँ"[5]

दर्द का विधेयात्मक स्वीकार अज्ञेय का सत्य है। 'नदी की बाँक पर छाया' में इसी शीर्षक से एक कविता में वे कहते हैं : "दर्द से कोई/नहीं है ओट/जीवन को।" प्रकृति के सहारे ही मानों वे जीवन के अनुभव से खिले, फूटे, पले, कितने सारे सत्यों को खोलते चलते हैं।

दृश्यात्मकता अज्ञेय में भी है, पर उनके बिम्बों से उनकी कविता में एक निथरापन, प्रांजलता आती है। उनके बिम्ब उनकी कविता को पारदर्शी बनाते हैं। शमशेर के बिम्ब इस तुलना में संकुल अधिक हैं, पारदर्शी उनके बिम्ब भी हैं पर उनमें एक सुररियल संस्पर्श मिलता है।

मुक्तिबोध अपने अभिव्यक्ति के प्रति इतने अधिक सचेत हैं कि भाषा आदि की कसावट के प्रति सजग रहने का अवकाश ही उनके पास नहीं है। फिर उनकी संवेदना

की नाट्य-कथात्मक अभिव्यक्ति, उन्हें एक आवश्यक विस्तार में ले जाती है। अपनी बात को समझा-समझाकर कहने पर भी एक दुरूहता उसमें रह जाती है।

अज्ञेय में यह कठिनाई नहीं है। वे लिरिकल हैं। अपनी बात कह लेने पर वे पाठक को विचार के दूसरे स्तर पर उन्मुख करते हैं।

शमशेर का विश्व, अनिवार्यतः न रोज़-बरोज़ का है, न पूरी फ़ंतासी का ही, अतः उसमें पैठना और विचरना—संवेदनशीलता, उससे भी अधिक कल्पनाशीलता की अतिरिक्त सजगता की माँग करता है। इसमें उनकी संकुल बिम्ब-सृष्टि और अद्‌भुत शैली का योगदान भी है। वे शब्दों और पंक्तियों के बीच बहुत सारे अन्तराल छोड़ते चलते हैं।

IV

बिम्बों का एक उत्सवी संसार हैं नरेश की कविताएँ। नरेश की कविता आस्था और आशा की कविता है। 'बनपाखी सुनो' से आरम्भ हुई उनकी काव्य-यात्रा पहले जहाँ छोटी-छोटी बातों में आस्था और आशा का स्वर ढूँढ़ती थी, वहाँ 'उत्सवा' में आकर यह स्वर एक विस्तार पा लेता है। इसमें वे पूरे 'वैष्णव' बन गये प्रतीत होते हैं। ऐसे 'वैष्णव' कवि जिनके लिए पूरी 'पृथ्वी' एक भागवत-कथा है। प्रकृति का इतना मनोहर मन्त्र अपनी कविता के द्वारा किसी कवि ने नहीं गाया। अपने खण्ड काव्यों में वे सामान्य जन के प्रति संवेदित होते दिखते हैं और अपने अन्तिम संग्रह 'उत्सवा' में वे इस स्तर से उठकर पूरी पृथ्वी के प्रति, ब्रह्माण्ड के प्रति और उसके भी परे संवेदित होते हैं।

उनकी प्रगीत-कविताएँ जहाँ उत्सवी मन का उद्‌गार हैं वहाँ उनकी प्रबन्ध रचनाएँ मानवीय मूल्यों का अन्वेषण हैं।

नरेश की प्रबन्ध रचनाओं में मिथक का विशेष स्थान है। वे मिथक को केवल एक साहित्यिक प्रयोग के रूप में ही नहीं स्वीकारते, अपितु रचनात्मकता के स्तर पर, उनमें निहित अर्थ के स्तरों को एक गहरी संवेदना से देखते एवं खोलते हैं।

दिन हो, शाम हो या वासन्ती फाल्गुन—नरेश उसे किसी को देना चाहते हैं। 'वे काव्य को प्रथमतः आत्माभिव्यक्ति मानते हैं, पर अनिवार्यतः पर के प्रति सम्प्रेषण भी'[6], तभी अपने एकान्त को समर्पित करने की बात करते हैं। अगर वे एकान्त चाहते हैं, तो केवल इसलिए कि प्रत्येक की हाहाकार-कथा लिख सकें।

अपना सबकुछ दे देने पर भी उनके पास—"टटके फूलों वाला/धूप भरा/फाल्गुनी दिन है/जिसे वे किसी के द्वार/रख आना चाहते हैं।"[7]

पृथ्वी को भागवत कथा मानते हुए भी, मनुष्य-मात्र में उनका अगाध विश्वास बना रहता है। 'उत्सवा' में भी वे कहते हैं—'एक दिन मनुष्य सूर्य बनेगा।'[8]

अज्ञेय की उत्तर कविता एक आत्मान्वेषी की कविता है, उनका रहस्यवाद या

आध्यात्मिकता नितान्त भिन्न है। नरेश तो वैष्णव भाव-धारा से ओत-प्रोत लगते हैं, जबकि शमशेर की आध्यात्मिकता 'सौन्दर्य' और प्रेम' से अनुप्राणित है।

V

मुक्तिबोध के यहाँ परिस्थिति का ठोस यथार्थ है, और परिस्थिति का ठोस यथार्थ है केदारनाथ सिंह की कविताओं में। केदारनाथ 'तीसरे सप्तक' के कवि हैं।

परिस्थिति का यह ठोस यथार्थ केदारनाथ के यहाँ फ़ंतासी के या वैचारिकता के धरातल पर न आकर बिम्बात्मकता और अनुभूति के स्तर पर आता है।

उनका अभिव्यक्त और अभिव्यक्ति एक दूसरे से नितान्त अभिन्न हैं। उनका यथार्थ, उनकी भाषा और बिम्बगत यथार्थ के कारण ही वैसा बनता है। दूसरे शब्दों में कहें तो उनकी कविता में कथ्य और शिल्प दोनों समान रूप से प्रभुत्व पाते हैं।

उनकी कविता में साधारण से साधारण चीज और सामान्य से सामान्य चरित्र भी आकर विशिष्ट बन जाता है। विशिष्ट इस अर्थ में कि कवि का ध्यान जिस ढंग से उन पर जाता है, वे अपनी सामान्य इयत्ता से उभरकर ऊँचे हो जाते हैं।

उनकी कविताओं में कोहरा सड़कों पर गश्त लगाता है, दिशा-वायुमण्डल के स्तम्भों पर एक फटा इश्तिहार है : बकरियों के गोश्त में उतरती बारिश है— ऐसी स्थिति के लिए बकरियाँ तैयार नहीं हैं, बारिश का पानी है, जो गधे की पीठ और गर्दन की तलाशी ले रहा है। ये सारे अनुभव जो इन कविताओं से हमें मिलते हैं, हमारे उस क्षण गहराते अविश्वास-व्यवस्था के प्रति अविश्वास को प्रकट करते हैं।

इसके अतिरिक्त उनकी कविता के विश्व में है आलू, नमक, सूर्य, रोटी, टमाटर बेचती बुढ़िया, भूसे की खुशबू से खड़े हो जाते बैल इत्यादि।

केदार के यहाँ रूपान्तरण की प्रक्रिया बहुत ही सहज है। उतनी ही सहज जितनी शमशेर में है। शमशेर की कविता में 'पीली शाम' और 'प्रेयसी का उदास मुख', 'अटके हुए आँसू' और 'तारे' के बीच एक सहज रूपान्तरण हो जाता है। केदार के यहाँ टमाटर बेचती बुढ़िया की टोकरी का बुढ़िया में, और बुढ़िया का माँ में रूपान्तरण हो जाता है।

वैसे ही बच्चों के आ जाने पर वे घास-भरे मैदान में रूपान्तरित हो जाते हैं। यह वास्तव में अद्भुत है :

> "वे आये और मेरे भीतर खड़े हो गये/मैंने महसूस किया/मैं घास भरे मैदान की तरह फैलता जा रहा हूँ"[9]

केवल रूपान्तरण ही नहीं, बच्चों के खड़े भर रहने से जो कोमलता दूब के

रूप में पूरे मैदानी अस्तित्व में प्रकट हुई, वह कम अद्भुत नहीं।

केदारनाथ मानते हैं कि हमारी भाषा आटे की तरह साधारण अनिवार्य और रोज-ब-रोज की होनी चाहिए। रोज-ब-रोज की होने के बावजूद रचनात्मक भी। शब्द ऐसे हों जो जड़ों तक जायें।

केदारनाथ का रचना-विश्व एक अलग ही अनुभूति लेकर आता है, जिसमें बिम्बों का महत्त्व अनिर्वचनीय है। इनकी रचनाओं में सारी जानी-पहचानी चीजों का जाना-पहचाना विश्व, एक नयी पहचान लेकर आता है।

VI

रघुवीर सहाय का यथार्थ पत्रकारिता का यथार्थ है। वे शमशेर के साथ 'दूसरा सप्तक' के कवि हैं। रघुवीर सहाय की अभी की कविताओं को देखकर ऐसा कहा जा सकता है कि उनका पत्रकार उनके कवि को बहुत सहायता करता प्रतीत होता है। उनके यहाँ चीजों को देखने का पूरा दृष्टिकोण ही बदल जाता है।

रोमाण्टिक तो वे पहले की रचनाओं ('दूसरा सप्तक', 'सीढ़ियों पर धूप में') में भी नहीं थे, पर अब की रचनाओं में जो तीखा, चुभानेवाला व्यंग्य, कटाक्ष का स्वर है, एक वक्रता मिलती है, वह आकृष्ट करनेवाली है।

यह बात उनके नवीनतम प्रकाशित संग्रह 'लोग भूल गये हैं' में भी है। इस वक्रता से वे दर्द और हास्य दोनों को भली प्रकार से उभारते हैं। रघुवीर सहाय की कविताओं की यही वक्रता उनके काव्य को समकालीनों से अलग दर्शाती है। केदारनाथ, सर्वेश्वर सभी में यह वक्रता है पर रघुवीर सहाय के यहाँ उसके तेवर ही अलग हैं।

उनकी काव्य-सृष्टि का मुख्य स्वर व्यंग्य है और बात को रखने का पूरा अन्दाज पत्रकार का है, अतः स्वाभाविक रूप से ही काव्य के कुछ कोमल अंग जैसे उपमा, बिम्ब आदि का आधिक्य या कहें प्रमुखता उनकी कविता में नहीं है। उन्हें इनसे कोई विरोध है, ऐसी बात भी नहीं है, पर ये उनके रचनाकार की प्रकृति के अनुकूल नहीं हैं।

दर्द जब हद से गुजर जाता है, तब हँसी ही सम्भव है। टू लाफ़ ऐट थिंग्स··· इसलिए नहीं कि कवि अपने आपको औरों से श्रेष्ठ समझता है, वरन इसलिए कि अब कोई चारा नहीं। यह जिस दर्द की बात करते हैं, वह सामाजिक, राजनीतिक विषमता और विसंगति से जन्मा आम आदमी का दर्द है। (अज्ञेय का दर्द एक निजी अनुभव की निजी उपलब्धि है।) वस्तुओं के प्रति एण्टी-रोमाण्टिक रवैया भी इसी दृष्टिकोण की फलश्रुति है, एक तरह से।

'तेरे कन्धे' कविता में आरंभिक दो पंक्तियों में एक मधुरता है: "एक रंग होता है नीला/ और एक वह जो तेरी देह पर नीला होता है"[10] इसे आगे चलकर

तोड़ते हैं : "इसी तरह लाल भी लाल नहीं"[11] इसमें मानो पहली पंक्ति में उभरी नीले रंग की विशिष्टता सामान्य बन जाती है। आगे तो वह एकदम नगण्य बन जाती है : "दरअसल कोई रंग रंग नहीं है / सिर्फ तेरे कन्धों की रोशनी है / और कोई रंग जो तेरी बाँहों पर पड़ा हुआ है" कई बार वह शब्दों के साथ, कविता के साथ खिलवाड़ भी करते नजर आते हैं। ऐसी कविताएँ, एक प्रकार की मंचीय 'कविताएँ' हैं, ऐसा कह सकते हैं :

> "जभी पानी बरसता है, घर की याद आती है / यह नहीं कि वहाँ हमारी प्रिया बिरहिन धर्मपत्नी है—/ यह नहीं कि वहाँ खुला कुछ पड़ा है जो भीग जाएगा / बल्कि यह, कि वहाँ सभी कमरों, कुठरियों की दीवालों पर / उठी छत है"[12]

लगातार ऐसा महसूस होता है कि आरम्भ से ही कवि हल्के-फुल्के ढंग से अपनी बात कहने के आदी हैं, पर वे हल्की-फुल्की बात नहीं कहते।

केदारनाथ के यहाँ भी रोटी, मटर के दाने जैसी आम चीजें हैं, रघुवीर सहाय के यहाँ भी आम जीवन की आम-से-आम लगनेवाली बातों का रचना-विश्व है। पर रघुवीर सहाय के यहाँ यह 'आम बात' अधिकतर तथ्यात्मक प्रसंग होते हैं। विभिन्न घटनाएँ एवं सन्दर्भ एकदम सिकुड़कर कविता में आते हैं। इन प्रसंग-चित्रों का आपस में शायद सीधा सम्बन्ध न हो, पर पूरी समग्रता में वे एक-दूसरे से जुड़े रहते हैं। इन प्रसंग-चित्रों का उस पूरे साम्प्रत जीवन में अर्थ है, जिसकी बात कवि को करनी है।

भाषा इसलिए उनके यहाँ विशेष महत्त्वपूर्ण है, जैसे शमशेर के यहाँ। पर दोनों का संवेदन-विश्व एकदम भिन्न है, अतः भाषा का ऐसा प्रयोग दोनों के यहाँ अलग ही प्रभाव डालता है। इनके यहाँ प्रसंग-चित्रों के सन्दर्भ और उसका सातत्य खोजना इसलिए कठिन नहीं है कि वह हमारे आस-पास, चारों ओर है।

उनकी भाषा इसलिए भी विशेष है कि वे लगातार अखबारी भाषा को काव्य भाषा में बदलते चलते हैं। इससे एक तनाव पैदा होता है। साम्प्रतिक स्थितियों को देखते, अनुभवते, भोगते वे दुःखी हैं, और स्वर व्यंग्य का है, हास्य का है। इसी-लिए बात प्रभावशाली और भाषा महत्त्वपूर्ण बनती है।

घटना से प्रसूत संवेदन को वे विभिन्न उपमा-बिम्बों द्वारा प्रस्तुत नहीं करते, अपितु उन बातों को सही और ठीक-ठीक शब्दों में, रख देते हैं। लेकिन वे शब्द उनकी संवेदना की वक्रता से होकर गुजरते हैं, अतः पूरी बात ही पलट जाती है। शायद यहीं पर वे अनेक अन्य कवियों से अलग हैं।

उनके कवि की विशेषता यह है कि वे जितना आसपास चलते सामाजिक, राजनीतिक जीवन को रोकते, टोकते, टटोलते हैं, उतना ही रचनाकर्म को भी अर्थात् कविता और कविताई को भी :

"प्रिय पाठक / ये मेरे बच्चे हैं / कोई प्रतीक नहीं / और इसमें मैं हूँ मैं / कोई रूपक नहीं"[13]

कविकर्म के प्रति सजगता आधुनिक कविता की विशेषता है, जो कमोबेश सबमें है —अज्ञेय, शमशेर, नरेश, मुक्तिबोध, केदारनाथ—सभी में।

VII

सामाजिक राजनीतिक परिस्थितियों की विसंगति पर व्यंग्य सर्वेश्वर की कविता की एक प्रमुख विशेषता है। पर उनमें यह व्यंग्य बिम्बात्मक अनुभूति के साथ अभिव्यक्त होता है। केदार में भी यह बात है, पर केदार के बिम्ब संकुल हैं, और उनकी भाषा व्यंजनापूर्ण।

सर्वेश्वर की लम्बी राजनीतिक कविताएँ उनमें आये बिम्बों के कारण पठनीय बनती हैं। उनके बिम्ब बहुत ताजा हैं :

"तुम्हारी आँखों से उड़ी / नीली चिड़िया / मेरे खुले अधरों पर बैठ जाती है"[14]

अपनी बात कहने के लिए वे निरन्तर नयी अभिव्यक्तियाँ ढूँढ़ते हैं। ये अभिव्यक्तियाँ चित्रात्मक हैं।

जिन्दगी में अब भी दम है, वह बिचारी नहीं हो गयी है, यह वे इस तरह से कहते हैं :

"जिन्दगी मरा हुआ चूहा नहीं है / जिसे मुख में दबाए / बिल्ली की तरह हर शाम गुजर जाए / और / मुँडेर पर / कुछ खून के दाग छोड़ जाए"[15]

दो व्यक्तियों के बीच की दीवार, जो नामहीन है, और जो उनको सम्बन्धहीन करने पर तुली हुई है—इसको वे इस तरह से कहते हैं :

"कुछ और नाम देना चाहता हूँ / उस पहाड़ को / जो मेरे कहने और तुम्हारे समझने के बीच है / उस मोच को / जो मेरी यात्रा और तुम्हारे पड़ाव के बीच / सूज गयी है"[16]

सर्वेश्वर के पहले ऐसी अभिव्यक्तियाँ हिन्दी में नहींवत् थीं। इन अभिव्यक्तियों से जो विश्व वे हमारे सामने रखते हैं वह नया नहीं है, पर इन्हीं अभिव्यक्तियों से ऐसा कुछ विशेष बनता है, जैसे केदार के चीजों को देखने के ढंग से चीजों की परिभाषा बदल जाती है, अर्थ बदल जाते हैं।

ऐसी सामाजिक-राजनीतिक विसंगतियों को देखकर ईश्वर भी विवश है। उसका सहारा भी कवि को व्यर्थ लगता है। उसका सहारा लेकर भी, और लेकर ही, मनुष्य अभी तक उतना ही पाशविक बना रहा है :

"ऐसा क्यों होता है / कि धर्मग्रन्थ को छूकर भी / किसी आदमी का हाथ / जंगली जानवर के पंजे में बदल जाता है"[17]

कहीं कोई अर्थ नहीं रह गया है—न धर्म में, न कर्म में न व्यक्ति में ही और तभी 'शब्द' भी व्यर्थ और अर्थहीन हो गये हैं : "शब्द दम तोड़ती मछलियों की तरह / उलटकर अर्थहीन हो जाते हैं"[18]

लेकिन सर्वेश्वर की कविताएँ घोर निषेधात्मक नहीं हैं। कविता में व्यंग्य का स्वर है, पर वे कहीं निराश नहीं होते। यह विश्वास उन्होंने अपने भीतर से प्राप्त किया है, किसी बाहरी सहारे से नहीं। सारी बात संकल्प करने की होती है। विश्वास के साथ किये संकल्प के सहारे ही तो नाले के अंजुलि भर जल को विश्वास है, नदी बनने का, ताड़ के पेड़ों को आकाश थाम लेने का भरोसा है। उनका विश्वास इतना अधिक है अपने आप पर कि वह कहते हैं कि "क्योंकि सूरज हमारी साँसों में, संकल्पों में, रंगों में, रतजगों में रहे, इसलिए वे उसे डूबने नहीं देंगे :

"देखो मैंने कन्धे चौड़े कर लिये हैं/ ········· /········· /घबराओ मत/— मैं क्षितिज पर जा रहा हूँ। / सूरज ठीक जब पहाड़ी से लुढ़कने लगेगा / मैं कन्धे अड़ा दूंगा / देखना वह वहीं ठहरा होगा "[19]

प्रतिदिन मिलनेवाले अनुभव उनके बोध को बदल रहे हैं। आज का जीवन भीड़ का जीवन है, अकेले, वह भी साधारण, व्यक्ति का कोई बस नहीं। वह भीड़ से अलग होने का इरादा करके भी अलग नहीं हो सकता।

सर्वेश्वर यूँ तो सरल बिम्बात्मक अभिव्यक्ति के कवि हैं, लेकिन कई बार अपनी अनेक उत्तम रचनाओं में वे व्यंजना की व्याख्या कर देते हैं। उदाहरण के लिए 'इन्तजार'[20] कविता लें। बार-बार चेतावनी-सा यह कथन आता है··· "इन्तज़ार शत्रु है। उस पर यकीन मत करो"। इसमें एक तरह से व्यंजित है ही कि जो कुछ करना है तुरन्त कर लेना चाहिए। पर कवि ने अन्त में कह ही दिया है : "उससे बचो। जो पाना है फ़ौरन पा लो। जो करना है फ़ौरन कर लो"

इससे कविता की संरचना में भी दोष-सा आ गया। कविता का पूरा पैटर्न कुछ इस तरह से है :

पहले कथन कि—'इन्तज़ार शत्रु है···' फिर एक बिम्ब, फिर कथन, फिर बिम्ब···। किन्तु इसे, अन्त में आयी ये व्याख्यात्मक पंक्तियाँ तोड़ देती हैं। इससे कविता का प्रभाव भी घट जाता है। पर यह उनकी कविता का स्थायी भाव नहीं है।

सर्वेश्वर की भाषा सरल है, आकर्षक है। उनकी कविताओं में मोटे तौर पर भाषा के दो स्तर मिलते हैं। एक तो उनकी सरल, पर आकर्षक और प्रांजल भाषा। दूसरी वह जिसमें लोकबोली का संस्पर्श मिलता है। यह भाषा का स्तर उनके कवि के एक अलग सन्दर्भ को हमारे सामने खोलता है—जो अनिवार्यतः ग्रामीण है।

शमशेर के अन्य समकालीनों में नागार्जुन और त्रिलोचन भी हैं। पर इन कवियों की काव्य-प्रकृति शमशेर से नितान्त भिन्न है। अतः उनकी चर्चा यहाँ पर

नहीं की गयी है।

ये सभी कवि हिन्दी खड़ीबोली के कवि हैं। पर भाषा ही किस तरह से इन कवियों को अलग-अलग बिन्दुओं पर खड़ा करती है, यह एक रोचक और महत्त्वपूर्ण मुद्दा है। रघुवीर और सर्वेश्वर दोनों का रचना-विश्व समान है पर फिर भी अभिव्यक्ति की अलग शैली उनके भाषा-स्तर को वैभिन्न्य देता है, उनकी कविता को अलग बनाता है।

अज्ञेय की भाषा में एक आभिजात्य है, जो कई बार 'कोल्ड' भी लगता है। भाषा के सन्दर्भ में यह एक 'क्लासिक कोल्ड्नेस' है। नरेश की भाषा में अभी वैष्णवी ऊष्मा है। उनकी कविता में फूल, पत्र, दूर्वा, अभी भी मन्त्रोच्चार करते हैं—ध्यानस्थ नहीं हुए हैं।

केदार की भाषा 'जड़ों तक पहुँच गयी है।' वह वहीं से लगातार आघात कर रही है, भविष्य की अनेक सुखद सम्भावनाओं की उम्मीद के साथ। वह इतने फ़ोर्स के साथ आघात करती है कि उनकी कविता पढ़ने के बाद बारिश में भीगती बकरियों को देखकर यही विचार सबसे पहले आता है कि बारिश बकरियों की तलाशी ले रही है। ('कोल्ड्नेस' शमशेर की भाषा में भी है, पर उर्दू के संस्कारों में रची गयी होने के कारण, उसमें एक सहज स्वाभाविक लोच भी है। उनकी भाषा का 'क्लासिकी परफ़ेक्शन' हिन्दी भाषा की महत्त्वपूर्ण उपलब्धि कही जा सकती है।) केदार में प्रयोग की वृत्ति है, जिससे वे निरन्तर नया, कुछ बेहतर ढूँढ़ निकालने के प्रयास में रहते हैं। प्रयोग के प्रति अब भी ऐसा विधेयात्मक दृष्टिकोण अपने समकालीनों के बीच केवल इनमें ही है, ऐसा कह सकते हैं।

आसपास की राजनीतिक परिस्थितियों की विषमता को, विसंगतियों, को जितनी तीव्रता से मुक्तिबोध अनुभव करते हैं, उतनी तीव्रता से, अपनी कविता में शायद ही कोई अनुभव करता प्रतीत होता है। उनकी कविता का नायक लगातार एक अँधेरी खोह में से निकलने का प्रयास कर रहा है। पर इस निकलने की क्रिया में अभिव्यक्ति की दुरूहता लगातार आड़े आती प्रतीत होती है। 'क्या कहना है'—उनके लिए अधिक महत्त्वपूर्ण है, और उसे वे फ़ंतासी के द्वारा कहते हैं।

परिस्थिति की ऐसी ही विषमता और विसंगति केदार, रघुवीर और सर्वेश्वर में है। पर तीनों में अभिव्यक्ति की विभिन्नता ही उन्हें अलग बनाती है। इन कवियों को बाहरी परिस्थितियाँ अधिक प्रभावित करती हैं, उनकी कविता का मूल स्वर भी वही है, जबकि शमशेर, अज्ञेय और नरेश की रचनात्मकता का मोड़ आध्यात्मिकता की ओर झुका है।

शमशेर और अज्ञेय का जन्मकाल एक ही है। इस तरह से अज्ञेय सही अर्थों में शमशेर के समकालीन हैं। जिन दिनों 'प्रयोगवाद' चर्चा का विषय था, कुछ उसी समय शमशेर भी 'नयी कविता के प्रथम नागरिक' माने जाते थे। पर संकोच एक

महत्वपूर्ण कारण रहा कि शमशेर कभी 'चर्चित' नहीं रहे। 'कवियों के कवि' अज्ञेय भी हैं शमशेर भी हैं, पर शमशेर का सारा प्रयास मौन चलता रहा। शायद सजग रूप से (वैसे 'सजगता' जो अपने सम्पादनों, एवं 'नया प्रतीक' के सम्पादकत्व में अज्ञेय में दृष्टिगोचर होती है) उनका ऐसा प्रयास न भी रहा हो।

मुक्तिबोध सन् 1917 के थे, फिर आता है क्रमशः नरेश, सर्वेश्वर और रघुवीर का समय, सबसे अन्त में यानी सन् 1934 केदारनाथ सिंह का जन्मकाल है। यूं शमशेर और केदारनाथ में समय का एक लम्बा अन्तराल दिखायी पड़ता है। पर केदार के काव्य में शिल्प-सजगता देखकर लगता है, सम्भवतः शमशेर का असर उनकी कविता पर रहा हो।

उर्दू काव्य-संसार और पाश्चात्य कला का गहरा अध्ययन, शमशेर की हिन्दी खड़ीबोली कविता को प्रभावित ही नहीं करते, अपितु इससे वे अपने समकालीनों में अपना अलग वजूद कायम करते हैं।

उनकी कविता में प्राप्त रंग, रेखा, लय तथा गोलाइयों के सूक्ष्म स्तर अन्यत्र शायद ही मिलेंगे।

अभिव्यक्ति की कसावट और सूक्ष्म स्तरों से अन्ततः उनकी कविता शान्ति, सौन्दर्य और प्रेम आदि मानवीय स्तरों को छूती है।

सन्दर्भ

1. 'चाँद का मुँह टेढ़ा है', शमशेर की भूमिका से, पृ, 22
2. चकमक की चिंगारियाँ, वहीं, पृ. 131
3. शून्य, वही, पृ. 143
4. देखिए—'अज्ञेय की कविता : पाश्चात्य प्रभावों के सन्दर्भ में; डा. भोलाभाई पटेल (अप्रकाशित शोध प्रबन्ध)
4. 'नदी की बाँक पर छाया', पृ. 49
5. वही, पृ. 46
6. 'काव्य का वैष्णव व्यक्तित्व', पृ. 17
7. 'बोलने दो चीड़ को : एक फाल्गुनी दिन', पृ. 62
8. 'अभिषेक पुरुष', पृ. 111
9. 'जमीन पक रही है', 'मैदान में बच्चे', पृ. 81
10. 'आत्महत्या के विरुद्ध', पृ. 47
11. जभी पानी बरसता है—'सीढ़ियों पर धूप में', पृ. 132
12. 'आत्महत्या के विरुद्ध', पृ. 84
13. 'जंगल का दर्द', पृ. 89
14. 'कविताएँ-2', पृ. 92
15. वही, पृ. 13
16. दंगों के बाद 'कुआनो नदी', पृ. 79
17. वही, पृ. 26
18. 'खूंटियों पर टँगे लोग', पृ. 18
19. 'जंगल का दर्द', पृ. 42

8
शमशेर की कुछ कविताओं का विश्लेषण

I
'यह गुलदाउदी शाम'

किसी खफ़ीफ़ खयाल से भरा कवि का मन, खामोशी और शाम का वक्त। यह शाम क्षण-क्षण बीतती जा रही है, कवि उसे वैसा ही महसूस कर रहे हैं, मानो वह उनमें से होकर बीत रही है। इसी अहसास की कविता है 'यह गुलदाउदी शाम'।

'गुलदाउदी' में कितने सारे संकेत हैं। वह शाम सफेदी लिये हल्की पीली है, पर भरी-भरी है। आगे पता चलता है कि यह भरी है किसी ऐसे खयाल से जो पूरी कविता में अन्त तक बना रहा। और वह खयाल भी कवि के सीने में गुलदाउदी की तरह महकता रहा। पर यह सब बाद की बातें हैं। यहाँ तो कहते हैं कि यह गुलदाउदी शाम अचानक खुल पड़ी—'यकबयक'। 'अचानक' के भाव को यक-बयक जिस सार्थक स्तर पर खोलता है, वैसे ही यह शाम खुल पड़ी। बाहर नहीं, पर :

"मेरे सीने के खामोश / क्षितिज में कहीं / खुल पड़ी।"

लेकिन ऐसी बात भी नहीं है कि जिस तरह अचानक यह गुलदाउदी शाम खुल पड़ी है, वैसे ही अचानक गायब हो जायेगी क्षितिज से। पर वह तो इस अदा से (कुछ-कुछ अधिकार भाव से) कवि के सीने में खुल पड़ी है कि मानो वह यूँ ही खुली रहेगी हमेशा-हमेशा।

पहले बन्द में 'यकबयक' अपने पूरे आश्चर्य-भाव के साथ प्रकट होता है पर दूसरे बन्द में यही 'यकबयक' कवि की इस विवशता को प्रकट करता है कि शाम खुल पड़ी है और बस, अब वह मेरे 'बस' के बाहर है। खुल ही पड़ी है।

शाम को गुलदाउदी कहा गया है, तो रूपक का निर्वाह भी करना है, हालांकि यह उनकी कविता की अनिवार्य शर्त कभी नहीं रही।

गुलदाउदी के गाछ पर खामोश उगा गुलदाउदी का फूल। वक्त की एक

छोटी-सी टहनी पर खामोश यह शाम। पीली शाम में पतझर का जरा अटका हुआ पत्ता उदास मुख पर अटका हुआ आँसू बन जाता है, अस्थियों को मौन में डूबा सूरज, जल के विस्तार में डूबने लगता है, सीने में खुली शाम वक्त की टहनी पर खिल पड़ती है।

गुलदाउदी शाम है, भरी-भरी। वह धीरे-धीरे सरक रही है। सरक रहा है एक बहुत कोमल खयाल भी, क्षण-प्रतिक्षण शाम के साथ-साथ। लेकिन वह मिट जाने के लिए नहीं सरक रहा, हालाँकि वे कहते हैं :

"सामने ही रहा और मिटता हुआ भी न मिटता हुआ / वो मेरे सामने ही रहा और / मिटता गया / देर तक यों ही मिटता गया और मिटता गया / वो बहुत देर तक।"

मिटता-मिटता…फिर भी आखिर नहीं मिटा। मिटना ही नहीं था उसे। 'देर तक मिटता गया' यानी देर तक कवि के साथ रहता रहा वह खयाल, चाहे धुँधला होते-होते भी। न खयाल मिटा, न शाम मिटी। इसमें 'मिटता गया' का आवर्तन उसके आकाश में होने को कितना दृढ़ बनाता है।

वैसा ही है 'लहज़ा-ब-लहज़ा'। पहले 'लहज़ा-ब-लहज़ा' के बीच अन्तराल है। जिससे केवल समय (क्षण-क्षण) का अन्दाज़ ही नहीं, पर एक लय के साथ, एक अन्दाज के साथ, क्षण-क्षण बीतते खयाल को अनुभवा जा सकता है। 'मिटता हुआ' से अभिव्यक्त होते विस्तार के बीच में खयाल सरक रहा है।

'न मिटता हुआ' वह खयाल अब 'न मिटता हुआ-सा—' भी हो जाता है। 'न मिटता हुआ' के बाद 'सा' के प्रयोग से वह एकदम प्रत्यक्ष हो जाता है। 'भी' उसमें पूरक बनता है। जैसे पहले वह सरकता जा रहा था क्षण-प्रतिक्षण, वैसे ही अब वह प्रत्यक्ष हो रहा है क्षण-प्रतिक्षण।

हर क्षण साकार होता खयाल दिल की खामोश टहनी पर सियाह फूल बन जाता है। खामोश ही। वक्त की टहनी का रूपान्तरण दिल की खामोश टहनी पर हो जाता है। यकबयक, अनायास, कवि का कोई बस नहीं। शाम सियाह बन जाती है। सरक रहा था वक्त धीरे-धीरे और ऐसे में शाम रात में बदल जाती है। अधिक ठीक होगा यह कहना कि, शाम गहरा जाती है। खयाल भी (खामोश-सा) गहराता है, मिटता नहीं है। गुलदाउदी का फूल सियाह फूल में बदल जाता है।

बस, बीत रही शाम का 'लहज़ा-ब-लहज़ा' अहसास कवि को होता है। हर क्षण कवि के भीतर से होकर गुज़रता है, और ठीक-ठीक वैसे ही शब्दों में, कवि हमें यह अनुभव कराने में सफल हुए हैं।

यह भी एक 'मूड' की ही कविता हुई, तथा उनकी शाम-सम्बन्धी प्रायः हर रचना की भाँति इसमें से भी कवि का 'अपनापन' अलग निकालना असम्भव है।

11
'एक पीली शाम'

शमशेर की बहु-चर्चित कविता, 'एक पीली शाम' बिम्ब रूपान्तरण का अद्भुत उदाहरण है। यह बिम्ब रूपान्तरण ही कविता का प्राण है।

कविता में दो चित्र हैं। वास्तव में देखा जाय तो एक ही चित्र पर दो स्थितियों की बात है। पहली स्थिति का विस्तार (एक्सटेंशन) ही दूसरी स्थिति है। इन दो चित्रों के बीच एक भावस्थिति है।

कविता का आरम्भ इस तरह से होता है: "एक पीली शाम / पतझर का ज़रा अटका हुआ पत्ता।" शाम का समय है। शाम कैसी है, तो पीली। पर वासन्ती पीली नहीं, क्योंकि उसमें है—'पतझर का ज़रा अटका हुआ पत्ता।' पतझर की पीली शाम, यानी उदास शाम। इसमें 'ज़रा' अटका हुआ 'पत्ता' एकदम 'शान्त' है। कहीं कोई हवा नहीं कि डाल से अलग हो जाय।

और 'शान्त' है --'तुम्हारा मुख कमल/कृश म्लान हारा-सा।' शाम के समय कवि को अपनी प्रेयसी याद आ जाती है, जो शाम की तरह ही उदास और पीली है। प्रेयसी नहीं है, उसका स्मरण मात्र है, तभी 'मेरी भावनाओं में' कहते हैं। इतना कहते ही एक सन्देह उनके मन में जगता है, जिसे उन्होंने कोष्ठक में दिया है: "(कि मैं हूँ वह / मौन दर्पण में तुम्हारे कहीं)" कहीं ऐसा तो नहीं है कि मेरा ही मन उदास है, और तुम पर, जो मेरी भावनाओं में बसी हो, मैंने अपनी भावनाओं को आरोपित तो नहीं कर दिया?

और फिर आता है पहले चित्र का विस्तार:

"अब गिरा / अब गिरा वह अटका हुआ आँसू / सान्ध्य तारक-सा / अतल में" यहाँ पर आते-आते प्रिया का उदास मुख और पीली शाम एक हो जाते हैं। या कहें पीली शाम में प्रिया का मुख अंकित, स्थापित हो जाता है—शाम फैलते-फैलते प्रिया का मुख बन जाती है। यह रूपान्तरण हमें स्मरण दिलाता है, उनकी एक और कविता का जिसमें 'वक्त की एक टहनी पर खामोश गुलदाउदी शाम' दिल की 'खामोश टहनी' पर एक खयाल बन जाती है। पीली शाम में ज़रा 'अटका हुआ पत्ता' प्रेयसी के कृश-म्लान मुखकमल पर 'अटका हुआ आँसू' बन जाता है, जो अब गिरा-अब गिरा की स्थिति में है। 'ज़रा अटका' और 'अब गिरा-अब गिरा' एक ही बात है।

पीली शाम में सान्ध्य तारे की स्थापना भी है, पर रूपान्तरण की स्थिति में। प्रेयसी की आँखों की कोर पर अटका आँसू अपनी स्थिति में पत्ते की तरह है और गुण में तारे-सा झिलमिलाता चमकता।

लेकिन इस रूपान्तरण के पूर्व की भावस्थिति महत्त्वपूर्ण है। स्नेह की उस अद्भुत कोमलता में, (वह कोमलता शाम में भी है, और प्रिया के मुख पर भी)

रूप में, कवि के मन की सारी वासना किसी शिथिल पल में डूबकर समाप्त हो जाती है। कवि केवल स्नेहमय ही बना रहता है। जो बचा रहता है वह तो है असीम स्नेह का कोमल, अतिकोमल भाव : "वासना डूबी / शिथिल पल में / स्नेह काजल में / लिये अद्भुत रूप कोमलता।"

कहीं पर गिरने का भाव नहीं है। पत्ता है, वह भी जरा अटका हुआ, और आँसू है वह भी 'अब गिरा' की स्थिति में। अभी हवा आयी और पत्ता गिरा, अभी आवेग का ज्वार आया और आँसू ढुरका— पर दोनों स्थितियों को अपने बस में कर लेता है शब्द 'शान्त'।

शमशेर के मितकथन का एक साधन है 'देहलीदीप'। 'शान्त' एक सशक्त देहलीदीप बनकर आया है जो मात्र मितकथन नहीं, अपितु रूपान्तरण में सर्वाधिक सक्रिय हो जाता है।

कविता उदास मूड की है, इस उदासी को तीव्र करती है, कविता की मन्द लय। रूपान्तरण के बाद एक बोझिलता, भारीपन और बढ़ जाता है। न पीली शाम, न उदास मुख स्मरण रहता है। स्मरण रहता है केवल : "जरा अटका हुआ पत्ता / अब गिरा—अब गिरा / अतल में।"

III
'वो एक हरा-नीला-सा-कगार न था'

कविता में आरम्भ से ही कवि वस्तुस्थिति को नकारते चलते हैं। नकारने की इसी प्रक्रिया में वे सर्वनाम को संज्ञायित करते चलते हैं, और विशेषणों के सहारे एक चित्र खींचते चलते हैं।

इस 'नीगेशन' की सृष्टि में वह एक चिड़िया को स्थापित करते हैं। फिर इस सृष्टि का चिड़िया से सम्बन्ध भी स्थापित करते हैं। इतना ही नहीं, उस चिड़िया में किसी बाहरी दबाव की तीव्र आशंका प्रतिक्रियायित करते हैं, जिससे उसकी स्थिति उसके मूल स्वभाव के ठीक विपरीत हो गयी है, ऐसा बताते हैं। फिर उस सृष्टि के अदेखे सूत्र को पकड़ते हुए उसकी नितान्त साम्प्रतिक आवश्यकता को रेखांकित करते हैं। यह आवश्यकता थोड़े से समय की ही है। कवि इस सृष्टि से, इस चिड़िया से उसकी आवश्यकता से तटस्थ नहीं, दूर हैं, अत: वे देख पाते हैं कि चिड़िया के लिए क्या जरूरी है, क्या नहीं। परन्तु स्थिति की करुणा यहाँ यह है कि चिड़िया अभी तक अपनी आवश्यकता के प्रति सचेत नहीं है। वह नहीं जानती कि उसे क्या चाहिए और उसे यह क्यों चाहिए? चिड़िया की इस अनभिज्ञता की ओर निर्देश कर कविता समाप्त हो जाती है।

कविता का आरम्भ इन पंक्तियों से होता है :

"वो एक हरा-नीला-सा कगार न था। समन्दर के झागों से घिरा हुआ। और

कहीं-कहीं कभी-कभी उनसे आच्छादित।"

'नीगेशन' में स्वीकृति का बोध—वह केवल 'कगार' न था ऐसी बात नहीं है। वह कगार, जो नहीं था उसे विश्लेषित करते हैं 'हरा-नीला-सा'। यहाँ 'नीगेशन' न रंग का है, न कगार का, अपितु रंगों के साथ कगार की स्थापना है। पहली पंक्ति का 'नीगेशन', उसके अस्तित्व को और सुदृढ़ बनाता है। स्थापित हो जाता है एक कगार समन्दर के झागों से आच्छादित।

शायद कवि को यह कहना है कि वह सिर्फ कगार नहीं था। वह कगार तो था ही, पर साथ ही था 'एक लाल-भूरी चिड़िया' के लिए 'ऐन उपयुक्त निजी वातावरण'।

यहाँ पर कुछ प्रश्न खड़े होते हैं, जो कविता के भीतर से उठते हैं। यहाँ पर एक विशेष चिड़िया की ही बात है। वे कहते ही हैं 'किसी लाल-भूरी चिड़िया।' यह 'ऐन उपयुक्त निजी वातावरण' बहुत स्पष्ट नहीं है, पर सम्भवतः उसके अस्तित्व के लिए, 'होने' के लिए यही वातावरण उपयुक्त था।

यह 'ऐन-उपयुक्त निजी वातावरण' उस 'लाल-भूरी चिड़िया' के लिए जो 'दुबकी हुई-सी' है। लेकिन यह चिड़िया हमेशा से ऐसी नहीं थी। मूलतः उसका स्वभाव अत्यन्त उन्मुक्त है। 'है' भी नहीं, 'होता ही है।' लेकिन कुछ ऐसा हो गया है कि वह अब 'एक दुबकी-सी जान' बन गयी है। उस पर कोई बाहरी दबाव पड़ रहा है। यहाँ पर चिड़िया के मूल स्वभाव को उसकी साम्प्रतिक परिस्थिति के साथ 'कंट्रास्ट' में रखा गया है।

यहाँ तक पढ़ते-पढ़ते पूरी कविता प्रतीकात्मक बन जाती है। 'हरा-नीला-सा' कगार और 'लाल-भूरी चिड़िया' विशेष अर्थ देने लगते हैं, प्रतीकात्मकता के कारण। 'चिड़िया' सामान्य जन का प्रतीक बन जाती है, और कगार उसका निजी जातीय जीवन, जो उससे छिन गया है। वैसे तो यह कगार उसके लिए उपयुक्त वातावरण था, पर इस समय बाहरी दबाव के कारण उसका पूरा अस्तित्व, उसकी स्वतन्त्रता संकट में है। इससे मुक्त होने के लिए उसे मुख्यतः और प्रथमतः शान्ति एवं सुरक्षा चाहिए। मानसिक शान्ति एवं अस्तित्व की सुरक्षा। अस्तित्व की सुरक्षा और शान्ति का प्रश्न बहुत लम्बे समय का नहीं है, थोड़े से समय के लिए ही है। यह अनिवार्यता अभी-अभी खड़ी हुई है। पहले नहीं थी, शायद बाद में भी न हो। कवि का यह आस्थाभाव ही कहना चाहिए।

लेकिन यह कवि का अन्दाज़ा है। कवि देख रहा है कि चिड़िया की शान्ति अब ग़ायब हो गयी है और उसका अस्तित्व अब संकट में है। पर 'चिड़िया' स्वयं [illegible] कुछ भी नहीं जानती। वह नहीं जानती अपने अस्तित्व का संकट, उसे नहीं पता कुछ भी अपनी मानसिक अशान्ति के बारे में। वह दुबकी हुई है। पर नहीं जानती कि लगातार बाहरी दबाव से 'दुबकना' उसका स्वभाव बन गया है। उसका 'मूल'

स्वभाव तो कहीं तिरोहित हो गया है।

जहाँ कविता का अन्त होता है, वहाँ आते-आते उसका प्रतीकात्मक अर्थ हम पर अपना प्रभाव छोड़ता है। राजकीय सन्दर्भ कविता को अर्थदीपित करते हैं। चिड़िया के बहाने आम जनता की बात। किसी भी राजनीतिक आपात्कालीन स्थिति में कैसे 'स्वभाव से उन्मुक्त जीव' 'दुबकी हुई जान' बन जाते हैं, लेकिन वे इस बात के प्रति बिल्कुल ही सजग नहीं होते। अपने 'ज़िन्दा' रहने की जरूरतों के प्रति भी। यह सजगता तो कवि की है, रचनाकार की है। ऐसी स्थितियाँ तो बार-बार आती हैं, कितने ही देशों में, कितनी ही बार।

नीगेट करके कहने की रीति बात को अद्‌भुत रूप से वल देती है। देखा जाय तो पूरी कविता में 'एक लाल-भूरी चिड़िया' के 'हरे-नीले कगार' की बात है। 'चिड़िया' और कगार को विशेषित करके व्यक्तिवाचक बनाया गया है और इस तरह से पूरी बात को केन्द्रित किया गया है एक निश्चित बिन्दु पर। फिर भी अन्त तक आते-आते कविता का सामान्यीकरण हो जाता है। तब चिड़िया 'चिड़िया' न रहकर 'कोई भी' बन जाती है (जो दुबकी हुई हो।) और 'कगार', समन्दर और कगार की सीमाएँ लाँघकर कोई भी देश, स्थल और परिस्थिति विशेष बन जाते हैं। इससे जो अर्थ का तनाव उभरता है, उससे कविता मानो अपनी जमीन पकड़ती है और प्रभावोत्पादक बनती है।

VI
'शंख-पंख'

'चुका भी हूँ मैं नहीं' के दूसरे संशोधित संस्करण में 'शंख-पंख' रचना, उसके रेखांकन के साथ दी हुई है। इस रेखांकन से यह कविता पाठक को कुछ देर रुककर सोचने के लिए उत्साहित करती है। अन्यथा अप्रासंगिक-सी लगने वाली पंक्तियाँ, सन्दर्भ, रेखांकन के कारण अर्थ देने लगती हैं; अर्थ की ओर, पाठक को उन्मुख करती हैं।

पूरे कैनवास के ऊपरी भाग पर रेखाओं से पंखों का आकार रेखांकित किया है। एक विस्तार में उनका फैलाव दिखता है। और यह कुछ-कुछ दैवी लगता है। फिर कुछ रेखाएँ हैं जो पहाड़ों के आकार की हैं, और रेखांकन में जहाँ 'नवविधान से' लिखा है, वहाँ कुछ उठी हुई रेखाएँ हैं, ऐश्वर्य को द्योतित करती-सी। यूं तीन स्तर हो जाते हैं, आकाश, पहाड़ और भूतल।

लेकिन रेखांकन से भी अधिक 'ऑरोरा' का सन्दर्भ कविता को अधिक खोलता है। 'ऑरोरा' रोमन पुराणकथा का सन्दर्भ है। वहाँ पर यह सुबह की देवी मानी जाती है। हमारे यहाँ जैसे 'उषस्' मानी जाती है। ग्रीक में 'इयॉस' है।

इसका भौगालिक सन्दर्भ भी है 'ध्रुवीय ज्योति'। इसका एक और सन्दर्भ

है—स्वर्णिम रंग जो इस पूरी रचना में आलोकित है।

कविता सभी सन्दर्भों को लिये हुए अर्थित होती है।

कविता एकदम छोटी-सी है :

'बिजली के / ऑरोरा / शंख-पंख / झलझलकर / शृंग भाल / एक मौन विस्मय से / उड़े-उड़े / भूतल पर / नव विधान से।'

शंख बहुत ही पवित्र माना जाता है और देवताओं के समक्ष बजाया जाता है, उनका जयनाद करते हुए। पर्वत-शृंखलाओं के पार से उन्हें आलोकित करती हुई ऊषा उदित हो रही है। 'ऊषा' की कल्पना से ही पूरा मांगल्य-भाव विस्तारित हो गया है, फिर 'शंख' के उल्लेख से वह दुगुना···और फिर कई गुना बढ़ जाता है। उनकी 'ऊषा' रचना में भी, ये दो बातें आती हैं, जब वे कहते हैं 'बहुत नीला शंख जैसे भोर का नभ।' कहीं-न-कहीं 'ऊषा और शंख' कवि के मन में जुड़े हुए हैं।

सूर्य देवता की अगवानी के लिए ऊषा पवित्र शंख-ध्वनि करती, अपने पंखों से समस्त आकाश, वायुमण्डल को आलोकित करती उदित हो रही है। अपना समस्त स्वर्णिम प्रकाश, पूरा ऐश्वर्य देखकर भूतल और पर्वत-शृंखलाएँ मौन और विस्मित हो, उसे चुपचाप ग्रहण कर रही हैं।

आकाश में बिजली है, जो विभिन्न आकार बनाती चमक रही है, जो शंख की तरह पवित्र है, अपने उद्देश्य में मेरु-ज्योति की तरह अचल, पर्वत-शृंखला पर वह इस तरह चमक रही है कि लगता है, पर्वत भी विस्मित है, उसके रूप को देखकर। वह वर्षा की धार से भूतल को ऐश्वर्ययुक्त कर रही है। 'ऊषा' या 'वर्षा' दोनों ही भूतल को ऐश्वर्ययुक्त करती हैं।

इस कविता में शब्दों का सन्दर्भ ही उसे विस्तार देता है। शमशेर का 'मित-कथन' यहाँ सिद्ध होता है। भौगोलिक सन्दर्भ के कारण कविता पूरे देश (स्पेस) में फैली है ब्रह्माण्डों तक और पौराणिक सन्दर्भों के काल में विस्तारित है। चित्र में दीपित होने वाला अर्थ है ही। इसीलिए यह कविता विशेष बन जाती है।

V
'सूर्यास्त'

वह सारी शाम उनके अन्दर एक दबे हुए घाव-सी उभर उठी और उनकी ज़िन्दगी का एक टुकड़ा बन गयी।

'शाम' शमशेर का प्रिय विषय है। वह धीरे-धीरे फैलते हुए कभी मटमैले, तो कभी खुलते रंगों के साथ उन्हें बीती स्मृतियों में डुबोती चलती है।

इस कविता में सिमटे हैं स्मरण, शाम और देश (स्पेस)। एक स्तबक में शाम का चित्र और दूसरे में विगत का—यूँ करते-करते कविता पूरी होती है, दोनों के मिले-जुले संकेत के साथ। कविता के बीच में ही कहीं दोनों, शाम और स्मरण मिल

गये, क्योंकि वे यूँ भी अलग नहीं थे।

आरम्भ में ही देखें तो शाम क्षितिज में नहीं, वह तो कवि की अस्थियों के मौन में डूबती है। डूबती शाम में से उभरता जो मौन बाहर है; वही कवि के भीतर भी है। भीतर यह मौन ज्यादा गहरा, विशद् है। सूर्य भीतर जल में नहीं, अस्थियों के मौन में डूबा है, तभी किरणें विलयित नहीं होतीं।

चौड़े समतल सीने में पंजर—जिसमें वे किरणें मुड़ गयीं, या फिर पत्थर-से कड़े दिल में अटक गयीं। जब सूर्यास्त हुआ तो किरणें उसमें मिली नहीं, अपितु मुड़ गयीं। यह उनके भीतर डूबा हुआ सूरज है, उनका निजी है।

लेकिन बात वह उस सूर्यास्त की कर रहे हैं, जो क्षितिज में डूबा है। इस जल पर, डूबे सूरज का 'जल' पर क्या प्रभाव पड़ा? जल पर पुल के महराबों की फैली हुई छायाएँ लम्बी होते-होते क्षितिज (नभ) को छूने लगीं। शाम के समय नीचे तक लम्बायमान होतीं, दिखने वाली सूर्य किरणें, जिसके फलस्वरूप लम्बी होती पुल के महराबों की छायाएँ फैलते-पसरते ऊपर क्षितिज तक पहुँची प्रतीत होती हैं। जल पर प्रतिच्छवित होती महराबें कवि को (और फिर कवि 'शमशेर' हैं) स्तूप और मीनार के आकार की लगें, तो आश्चर्य नहीं।

बाहर जल पर तो इतनी तरलता सम्भव हो कि सूर्य-किरणें लम्बी होती नीचे तक आयें और छायाएँ फैलकर ऊपर तक उठें, पर भीतर जो कड़ापन है उसमें तो किरणें मुड़ ही जायेंगी, क्योंकि : "विकटतम थे अति विकटतम / विगत के सोपान पर्वत-शृंग" वे सारे मार्ग जिन पर होकर वे निकले थे, वे पर्वत-शृंग, जिन पर वे चढ़े थे, बड़े ही दुःसाध्य थे, सघन प्रस्तर से थे, जहाँ केवल अस्थियों का मौन और गहरी उदासी थी।

इस बिन्दु पर यह देखना बड़ा रोचक होगा कि कैसे इतने बड़े स्पेस को उन्होंने कविता में लिया है। वह क्षितिज (चाहे भीतर का हो या बाहर का) जहाँ सूर्य डूबा है, फिर फैला हुआ जल का विस्तार। यहाँ 'व्योम' और 'नभ' दोनों समानार्थी हैं। पर 'व्योम' का 'जल' अर्थ लेने से बात स्पष्ट हो जाती है। जल में फैले हुए महराबों, मीनारों और स्तूप के विस्तार नभ को थामने की स्पर्धा में उठ रहे हैं। यह व्योम का विस्तार नभ तक फैलता है। कवि ऊपर से नीचे तक सारे विस्तार को नाप लेते हैं।

वे यहीं तक सीमित नहीं रहते, बल्कि उन सागर तटों के ठीक बीच (जो फेन-फूलों से गुथी हुई हैं) जो सूर्य डूबा है उस तक जाते हैं। वह सूर्य भी वहीं रुकता नहीं है, अपितु सागर के भीतर जो अपार जल-राशि है, उसकी थाह लेता हुआ है। यूँ कवि के पंजर में एकदम भीतर डूबा सूरज, और विशद् जल की थाह लेता सूरज अलग नहीं है। वह सूर्य मानो कवि की ही थाह ले रहा है।

सूर्य के डूबने का बिम्ब कितनी मनोहरता से उभारा गया है : सागर जल में

फेनिल लहरें हैं, और हैं वे तमाम फूल जो जल में बहाये गये हैं। लहरों के साथ-साथ वे फूल लहरा रहे हैं और उन लहरों के ठीक बीच सूर्य डूबता दिख रहा है। समुद्र की सतह और सतह के भीतर का भी विस्तार। पंक्तियाँ कुछ इस तरह छपी हैं कि सारा चित्र आँखों के आगे प्रत्यक्ष हो जाता है, अंकित हो जाता है। विशेष रूप से :

थाह लेता
        विशद
                जल विशद
                        विशद

'विशद' का पुनरावर्तन ही नहीं, इन पंक्तियों की टायपोग्राफ़ी भी मदद करती है, प्रभाव उभारने हेतु।

अब जो आलोक रह गया है, वह तो पीड़ा का है, दाह का है, और यह 'दाह' विगत से सम्बन्धित है। दिन भर की तपन और जलन के बाद सूर्यास्त का आलोक तो दाह का प्रतीक रूप है ही। मन में असीम इच्छाओं का जो उभार, ओज शेष रह गया है वह तो उस पीड़ा के आलोक का प्रतीक रूप ही है, जिसकी विकटता की याद बार-बार आती है। लेकिन फिर भी सब मौन है, जो कुछ हुआ, चुपचाप हुआ। मन में कितना धैर्य है और सन्तोष भी, बावजूद उस दाह के। सूर्योदय से लेकर सूर्यास्त तक जो कुछ प्रतिच्छवित हुआ, उसमें किरणों के इस मासूम वैभव का भी हिस्सा था।

शाम ढल चुकी है, अतः एक संकेत है : "किरण का मासूम वैभव / यह किधर झुकता है ?" इसमें एक और इंगित भी है, क्योंकि ये 'किरणें' मासूम हैं। इसके पूर्व दाह का आलोक था, विगत के विकट पर्वत-सोपान थे, उसके पहले थीं किरणें, जो पंजर में डूबकर मुड़ गयी थीं। इन सबका सम्बन्ध 'विगत की विकटता' के साथ जुड़ा हुआ लगता है ; तभी यह शाम कवि के जीवन का एक टुकड़ा बन जाती है।

सूर्यास्त क्षितिज से कटकर कवि से जुड़ जाता है और विस्तारित समतल पर एक बिन्दु से ही (जो सूर्यास्त है) कवि ने नभ से लेकर सागर के भीतर तक का सारा स्पेस माप लिया। विगत से लेकर वर्तमान तक की पूरी यात्रा कर ली। "किरण का मासूम वैभव / यह किधर झुकता है ?" के उत्तर में है एक मौन, जो क्षितिज, सागर और कवि तीनों में व्याप्त है।

VI
'शरीर स्वप्न'

शमशेर की 'शरीर-स्वप्न' रचना बहुत ही विशिष्ट है। ब्रेतां की 'माइ वाइफ़ विथ हर वुड फायर हैर' रचना पढ़ने पर उसके बिम्बों और वर्णन की शैली देखते हुए

आश्चर्य होता है, वैसा ही आश्चर्य इस रचना को पढ़कर होता है। हालांकि दोनों में 'साम्य' कहीं नहीं है।

यह रचना 1941 की है, जो सर्वप्रथम 'दूसरा सप्तक' में प्रकाशित हुई। निश्चय ही 1941 में यह रचना आश्चर्य जगाने वाली है, वैसे अब भी है। यह शमशेर की उत्तम रचनाओं में से एक नहीं है, पर अनेक दृष्टियों से महत्त्वपूर्ण है। विषय की नवीनता, भाषा के स्तर, इस कविता को महत्त्वपूर्ण बनाते हैं, और शमशेर के भीतर की संकुलता को सामने लाते हैं।

एक पुरुष देह का वर्णन है यह कविता। सम्भवतः अपने ही देह का। अपने इण्टरव्यू में ऐसा उन्होंने कहा है। पर वास्तव में यह डिटेल महत्त्वपूर्ण नहीं बनती कविता के अर्थ-प्राप्ति के प्रयास में। हाँ, सन्दर्भ अवश्य जरूरी बन जाता है।

स्त्री का देह-वर्णन (नख-शिख) तो सामान्य रूप से कविता का विषय रहा है। मगर पुरुष का—फिर एक पुरुष-कवि द्वारा—यह नयी बात है।

देह के वर्णन के साथ-साथ, अनेक स्मृतियाँ भी हैं, जो देह की ही हैं। स्मृतियों की उपस्थिति के कारण ही यह कविता मात्र 'अपने शरीर के प्रति एक मोह' और 'उसका वर्णन-मात्र' बनकर नहीं रहती।

इसमें जिस प्रकार के बिम्ब हैं, वे सुररियल हैं। सुररियल इस मायने में कि देह को देखकर जो 'ऑब्जेक्टिव कोरिलेटिव' (वस्तुगत प्रतिरूप) उनकी कल्पना में आते हैं, वे सामान्य रूप से देह का वर्णन करते समय प्रयुक्त नहीं किये जाते। इसका अर्थ इतना ही नहीं कि वे असामान्य हैं, पर उनका संयोजन विचित्र, एवं अप्रचलित है। ऐसे अप्रचलित बिम्ब-संयोजन के कारण एक तीसरी ही सृष्टि कविता में उभरने लगती है।

वर्णन 'नख' से, अर्थात् 'तलुओं' से शुरू होते हैं। तलुए कैसे हैं—तो मकई की तरह लाल गेहुएं रंग के। यह बता देना होगा कि कविता कहीं रोमांटिक भाव को लेकर लिखी नहीं गयी हैं, पर आगे जिस ढंग से बात बनती चलती है, अनेक प्रभाव, अनेक भाव मिलते चले आते हैं।

तो यह बड़ा ही 'फ़िज़िकल' और 'अनरोमांटिक' वर्णन है कि मूलतः गेहुँए तलुओं में थोड़ी लालिमा—सम्भवतः रक्तसंचार की—स्वस्थ तलुओं की बात है। यह बिल्कुल काव्यात्मक नहीं है। इसके बाद की पंक्ति में कारण भी देते हैं जो उतना ही अकाव्यात्मक है—'मालिश से चिकने हैं' अर्थात् अकाव्यात्मक पंक्तियों में भी कवि ने रंग और संस्पर्श (टेक्सचर) के बोध की भूमिका बना दी।

तलुओं के बाद पिण्डलियाँ। पर ये 'पिण्डलियाँ' अब कवि की कथन शैली' से बाहर जाकर खुद क्रियाशील हो जाती हैं। दो पंक्तियों के बाद ही कविता शमशेर की सही कविता बनने लगती है, और तभी अन्त में आते-आते यह पहली दो पंक्तियाँ भी काव्यात्मक हो उठती हैं। पिण्डलियाँ हैं : 'सूखी भूरी झाड़ियों में व्यस्त'।

बात देह की ही है, 'सूखी-भूरी झाड़ियाँ' देह पर ही हैं। यहीं से कविता अपने 'फ़िज़िकल' सन्दर्भों से छूटती हुई काव्यात्मक सन्दर्भों तक आ जाती है। 'सूखी-भूरी झाड़ी' अर्थात् रोमावलि—जो घनी हो कि 'झाड़ी' लगे।

यह फ़िज़िकल सन्दर्भ अब एकदम छूट गया है। 'पिण्डलियाँ' चल-फिर रही हैं। झाड़ियाँ 'डालों में बदल गयी हैं।' कोई और भी सन्दर्भ जुड़ गया है, तभी कहते हैं 'मोटी डालें जाँघों से न अड़ें।' इसका एक सन्दर्भ आगे भी आता है। 'सूरज को आईना जैसे नदियाँ हैं।' यहाँ पर बात प्रतीकात्मक हो जाती है।

'सूरज' और 'नदियाँ'—फिर प्रतिबिम्बित होना। तभी एक देह के साथ दूसरी देह का सन्दर्भ जुड़ता है। ऐसी स्थिति में 'मोटी डालें जाँघों से न अड़ें' का सन्दर्भ सार्थक हो जाता है।

भाषा के स्तर में आता बदलाव देखने योग्य है। 'सूरज को आईना जैसे नदियाँ', बहुत ही काव्यात्मक अभिव्यक्ति है अपने आपमें। इसी काव्यात्मकता के कारण अर्थ का वह दूसरा स्तर कविता को देती है यह पंक्ति।

झाड़ियाँ, मोटी डालों से होते हुए धीरे-धीरे एक जंगल के रूप में उभरने लगती हैं। यह चित्र नदियों पर आकर स्थिर हो जाता है। सूर्य, नदी में प्रतिबिम्बित है, उसमें प्रतिबिम्बित वह उसमें एक हो गया है। इस काव्यात्मक अभिव्यक्ति के बाद आती है वह अभिव्यक्ति 'इन मर्दाना रानों' की चमक 'उन' को खूब पसन्द'। यहाँ 'उन' अवतरण चिह्नों में दिया है। अतः 'दूसरे सन्दर्भ' की सम्भावना यहाँ पुष्ट हो ही जाती है। करीबन। करीबन, क्योंकि यह स्मृति में भी हो सकता है। 'मोटी डालें जाँघों से न अड़ें' और 'मर्दाना रानों की चमक' इन दो पंक्तियों के बीच 'सूरज को आईना जैसे नदियाँ हैं' पंक्ति आ जाने से एक तनाव उभरता है और अभिव्यक्ति प्रभावशाली बनती है। यहाँ तक सारा वर्णन यथावत्, कविता की विषय-प्रकृति के अनुकूल चलता है।

कविता 'लैंगिक चेतना' के भाव को मुखर करती है। आगे सन्दर्भ आ चुका है, झाड़ियों, डालों और नदियों का। देह का वर्णन 'रानों' की बात तक आ गया है।

आगे की ही पंक्ति में, उस चित्र की आड़ लेकर कवि पूरी बात को पलट देते हैं। कहते हैं : "यह वन शिव का स्थान / शान्त ज्योति में लय है ध्यान"

पुरुष देह का जो 'इरॉटिक' चित्र अभी तक कवि कर रहे थे वह पूरा-का-पूरा 'मिस्टिकल' हो जाता है। इसके बाद की शेष रचना उसी 'मिस्टिक'-बोध को आगे बढ़ाती है—जो सीधा चढ़ता उर्ध्व दिशा की ओर / शेष / नीला सूनापन में आकर कविता के साथ-साथ समाप्त हो जाता है।

बीहड़ वन के बीच एक पुरातन शिव का मन्दिर। वहाँ साधना और तप की एकाग्रता है। शिव के साथ गंगा का सन्दर्भ एक पौराणिक सन्दर्भ देता है। यहाँ पर कवि 'नभ-गंगा' से किसी अलौकिक व्यापक शक्ति का उल्लेख करते हैं। फिर

'वज्र गिरी / कमर कठोर / सीधा चढ़ता उर्ध्व दिशा की ओर' कहकर यह स्थापित करना चाहते हैं कि अब देह अपने फ़िज़िकल अर्थ में इतनी महत्त्वपूर्ण नहीं रही, सब आध्यात्मिकता के स्तर तक पहुँच गया है।

'शेष / नीला सूनापन'—एक निःसंग विस्तार उभरता है। 'मकई से लाल गेहुँए तलुए'—में भी रंगों का बोध है, पर यह एकदम धरती से जुड़ा 'मकई' और 'गेहूँ'। जबकि अन्तिम पंक्ति तक आते-आते यह रंग उठता-उठता आकाश तक उभरता है, और उसी की तरह निःसीम, निःसंग, स्पर्श से दूर हो जाता है।

कह सकते हैं कि यह भौतिक से लेकर आध्यात्मिक तक की यात्रा है, पर अगर यह अर्थ स्वीकारें तो जो अचानक मोड़, जो अनुपातहीनता (अनबैलेन्स) 'उन' की खूब पसन्द के बाद 'यह वनशिव का स्थान' से उभरती है, वह कविता को कमजोर बनाती है।

इस कविता की विशेषता है, इसकी भाषा के स्तर। शमशेर की भाषा लचीली है, और इतनी लचीली है—यह बात इस कविता से सिद्ध होती है। एक स्तर है उसका फ़िज़िकल बोध—जो मकई से लाल··· में है, एक है उसका काव्यात्मक स्तर जो 'सूरज को आईना जैसे नदियाँ' है और तीसरा है आध्यात्मिक बोध—'वह वनशिव का स्थान'।

अपने भाषा, बिम्ब और विषय के कारण यह कविता विशेष है; हालाँकि बहुत काव्यात्मक सन्तोष नहीं देती।

VII
'सींग और नाखून'

यदि 'होली : रंग और दिशाएँ' एब्स्ट्रेक्ट पेण्टिग है, तो 'शिला का खून पीती थी' और 'सींग और नाखून', सुररियलिस्ट पेंटिंग हैं—फिर 'कवि को खूब पसन्द भी'। एक ऐसे कवि को जो अपनी कविताओं का कड़ा आलोचक भी है, एक हद तक।

सुररियलिस्ट पेंटिंग, यानी मुख्यतः विचित्र बिम्ब-संयोजन एवं टेक्सचर की विभिन्नता, स्वप्नसृष्टि का यथार्थ भी।

'सींग और नाखून' तथा 'शिला का खून पीती थी' को केवल सुररियल पेंटिंग कहकर भुलाया नहीं जा सकता, क्योंकि इसमें सुररियल टेक्नीक से वे अपनी बात कहते हैं। बात बहुत सूक्ष्म है, पर यह समझना होगा कि इस कविता में शमशेर ने सुररियल टेक्नीक का प्रयोग किया है, सुररियल अनुभूति का प्राधान्य नहीं है। जो बात 'मकानात होते मैदानों' या 'बरसते नीले दरिया' से उभरती है, वह इससे कुछ भिन्न है।

कविता का आरम्भ है : "सींग और नाखून / लोहे के बख़्तर कन्धों पर।" सींग और नाखून से पशु का आभास मिलता है। परन्तु लोहे के बख़्तर-कंधों से बात

स्पष्ट होती है कि यह 'मनुष्य, आदमी' का ज़िक्र है।

यह बिम्ब-संयोजन स्वप्न में ही सम्भव हो सकता है, सींग और नाखून जो लोहे के कन्धों पर फिट हो गये हैं। 'बख्तर कन्धों' से एक 'रक्षक' का बोध होता है। पर इस रक्षक के तो 'सींग' और 'नाखून' हैं। रक्षक हिंस्र हो गया है, ऐसी प्रतीति होती है। इस बिम्ब-संयोजन से यह भाव अर्थित होता है। लेकिन अर्थ से अलग भी इसका सौन्दर्य है ही, जो केवल इसके चित्र से मिलता है।

एक चित्र यहीं समाप्त हो जाता है। दूसरा चित्र पहले के एकदम 'कंट्रास्ट' में आता है। जिस तरह काले के विरोध में सफेद रख देने से दोनों उभरते हैं, वैसे ही इन दोनों विरोधी चित्रों को रख देने से, दोनों अपनी सम्पूर्ण प्रभावात्मकता एवं अर्थवत्ता के साथ उभरते हैं।

"सीने में सुराख हड्डी का / आँखों में घास-काई की नमी" पहला चित्र हिंस्र भाव का था और यह है अत्यन्त करुण लिजलिजा और दयाजनक। 'सीने' में समस्त कोमल भाव विद्यमान रहते हैं, उस सीने में सूराख हो गया है, अतः कोई भी भाव अब वहाँ नहीं है। फिर यह 'हड्डी' का सूराख है, अतः घृण्य एवं कड़ा। आँखों में नमी है, पर 'घास-काई की।' अतः पूरी अनुभूति लिजलिजी हो जाती है। काई में जो बासीपने का बोध है, एक जीवन्तहीनता का बोध है, वह आँखों में स्थापित हो जाता है। एक स्पर्श का बोध, पर वह काम्य नहीं।

आँखें जिनको सपने देखने हैं, वह लिजलिजी हैं, सीना जिसमें सारा उत्साह, सारी उमंगें भरनी हैं, उसमें सूराख है, कड़ापन है।

ये कवि (रचनाकार) की आँखें हैं जो निस्तेज और रचनाकार का हृदय है जो उमंगहीन हो गया है। स्थिति यहाँ तक आ गयी है: "एक मुर्दा हाथ / पाँव पर टिका / उल्टी कलम थामे।"

सारी स्थितियाँ विपरीत हो गयी हैं। कलाकार का हाथ तो सजीव होना चाहिए। प्राणयुक्त, कर्मरत और आत्मसंबलयुक्त होना चाहिए। पर यहाँ तो हाथ 'मुर्दा' है। वह पाँव पर टिका है, जबकि उसे हवा में लहराता होना चाहिए। जीवन ऐसी निषेधात्मक परिस्थिति में आ गया है कि सृजन की सम्भावना भी समाप्त हो गयी है।

ये परिस्थितियाँ कवि की निजी हैं, व्यापक समाज की भी हो सकती हैं। असल में कविता यही है। व्यापक चित्र सांकेतिक होना चाहिए, होता भी है, अच्छी कविता में। इस कविता में बात व्यक्ति की सीमा से राष्ट्र की सीमा तक पहुँचती है।

यह बीमारी फैलती जा रही है। अपनी अन्तिम या कहें 'चरम' अवस्था तक बढ़ चुकी है। कहते हैं: 'तीन तसलों में कमर का घाव सड़ चुका है।' अधिकतर बीमारियाँ पेट, गुर्दा और आँतों की होती हैं। वहीं पर अधिकतर शल्य-क्रियाएँ भी

होती हैं। पर ये सारे घाव अब सड़ चुके हैं।

इतना ही काफी नहीं था—सो कवि आगे कहते हैं : 'जड़ों का भी कड़ा जाल / हो चुका पत्थर'। मनुष्य तो निर्दय, क्रूर और साथ ही दयाजनक और लिजलिजा भी हो गया है, पर यह जहर अब प्रकृति में भी फैलता जा रहा है। जो जीवमात्र के स्पन्दन को जगाती है, जीवन को सुखकर बनाती है, वह प्रकृति, वह पेड़, वह फूल भी 'जड़' और 'पत्थर' हो गये हैं। सारा कड़ापन, रूखापन जो दिख रहा है वह सभी की जड़ों तक पहुँच गया है। कहीं कोई आश्वासन नहीं रह गया है।

पहली बार के वाचन में पूरी कविता के ये बिम्ब अलग-अलग लगते हैं, आपस में जुड़े होने के बोध का कोई सूत्र ही नहीं देते पर यही सारे बिम्ब, पूरी स्थिति को स्पष्ट करते हैं। निजी से व्यापक विस्तार देते हैं पूरी रचना को। इनसे एक मूड, एक परिस्थिति उभरती है। रचना में एक जुगुप्सा भाव है, पर यह तो रचना का प्राण है। सुररियल टेक्नीक से कवि ने अपनी बात ज्यादा अच्छी तरह से कही है।

शायद ही किसी कविता में शमशेर ने जुगुप्सा-भरी बाहरी परिस्थिति को इतनी तीव्रता (इंटेंसिटी) से अभिव्यक्त किया है। अपनी टेक्नीक की विशेषता, एक हद तक दुरूहता के कारण यह रचना इतनी चर्चित नहीं रही सम्भवतः।

रचना में व्याप्त निषेधात्मक परिस्थिति को अगर कोई पंक्तियाँ पूरी भीषणता से अभिव्यक्त करती हैं, तो वे यही हो सकती हैं :

"एक मुर्दा हाथ / पाँव पर टिका / उल्टी कलम थामे।"

VIII
'शिला का खून पीती थी'

'कुछ और कविताएँ' की भूमिका में शमशेर ने 'सींग और नाखून' तथा 'शिला का खून पीती थी' कविताओं को 'कम्पैनियन' कविताएँ कहा है। कविताओं को पढ़ने पर इस बात की प्रतीति भी होती है।

इसमें 'सींग और नाखून' की तरह 'बिम्ब' नहीं हैं। एक दूसरा ही विश्व है, जो मुक्त और स्वतन्त्र है। यह कविता एक तरह से सुररियलिस्ट कविता की प्रक्रिया को समझाती है। मुख्य बात है "आत्मा के कल्पतरु का" शायद कवि को यही प्राप्त करना है, तभी आरम्भ से प्रस्तुत सारे बिम्ब और सारी बातें यहीं पर आकर समाप्त होती हैं।

यह कविता 'शिला का खून पीती थी' के अनुसंधान में है। जिस जड़ की बात उसमें की है, उसी की बात मानो आगे कहते हैं। उस जड़ की बात है, जिसे वास्तव में सप्राण होकर पूरे वृक्ष का पोषण करना चाहिए, पर वह तो पत्थर हो गयी है, इतना ही नहीं वह 'शिला का खून' भी पीने लगी थी।

यह बहुत ही विचित्र बात है, पर सुररियल टेक्नीक का भाष्य है यह कविता। यहाँ 'पारानुआ समीक्षा' की बात मानों करते हैं। पारानुआ की स्थिति में भोक्ता अत्याचार के उन्माद की सीमा तक पहुँच जाता है। यहाँ उस जड़ की बात है, जो चेतन को तो सोखती ही है, पर जड़ को भी सोखती है। पत्थर जो निष्प्राण है, उसको सोखना, उन्माद की स्थिति है। जैसा कि पहले कहा गया है, मुख्य बात है 'आत्मा के कल्पतरु' की। यहाँ भी उसी के साथ सन्दर्भ जुड़ता है। कवि कहते हैं कि मेरी आत्मा के कल्पतरु की जड़, कठोर और निर्मम बन गयी। वह स्वयं पत्थर है, फिर भी शिला का खून पीकर अपनी निर्ममता बता रही है।

उसके बाद दो चित्र आते हैं, जो असम्बद्ध लगते हैं। पर कहीं तो जुड़े हैं ही, चाहे कवि के अवचेतन में ही :

"सीढ़ियाँ थीं बादलों की झूलतीं / टहनियों-सी। / और वह पक्का चबूतरा / ढाल में चिकना / सुतल था / आत्मा के कल्पतरु का ?"

यहाँ पर इन असम्बद्ध बिम्बों के द्वारा भी कवि ने दो बातों का निर्वाह किया है—एक तो स्पेस का, दूसरा वृक्ष के बिम्ब का। यह वृक्ष परिचित नहीं है, शायद कवि के अवचेतन का है।

अगर आकाश की कल्पना 'आत्मा के कल्पतरु के पक्के चबूतरे' के रूप में करें, तो उसकी जड़ें आकाश के उस पार होंगी और पेड़ 'ऊर्ध्व मूलम् अधः शाखम्' की तरह दिखेगा। बादल उस वृक्ष की टहनियाँ बन जाते हैं या जो टहनियाँ हैं, उनमें बादलों का लहराने-झूमने का गुण प्रविष्ट हो जाता है। जैसे पहली दो पंक्तियों में 'पारानुआ समीक्षा' की बात की गयी है, उसी तरह इसके बिम्बों में हम अलग-अलग पोत का बोध पा सकते हैं।

"शिला का खून पीती थी वह जड़ / जो कि पत्थर थी स्वयं—" में एक कड़ा, खुरदरा और चुभनेवाला बोध होता है।

"सीढ़ियाँ थीं बादलों की···" में एक गीला-सा स्पर्श, और "वह पक्का चबूतरा"···में चिकना और महीन (फ़ाइन) स्पर्श का बोध होता है। पहले दो चित्र स्थिर हैं, बीच का झूलता-सा, जीवन्त, गतिशील, स्वप्निल चित्र है।

'आत्मा का कल्पतरु' अर्थात् 'डिज़ायर ऑफ दी अनकांशस'—यह सुररियल का विषय है, एक तरह से। इसमें अचेतन की यात्रा है, खोज है। यह अचेतन कितना भी कुरूप क्यों न हो ! और है ही, क्योंकि हमारी वासना की 'जड़' ही निर्मम और कठोर बन गयी है। पहले चित्र और दूसरे चित्र के बीच जो 'कन्ट्रास्ट' है उसमें एक तीसरा ही बोध जगाता चित्र रख दिया गया है, यूँ तीनों उभरते हैं। धरती से लेकर आकाश के ऊपर तक, या ऊपर से लेकर नीचे तक के पूरे स्पेस को आवृत्त किया गया है। सींग और नाखून में जो जड़ से सड़ गया था, वह अब उन्मादी, संवेदनहीन और निर्मम हो गया है।

यह कविता थोड़ा दार्शनिक अर्थ भी देती है, पर केवल आभास ही, उसे अधिक महत्त्व देना, सम्भवत: उसे 'ओवररीड' करना होगा।

IX
'एक नीला दरिया बरस रहा'

'चुका भी हूँ नहीं मैं' संकलन की पहली कविता है : 'एक नीला दरिया बरस रहा'। रचना सात भागों में बँटी है। यह रचना-प्रक्रिया की कविता है। इसमें शमशेर की भाषा के प्रति सजगता उजागर होती है।

उनकी प्रकृति ही है बाहर से भीतर जाना। यह कविता भी नीले दरिया से आरम्भ होती है और आगे चलकर वे कविता में अपने भीतर की 'कविता' तक जाते हैं। कविता उनके भीतर स्थित स्वर में है, जो औरों को नशा देती है।

एक नीले दरिया के बरसने की कल्पना के साथ कविता का आरम्भ होता है। आकाश में जब श्वेत बादल लहरों की तरह छाये होते हैं, तब कई बार आकाश नीला दरिया-सा लगता है, जो कवि की कल्पना में बरसता-सा प्रतीत होता है। कवि को हवाएँ चौड़ी लगती हैं। हवाएँ प्राय: तेज़ या धीमी, भीनी या सूखी होती हैं, पर चौड़ी या सँकरी नहीं। पर क्योंकि उसके बाद मैदान का जिक्र है अत: सम्भवत: पूरे मैदान में यहाँ-से-वहाँ तक हवाएँ हों, जो कवि को चौड़ी लग रही हों। हवा तो आकारहीन है, उसे कवि आकार देता है और इस तरह से जो अदृश्य है, उसे दृश्यमान करने की कोशिश करता है।

यहाँ हम देखते हैं कि आरम्भ से ही जो वस्तुगत सत्य हैं वह कवि का सत्य बनकर प्रस्तुत होता है। हवा और आकाश वस्तुगत सत्य हैं, पर उनका चौड़ा होना या नीले दरिया-सा होना, फिर बरसना भी, कवि की अनुभूति का सत्य है। यहाँ बाहरी वस्तुओं के सत्य को ग्रहण करने का कवि का दृष्टिकोण स्पष्ट होता है।

आगे कहते हैं जिस मैदान में ये हवाएँ हैं, वे खाली नहीं हैं। इसमें मैदान में मकान होने की बात नये ढंग से आती है 'मकानात हैं मैदान'। इससे चित्र उभरने की प्रक्रिया में भी नवीनता आती है। मैदान में मकान से पहले एक समतल खाली मैदान हमारी आँखों के सामने आता है, 'मकान' शब्द के आने पर उसकी समतलता पर 'मकान' खड़े हो जाते हैं। लेकिन 'मकानात' हैं 'मैदान' से हमारी आँखों में छोटे-बड़े अनेक मकान उग आते हैं और मैदान कहते ही उसके नीचे मैदान बिछ जाता है, या बिछा मैदान दिखने लगता है। इसीलिए यह जमीन सम्भवत: मकानों के आने से ऊबड़-खाबड़ दिखती है।

एक और प्रक्रिया यहाँ शुरू हो चुकी है। कवि एकाग्र होकर इन बाहरी वस्तुओं को देख रहा है। धीरे-धीरे इस एकटक देखने से बाहरी वस्तुओं का अस्तित्व उनके दृष्टि-प्रदेश में 'ब्लर्ड' होता जाता है, अत: मकान मैदान में मिलते

जा रहे हैं और यह भी कारण हो सकता है कि मैदान ऊबड़-खाबड़ दिख रहे हैं।

यहाँ तक कवि का सीधा सम्बन्ध बाहरी आब्जेक्ट के साथ है। पर इस एकटक दृष्टि से अचानक उन्हें एक ऐसे ही दरिया और हवाओं का अहसास अपने भीतर होता है। यहाँ पर कवि भीतर तो नहीं जाता, परन्तु भीतर के विश्व के प्रति भी सजग हो जाता है। यह बाहरी 'ऑब्जेक्ट' के साथ उनके 'आयडेंटिफ़िकेशन' की प्रक्रिया है। उनको लगता है कि एक दरिया और हवाएँ उनके सीने में गूँज रही हैं।

फिर कहते हैं कि एक रोमान है—छिद्र है, जो और कहीं नहीं, मगर वे खुद हैं, क्योंकि उन्हीं के द्वारा ही तो वह बाहर का विश्व भीतर आयेगा। वे सारे बाहरी विश्व को भीतर लाते हैं। हवा और दरिया—दोनों ही तत्त्व ऐसे हैं, जो छोटे-से-छोटे छिद्र से प्रवेश करके भी एक विस्तार पाते हैं। इस तरह से उस छेद से, जो वे स्वयं हैं, चौड़ी हवाएँ और नीला दरिया उनके भीतर प्रवेशने की तीव्र सम्भावना खड़ी करता है।

तुरन्त एक सम्मिश्रण होने लगता है। 'डिफ़्यूशन ऐण्ड फ़्यूजन ऑफ़ थिंग्स ऐण्ड टेक्सचर्स' बाहर हवाओं की गूँज थी, और मकान के कारण मैदान ऊबड़-खाबड़ थे, और भीतर आते-आते गूँज ऊबड़-खाबड़ हो जाती है। लेकिन इस गूँज में एक सातत्य है जिससे वह सामान्य हो जाती है, इस अर्थ में कि वह भीतर के विश्व के लिए अपरिचित नहीं रह जाती। इस सारी प्रक्रिया में आँख का, दृष्टि का फैलाव होता जाता है। यह स्थिति वही, एकटक देखने से बनी है। कवि अब बाहर-भीतर के सन्धि-स्थल पर खड़े हैं, अतः भीतर को अनुभव कर रहे हैं, पर बाहर से अभी छूटे नहीं हैं।

आँख लाल होकर, खिलकर मानो बड़ी हो जाती है और ऐसा लगता है कि वह दृष्टि के बहुत करीब आ गयी है। इतनी करीब कि कवि आँख और दृष्टि दोनों को अनुभव करने लगते हैं। यहाँ पर आँख जो कि 'अँखुआए हुए / उपज आयी हो' बहुत ही विशिष्ट प्रयोग है। आँख का अँखुआना—अर्थात् आँख में दृष्टि के अंकुर फूटना—कवि दृष्टि है जो कवि के विश्व में विचरने के लिए बनती है। 'बहुत ही करीब / बहुत ही करीब' से उसका खिलकर बड़ा हो जाना अनुभवा जा सकता है।

यहाँ पर जब वह कहते हैं कि कवि की आँखों में दृष्टि के अंकुर फूटते हैं, तो इसीलिए कि हम आँख के अँखुआने की प्रक्रिया में जो चीजें पहले से अस्तित्व में थीं, पर कवि की दृष्टि जिन पर नहीं पड़ी थी; वे दृष्टिगोचर होने लगती हैं। जब वह कहते हैं : "एक सुतून / फिर हुआ खड़ा / वहीं / जहाँ कि वह शुरू से था खड़ा /" —अर्थात वह वहाँ पर था पर कवि की दृष्टि में उसका अस्तित्व 'अब' खड़ा हुआ। एक 'जुनून' जो केवल शब्द था उसका अब अनुभव हुआ। अर्थात् शब्द और वस्तुएं

तभी अर्थ देती हैं, जब हम उनके प्रति संवेदित होते हैं। उसके पूर्व हम उनके बारे में जानते हैं, उनके होने के प्रति सूचित होते हैं, पर उन्हें अपने अनुभव-लोक में तो किसी विशेष क्षण में ही उतार पाते हैं और वह क्षण रचनात्मक सजगता का होता है।

कवि कहते हैं कि 'ये सारी बातें हैं',—यह दरिया, यह हवा, यह गूंज, यह जुनून, यह सुतून—सब मेरे निकट हैं, बहुत ही निकट, शायद उतनी ही, जितनी मेरी होने की अनिवार्यता, मेरा अपना खून (या मेरा होना) निकट है।

पर उन्हें जो चीज सालती है वह है ज़माने की बेअदबी। उन्हें वे सब चीजें अपने भीतर प्रवेशती अनुभूत होती हैं, पर ज़माने की बेअदबी इस हद तक है कि जब वे घुल-मिलकर उस दरिया में एक हो रहे थे तब समाज, लोग उनकी एकाग्रता में बाधक बनते हैं—और उनका अक्स तो शेष रहता ही है। (यहाँ पर 'अक्स है' में 'है' पर विशेष भार है) उनके लिए यह 'आयडेण्टिफ़िकेशन' बहुत सहज है, अतः आश्चर्य उन्हें इस बात का है कि लोग उसे सहज क्यों नहीं मानते।

यह कहते-कहते ही, ज़माने के प्रति यह शिकायत करते-करते ही वह बेहद गहरा दरिया उन्हें अपने भीतर डुबा ले जाता है, निमग्न कर देता है। यहाँ पर कवि अपने भीतर चले गये हैं, पर बाहरी सूत्र अभी पूर्ण रूप से टूटे नहीं हैं। इस गहरे दरिया में क्या था—मात्र गहराइयाँ और कुछ नहीं। गहराई का माप बताने के लिए मानो वे कहते हैं—'एक इन्तहाइत,···हाइत···' लेकिन आखिर उस दरिया की गहराई क्या थी? तो वे स्वयं। अर्थात यह कवि के भीतर का दरिया है, जिसमें वे खींच लिये गये और अपने भीतर गहरे जाकर वे 'अपने आप' को देखते हैं, प्राप्त करते हैं।

अब वे अपने भीतर 'एक्सप्लोर' करते हैं। वे कहते हैं कि वहाँ उनके सिवा कुछ नहीं है। पर अचानक पाते हैं कि उनकी पसलियों में व्यंजन हैं और उनके बीच स्वर। अर्थात् भाषा भीतर है—कविता की तरह। भाषा ही कविता को उसका आकार, उसका आधार, उसका अस्तित्व देती है। यह स्वर-व्यंजन उनके बिल्कुल निजी हैं, अतः कहते हैं : '(उसे मेरा ही कहो फ़िलहाल)'

उसे, उस भाषा को, स्वर-व्यंजन को उनका मानने में किसी को आपत्ति नहीं, अतः वह प्रसन्न होकर कहते हैं कि 'तुम कितने अच्छे हो कि तुमने मान लिया। मान लिया इसलिए अच्छे हो, वैसे तो मूर्ख हो—नितान्त मूर्ख। क्योंकि वह 'तुम' जो कोई भी हो सकता है, इस ज़माने के रंग में रंगा हुआ है, अतः नहीं जानता कि भाषा को उनका निजी कहने से, क्या नहीं हो सकता। 'भाषा' की शक्ति को वे जानते हैं, 'तुम' नहीं। और तभी मान गये। 'तुम' अभी अन्धकारमय, स्थिर और शायद पिछड़ा हुआ है, अतः नहीं जानता कि उनके भीतर जो स्वर है वह कितना आलोड़न-विलोड़न कर सकता है। कितनी गतियों को संचालित कर सकता है।

इस सत्य की सम्भावनाओं की कल्पना मात्र से वे चिल्ला उठते हैं—नहीं-नहीं-नहीं। पर वह स्वर उनका हो चुका था—किसी के कहने-स्वीकारने के अतिरिक्त।

यहाँ आकर उन्हें अहसास होता है कि वह स्वर इतना शक्तिशाली है कि उसी ने अपने हाथों में बायें आकाश को उठाया है, और यह पृथ्वी इसी स्वर से घूम-घूम कर उन्हें अपने में ले रही है। और उस दरिया में, अथाह है जो, (यह दरिया अब तक अथाह नहीं था, अथाह हो गया है।) उसमें कवि और उनके अक्स दोनों को समेट लेता है। वह अक्स जो अब तक था, वह भी समाप्त हो जाता है और अब कवि के भीतर एक सृष्टि जन्म लेने लगती है। यहाँ पर कुल विस्मरण है, विलयन है।

अब उस सृष्टि की बात कवि करते हैं। उसमें सब है, पहाड़, धरती का अंतस्, आकाश, बादल और न जाने क्या-क्या। यहाँ कवि सृष्टि की आदिमता में पहुँच जाते हैं, क्योंकि जो पहाड़ हैं वे अरावली के हैं—अर्थात् एकदम प्राचीन (यह एक भौगोलिक सत्य है कि अरावली के पहाड़ विश्व के प्राचीनतम पहाड़ हैं) अर्थात् सृष्टि का आदिम या आरम्भिक काल स्थापित हो जाता है। यह देश और काल दोनों की स्थापना करता है। कवि के मन की सृष्टि में सबकुछ जन्म लेने लगता है।

सृष्टि का आरम्भ हो गया है, अर्थात् उसके भविष्य की सम्भावना हो जाती है। इसी भविष्य की सृष्टि के लिए कितना कुछ बना-बिगड़ा है। भविष्य तक सृष्टि विकास के लिए ये पहाड़ खोदे गये। लेकिन इस खोदने से धरती के सीने पर क्या बीती। खुली बिवाइयों और दरारों से लहू-लुहान हो उठा है धरती का सीना। ये दरारें और बिवाइयाँ अन्दर-ही-अन्दर धरती में घूर्णित होती रहीं—रिसती रहीं, दर्द से उभरी किसी कविता की पंक्ति की तरह। यहाँ पर सहज ही कविता के सृजन में रही—पीड़ा या दर्द की पुरानी, प्रचलित बात मुखरित होती है।

शमशेर के लिए भी कविता 'आह से निकली है'—फिर भी अपने शमशेरी अन्दाज में। यहाँ पर वे अपनी भावनाओं पर इतना 'रिस्ट्रेन' कर लेते हैं कि वह बात क्लासिक हो जाती है। (शमशेर के अनुसार क्लासिक की यही परिभाषा है।)*

वह स्वर ही उन्हें अपने भीतर की सृष्टि तक ले जाता है और वही स्वर भीतर पीड़ा को जन्म देता है। धरती के भीतर तक और ऊपर आकाश में वही स्वर क्रियाशील है।

यह स्वर मूल स्वर है, क्योंकि आगे चलकर इसी से भाषा बनती है। तो मूल स्वर विशाल आकाश में एक फनेल (Funnel) बन जाता है। उससे बनकर मानों

---

* दिल्ली में उनके साथ इण्टरव्यू के दौरान।

कवि की भाषा जो अभी बनी नहीं है, उस प्रक्रिया में ही, धुआँ रही है, मूल स्वर से छनकर सम्भवतः शुद्ध बनेगी, वह आकार पूरे आकाशीय विस्तार में फैलती है। वहीं पर अनेक पथ हैं जो स्वयं उलझे हुए हैं, और कवि उनमें से अपनी राह ढूंढ़ रहे हैं। उन सीढ़ियों से पथों पर लगातार चढ़-उतरकर अपने केन्द्र तक पहुँचने का उपक्रम कर रहे हैं। यहाँ पर चढ़ने-उतरने की उलझन कवि ने 'चढ़ रहा हूँ, उतर रहा हूँ चढ़ रहा···/ उतर रहा···'/ से बतायी है।

वहीं पर उन्हीं स्वर के फैलाव में कहीं एक सूक्ष्मातिसूक्ष्म कण है, अणु है, जिसकी उन्हें खोज है, क्योंकि वे जानते हैं उसी में से रचना सम्भव है। वह अणु यानी क्या है--तो समय और जीवन की निरन्तरता है। कवि कहते हैं :

"एक व्यर्थ का अभ्युदय / याकि / व्यर्थ का तुक / क्षण का—/ निरन्तर / एक बूंद लहू / और लो मेरा आविर्भाव'

समय की इसी निरन्तरता में सर्वप्रथम सृष्टि, फिर व्यक्ति / मनुष्य और आगे चलकर कविता का जन्म होता है।

अणु से रचना सम्भव है, पर वह अणु गहरा होना चाहिए, तभी सम्भावना बनी रहेगी।

अपने भीतर की सृष्टि, भाषा तथा रचना-प्रक्रिया को बाहरी सृष्टि-विश्व से जोड़ते हुए वे कविता के रचे जाने की बात करते हैं। एक बार रचना हो जाने पर वह मनुष्य की तरह तीनों कालों में बंट जाती है। इतना ही नहीं, 'उनकी कविता' कैसी होगी, यह भी बताते हैं। कहते हैं, एक ऐसा काव्य है जो विलयनवादी है, समय में विलयित हो जानेवाला वैसा काव्य शायद वे लिखते भी हैं, लिख भी पाते हैं, हाँ, हमेशा नहीं, पर कभी-कभार तो अवश्य ही। वैसा काव्य इन स्वर-व्यंजनों में ध्वनित और अध्वनित होता है। वह जो इस भाषा में हैं और परे भी। लेकिन वह उन्होंने नहीं लिखा या ऐसे काव्य में उन्होंने अपने आपको विलयित नहीं किया। लेकिन ऐसा काव्य जो देश-काल में से उठकर व्यक्ति की तरह स्थापित हो जाता है, वही सबसे 'निजी' और 'सही' (कवि के लिए) काव्य है। ऐसे काव्य के लिए वे विलयित हो सकते हैं, या ऐसा विलयन उन्हें स्वीकार है।

यहाँ पर देश और काल एक हो जाते हैं, क्योंकि 'समय का चौराहा है' जो देश-समय के बीच अपना अस्तित्व कायम करता है। वैसा काव्य ही कवि को स्वीकार है, क्योंकि वैसे निजी और आत्मतम काव्य में उनका युगभाव छिपा हुआ है। वह बहुत महीन है, लेकिन है। तभी वैसा काव्य वे चाहते हैं अर्थात उनकी नितान्त निजता में ही उनका युग-भाव छिपा है। वह कहते हैं—'शायद···मेरे लिए मात्र' अर्थात यह सोचना, उनका अपना विचार है, और किसी के लिए यह न भी हो। फिर कहते हैं—(मेरे साथ) 'मेरे ही अनेक बिम्बों के लिए मात्र! जिन्हें मेरे पाठक कहा जाय मात्र!' वे उनके पाठक हैं, क्योंकि वे ही उनकी कविता,

उनके निजत्व और उनके युगभाव को समझ सकेंगे।

शमशेर के विश्व में सबकुछ उनका निजी है, उनका अपना है। उनकी सृष्टि, उनकी भाषा, उनका युग-भाव, उनके पाठक; सबकुछ उन्हीं में से उद्भूत होता है। अर्थात् एक तरह से वे अपना विस्तार, अपनी आत्मा का विस्तार करते हैं, जब वे अपने पाठकों' को अपना कहते हैं।

उनके पूरे रचना-व्यवहार में कोई भी बाहरी नहीं, सब व्यक्तिगत और निजी हैं। और इसीलिए शायद उनकी कविताओं में किसी के मन को मोहित या आह्लादित करनेवाला कोई संगीत न भी मिले। सम्भवतः उनकी कविताएँ व्यर्थ की बकवास या प्रलाप लग सकती हैं—एक अंड-बंड प्रलाप या अन्धकार में भटकन (ग्रोपिंग इन दी डार्कनेस) लग सकती हैं—पर यह जो कुछ है उनके और पाठक के बीच का है—ऐसा कवि कहते हैं। अर्थात् उन्हें तो ऐसी ही कविता पसन्द है।

इतना निजी होने के बावजूद उनका कवि कैसा हो—तो वह कहते हैं कि सारी इन्सानियत होने के बाद भी जो तलौंछ बच जाती है, उससे नयी सम्भावनाएँ खड़ी करें, ऐसा हो।

सारी इन्सानियत समाप्त होने के बाद भी भाषा बची रहती है। वह एक ऐसा नशा है, जो सदैव जीवन की ओर अँगुली निर्दिष्ट किये रहता है—भाषा की ऐसी शराब उन्हें चाहिए। लेकिन एक शर्त है। और वह यह कि सुरा-पात्र अगर कोई हो तो वह 'फ़ोनिमिक्स' का हो। किन भाषाओं का? तो कहते हैं कि उनका जो दिशाओं को जोड़ती हैं। शमशेर का कवि यही चाहता है।

इतनी निजी भाषा और सृष्टि को रचने के उपरान्त भी उनका कवि नष्ट-प्राय स्थिति में दिशाओं को, भाषाओं को मिलाने की बात करता है। यही उनका युग-भाव है। उनका विश्वास है कि हमारे (प्रत्येक के) भीतर का जो सर्वोत्तम व्यक्ति है, हमारी जो भीतरी सर्वोत्तम अभिव्यक्ति है वह यही है कि हम भाषाओं की मिलन-सीमा को जोड़ें।

जब भाषा को शराब कहते हैं, तो वे उसके सम्भावित अर्थों के प्रति सजग हैं: अतः तुरन्त कहते हैं कि इस शराब से उन्हें नशा नहीं होता, बल्कि उन लोगों को होता है, जो उनकी भाषा को पीते हैं। वे चैलेंज फेंकते हैं: अगर वे (पाठक) मेरी कविता को उठाकर अर्थात् समझकर, एक घूँट भी पी सकें, तो उन्हें नशा होगा। एक पूरी पंक्ति में लिखा है 'अगर…।' उन्हें आशंका है किसी के भी उठा पाने में।

उनकी कविता किसी के लिए नशा हो, तभी उन्हें यह शराब चाहिए। नशा नहीं। अर्थात् भाषा उनके लिए नशा नहीं है कि मात्र वे आदी हैं, इसीलिए उसका प्रयोग करते हैं, पर इसलिए कि अनिवार्यता है। यह अनिवार्यता निजत्व से लेकर निजत्व के बाहर तक की है, देश और काल व्यापी है।

कुल मिलाकर इस कविता में कवि अपनी रचना-प्रक्रिया की सारी बातें

खोलते चलते हैं। वे बाहर से भीतर गहरे तक उतरते हैं और वहीं विस्तरित होते-होते दिशाओं को जोड़ने की बात करते हैं। अर्थात् आत्मा का विस्तार करते हैं, देश और काल में अपनी कविता को स्थापित करते हैं और इसमें सर्वाधिक महत्त्व की चीज है—भाषा।

X

'होली : रंग और दिशाएँ'

(एक एब्स्ट्रेक्ट पेण्टिग)

पेण्टिग में बहुत सारी बातें चित्रित होती हैं—पर कोई आकार, कोई रंग या कोई रेखा प्रमुख होती है। फिर बाकी बातें जुड़ती चली जाती हैं।

शमशेर की इस रचना को भी एक दृष्टि में सूत्रबद्ध रूप में समझ पाना सरल नहीं है। जिन अलग-अलग टुकड़ों में कविता लिखी गयी है, उन्हीं को समझते हुए चलना पड़ेगा, जिससे सूत्र पकड़े पाने की सम्भावना खड़ी हो।

शीर्षक हैं—'होली : रंग और दिशाएँ', फिर नीचे कोष्ठक में है (एक एब्स्ट्रेक्ट पेण्टिग)

कविता का आरम्भ ऐसे होता है जैसे किसी चित्र को हमारे सामने रखा जा रहा है।

"जंगले जालियाँ / स्तम्भ / धूप के संगमरमर के / ठोस तम के"

एक चित्र यहाँ पूरा होता है। जंगले, जालियाँ और स्तम्भ हैं। इनका वर्णन करते हुए वह 'कंट्रास्ट' खड़ा करते हैं; मुख्यतः स्पर्शबोध में और रंगबोध में। स्पर्श के दो स्तर हैं—धूप का जो केवल अनुभवा जा सके और संगमरमर का जो छूकर जाना जा सके, और दोनों के संयोजन से बनाते हैं—'ठोस तम'। जंगले, जालियाँ संगमरमर की हैं, पर धूप की तरह पारदर्शी। वे ही घने होते अन्धकार में 'ठोस तम' के हो जाते हैं।

'पारदर्शी धूप के परदे' तो उन्हें आकर्षित करते ही हैं। एक ही साथ धूप और तम में 'कंट्रास्ट' खड़ा करते हैं और साथ ही खड़ी करते हैं संगमरमर और तम में समानता। इससे एक तनाव अपने-आप उभरता है।

दूसरा चित्र है : "कँटीले तार हैं/गुलाब बाड़ियाँ।" यहाँ पर एक विरोध खड़ा करते हैं, कँटीले तारों और गुलाब में। साथ ही एक अलक्ष्य समानता है तारों में और गुलाब के काँटों में, जिनका उल्लेख नहीं है, पर वे गुलाबों के साथ-साथ विद्यमान हैं।

ये सारे विरोधाभास आखिर तो अन्तस् में खो जाते हैं, एक हो जाते हैं। जैसे खो जाता है नीला दरिया, हवाएँ, बेठोस चाँदनी, झिलमिली, डूबता सूर्य और कितना कुछ। कँटीले तार, गुलाब बाड़ियाँ···ये तो सब चित्त में थे, बाहर, जो

अब भीतर जा रहा है।

और फिर हैं—बाँहें, आँखें, वक्ष, मुख···। लेकिन इन सबको एक कलाकार की दृष्टि से समझना, परखना होगा। बाँहें—धूप की तरह उष्म (फिर यह वसन्त की धूप है यानी— सुखद है) और उज्ज्वल, आरसी है—यानी पारदर्शी, फिर केसरवर्णी भी यानी पवित्र। बाँहों के बाद आँखों की बात। ये आँखें वक्ष में खुलती हैं—अनझिप हैं। यहाँ स्तनों को आँखों के रूप में कल्पित किया गया है। अनझिप हैं, अत: जो भीतर आत्मा में है, उसे प्रतिबिम्बित करती हुई। भीतर का विश्व, जो बाहर के विश्व में मिलकर एक हो गया है।

वक्ष में खुली ये आँखें पुलकित हो उठी हैं। उठने-मुंदने लगीं। साँस की लय उनमें मिलती, खोती चली गयी। इतने वर्णन के बाद एक टुकड़ा आता है: "गुलाल : / धूल में / फैली / सुबहें।"

बाद में फिर 'मुख' की बात और सूर्य की भी। तब एक प्रश्न उठता है कि बाँहें, वक्ष, स्तन, उनका उठना-मुंदना, पीले चाँद···आत्मा···का ठोस 'तम' यानी अन्धकार, यानी रात्रि से कोई सम्बन्ध है?

लेकिन बात होली की है, जो आखिर शमशेर की है जिसमें रंगों का रंगारंग व्यापार चलता है। पर उनके रंगों में डूबना यूँ तो सरल नहीं है। सुबह की उड़ती धूल में ऊषा की लालिमा, मानो फैला हुआ, उड़ता हुआ गुलाल।

अभी तक वर्णन बाँहों से आत्मा तक का था। बाँहें पारदर्शी हैं, फिर वक्ष में आँखें भी—अत: पूरा व्यक्तित्व पारदर्शी है, तभी तो आत्मा तक पहुँचा जा सकता है। अब 'मुख' की बात करते हैं। सघन बादलों में दिखता लुकता-छिपता सूर्य जितना सुन्दर लगता है, उतना ही सुन्दर है यह मुख। नहीं, लग रहे हैं 'ये मुख'। 'मुख' का बहुवचन प्रयोग देखकर स्थिति बदल जाती है। अभी तक 'बाँहों', 'आँखों' से जो बोध होता था, वह अब नहीं होता। ऐसा लगता है कि वे एक जोड़ी बाँहों, आँखों से ज्यादा की बात कर रहे हैं, लेकिन आखिरकार सब 'एब्स्ट्रेक्ट' है। घन में पूरे ढँके, या कुछ-कुछ दिखते सूर्य अंश। बालों में ढँके, या कुछ-कुछ दिखते मुख।

फिर कहते हैं 'जल आईना'। दोनों ही पारदर्शी कि प्रतिबिम्बित हो सब। (जंगले, जालियाँ, बाँहें, वक्ष) एक पारदर्शी और तरल, दूसरा पारदर्शी पर कठोर। पर प्रतिबिम्बन की क्षमता दोनों में है। फिर आती हैं सड़कें, अनेक रंगों से रँगी—गहरी-गहरी। अभी तक की सारी बातों में, जो चीज आकर्षित करती है वह है—चीजों का 'पारदर्शी' गुण। कवि अपने भीतर और बाहर सभी कुछ पारदर्शी देखते हैं, महसूसते हैं।

आईना—उसका पारदर्शी गुण आगे भी यथावत् रहता है, लेकिन बात का मोड़ बदल जाता है। आखिर सबकुछ समय और स्थान में घटित होता है, और

व्यापक स्तर पर निरन्तर घटित होता है। वे समय को 'दर्पण' कहते हैं। ऐसा कहकर एक सातत्य का बोध उपस्थित करते हैं।

'दिशाओं' का भी दर्पण है, और वह समय की गति को चारों ओर से पाट रहा है। दर्पण में जैसे हम होते हैं अपने प्रतिबिम्ब के साथ, वैसे ही समय भी दिशाओं के दर्पण के पार है, वह अनन्त है, दिशाओं के विस्तार में फैला है। समय स्वयं पारदर्शी है, और उस पारदर्शी समय में हम हैं।

यहाँ पर रात से सुबह तक की बात है, (जिसका उल्लेख पहले हो चुका है) समय का बोध देने के लिए। समय का बोध स्पर्श और रंग के परिप्रेक्ष्य में, मनुष्य के अस्तित्व और कला के अस्तित्व के साथ।

एक अंश यहाँ समाप्त हो जाता है, पर कवि की बात अभी पूरी नहीं हुई है।

पहले अंश में जंगले, जालियों की बात थी, अब हैं चौखटे, द्वार और खिड़कियाँ। पहले सब सीधे थे और अब आड़े। यह पूरे स्पेस में फैले हैं। आकाश मानो इनका परदा है, पर सघन, पारदर्शी नहीं। फिर कहते हैं 'हमीं हैं वो'। जीवन और कला तो चिरन्तन है, समय में है। हम तो केवल देश में हैं। हम, हर एक अलग-अलग देश में हैं, जबकि पूरी मनुष्य जाति समय में है।

बिम्ब 'परदे' का है, सो कहते हैं 'हिल रहे हैं।' अभी तक तो सब पारदर्शी या सघन था, पर स्थिर था अपने स्थान पर। अब सब तरल बनकर हिलने लगा है। एक-दूसरे में गड्ड-मड्ड हो रहा है, चौखटे, द्वार, खिड़कियाँ, जंगले, हम और आप।

पहले अंश में मुख तक की बात है। अब आते हैं केश अर्थात् सातत्य बना रहता है, सन्दर्भ बना है अब तक। केश हवा में दूर तक लहरा रहे हैं, और वैसे ही लहरा रही हैं रात। कवि कहते हैं 'थिरक' रही हैं रात। समय तो गति में है, हम खो गये हैं, सब अलग-अलग अपने में—और समय है कि लगातार 'थिरक' रहा है। अब काल और देश के सन्दर्भ एक-दूसरे में मिल गये हैं, रचना के साथ-साथ आते हैं।

यह कविता का तीसरा अंश है। पहली ही दो पंक्तियों में शब्द प्रयोग द्वारा प्रस्तुत प्रभाव-कौशल दर्शनीय है। 'धारा' शब्द में ही गति का निर्देश है। लेकिन 'धारा' तो स्तम्भवत् खड़ी है गति में। मानों गति में लिया हुआ किसी का फोटोग्राफ़ हो। लेकिन उनका इस तरह खड़ा होना, स्थिर-सा, शायद एक मरीचिका (इल्यूज़न) है। आप उन्हें स्तम्भवत् मानकर छूने जायेंगे कि समझ लीजिए, उनकी गति की लपेट में आ गये।

बीते युग उनके सामने आकार ले रहे हैं। बीते—पर ठोस हैं वे। सतयुग और द्वापर—दोनों बहुत विरोधी, पर वैविध्यपूर्ण। वे उन खिड़कियों से हमारी तरफ झांक रहे हैं, खिलखिला रहे हैं। पर हम अगर मोह करके उनकी तरफ उन्मुख हुए,

तो समझ लो बह गये। हमने खिड़कियों में से सर निकालकर उनकी तरफ़ देखा तो उन्हीं में से एक हो जायेंगे, समाप्त हो जायेंगे। अर्थात् जो बीत चुका है, उसकी तरफ़ मत देखो। कवि ने चेतावनी की लक्ष्मण रेखा खींची है। मगर रावण-रूपी बीता समय प्रतीक्षा में है कि कब हम इन खिड़कियों पर लहराते सघन पर्दे हटाकर झांकते हैं उस तरफ़।

काल और देश—इसी में हम हैं, हमारा जीवन है, आखिर जिस भी तरह से हैं। लेकिन इस हमारे जीवन को आगे की ओर लगातार कौन-सा आलोक उन्मुख करता है। यह 'सौन्दर्य' है। यहाँ जीवन के प्रति एक विधेयात्मक भाव प्रकट हुआ है। यह आलोक हमें 'उत्सवों' में से मिलता है। उत्सव यूं हमारे जीवन का सम्बल, प्रकाश, सौन्दर्य बन जाते हैं।

यहाँ उत्सव की बात है। तब फिर कविता का शीर्षक स्मरण हो आता है··· 'होली : रंग और दिशाएं'। क्या इसके पूर्व का चिन्तन, इस पर्व के निमित्त था? 'पर्व प्रकाश है अपना', पर आखिर हम उसे कितना पा सकते हैं। कई बार इस प्रकाश से हम मिल भी नहीं सकते। कुछ भीतरी और कुछ बाहरी कारण ही इसके लिए जिम्मेदार हैं।

पर्व के जो रंग हैं वे दहकते हुए हैं। वे तो जोड़ते हैं, हमें समग्र जीवन से, समाज से, संस्कृति से। उन्हें अपने जीवन से तोड़ना, यानी एक तरह से अपनी चेतना को ही बुझाना है। पर्व का इतना अधिक महत्त्व है जीवन में। इस चिरन्तन काल और व्यापक देश में पर्व ही हमें उत्साह देते हैं, सौन्दर्य की दृष्टि देते हैं।

यह होली के निमित्त है। 'लपट/फूल हैं/कोमल/बर्फ़ से'। यहाँ सन्दर्भ होलिका-दहन का है। (और टेसू के फूलों का भी) यही तो 'दहकते रंगों' का भी सन्दर्भ हो सकता है। होलिका-दहन अर्थात् दुष्ट का संहार और सत्य की विजय। सम्भवतः तभी होली की लपटें फूल की तरह कोमल और बर्फ़ की तरह शीतल हैं। उनको स्वीकार करना अपने भीतर वसन्त को बुलाना है। अपनी साँसों में वासन्ती बयार को घुलाना है। स्वयं एक उत्सव बनना है। वसन्त और होली दोनों पर्याय ही तो हैं।

वास्तव में वर्तमान युग, यह ऋतु ही सबकुछ है, जिसका उल्लेख पहले हो चुका है, वह अब समग्र रूप से अर्थित होता है। पिछले युगों में मत झांको, यही समय सार्थक और महत्त्वपूर्ण है। 'हम ही' सबकुछ कर सकते हैं। यहाँ एक ही साथ कवि का मनुष्य, उसका समय और उसकी कर्मठता के प्रति विश्वास प्रकट होता है।

देश का विस्तार है दिशाओं से दिशाओं तक व्याप्त काल चिरन्तन है, पार-दर्शी, दिशाओं के भी पार, इसमें हमें उत्साह देती है, विश्वास देती है, हमारी ऋतुएं, हमारे पर्व।

यह कविता शमशेर की महत्त्वपूर्ण कविताओं में से है। अत्यन्त क्लिष्ट, पर

अर्थ खुलने पर अत्यन्त समृद्ध भी।

इसमें कलात्मकता का बारीक काम है। रंगों का साम्राज्य है, पर सधा, संयत। शब्द भी वैसे ही सधे और संयत। वैसी ही अभिव्यक्तियाँ। कविता की टायपोग्राफ़ी भी कलात्मकता का आग्रह लिये हुए है। पर यह कविता चिन्तन से समृद्ध भी है। एक कलाकार का चिन्तन। यूँ, एक अत्यन्त सधी संयत—एक हद तक क्लासिक रचना है।

XI
'सावन'

यह रचना चार भागों में विभाजित है। प्रथम भाग सावन के विभिन्न बिम्बों से आरम्भ होता है, दूसरे में एक कल्पित रूपाकार है—'तुम' का। तीसरे में कवि उस रूपाकार में मिल जाने का प्रयत्न करते हैं…एकदम भीतर तक और चौथे में वह 'तुम' से 'मैं' तक पहुँचते हैं। इन विभाजनों का संकेत इसलिए किया गया है कि सम्भवतः कविता का विकास जानने में अधिक सरलता रहे। वैसे ये चारों या सभी बातें आरम्भ से ही कुछ-कुछ घुलती-मिलती चलती हैं।

शमशेर की अन्य कविताओं की तरह ही यह भी बिम्ब, चित्र, वातावरण से आरम्भ होकर अनायास कवि की मनोदशा की भीतरी पर्तों तक पहुँच जाती है। यह वातावरण और मनःस्थिति की रचना है। रचना प्रेम की है और उसमें भी विरह की।

सावन में कवि की यह मनःस्थिति अनेक बिम्बों में उभरती और उजागर होती है। कविता का आरम्भ ही देखें तो: "मैली हाथ की धुली खादी/सा है/आसमान।" सावन का दिन है—मेघयुक्त आकाश। कवि इस आकाश को 'खादी-सा' कहते हैं अर्थात् खुरदरा। उसमें वह चिकनापन नहीं है, जो नील आकाश में होता है। एक के ऊपर एक लदे बादल-गुल्म 'फ़ाइननेस' का आभास नहीं देते। अब खादी से—खुरदरेपन और अनगढ़पन का बोध तो होता ही है पर साथ ही वह खादी 'मैली' और हाथ की धुली है अतः उसमें एक मलिनता भी प्रविष्ट हो जाती है, क्योंकि वह हाथ की धुली है अतः (उसमें धोबी धुली स्वच्छता नहीं है) थोड़ी मैल धब्बों के रूप में यहाँ-वहाँ रह गयी है। आसमान इन काले मटियाले बादलों के कारण वैसे लग रहा है, अतः अब कवि उन बादलों का वर्णन करते हैं।

वास्तव में बादल और आसमान एक-से हो गये हैं। अतः जब आसमान को खादी-सा बताते हैं तो उन्हें वह बादल लगते हैं, तब भी पूर्ण सन्देह बना हुआ है कि वास्तव में यह आसमान है। बादलों का यह पर्दा पूरे आसमान में करीबन बराबर फैला हुआ है। अब यह तो खुरदरी हाथ की धुली खादी है। तो कहते हैं कि इस खुरदरी बादली खादी को नील भी दिया है—शायद चमक लाने के लिए—सफेदी

की। लेकिन फिर यह नील दिया जाना 'अनगढ़ हाथों से हुआ है, क्योंकि कहीं-कहीं हल्का नील दिया है।' उसकी हल्की नीली झाइयाँ स्थायी नहीं हैं, वे बहती, बनती और मिटती जाती हैं। इस तरह चित्र उभरता है उस बादल के मटियाले धुँधले पर्दे का जिसने आसमान में नील दिया है। यह भी सम्भव है कि उस मटियाले पर्दे के बीच से कहीं हल्का नीलापन झाँकता है।

सावन के दिन हैं और कवि सुबह की बात कर रहे हैं। अब जो बिम्ब कवि देते है वह दूसरे खण्ड की (आगे आनेवाली) 'तुम' की झलक दे जाता है। बादल का धूमिल पर्दा अब आँगन बन जाता है। आकाशीय आँगन। उस आँगन के पीछे एक गुलाबी छाया सहसा दीख पड़ती है। यहाँ पूरा रूपान्तरण हो जाता है और बादल उस झीनी आभासी आकृति के लिए आँगन बन जाते हैं। यह ऊषा है। ऊषा खिल-खुल रही है, पर बादलों के कारण दब-सी गयी है। मटियाले बादलों के बीच यह गुलाबी झलक चुपके-से आयी है, तभी तो 'एकाएक उभरकर ठहरी'। कहीं भी नहीं थी, इन धूमिल बादलों के बीच, पर न जाने अचानक आकर आकाश के आँगन में ठहर गयी। सुबह का समय है, लेकिन फिर भी यह 'झलक' पहले थोड़ी गहरी थी, फिर मद्धिम होकर मिट जाती है। और उस वैसी लालिमा के कारण आकाश ऐसा लगता है: "जैसे/घोल गया हो कोई गँदले जल में / अपने हल्की मेहँदी वाले हाथ।"

यहाँ पर 'ऊषा' मंगल-बेला है। अतः उसका 'अर्ध खिलापन' भी ऐसे ही बिम्ब द्वारा प्रस्तुत करते हैं, जिसमें कोई मांगल्य प्रतीक हो। मानो वह 'मौन गुलाबी झलक' ही वह हाथ घोल गयी है, जिसके फलस्वरूप एक और रंग-झाँकी आकाश में दिखती है। एक ऐसा चित्र खड़ा होता है पूरी बात से कि जिसकी कल्पना पाठक भली-भाँति कर सकता है। यह मांगल्य-भाव पूरे आकाश में व्याप्त हो जाता है।

मैली हाथ की धुली से··· अब तक यह देखा जा सकता है कि कवि ने इस 'अ-साधारण' सुबह के फिसल जाते रंगों को किस तरह से पकड़ा है। सतत मटियाले धुँधले आकाश में कहीं-कहीं दिखनेवाला नीला रंग आकाशी, क्षणार्ध के लिए दिखनेवाला ऊषा का लालिमामय आभास।

आकाश का रंग मटियाला होता जा रहा है। कवि कल्पना करता है कि मिट्टी की चाक पूरब में सारे आकाश में, भीग रही है या भीगी हुई है। यहाँ पर मटियालापन बताने के लिए मिट्टी की चाक का प्रयोग किया गया है और शायद उसके भीगने से, एक स्पर्श का बोध देने का तात्पर्य हो सकता है। 'चाक' कहने से शायद उन्हें हल्की मटियाली सी सावन-भीगापन सूर्यकिरणों की ओर निर्दिष्ट करना होगा —अर्थात् सूर्य-किरणें जो मटियाले बादलों में से वैसी दिखती है। ऊषा के बाद सूर्योदय हो चुका है, या अभी हुआ ही है, जिसकी गवाही ये मटियाली किरणें दे रही हैं।

अब आगे कवि उस मिट्टी की चाक की छाया को 'गीला' कहते हैं। यह कल्पना करना थोड़ा असम्भव लगता है। यह हो सकता है कि इन मटियाली किरणों के बीच का नीला अवकाश मानो उसकी नीली छाया है। गीली रेत कहने से उस मटियाली भीगी चाक से उसका स्पर्श-साम्य उपस्थित होता है।

यह तो पूरी बिम्बावलि चल रही है, जिसमें एक लय भी है। एक निरन्तर लय उपस्थित है। इस लय की प्रतीति होती है, जब वह टूटती है इस गद्य-वाक्य से जो कोष्ठक में दिया है : ("यह जोलाई की पन्द्रह तारीख है/बादल का है राज/)"

यहाँ पर यह गद्य-वाक्य देने से लय मुखर तो होती ही है, साथ ही ऐन बरसात के दिन हैं, इस बात का निर्देश भी मिलता है। और सम्भवतः इससे पूरी बात को एक तथ्यात्मक आयाम भी मिलता है।

अब तक सावन में ऊषाकालीन आकाश की बात हो रही है। वातावरण बाहरी है। इन लुकते-छिपते रंगों से कवि अब अपनी निजी बात पर आते हैं। ऊषा कल्पना के परे उनके जीवन से जुड़ती है। जुड़ते-जुड़ते वह सन्ध्या में परिवर्तित हो जाती है।

मटियाले रंगों के बीच का नीलावकाश उन्हें बहुत पीछे ले जाता है—'उस शाम' तक। यह वह बिन्दु है जहाँ पर कवि अपनी प्रकृति के अनुरूप अन्तर्मुखी हो जाते हैं :

"या जैसे उस फाख्ता के बाजू के अन्दर का रोआँ/कोमल उजला नीला/ (कितना स्वच्छ !)/ जिसको उस शाम/हमने मारा था।"

यह प्रेम का संकेत है। 'फ़ाख्ता' शब्द से ही इस बात की प्रतीति हो जाती है। सम्भव है 'हमने मारा था' से यह तात्पर्य हो कि किसी शाम कवि और उनकी प्रेयसी के बीच समझौतापूर्वक किसी एक अनिवार्यता या विवशता के फलस्वरूप अलग होने की स्थिति आ गयी है। यही बात कवि के मन को चुभती है कि वे अब अलग हैं।

वैसे भी आगे चलकर पूरी रचना में प्रेयसी का 'अभाव' ही मुख्य है। बार-बार कवि का मन कह उठता है : 'तुम कहाँ हो ?/ये घटा/ नाच रही है।" यह बिम्ब आगे आये 'डलनैस' के विरोध में है 'कोमल उजला नीला' कवि की टिप्पणी है—'कितना स्वच्छ' !

दो विरोधी चीजें आसपास रख देने से दोनों उभरती हैं यह बात यहाँ पर पुनः सिद्ध हो जाती है। शमशेर की 'सींग और नाखून' में भी यही बात है। आरम्भिक डलनैस और इस बिम्ब का यह उजलापन। वह बात जो हो चुकी है, अब भी कवि के लिए मायने रखती है—उनके लिए 'उज्ज्वल' है।

यह बिम्ब कविता को एक तरह से गति देता है। सुबह की बात एकाएक शाम पर आकर ठहर जाती है और बाहरी परिवेश से निकलकर या अलग होते हुए कवि

निजी सन्दर्भ से जुड़ते हैं—'तुम' तक आते हैं। कवि मानो यह स्पष्ट कर देते हैं या प्रतीति करा देते हैं कि सावन है, वे भी हैं और उनके साथ प्रतिपल रहनेवाली 'वह' 'प्रिया' भी है। यहाँ पर 'कोमल' कह देने से प्रेम की पृष्ठभूमि के साथ स्पर्श का बोध स्पष्ट होता है। वैसे भी नीले रंग से प्रेम की प्रतीति होती है, रंग की तो होती ही है।

फिर आगे 'ये नीले होंठ' से लेकर 'मूंद रही है मुझको' तक सावनी आकाश और प्रेयसी के मुख का घुला-मिला चित्र है। एक कुशल रेखा-चित्रकार की भाँति एक-दो रेखाओं में ही पूरी मुखाकृति स्पष्ट हो जाती है। नीले होंठ (गहराता सन्ध्याकाश), पलकें और भौंह (क्रमशः कालिमा) और मोतियों की लूट(बिजली)। कहते हैं: "ये नीले होंठ/जो शाम का पूरब हैं आज/क्या कहते हैं?" कवि कल्पना करते हैं कि प्रिया के होंठों से ही शाम खिली है, प्रिया के होंठ शाम के लिए दिशा (पूरब) बनते हैं। और इसीलिए शाम उनको बोलती हुई प्रतीत होती है।

कवि यह भली-भाँति जानते हैं, कि वे स्वयं, सावन और प्रेयसी सब अलग-अलग हैं, अपनी-अपनी 'आयडेण्टिटी' के साथ, परन्तु, इसके बावजूद कवि के भाव-विश्व में यह सब इस तरह एक होने लगते हैं कि कहीं भी भेद-रेखा नहीं रह जाती।

प्रिय की हँसी गायब हो गयी है। कवि कहते हैं: "वह/मोतियों की लूट··· कहाँ गयी वह हँसी?"

कभी प्रिया के खिलखिलाने की स्मृति जाग उठती है कि मोती ढेर-के-ढेर बिखर गये हों। लेकिन अब वो कहाँ हैं? यहाँ पर मोतियों की लूट कहकर वे 'बेहिसाब-मूल्यवान' है ऐसा कहना चाहते हैं, पर अब उसके स्थान पर प्रिया की भृकुटि में कुछ तनाव-सा आ गया है। भौंहें वह क्षितिज है जहाँ से सूर्य-'बेंदी' डूबती है, उगती है।

फिर वे कहते हैं कि मैं जानता हूँ कि सावन आया है। मैं खूब समझता हूँ उसका आना। वे स्वयं आँख बन जाते हैं और महसूस करते हैं कि सावन की पलकें उन्हें मूंद रही हैं।

शाम के बाद रात की बात। बिम्बवाले अध्याय में बात हो चुकी है कि शमशेर की कविताओं में बदलते प्रहर एक विशिष्टता रखते हैं। यहाँ सावन की सुबह-शाम-रात, की बात आती है।

सावन के भीगेपन से पूरा वातावरण आकाश, जमीन सब (गीले) भीगे-से हो गये हैं। कवि कहते हैं कि इसी कारण रात भी फिसलन-भरी हो गयी है। चिकनी अँधेरी रात सावन के भीगेपन से बिछलन-भरी हो गयी है। ऐसी फिसलन-भरी रात में तारे गायब हैं। तो कवि कल्पना करते हैं कि वे जुगनू होने चले गये हैं। अब यहाँ फिर रूपान्तरण की प्रक्रिया शुरू हो जाती है। तारे तो जुगनू हो गये हैं, पर चाँद

की बात आती है, तो एकदम उस चाँद का ख्याल आता है, जो दिल में है—अर्थात् प्रिया का। उसी बात को आगे ले जाकर कहते हैं कि दिल है कि बहकती हुई रात। प्रिया के हृदय में होने से हृदय बहक गया है। पर आरम्भिक कल्पना रात की है, सो, कह उठते हैं कि दिल, कि बहकती हुई रात है। भीगी अँधेरी रात में चाँद और भीगे हृदय में प्रिया-रूपी चाँद।

इसी प्रिया को वे मानो अब सम्बोधित करते हैं। यह जो पूरा अंश है, वह बड़े ही नाटकीय ढंग से आता है। कहीं पर यह बोलचाल की शैली में भी लगता है।

कविता की परिभाषा में 'तुम' को ढूंढ़ने की कोशिश है। कहते हैं: कि तुम किसी रहस्यमय तात्पर्य से मुस्कराओ मत। फिर वह क्या है—यह बताने का प्रयास किया है। कहते हैं कि तुम मेरी लिखित या वाचिक अभिव्यक्ति नहीं हो—शब्द नहीं हो। न तुम उसके भीतर निहित अर्थ हो। तुम तो उसके परे हो। यहाँ पर अलिखित रूप से प्रिया और कविता एक होने लगती हैं, जैसे पहले प्रिया और सावनी आकाश होते देखे गये थे। कहते हैं कि मान लो तुम छन्द की लय हो, क्योंकि छन्द नहीं हो, यह तय है। रूपाकार नहीं हो—जड़बन्धन युक्त। पर उस रूपाकार की आत्मा 'लय' अगर तुम हो, तो भी उस 'लय' का 'स्वर' हो। अर्थात् एक सूक्ष्माति-सूक्ष्म स्थिति तक उसे पहुँचा देते हैं। कोष्ठक में कहते हैं (मान लिया।) संभवतः कि छूटते-छोड़ते तुम 'स्वर' में पकड़ी गयीं। स्वर भाषा मात्र का आरम्भ। कविता का भी सम्भवतः। उस 'स्वर' को लेकर वे 'तुम' को ऐसा गीत कहते हैं, जो मुक्त है। और वह गीत कवि का है, जिसे उन्होंने गलियों में गाया था। एकदम सामान्य जगह पर। कोष्ठक में, गलियाँ कैसी हैं, बताते हैं।—काली कीचड़ से भरी और तन्हा। यहाँ पर एक तनाव है कि पहले शब्द अर्थ से मुक्त कर उसे स्वर में पकड़ते हैं और फिर रखते हैं, काली, कीचड़ से भरी तनहा गलियों में। यहाँ पर 'सामान्यता' आती है। सूक्ष्मता का 'कलात्मक' आग्रह तो है ही, पर 'सामान्यता' का सामाजिक (?) आग्रह भी। 'कीचड़' से यह बोध उभरता है। केवल 'तनहा' से व्यक्ति का बोध होता है—पर 'काली कीचड़ से भरी' में एक सामाजिक बोध का प्रभाव पड़ता है।

अब फिर वे उसे कहते हैं कि 'शरमाओ मत'। यहाँ पर पूरा मुहाविरा उर्दू शैली का हो जाता है। प्रिया तो उनके हृदय में है···मानो हृदय की उस प्रिया को सम्बोधित करते हुए कहते हैं कि जैसे मेरे हृदय की धड़कन हृदय के भीतर छिपकर धुक्-धुक् करती है, वैसे तुम मेरे भीतर रहकर न शरमाओ। क्योंकि मेरी धड़कन का तो तुम ही इलाज हो। सो तुम शरमाओगी, तो उसका इलाज कौन करेगा ?

आगे जो बात कहते हैं, वह बड़े ही तिरछे और बाँके अन्दाज से कही गयी है: "तुम तो हो महज अता-पता मेरा, अरे/वह नाम कहाँ हो/जो बूझ लिये जाओ। शरमाओ मत।" वे कहते हैं कि तुम मेरा पता हो अर्थात् मुझे ढूंढ़ने के लिए लोग

अब तुम तक आते हैं, क्योंकि मेरा अपना पता रह ही कहाँ गया है। मैं बेपता हूँ। तुम अपने नाम से जानी ही कहाँ जाती हो, तुम मेरे पते के रूप में जानी जाती हो। मैं तो वैसे भी तुममें मिल गया हूँ, तो मेरा नाम वैसे भी तुममें मिल गया है। तो लोग नाम जान जायेंगे, इस बात का भय ही क्यों रखो ? अर्थात् मेरी—एक तरह से हमारी—स्थिति ही जानी-मानी है, हमारे नाम नहीं। इसके बाद जो 'शरमाओ मत' कहते हैं, उसमें थोड़ा व्यंग्य का-सा हल्का, बहुत हल्का, आभास है। कहते हैं कि अब कोई बात अर्थ नहीं रखती सो शरमाओ मत।

वही उर्दू मुहाविरा आगे चलता है। यह अंश मुद्रांकन भेद के साथ प्रस्तुत हुआ है। एक कारण यह हो सकता है कि इससे कवि भावनात्मक तीव्रता लाना चाहते हों। 'तुम' को सम्बोधित करते-करते उन्होंने 'तुम' को एकदम साक्षात् कर लिया है स्मृति में। वे अपने भीतर की उन (अब भी) धधकती लालसाओं को, अभिलाषाओं को सम्बोधित करते हैं। उर्दू कविता का वह अति-प्रसिद्ध 'शमा-परवाना' यहाँ आता है, एक अलग ढंग से। कहते हैं: 'ओ शौक के परवानो'···अर्थात् मेरे भीतर स्थित अभिलाषाओं के ('तुम' को प्राप्त करने की) परवानो थोड़ा ठहरो, क्योंकि तुम जिसमें ('तुम' ?) जलना चाहते हो 'वह' 'शमा' नहीं है। वह तो सिर्फ जल चुकने का दाग है। अर्थात् बात समाप्त हो गयी है···उसका होना 'अहसास' बन चुका है। आगे कहते हैं···मेरे स्मृतिपट पर अनेक यादों की शाम है। इसके बाद···'बिन्दुओं' से सूचित करने का प्रयास है कि कहते-कहते···कि मेरे स्मृति-पट में यादों की शाम है···कवि की आँखों के सामने बहुत कुछ घूम गया और वह कहते हैं···'जरा ठहरो'। यह वह 'शाम' हो सकती है, जब कवि और उनकी प्रेयसी का सम्बन्ध टूट गया था। यहाँ पर 'चिलमन' शब्द से कवि ने यह बताने की कोशिश की है वे तो देख पा रहे हैं उस शाम को, पर और कोई नहीं देख सकता। वैसे 'चिलमन' 'पलक' के अर्थ में भी यहाँ सार्थक है। कवि की पलकों में वह शाम अब भी ताजा है।

कहते हैं—सावन है कि 'फ़ानूस'···अर्थात् सावन में ऐन बरसात के दिनों में ठण्डक होनी चाहिए, पर यह कैसा विरोधाभास है कि भट्ठे की गरमी की तरह पूरा वातावरण तप रहा है। बरसात की बूंद कवि को शीतलता—सुकून न देकर, रक्त की तरह उद्वेलित कर गयी। पर वह अपनी लालसा के परवानों को कहते हैं कि मैं जल गया हूँ, इसका अर्थ यह नहीं है कि 'तुम' में 'आग' है, कि तुम जल जाओगे। यहाँ तो शीतलता ही है। यह सम्बन्धों की शीतलता है। अतः चाहे 'मैं' उस अनुभव के बाद झुलस गया है, पर प्रिया तो उतनी ही शीतल है। यहाँ पर शीतलता और आग का स्पर्शजन्य विरोध खड़ा होता है जो कविता को काफी 'सेन्टीमेण्टल' बनाता है।

वह अंश समाप्त हो जाता है। अब कवि इस मनःस्थिति तक पहुँच चुके होते

हैं कि 'तुम और मैं' का भेद मिटने लगता है। इतना ही नहीं, 'तुम' के साथ 'सावन' भी कवि के भीतर घुलने लगता है। 'सावन' 'तुम' और 'कवि' एक-दूसरे में गड्ड-मड्ड हो जाने की प्रक्रिया में हैं।

यहाँ पर कवि पर नशा-सा छा जाता है। यह स्मृति का नशा है।

फिसलनों से भरी हुई रात बीत चुकी है, लेकिन आकाश में सावन की घटाएँ अब भी हैं। शायद सूर्योदय हुआ है और वह लाल गोला, इन काले बादलों में कन्दील की तरह लग रहा है। यहाँ पर 'हिलता हुआ' दो बातों की तरफ इंगित करता है—हवा की उपस्थिति और कवि का नशे में झूमना या तन्द्रा में होना। सावन के काले बादल (आकाश) कंदील की काँच पर जमनेवाली कालिख है और सूर्य-बिम्ब उसकी लौ—जो मद्धिम है। कवि पूछ बैठते हैं 'तुम' से कि वह कहाँ है? अब यहाँ पर कवि अपनी वर्तमान सुध खो बैठे हैं। उन्हें घटाएँ नाचती हुई दिखती हैं। ये घटा···के बाद विन्दु हैं, जो एक 'पॉज़' को सूचित करते हैं, जो प्रकारान्तर से कवि के नशे की स्थिति को स्पष्ट करते हैं।

अब स्थिति कवि की 'सुध' के बाहर की हो गयी है। उनका घर अब आसमान के साथ गड्ड-मड्ड होता जा रहा है। आसमान उनके घर की चौखट तक उतर आया है। यहाँ एक वास्तविक स्थिति यह है कि जब आकाश गहन, मेघाच्छन्न हो जाता है, तब ऐसा प्रतीत होता है कि वह बहुत नीचे तक उतर आया है। कवि बेसुध-से हैं। अतः उनकी मानसिकता में, कल्पना में आकाश के उनके घर की चौखट तक उतर आते ही घर आकाश में मिल जाता है। कवि के मन में अब दिन और रात एक हो जाते हैं, अतः चाँद और सूरज एक साथ अस्तित्व में हैं। लेकिन अपने आप को ब्रह्माण्ड में ले जाने की अपेक्षा चाँद और सूरज को घर में ले आते हैं—घर में, अलमारी में और उसमें रखे एलबम में। प्रिया को बुलाते हुए कहते हैं कि तुम आओ न, मैं अपने घर की अलमारी में रखे एलबम से चाँद-सूरज निकालकर तुम्हें दिखाऊँ! यह उसी अति-रोमाण्टिक कल्पना का रूप है—कि—माशूक के लिए आकाश के चाँद-तारे तोड़ लाना। पर यहाँ देख सकते हैं कि पूरी बात कितने अलग ढंग से आती है, अतः वह उतनी अति-भावुकता (सेन्टीमेण्टल) से लदी नहीं लगती। कल्पना की विशिष्टता लगती है, जबकि बात एक ढंग से काफ़ी पुरानी है, और भावनात्मक होते हुए भी अति भावुकता से बच गयी है।

'तुम आओ न' में 'न' से जो आत्मीयता-भरा आवर्तन होता है, उससे पहले का वह थोड़ा-सा व्यंग्य-भरा कथन घुल जाता है। नशे में बचा हुआ अहं भी घुल जाता है।

फिर वही पूछते हैं कि तुम कहाँ हो? इनके भीतर जो सारी सृष्टि एकाकार हो गयी है, तो सम्भवतः वे भूल चुके हैं कि 'तुम' कहाँ हो। फिर कहते हैं यह घटा···।

आगे जो कह चुके हैं—'ये घटा···नाच रही हैं···।' वह 'यह घटा···' तक

आ जाता है। शेष कहने की आवश्यकता नहीं पड़ती और कहने की स्थिति भी तो नहीं है।

'उस शाम' को कवि और प्रेयसी के सम्बन्ध का वह कोमलतम अंश मर गया था। प्रेयसी अब वह शमा भी नहीं रही थी कि जिसमें या कि जिससे टकराकर (कवि की) लालसा के परवाने अपने आपको नष्ट कर दें। पर कवि ने अभी पूरी दशा छोड़ी नहीं है। पुनः मुद्रांकन भेद लाकर, उस आशाभरी मनःस्थिति को प्रस्तुत करते हैं।

वे अपनी लालसाओं को सम्बोधित करते हुए कहते हैं कि 'हे परवानो, तुम अपने पंख यहीं मेरे भीतर रखकर स्वयं रेंग जाओ।' (पंख के बिना परवानों को रेंगना ही पड़ेगा।)

तुम इस समय रेंगकर मेरे भीतर से कहीं चले जाओ, क्योंकि अभी तुम्हारी ज़रूरत नहीं है। ऐसी परिस्थिति ही नहीं बन सकी है कि तुम किसी भी कारण से रुक सको। पर अपने पंख छोड़ जाओ। कवि को भय है कि लालसा के ये परवाने अगर शमा की गैरहाज़िरी में ही पंख फड़फड़ाते रहे, तो सम्भवतः इस घुटन में ही समाप्त हो जायेंगे। और जब सही समय आयेगा तब नहीं होंगे। ऐसी स्थिति से अपने-आपको बचाने के लिए ही वे लालसाओं को पंख छोड़कर रेंग जाने के लिए कहते हैं। 'ताकि सनद रहे'···ताकि मुझे विश्वास रहे, सहारा रहे, एतबार रहे और वक्त आने पर काम आये। यहाँ पर उनकी तीव्र आशा-भरी मनःस्थिति प्रकट होती है। मुद्रांकन भेदवाला यह खण्ड यहीं समाप्त हो जाता है।

धीरे-धीरे कवि बाहरी वातावरण के साथ अपने आपको एकलय होते हुए पाते हैं। अपनी आशा-भरी अभिव्यक्ति के बाद फिर उनका ध्यान आकाश में छायी घटाओं पर जाता है। बार-बार प्रिया के बारे में पृच्छा और घटाओं का उल्लेख आता है। इस तरह से बाकी सब गायब हो जाता है, इन दो को छोड़कर। बात यहाँ तक पहुँचती है कि उन्हें लगने लगता है 'मैं खुद तो नहीं/य' खामोश सुलगता हुआ पहरा—य फ़ानूस ?' अपने-आपको सामने के आब्जेक्ट में एक करना शमशेर की काव्य-प्रक्रिया में अक्सर आता है, फिर चाहे वह 'पीली शाम' हो या 'एक नीला आईना बेठोस' हो। यहाँ भी यही बात है।

अन्तिम अंश में तो बात हाथ से निकल जाती है। मात्र सवाल और कन्फ़्यूज़न।

समस्त वातावरण, पूरा आकाश, सारा सावन, समग्र भाव सब तुम में, भीतर, एकदम भीतर (कवि के) पहुँच जाते हैं, एक हो जाते हैं। (भाव तीव्रता की चरम स्थिति एक फ़ोर्स है, जो कुछ भी बिखरा हुआ और बाहर नहीं रहने देता, सब कुछ भीतर आ जाता है। इसी भाव इन्टेन्सिटी के कारण कविता पुष्ट बनती है।)

तर्क से देखें तो इस अंश का सारा-का-सारा हिस्सा अनुत्तरित लगेगा। पर

यहाँ तो कवि, तिस पर 'प्रेमी' की बात है, अतः कोई भी तर्क वहाँ महत्त्व रखता है।

आरम्भ में कहते हैं 'तुम एक सवाल हो मामूली-सा आज'—वे 'तुम' को 'सवाल' कह रहे हैं। लेकिन पंक्ति पूरी होने के बाद चिह्न है ':' का, जिसके बाद एक सवाल है 'यह सावन/क्यों आया है?' 'तुम्हें सवाल' नहीं है 'तुम सवाल हैं' सवाल है कुछ और ही। यहीं से 'कन्फ़्यूज़न' की स्थिति शुरू हो जाती है। फिर 'तुम' सवाल की हद हो जाती है और अन्त में 'कवि' की भी। बीच में एक 'सन्देश' की बात है, जो कहीं से झलका था। क्या सन्देश था, और कहाँ से झलका था, कुछ भी स्पष्ट नहीं है। पर यह तो उसके बाद की स्थिति है, जब अपने-आपको, अपने स्थान से हटाकर आकाश में रख देते हैं। इसी 'मैं-तुम' की 'हद' में कविता समाप्त हो जाती है '....' से। अर्थात् 'प्रेमी' का एकालाप (प्रलाप) यूँ तो चलता ही रहता है—पर कविता समाप्त हो जाती है।

आरम्भ में जो कविता संयत बिम्बों से शुरू होती है वह अन्त में आकर कवि के भीतर समाप्त होती है। 'टूटी हुई बिखरी हुई' में जो भाव-तीव्रता 'आईनो, रोशनाई में घुल जाओ' में है, वह बाद में धीमे-धीमे उतरती जाती है। यहाँ पर बहुत धीरे-धीरे चढ़ती यह भाव तीव्रता, तीव्रता के क्षणों में ही रहती है, और कविता पूरी हो जाती है।

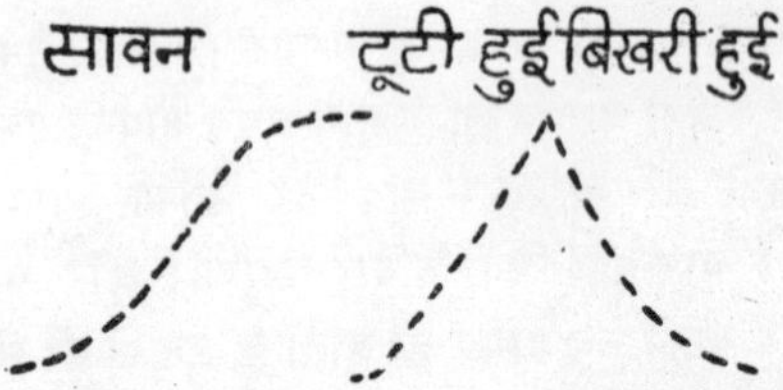

बिम्बों से आरम्भ हुई यह कविता भावावेग में समाप्त हो जाती है। 'तुम मेरे लिए मेरी हद हो' का यह बार-बार आवर्तन कविता की भावस्थिति को अन्त में एक जुनूनी हालत में छोड़ती है, जो उसके लिए विधेयात्मक सिद्ध होता है।

परिशिष्ट

जीवनवृत्त

शमशेर बहादुर सिंह

कवि के जीवन सम्बन्धी कुछ तथ्य एवं महत्त्वपूर्ण तिथियाँ

जन्म एवं परिवार : जन्म : 13 जनवरी, 1911—देहरादून, एक जाट परिवार में। पिता का नाम : बाबू तारीफ़सिंह, माता का नाम : श्रीमती प्रभुदेई।

विवाह : 1929 में धर्मदेवीजी से, माँ की मृत्यु : 1920, पत्नी की मृत्यु : 1935, पिता की मृत्यु : 1939।

शिक्षा : आरम्भिक शिक्षा देहरादून में, हाईस्कूल : 1928 और इण्टर : 1931 गोंडा से, बी० ए० : 1933 इलाहाबाद से, एम० ए० प्रीवियस : 1938, फाइनल किन्हीं कारणों से पास नहीं कर सके।

1935-36 में उकील-बन्धुओं से कला विद्यालय में पेण्टिग सीखने गये।

साहित्यिक गतिविधियाँ

सम्पादन : 'रूपाभ' में कार्यालय सहायक के रूप में—सन् 1939 में। 'कहानी' त्रिलोचन के साथ, बनारस में—सन् 1940 में। 'नया साहित्य', बम्बई में, 'कम्यून' में रहते हुए। इसका 1946 का 'निराला अंक' बड़ा चर्चित रहा। 'माया में सहायक-सम्पादक—सन् 1948 से 1954। 'नया पथ' एवं 'मनोहर कहानियाँ' में भी सम्पादन सहायक रहे।

अन्य कार्य : दिल्ली विश्वविद्यालय में यू० जी० सी० के प्रोजेक्ट 'उर्दू-हिन्दी कोश' में हिन्दी सम्पादक : सन् 1965 से 1977

अध्यक्ष, प्रेमचन्द सृजन पीठ, विक्रम विश्वविद्यालय, सन् 1981-85

यात्रा : सोवियत संघ : 1978

सम्मान : मध्य प्रदेश साहित्य परिषद का 'तुलसी पुरस्कार' : 1977, 'साहित्य अकादमी पुरस्कार' : 1977 (दोनों पुरस्कार उनके 'चुका भी हूँ नहीं मैं' पर मिले हैं।) मध्यप्रदेश सरकार द्वारा 'मैथिलीशरण गुप्त पुरस्कार' : 1987

II

एक लम्बा इण्टरव्यू : शमशेर के साथ

(12 से 17 जनवरी 1981)

[12 जनवरी, 1981 की दोपहर। ऐन जाड़े के दिन। अहमदाबाद से आने के कारण कुछ जाड़ा ज्यादा ही लग रहा था। कल शाम शमशेर जी के यहाँ आयी थी विष्णुचन्द्रजी के साथ। आज के लिए समय लेना था। पता चला कि शमशेरजी जल्दी ही उज्जैन जा रहे हैं। मैं समय नहीं खोना चाहती थी। तुरन्त समय तय कर लिया। बड़ा अच्छा लगा। दो वर्ष बाद पुनः भेंट हो रही थी।

सोच रही थी कि क्या पता यह संकोची कवि कितना खुले। पर तब पता नहीं था कि पर्त-दर-पर्त उनका व्यक्तित्व खुलेगा और सब कुछ इतना अपनत्व भरा होगा।

(इन दिनों शमशेरजी की आँखें बहुत कमज़ोर हो गयी हैं।) दरवाज़े पर पहुँचते ही देखा, ताला है। थोड़ा खटखटाया। भाषा (शमशेरजी की नातिन) दौड़ती हुई आयी। देखते ही प्यार से हँसी और नमस्ते कहा। प्रत्युत्तर में मुस्कराते हुए मैं भीतर गयी। शमशेरजी सोफ़ा पर से उठ ही रहे थे।]

"आप सो रहे थे ?"

"नहीं, नहीं, आइए, आइए, यूँ ही लेटा था। बैठिए।"

[कुछ देर मौन रहे। कमरे की सीढ़ियों पर आँगन की ओर शोभा दीदी बैठी थीं। अनुपम और भाषा शोर मचा रहे थे। हम लोग बातचीत कर रहे थे।]

"आपने वीरेन्द्र जैन को पढ़ा है ?" उन्होंने पूछा।

"जी, ज्यादा नहीं थोड़ा पढ़ा है। क्यों ?"

"मैं अगर किसी कवि को अपने से मिलता-जुलता मानता हूँ तो वह हैं वीरेन्द्र कुमार जैन।"

"वीरेन्द्र जैन ! मुझे आश्चर्य होता है।"

"आप अपने गाइड से बात कीजिए। वे क्या सोचते हैं। असल में उनमें रूमा-

नियत, प्रेम और अध्यात्म की बात आती है। मैं ऐसा महसूस करता हूँ कि हमारी आरम्भिक कविताएँ बहुत समान धारा पर हैं, क्योंकि बाद में चल के वह अलग हो जाती हैं। अगर्चे बिल्कुल ही अलग नहीं। कुछ जिज्ञासाएँ उनकी और मेरी समानान्तर हैं···ये जिज्ञासाएँ प्रेम और अध्यात्म के सन्दर्भ में हैं। कला के सन्दर्भ में तो नहीं।"

"अच्छा।"

[हम लोग बात कर ही रहे थे कि एक कुत्ता वहाँ पर आया और उसके पीछे भाषा-अनुपम के साथ पड़ोसी बच्चे। शमशेरजी का ध्यान तुरन्त उस ओर गया।]

"अरे! अरे! इसे बाहर ले जाओ। यहाँ नहीं।" वे बोल उठे।

फिर मेरी ओर मुड़ते हुए कहा, "आप देखिएगा, पशु-पक्षी प्रकृति के प्रति बहुत सेंसिटिव हुआ करते हैं, मनुष्य से भी कहीं ज्यादा। (अनुपम से) अरे, पढ़ोगे नहीं? जाओ, वो पहाड़ा याद कर लिया। परीक्षाएँ हैं तुम्हारी ···भाषा, इसे याद करवाओ। (मुझसे) इन लोगों की परीक्षाएँ हैं, पढ़ते नहीं हैं। और अनुपम मुझसे डरता है। मुझे गुस्सा बहुत आ जाता है।"

"अच्छा!"

"तो फिर कहिए, आज आप क्या-क्या पूछेंगी?" प्रश्नार्थ मुद्रा में सोफ़े से टिके-टिके उन्होंने प्रश्न किया। और फिर बोल पड़े, "अरे आप वहाँ क्यों बैठी हैं। Be at ease. Come here, हूँ?"

"No, No, its alright" कहते हुए भी मैं उनके सोफ़े की ओर बढ़ी और बैठते हुए पूछा, "आपने अभी पशु-पक्षी की बात की, तो मुझे आपके observations के प्रति कुतूहल हुआ। वैसे मैं जब भी आपकी कविता के बारे में सोचती हूँ, तो मुझे आपकी रचना-प्रक्रिया के बारे में हमेशा कुतूहल होता है। यानी कि कैसे कविता···"

(सोचते हुए), "हूँ। हूँ। तो···कविता मेरे सामने एक 'फ़्लैश' की तरह आती है। एकदम 'फ़ोर्स' के साथ। और अगर दो मिनट के लिए भी मैं चूक जाता हूँ, तो···तो its gone. gone for good. Just gone for good···फिर वह कभी आती ही नहीं। जैसे बिजली होती है न। बस, पूरे force के साथ चमकती है। उसमें गर्जन भी होता है, पर बस क्षणिक ही। बाद में कुछ नहीं।"

[सोफ़े में एकदम अन्दर धँस गये थे शमशेरजी। अपने ऊपर का कम्बल हटाते हुए, थोड़ा ऊँचा सरकते हुए आगे कहा]

"मेरी अधिकतर कविताएँ ऐसे ही आती हैं। और सारी कविताएँ अपनी भाषा के साथ, शब्दों के निश्चित क्रम के साथ आती हैं। अगर वह समय निकल गया, वह क्रम भी अगर गड़बड़ा गया तो the poem has lost its meaning। कविता

पूरी की पूरी शब्द के रूप के साथ आती है। मैं उसे तुरन्त कागज़ पर उतारना जरूरी समझता हूँ।"

क्षण भर रुके। तुरन्त ही कुछ याद आया हो, इस तरह से कहा—"कई बार कविताएँ सीधे अंग्रेजी में आती हैं—जैसे 'यामा कवि के प्रति'।[1] मैं जैसे ही वह कविता अंग्रेजी में लिखता हूँ, उसका inspiration रहते-रहते ही उसे हिन्दी में कर लेता हूँ···"

उनकी बात काटते हुए मैंने पूछा, "क्यों, ऐसा क्यों करते हैं?"

"क्योंकि अंग्रेजी में रखकर उसका कोई अर्थ नहीं रह जाता It will not be read. Why should anyone consider it good in English? असल में बात यह है न···the idiom of the language is not there फिर हिन्दी में तो उसे पढ़ा जायेगा। उसकी poetic value खो जाती है, अगर वह अंग्रेजी में हैं।"

[क्षण भर मौन के बाद—]

"कई बार the poetry within the poem is lost when it is translated into Hindi. अंग्रेजी में आने का कारण पहले पढ़ा हुआ अंग्रेजी साहित्य, बहुत सारा पढ़ा हुआ अंग्रेजी का काव्य, वे संस्कार अब भी हैं।···अरे भाषा···जरा इधर आना तो···मेरे लिए थोड़ा गुनगुना पानी देना तो। (फिर मेरी तरफ मुड़ते हुए) "आप गुनगुना पानी लेंगी या ठण्डा पसन्द करेंगी?"

"जी, मैं ठण्डा ही लूंगी।"

"आप जाड़े में भी ठण्डा ही पियेंगी?" (फिर हँसे थोड़ा-सा और बोले:) "देखिए न, मैं तो गुनगुना पानी ही पीता हूँ—थोड़ा गुड़ डालकर। बहुत अच्छा लगता है··अच्छा भाषा, इनके लिए ठण्डा और मेरे लिए गरम पानी लाना।··· तो हम लोग कहाँ पर थे?"

"वो रचना-प्रक्रिया के सन्दर्भ में···कविता अंग्रेजी में आती है···"

"I think that is over. हाँ, कई बार मैं कविता पर काम भी करता हूँ। बहुत समय लग जाता है। अगर मेरे भीतर से मुझे impel किया जाता है, कुछ चीज है जो मुझे आगे धकेलती रहती है···अगर वह idea worthwhile हुआ तो मैं उस पर काम करता हूँ।"

"इस पर पूछने का मन हो आता है कि आपकी कविता के प्रायः कितने ड्राफ़्ट बनते हैं?"

उन्होंने तुरन्त कहा, "प्रायः दूसरा ड्राफ़्ट नहीं बनता। पर हाँ कुछ कविताएं ऐसी हैं, जिनके बहुत सारे ड्राफ़्ट बनाये हैं। यह जरूरी नहीं कि पहला ड्राफ़्ट अन्तिम ही हो, पर कई बार अनेक ड्राफ़्ट बनाकर भी मूल तो पहला ही रहता है। Basic

---

1. 'कुछ और कविताएँ', 1961 : राजकमल प्रकाशन, दिल्ली

रहता है। I work consciously on that poem." (फिर सोफे पर थोड़े सीधे होते हुए उन्होंने कहा :) "नहीं तो यह भी होता है कि मान लीजिए मैं बहुत थका हुआ हूँ, लेटा हूँ, और मेरे सामने कोई फ़्लैश आता है···उस समय अगर अपने-आपको उठाकर वह लिखने के लिए तैयार किया, तब तो कविता आ गयी समझो, वरना वह गयी और कभी नहीं आयी। और यह सारी बात कुछ मिनटों की होती है।"

[भाषा पानी लेकर आ गयी। मुझको लेने के लिए कहा और खुद घूंट-घूंट पीते रहे। फिर उन्होंने अपनी कुछ कविताओं का प्रोसेस समझाया जिसमें ज्यादा ड्राफ़्ट बनाये गये थे।]

"आपने 'चीन'[1] कविता पढ़ी है?"

"जी।"

" 'चीन' कविता लिखते-लिखते मुझे करीबन साल-डेढ़ साल लग गया, या शायद दो साल। यह एक तरह से experiment था। 1952-55 का समय था। हिन्दी-चीनी का जो आपसी सम्बन्ध था वह वास्तव में बहुत ही प्रशंसनीय था। उस समय एक पत्रिका निकलती थी।—'China Re-construction'—आपने तो देखी होगी?"

"जी, नहीं।"

"उसमें सभी क्षेत्र के विशेषज्ञ लिखते थे। हाँ। और वह ऐसी भाषा में लिखते थे ताकि वह बात सामान्य जन तक पहुँच सके। उसमें चीनी भाषा और लिपि के पाठ चला करते थे। आरम्भिक ही। मैं बहुत प्रभावित हुआ। मैंने सोचा हमें कम-से-कम यह जानना चाहिए कि चीनी लोग अपने देश को कैसे बुलाते हैं, यानि एक तरह से अपनी माँ को यानी जैसे लोग कहते हैं—'भा र त' और वह लिपि और उच्चारण दोनों। मूल बात मुझे यही कहनी थी कि दोनों देश एक हों। तो मैंने कोशिश की कि चीन देश के इन चीनी नाम-चिह्नों का मूल के अनुरूप ही अर्थ दूं। यह तो प्रारूप बहुत बाद में बना। पहले तो यह कविता भी नहीं लगता था। अच्छा, उन दिनों शान्ति की भी बात हो रही थी। मेरे दिल की तो यह बात थी कि दोनों देश कहते हों We are friends (हँसते हुए)···और मैं बहुत imaginative हूँ (और थोड़ा हँसे) मैं बहुत जल्दी अपने fairy land में चला जाता हूँ···और फिर इतना कि शायद वापस न भी आऊँ (और हँसे) इसलिए मैं अपने आपको बहुत restrain करता हूँ। तो मैंने यह चिह्न देखकर और अपनी कल्पना से···वैसे मैंने इनके अर्थों की, काफ़ी हद तक, अन्तिम चिह्न को छोड़कर रक्षा की है···कविता लिखी। यह प्रारूप बनते-बनते साल-डेढ़ साल हो गया।

1. 'कुछ और कविताएँ' 1959, प्रकाशक : जगत शंखधर पृ. 62

"मैं अपनी रचनाएँ एक बार लिख लेने पर उन्हें देखता भी नहीं। प्रकाशित करने के पूर्व उसे देख जाता हूँ। मेरी यह कविता जब जगतजी ने छापनी चाही तो मैंने थोड़ा discourage किया, क्योंकि मैं इसे चिह्नों के साथ देना चाहता था। आप समझती हैं न—I wanted to give the reference, the original Chinese syllables और इसके लिए अलग blocks बनाने पड़ते। तो मैं नहीं चाहता था। पर खैर, जगतजी ने सब किया और अच्छा किया। अज्ञेय ने कहा था इस पर टिप्पणी करते हुए कि हाशिये में इन blocks की जरूरत नहीं है। वैसे अब वे इस राय को नहीं मानते होंगे। पर मेरा मुख्य उद्देश्य वह संज्ञा अपने उच्चारण के साथ रखने का था। नामांश चिह्नों के मूल उच्चारण तो दिये नहीं, मुझे देने चाहिए। अब दूंगा।"

[यह उनकी ईमानदारी ही कहनी चाहिए। बातें चल रही थीं, और मुझे कुतूहल हुआ कि क्या लिरिक के अलग-अलग forms में रचना करते हुए उनकी मन:स्थिति भी अलग-अलग होगी? अपने कुतूहल को रोक न पायी और पूछ ही लिया। तो कहा:]

"हाँ···चूंकि ग़ज़ल की दुनिया ही अलग है, इसलिए जब मैं ग़ज़ल लिखता हूँ तब I enter in a completely different world···I loiter···I wander in that world···."

[इतना कहते हुए वे हँसे, और मेरी ओर देखा, मानो response की अपेक्षा हो, मैं भी हँसी, फिर हँसे और फिर खुलकर हँसते रहे···और फिर कहा]

"जब तक आप उस विश्व की भावस्थिति से तादात्म्य नहीं स्थापित करते you cannot be...यानी कि आप कैसे वह लिख पायेंगे?"

"अर्थात्, जब आप अलग-अलग forms में लिखते हैं तो अलग-अलग भावस्थिति में होते हैं?" मैंने पूछा।

"हाँ···हाँ···।"

अपनी लम्बी कविताओं के बारे में बात करते हुए उन्होंने कहा, "मैं अपनी दो और लम्बी कविताओं की बात करता हूँ। अभी रघुवीर सहाय की पचासवीं वर्षगाँठ पर मैंने कविता लिखी थी। मुझे त्रिलोचन ने कहा कि अगले सप्ताह रघुवीर की पचासवीं वर्षगाँठ है। मैं पता नहीं किस बात पर चौंक गया। रघुवीर सहाय की काव्ययात्रा का मैं साथी रहा हूँ, और वे पचास के भी हो गये, यह मेरे लिए आश्चर्ययुक्त प्रसन्नता की बात थी। मेरे साथ दूसरे-सप्तक में भी वे रहे हैं। तो मैंने उन पर एक कविता लिखी you know he looks rather quite old, हालांकि वह इतने हैं नहीं।···मैंने उस कविता को लेकर बहुत काम किया। I made many drafts. अभी 'पूर्वग्रह' में एक कविता प्रकाशित हुई थी—

'मणिपुरी काव्य-साहित्य पर एक विहंगम नन्हीं सी झाँकी'। यह एक प्रयोग था। मैं प्रयोग करने में interested हूँ। उन्होंने कहा कि कुछ नया भेजो। ये लोग भी नया प्रयोगशील छापते हैं। हाँ, तो मैं कह रहा था कि···उसकी भी एक रोचक कहानी है—आपको अच्छी लगेगी।"

[और फिर उन्होंने कहा :]

"प्रभाकर माचवे मेरे अच्छे दोस्त हैं। यहाँ तक कि दिल्ली में मेरा रहना बहुत कुछ उनके ही कारण है, या सम्भव हुआ। एक दिन मैं उनके यहाँ गया। वे रद्दी बेच रहे थे। बहुत सारी पत्रिकाएँ थीं। तो ऐसे ही मुझसे कहा कि—शमशेर, तुम्हें जो चाहिए, अगर जरूरी लगे तो ले लो। मैं देखने लगा। मुझे मणिपुरी साहित्य अकादमी का एक पैम्फ़लैट हाथ लगा। मैं बहुत प्रभावित हुआ। जिस तरह से उन्होंने अपनी भाषा पर उत्साह से लिखा था, मैं वाकई शर्मिन्दा हुआ कि मैं इस अपनी एक भारतीय भाषा के बारे में कुछ नहीं जानता। उसमें उस साहित्य के महाकाव्यों के बारे में था। मैं केवल अपनी प्रयोगात्मक कविता में उसका परिचय देकर कुछ करना चाहता था। और विशिष्ट प्रसिद्ध नामों में जो ध्वनिगत सौन्दर्य है उसे मैं देना या प्रदर्शित करना चाहता था। वैसे मणिपुरी तो Non-Aryan language है—Burmese Tibetan family की। अलग भी है। मैं वास्तव में बहुत प्रभावित हुआ। फिर इस कविता को मैंने बहुत drafts के साथ बार-बार लिखा। एक लम्बा समय लगा···इसके final draft तक पहुँचते-पहुँचते। I wanted to give the flavour of the original pronunciation of the names. हूँ। हूँ। इसमें phonetical and informative clash है—"खोङ् तेक् चा—799 ईस्वी" (फिर पूछा) "आपने देखी है यह कविता ?"

"जी, नहीं, अभी देख नहीं पायी।"

"शायद मेरे पास होगी यह पत्रिका, ठहरिए मैं देखता हूँ। आप पढ़िए और बताइए कि कैसी लगी।"

[यह कहते-कहते वे उठे और पत्रिका निकाल लाये।]

"मैं जानना चाहता हूँ—लीजिए पढ़िए···अभी पढ़िए।"

[मैंने कविता पढ़ी। वास्तव में नये प्रकार की थी। और पढ़ते-पढ़ते शमशेर की शिल्प-सजगता का एक नया स्वाद मिला। मैं यह सोच ही रही थी कि उन्होंने कहा :]

"मैं अपने शिल्प के लिए निराला, पन्त और अंग्रेज़ी के कवियों के प्रति बहुत आभारी हूँ। I owe to them very very much। पन्त मेरे गुरु, मित्र और बड़े भाई की तरह रहे हैं। He is a very great man अब यह बात अलग है कि आज मैं उनकी कविता को critical पक्ष से देखता हूँ।··पन्त वास्तव में मेरे बहुत करीब रहे। जब उनकी मृत्यु के समाचार मिले तब वे सारी स्मृतियों और भाव-

चित्रों के साथ मेरी आँखों के सामने तैरने लगे। और कविता बनती गयी।"

[थोड़ी देर वे मानो विगत की स्मृतियों में खो गये-से लगे। लेकिन थोड़ी देर में ही उन्होंने कहा :]

" 'प्रेम की पाती'[1] कविता भी ऐसी ही है, जिसमें मुझे बहुत समय लगा। मुझे experiments करने का बहुत शौक है। 'सन्ध्या'[2] तथा 'प्रेम की पाती' में मैंने छन्द प्रयोग किये हैं 'प्रेम की पाती' में 'पंक्ति' छन्द है, जहाँ तक मुझे याद है, और 'सन्ध्या' में 'विद्युल्लता' है। यह तो याद रखना भी आसान है, क्योंकि कविता में भी यह शब्द आता है। मैं आप्टे की संस्कृत डिक्शनरी के अन्त में दिये गये छन्द विभाग से प्रभावित हुआ हूँ। मैंने इन पुराने छन्दों के जीवित रूप को रखना चाहा है। आप समझती हैं न कि मैं क्या कहना चाहता हूँ? जीवित रूप से मेरा मतलब है, छन्द का जो संस्कृत में निश्चित रूप है वह नहीं, पर वैसा जिससे उसकी रूप एवं अर्थ की सम्भावनाएँ ज्यादा खुलें।" [कहते-कहते वे खो गये। और खोये-खोये स्वर में कहा :] "You know, nothing is planned in me. Just nothing. Not even my poems."

[शमशेरजी के साथ बात करते हुए सतत इस बात की प्रतीति होती है कि एक रचनाकार से बात कर रहे है। उनके कथन प्रायः 'मोनोलोगस' रहते हैं। फिर बीच-बीच में मैं हस्तक्षेप करती हूँ, ताकि एक सन्तोष मैं स्वयं पा लेती हूँ कि संवाद चल रहा है। पर यूँ भी अच्छा लगता है, रचनाकार के एकालाप को सुनना। लगातार एक कविता के रचे जाने का बोध होता है। होते-होते बात भाषा पर आयी तो कहा :]

"मैं यह मानता हूँ कि उर्दू हिन्दी के अधिक निकट है, संस्कृत की बनिस्बत। हो सकता है मेरा education उर्दू में था, इसलिए मैं ऐसा मानता हूँ। लेकिन उर्दू वास्तव में हमारे भावों को जन के साथ अधिक निकटता से प्रकट करती है। ये पता नहीं व्यर्थ झगड़े होते हैं भाषा के नाम पर, संस्कृति के नाम पर···मुझे बड़ा बुरा लगता है···" [कहते-कहते वे बड़े विचलित से हो गये। अचानक उनकी आँखों में चमक आयी और उन्होंने कहा :] "आपको आश्चर्य होगा यह सुनकर, उर्दू में 'गाय' पर एक बहुत अच्छी कविता लिखी गयी है। वास्तव में बहुत अच्छी है, चकबस्त की—एक उर्दू पोएट। खेद का ही विषय है कि हिन्दी में एक भी स्तरीय कविता —वास्तविक कविता—हिन्दी भाषा में न मिलेगी, मेरा मतलब खड़ी बोली हिन्दी से है।" [फिर मेरी ओर देखते हुए कहा :] "काफ़ी समय हो गया है, आप चाय-वाय लेंगी ?"

---

1. 'चुका भी हूँ नहीं मैं', 1975, राधाकृष्ण प्रकाशन, दिल्ली
2. 'इतने पास अपने', 1980, राजकमल प्रकाशन, दिल्ली

"जी नहीं, मैं आयी, तब पी के ही चली थी।"

"वो तो ठीक है, पर काफ़ी समय हो गया।"

"नहीं, वास्तव में मुझे ज्यादा चाय पीनी नहीं है, डाक्टर ने मना किया है, और एक बार तो पी ली।"

"तब तो आपको नहीं पीनी चाहिए। ठीक है—अरे भाषा, हमारे लिए गरम पानी ले आओ—और इनके लिए दूध। ये चाय नहीं पियेंगी। डाक्टर ने मना किया है।"

"नहीं, नहीं।"

"कोई बात नहीं। कितनी बातें हो जातीं हैं।···मैं आपको बताऊँ My images come very natural. Even in my experiments. मैं आपको बता रहा था कि मुझे बचपन से ही कविता की चाट पड़ गयी थी, बाद में You know Ezra Pound, Shakespeare...I was a lover of their poems. I used to enjoy them immensely. My craft owes to them and to Urdu poetry. I owe much to them..."

[उनका स्वर कृतज्ञता से भर गया। मुझे एक सवाल जो बार-बार हांट करता था, वह अचानक मैंने पूछ लिया :]

"आपकी कविताएँ भी दुरूह हैं, मुक्तिबोध की भी। दोनों की दुरूहता में आप कैसा अन्तर समझते हैं, मुझे लगता है मुक्तिबोध का diction weak है?"

"मेरी दुरूहता को आप पार भी कर लेती हैं तो ज्यादा कुछ पायेंगी नहीं। पर मुक्तिबोध को आप पढ़िए। अवश्य पढ़िए। उनकी दुरूहता को पार करेंगी तो you will enrich your life, your experiences. आप जरूर पढ़िए उनको। उनकी कविता में जो डिक्शन की कमजोरी है वह अहमियत नहीं रखती, क्योंकि उनकी कविता जीवन के बहुत करीब है। उनके images बहुत concrete हैं। Flesh and Blood के। उनकी कविता में Social Awareness बहुत है। वे उपयोगी हैं—सामाजिक दृष्टिकोण से। मेरी कविताएँ बहुत वायवीय हैं। शायद उसमें diction और art की छोटी-से-छोटी बारीकी भी महत्त्व रखती है। और अगर उसमें flaw है तो बहुत अखरता है। मेरे images बहुत ही real और felt हैं, पर उतने या कहें बिल्कुल ठोस नहीं हैं।"

[दूध और नाश्ता आ गया।]

"अब पहले आप दूध पी लीजिए—आइए। फिर बातें बाद में।"

[घड़ी छः-सवा छः बजा रही थी। अँधेरा हो रहा था। फिर तीन घण्टे बातचीत हो चुकी थी। शमशेरजी थक गये होंगे, यह सोचकर मैंने कहा :]

"वैसे अब आप थक गये होंगे। तो मुझे लगता है आज इतना ही काफ़ी है।"

"अँ-हाँ···आपको भी देर हो रही होगी।"

[भाई लेने आ गया था। 15/1 को वही तीन बजे का समय लिया और नमस्ते कहकर हम लोग विदा हुए।]

× × ×

[15/1/81 को दोपहर डेढ़ से पौने तीन तक बस की प्रतीक्षा करती रही। आखिर रिक्शा (आटो) में बैठ माडेल टाउन पहुँची। तीन बज ही रहे थे। शमशेरजी प्रतीक्षा ही कर रहे थे।]

"नमस्कार।"

[दूर से पहचानने में तकलीफ़ हुई—शायद]

"मैं रंजना हूँ।"

"आइए। आइए। नमस्कार।"

[इतने में शोभा दीदी आयी और इतने दिन न आने का कारण पूछा। थोड़ी बातें हुईं और बातें करते-करते मैंने अपने औज़ार तैयार कर लिये। आज तो मुझे कुछ कविताओं को समझना था। कुछ देर यहाँ-वहाँ की बातें हुईं। फिर उन्होंने पूछा :]

"आज के लिए क्या लायी हैं?"

"आज तो मैं आपसे आपकी कुछ कविताएँ समझूँगी।"

"अच्छा! कहिए कौन-कौन सी?"

"सबसे पहले तो 'चुका भी मैं···' से यह कविता—'दो मोती कि दो चन्द्रमा होते'।"[1]

लाइए···आज पहली बार अपनी कविता पर सोच रहा हूँ। (सोचते हुए) "यह कविता···मेरे मन में···बड़े ही lyrical, dramatical ढंग से आयी। असल में मैं मानता हूँ कि जो कविता इस ढंग से आती है वह वास्तव में अच्छी होती है।

"मैंने आपसे बात की थी न कि मेरी कविताएँ प्रायः फ़्लैश के साथ आती हैं। यह कविता भी ऐसे ही आयी थी—अपनी dramatical, lyrical quality के साथ। यह कविता मैंने बहुत पहले लिखी थी। शायद उस समय ऐसी चीज बहुत कम लिखी जाती थी।"

[फिर उन्होंने मुझे पूरी कविता समझायी। और मुझे लगा कि यह तो 'औपन्यासिक लिरिक' है। 'लिरिक' इसलिए की सारी बात बिम्बों, प्रतीकों और चित्रों में चलती है। कथा कहीं नहीं है। पर पूरी कविता में स्त्री-पुरुष सम्बन्ध की बात है। प्रारम्भिक आकर्षण के बाद, मन की दूरियों के बावजूद, साथ रहने की अनिवार्यता और फिर धीरे-धीरे सम्बन्धों को देखते हुए, एक reconcilment की बात। नया जीवन

1. 'चुका भी हूँ नहीं मैं', 1975, राधाकृष्ण प्रकाशन, दिल्ली

शुरू करने का उपक्रम नवागत के अस्तित्व की सम्भावनाओं के साथ।]

"अच्छा, आप ऐसा कहती हैं कि यह औपन्यासिक है।···असल में मैं उपन्यास आदि तो ज्यादा पढ़ता-वढ़ता नहीं हूँ··· पर प्रेम और आकर्षण का यही चक्कर मैं बहुत बार महसूस करता रहा। और मज़े की बात यह है कि सामनेवाले को यह महसूस भी न हो कि ऐसी कोई बात है। मैं सीधे कभी अभिव्यक्त नहीं करता था। लेकिन बहुत।"

[यह बात उन्होंने बड़ी दबी ज़बान से कही थी। फिर मैंने 'कथा-मूल[1]' के बारे में पूछा।]

"1941 की यह रचना है। देखिए, वैसे मैंने experiment के तौर पर ही यह रचना लिखी है। पहले तो स्पष्ट है कि मध्यवर्ग की बात की है। आप समझ गयी होंगी।"

"जी।"

"दूसरा, जब मैंने लिखा तो ये हड़तालें-वड़तालें हुआ करती थीं तो पुलिस भी इसमें आ गयी है। तीसरे में तो···"

"शिक्षा संस्था की हँसी उड़ायी गयी है।"

"जी हाँ, पूरे education system पर। आप देखिए न, स्थिति कैसी थी और कैसी है अब भी। चौथे में abstraction है···लिंग से शिव-लिंग की बात। ···अब इस समय मुझे याद नहीं आ रहा कि यह मज़ाक के तौर पर लिखा गया है, जैसे अन्य तीन—या serious था मैं। शायद सीरियस ही था। मुझे अभी याद नहीं आ रहा।"

"इस पर से एक और बात याद आ जाती है। 'दूसरा सप्तक'[2] में 'शरीर स्वप्न' नामक रचना है। उसमें भी···"

"हाँ···हाँ···बड़ा अच्छा सवाल किया आपने। देखिए उस समय nude की paintings मैंने बहुत देखी, पढ़ी थी। मैं प्रभावित था। फिर मेरे मामाजी हैं। मैंने आपको बताया था। मेरे छोटे मामाजी, वे योगासन करते थे। उन दिनों मैं भी योगासन आदि करता था।"

[अपनी बात आधी काटकर मेरी ओर मुखातिब होकर बड़े ही मित्रता-पूर्ण ढंग से कहा :]

"देखिए, एक आपको पर्सनल एडवाइस देता हूँ। आप भी योग कीजिए। किसी अच्छे अधिकारी व्यक्ति से सीखकर···It will be really helpful for you. मैं आपको सच कह रहा हूँ।"

1. 'चुका भी हूँ नहीं मैं', 1975, राधाकृष्ण प्रकाशन, दिल्ली
2. 'दूसरा सप्तक', सं.-अज्ञेय, ज्ञानपीठ प्रकाशन, कलकत्ता,

[मुझसे किसी भी प्रकार के उत्तर की अपेक्षा किये बिना ही वे आगे बोले :]

"I was amused to watch the body postures in many of the exercises. I was trying to discover the possibility of aesthetic development of the body-culture. It was in a way personal and inner process of self develomepnt."

[एक 'मुद्रा'[1] कविता भी इसी दौरान लिखी गयी।]

"मैं भारतीय कला को बहुत मानता हूँ। 'शरीर स्वप्न' में एक तरह से नख-शिख की ही बात है। पर यह (पुरुष) कवि द्वारा पुरुष की देह का वर्णन है।··· आपने वान गॉग के चित्र देखे हैं?"

"जी नहीं, पर इससे आपकी कविता याद आ जाती है, इसी शीर्षक की"[2]

[लेकिन इसने शमशेरजी के पहले संवाद की continuity को कहीं तोड़ा नहीं और वे कहते रहे :]

"आप जरूर देखिए। रवीन्द्रभवन है न, वहाँ लायब्रेरी दोपहर को खुली रहती है। Anybody could go and see. It's very nice —वहाँ exhibition भी लगते हैं। हाँ···हाँ तो आप कभी जाइए और देखिए। तब आप इस कविता को ज्यादा अच्छी तरह से appreciate कर पायेंगी। मैंने इसे अज्ञेयजी के ड्राइंग रूम में देखा था, वैसा मैंने लिखा भी है। यह तो एक gratitude प्रकट करने के लिए। इस कविता के भी मैंने काफी ड्राफ़्ट बनाये। काफ़ी।"

"आप ऐसी कविताओं में केवल चित्र की ही बात करते हैं, या अपनी भी।"

"अपनी बात तो होगी ही, चित्र के परे भी अपने भावों का आरोपण।"

[फिर शमशेरजी ने वह कविता पढ़ी। 'उसे ढाँप लेने का'—इस पंक्ति में 'को' के लिए मैंने प्रश्नार्थ किया था। तो उस बात पर, 'को' की अनिवार्यता के सम्बन्ध में उन्होंने बहुत बार सोचा। उसे बार-बार पढ़ा और फिर कहा :]

"पश्चिमी हिन्दी में 'को' का प्रयोग अधिक होता है। 'को' मुहावरे के करीब का लगता है। मैंने इसके बारे में कहीं पढ़ा था। यह definite article का संकेत देता है। बात को निश्चित बनाता है।"

"दो बातें"[3] कविता में ये दोनों बातें अलग-अलग लगती हैं। इन्हें साथ में रखने का तात्पर्य?" मैंने पूछा।

---

1. 'दूसरा सप्तक', सं. अज्ञेय, ज्ञानपीठ प्रकाशन
2. वान गॉग का एक चित्र 'इतने पास अपने', 1980, राजकमल प्रकाशन, दिल्ली
3. 'चुका भी हूँ नहीं मैं', 1975, राधाकृष्ण प्रकाशन, दिल्ली

"वैसे तो यह कविता—इसमें ये दोनों अलग-अलग हैं, किन्तु पता नहीं क्यों मैंने इन्हें साथ रखा है। शायद मध्यवर्गीय चेतना के सन्दर्भ में कहना हो। और दूसरी बात पहले है, पहली बाद में। कविता में भी ऐसी ही स्थिति आ गयी है। ···अरे भाषा—आज हमें गरम पानी नहीं दोगी। और इनके लिए दूध।

[मैं विरोध भी नहीं कर सकी। घड़ी समय बता रही थी छः बजे का। उस दिन विदा लेकर जा रही थी तो शमशेरजी ने रुकने को कहा। फिर दीदी ने और उन्होंने मिलकर मुझे शनिवार को आमन्त्रण दिया —भोजन का। मेरा कोई भी बहाना स्वीकार नहीं किया गया। 'नमस्कार' कहकर मैं बस स्टैण्ड की ओर गयी।]

× × ×

[आज शनिवार। साढ़े ग्यारह-पौने बारह के समय मैं शमशेरजी के यहाँ पहुँची, तो कुछ जल्दी ही थी। बात 12 बजे की थी। आज दरवाजे पर ताला नहीं था। आँगन में कोई नहीं था। अन्दर का दरवाजा खुला था, पर कमरा खाली। दरवाजा खोलकर जैसे भीतर गयी—आवाज़ आयी 'कौन'? वहाँ कोई दिख नहीं रहा था। मैं हैरान थी। इतने में देखा खड़ी खटिया के पीछे से शमशेरजी पूछ रहे थे। मैं हँसी रोक नहीं पायी।]

"आप यहाँ हैं। नमस्कार।"

"हाँ, नमस्कार—आइए, बैठिए। असल में अभी आँख में दवा डाली थी।"

"तब तो आप लेटे रहिए?"

"नहीं, आप यहीं आ जाइए। आज हम धूप में बैठेंगे। क्या लगता है आपको।"

[फिर तो खड़ी खटिया को बिछाया और बातें शुरू हुईं। बातें विष्णुचंद्र जी और त्रिलोचन के साथ हुई भेंट की हो रही थी और बीच में मैंने पूछा:]

"ऐसा कहते हैं कि मुक्तिबोध की मृत्यु के बाद आपकी कविता में एक मोड़ आया, यह कहाँ तक ठीक है?"

थोड़ी देर मौन रहने के बाद वे उठे और कहा: बहुत अच्छा प्रश्न है यह। असल में अभी तक मैंने इस पर विचार नहीं किया है। आप जब पूछ रही हैं, तो सोचता हूँ। हो सकता है···पर नहीं, शायद नहीं।···'सींग और नाखून'[1] की बात जब आप कहती हैं तब···असल में सारी बातें···बातें नहीं रहतीं। बातें अनुभव में transform हो जाती है।···उन दिनों मेरे ससुर साहब बीमार थे। उन्हें Cancer

1. 'कुछ और कविताएँ', 1961, राजकमल प्रकाशन, दिल्ली

था, H. B. P. था। बहुत बीमार थे। मुझे बीमारी देखने का मौका मिला। मैं अस्पताल में रहता था Probably I think so, that these images have come from there। यह तो मेरा experience हुआ। लेकिन कितने अर्से बाद कविता लिखी जाती है। है ना? फिर मेरी पत्नी भी बीमार रहीं। वहीं से ये images शायद आये। decayed बुर्जुआजी के। ये जो सारे images हैं—they come through pictures and pictures meant something for me···"

[कुछ देर मौन के बाद फिर कहना शुरू किया :]

"इस दौर का निराला के बाद सबसे meaningful poet हैं मुक्तिबोध।··· हाँ, तो आपने मुक्तिबोध की मृत्यु के बाद की बात पूछी है। मैं सोचता हूँ। पर ऐसा कोई प्रभाव नहीं पड़ा था। जब मुक्तिबोध बहुत बीमार रहे थे तब उनका परिवार—यहाँ माचवेजी के यहाँ था। मुक्तिबोध यहाँ अस्पताल में थे। मैं अस्पताल में जाता रहा। उन दिनों सबने मुझे force किया कि मैं उनकी पुस्तक की भूमिका लिखूँ। मैंने कहा कि आप लोग लिखें। तो नहीं, मुझी से आग्रह किया गया। तो खैर लिखी।···आप जानती हैं बिना प्रेशर के मैं लिख नहीं सकता [कहकर हँसे] मैंने बहुत मेहनत से लिखा। बहुत लोगों से interview लिये। बहुत मेहनत से।···अरे भाषा—जरा पानी ले आना हमारे लिये। आप लेंगी न?"

[फिर अपनी बात आगे बढ़ाते हुए कहा :]

"हाँ तो, लेकिन इसके पहले मुक्तिबोध से मेरा परिचय हो चुका था। उन दिनों मेरे भाई नवागढ़ में थे। वे Physician हैं। वहाँ से राजनन्दगाँव पास है। उन दिनों मुक्तिबोध वहाँ थे—1961-62 में। मैं पहले रायपुर गया—चीजें खरीदनी थीं। नहीं, मैं पहले राजनन्दगाँव गया, फ़िर रायपुर। दवा ले गये थे, या कुछ था। मुझे याद नहीं आ रहा। मुक्तिबोध उन दिनों प्रसन्न थे। अपेक्षाकृत सुविधा से थे। अपेक्षाकृत। कालेज में लेक्चरर थे। आर्थिक स्थिति साधारण थी। लेकिन मेरा ख्याल है, पूरी तरह से स्वस्थ नहीं थे। नहीं थे पूरी तरह से···। तेजबहादुर मुक्तिबोध से मिलकर प्रसन्न होते···गाँव पर उन्होंने कहानी लिखी थी। आंचलिक। मुरादाबाद पर। छत्तीसगढ़ी पर उनकी mastery थी। मुक्तिबोध भी वैसे ही हैं। तेजबहादुर की तरह social। मैं रिज़र्व हूँ।···They would have suited well···मैं अब सोचता हूँ मि० तेजबहादुर को उस समय दिखा देता तो मुक्तिबोध ज़िन्दा रहते। तेजबहादुर का डायगोनोसिस बहुत अच्छा है।···But it was not to be. मैं चूक ही गया। क्या जानता था।"

[कुछ देर तक ऐसे ही लगा मानों शमशेरजी वहाँ नहीं हैं। एक···थोड़ी देर की चुप्पी के बाद शमशेरजी बोले :]

"तो उन दिनों मैं भूमिका लिख रहा था। माचवेजी की स्मरण-शक्ति बहुत

अच्छी है। काफी मदद मिलती रही।···वैसे मुक्तिबोध की इच्छा थी कि मैं वहीं रहूँ। पर लायब्रेरी या कहिए इलाहाबाद का, शहर का आकर्षण था···समझ रही हैं न आप? कुछ ऐसी बात थी कि मैं···। और उस समय तो मैं अकेला था free lancer था। जा सकता था···पर। वैसे अपने initiative से मैंने कोई रास्ता नहीं निकाला। I always wanted a quiet corner. मुक्तिबोध सोशल थे। बहुत लोग आते रहते थे उनके यहाँ। मैं केवल, मात्र ideology से हमेशा सोशल रहा। ···उसका साथ हर तरह से मेरे लिये 'ए-वन' रहता। मैंने 1960 में 'कृति' में एक लेख लिखा था। एक पर्सनल essay था। अपने प्रिय कवियों के बारे में। नरेश मेहता और श्रीकान्त सम्पादक थे। मुक्तिबोध, त्रिलोचन और नागार्जुन ···और भी अनेक कवियों के बारे में।"

"नरेश मेहता भी थे?"

"हाँ नरेश, सहाय भी थे। मैंने यह लेख तीन पार्ट्स में प्लान किया था। एक ही पार्ट भेजा था। Necessarily it presupposes the other parts. उन्होंने (श्रीकान्त ने) वही like किया और बहुत like किया पर आगे उसके बारे में, असल में वह पत्रिका का (शायद) अन्तिम अंक था, कुछ नहीं कहा। उनके डल understanding पर मुझे खीज हुई। वे मेरे article को समझे ही नहीं। पहले पार्ट में कवियों की खूबियों के बारे में लिखा था। दूसरे में क्यों पसन्द करता हूँ यह लिखना था और तीसरे में उन कवियों के बारे में जिनको नहीं लिया और जो important हैं, फिर भी क्यों नहीं लिया यह लिखना था। पर बाद में यह पत्रिका भी बन्द हो गयी। खैर।"

[मृत्युबोध सम्बन्धी बात आधी रह गयी थी सो मेरे मन में उत्सुकता थी। और मुझे शमशेरजी की दो कविताओं की पंक्तियों में जो समानता लगती थी उसके विषय में भी पूछना था जब वे 'मोहन राकेश के प्रति'[1] में कहते हैं..."हम तुम्हें गुडबाई भी न कर सके" और 'एक विदा'[2] में कहते हैं..."हम तुम्हें नमस्ते भी न कर सके।" तो कहा:]

"यह बड़े मजे की बात है, आपको बता दूँ। जगदीश अग्रवाल, शिवदान सिंह चौहान और मैं अच्छे मित्र रहे हैं। जगदीश अग्रवाल प्रथम व्यक्ति हैं, जिन्हें मेरी विशिष्ट शमशेरियन शैली की कविताएँ पसन्द आयीं। जगदीश अग्रवाल···उनकी दूसरी पत्नी (वैसे बाद में उन्होंने एक और भी पत्नी की)। पर इस कविता में उनकी दूसरी पत्नी की बात है। She was very good, पर क्षय से पीड़ित थीं। उस दिन ये लोग मुझे—बस स्टाप तक छोड़ने आये थे। तब रात हो गयी थी।

1. 'चुका भी हूँ नहीं मैं', 1975, राधाकृष्ण प्रकाशन, दिल्ली
2. 'इतने पास अपने', 1980, राजकमल प्रकाशन, दिल्ली

चाँद निकल आया था। पीला था। और उनकी पत्नी की क्षय की बात। बस यही बात थी।"

[कुछ देर चुप रहे...फिर याद आया-सा...]

"अरे, बहुत देर हो गयी। चलिए खाना बन ही गया होगा। खाना खा लें ···अरे शोभा, हम लोग आ रहे हैं।"

[हम लोगों ने खाना खाया। बड़े ही प्रेम से दीदी और शमशेरजी आग्रह करते रहे। भोजन समाप्त करने के बाद शमशेरजी ने कहा..."आप आराम कर सकती हैं।" मैंने कहा "आप कीजिए।" उन्होंने जब कहा कि "मैं नहीं करता", तब हम फिर धूप में जा बैठे। धूप दरवाजे तक खिसक आयी थी, तो खटिया वहाँ खिसका ली गयी और शमशेरजी बम्बई की (उन दिनों की) बातें बताने लगे।]

"उन दिनों I. P. T. A. का जोर था। मैं इलाहाबाद में था। 'यह इलाहाबाद है',[1] कविता वहीं पर लिखी थी। बलराज साहनी I. P. P. A. में थे उन दिनों।"

[फिर बातों ही बातों में शमशेरजी ने कहा :] "···उन दिनों, इत्तिफ़ाक है, कि एक मैगज़ीन से परिचय हुआ। लण्डन से निकलनेवाला Times literary supplemment उन दिनों उसमें डाइलन टॉमस का परिचय था। मैं प्रभावित हुआ। पर बहुत देर तक नहीं। जल्दी ही उस प्रभाव से मुक्त हो गया। पर हुआ अवश्य था। मैंने महसूस किया डाइलन टॉमस के यहाँ टेम्परामेंट का खिलवाड़ है। जल्दी ही विमुख हो गया। ये बातें शायद, लगभग, सन् '38 या '37 की हैं, जब मैं दूसरी बार इलाहाबाद विश्वविद्यालय में आया था। प्रभाव मेरे यहाँ कुछ देर के लिए रहता है। उन दिनों मैं 'सुररियलिज्म' से बहुत ज्यादा प्रभावित हुआ। बहुत ज्यादा। तब मुझे लगा कि मैं इसी में डूब जाऊँगा। इतना ज्यादा। मेरे काव्य-मन पर मैरिएन मूर का भी प्रभाव रहा··· बाद में। पर रचना में मैं उस प्रभाव से काम नहीं ले सका हूँ। क्योंकि temperament का बहुत अन्तर है। इनका शिल्प कठिन भी है।"

"वे किस समय की हैं?"

"Eliot की contemporary हैं – अमेरिकन। I am greatly in love with her poetry. उसमें जो classic restraint है, marvellous command over language, rhythm, rhyme. She is a marvellous artist. क्लासिकल टोन में भावनाओं का इतना संयम कि असम्भव लगे।"

"आप क्लासिकल किसे कहेंगे?"

"अनुभव कितना भी कम हो, तब भी मूल्यवान रहे, इसे मैं क्लासिकल कहूँगा।

1. "कुछ कविताएँ", 1959, जगत शंखधर, वाराणसी

वैसे मैं एडिथ सिट्वैल से भी प्रभावित रहा हूँ।"

[बात आगे चलती रही। मौत की बात के सन्दर्भ में कहा :]

"मौत के सन्दर्भ में आपने मोहन राकेश की बात की थी, मैं बता देता, क्योंकि वह भी मृत्यु से सम्बन्धित है। यह कविता भी फ़्लैश के साथ आयी थी।"

"लेकिन कविता तो बहुत लम्बी है और ड्रैमेटिक भी ?"

"हाँ, बहुत लम्बी है। पर फ़्लैश के साथ ही आयी। असल में मोहन राकेश के साथ मेरा बहुत कम परिचय था। वैसे भी मैं संकोची हूँ। मैं स्वभाव के कारण कभी उनके यहाँ गया नहीं। फिर उनकी कम्पनी, उनके दोस्त सर्कल में मैं at ease फ़ील करता। बहरहाल—मैं कम मिला उनसे। पर I regret it very much मैंने उनको कम, बहुत कम पढ़ा है।

"एक तो संस्कृत का आदमी। फिर आधुनिक कथा-साहित्य का तेवर। उस व्यक्ति ने कलम के बूते पर जीना स्वीकार किया। सरकारी या अन्य कोई नौकरी का सहारा नहीं। An artist who lives with self-respect, who lives with his pen. वैसे भी मैं कथा-साहित्य ज्यादा नहीं पढ़ता हूँ। पर···पर उनमें social consciousness ज्यादा नहीं थी। मैं सोचता हूँ—unless you are interested in the deeper problems of society you are not complete. आपका Drawing room literature हो जायेगा। आप समझीं न ?"

[फिर न जाने क्या सोचकर कहा :]

"But perhaps I am not justified in saying so. He is an artist. You have to give him a large margin."

[उनकी बात सुनते ही मुझे उनकी कविताएँ याद आयीं और मैं पूछ बैठी :]

"सोशल कांशसनेस की इतनी बात करने पर आपकी कविताओं के लिए कैसा Jurisdiction दिया जा सकता है ?"

[तब वे तुरन्त बोले :]

"I know...I know that is my weakness.. मैं मानता हूँ। पर जब कविता की बात आती है, I am helpless, पर फिर भी सोशल कांशसनेस में मेरा विश्वास है।···आपने मौत की बात की थी। मुझे लगता है कि मैं elegies का एक संकलन निकाल सकता हूँ।"

[शमशेरजी की कविता में एकाकीपन और मौत करीब के लगते हैं—यह बात मेरे मन में थी ही—सो पूछ लिया, तो कहा :]

"हाँ, हाँ, मैं प्रभावित होता हूँ। बहुत ज्यादा। भावुक हूँ। पन्तजी जब बीमार थे मैं जानता था। मैं उनको बहुत ज्यादा admire भी करता था। पर मैं मिलने नहीं गया। बस। Never. वे कई बार यहाँ आये थे। मैं जानता था। पर अन्त में

जब वे अस्पताल में थे, मुझे shock लगा। और मेरी कविता शुरू हुई। पन्तजी के प्रति यहीं से poem शुरू होती है। बाद में संस्कारों में बसी हुई बातें अपने आप आती हैं। You know one should be far from falsehood and humbug यही बातें मुझे ज्यादा अपील करती हैं।"

['मोहन राकेश के प्रति' और 'एक विदा' कविता की तरह मृत्युबोध बहुत बार उनकी कविता में आता है, इस सन्दर्भ में उनसे पूछा तो स्वाभाविक रूप से अपने जीवन के अनेक प्रसंग उन्हें याद आते रहे, जिनमें मृत्युबोध और अकेलेपन का रहस्य छिपा था। कहने लगे :]

"मृत्यु की बात जब आप करती हैं तो मुझे लगता है कि मेरी माँ की death से यह शुरू होता है। तब मैं नौ वर्ष का था। उनके रहते-रहते मैं भावुक हो गया था। 1920 में उनकी death हो गयी थी। My mother was the lovliest and prettiest woman I had ever seen···मैं शायद पक्षपात करूँ, पर मैंने और लोगों को भी कहते हुए सुना था। She became a symbol of beauty for me. Mother नाटी थीं। पर उनमें तमाम harmony थी। She was so cultured."

"यह आपने अच्छी बात बतायी। 'इतने पास अपने' में आपकी सौन्दर्य पर एक कविता है—जिसमें ममत्व की बात है···"

[शमशेरजी थोड़े कटु स्वर में बोले :]

"This poem has nothing to do with my mother."

"I don't mean that. पर जब इतनी कम उम्र में माँ आपके लिए सौन्दर्य का प्रतीक बन गयीं तब सौन्दर्य के साथ ममत्व की अनुभूति की बात रचना और अनुभव के स्तर पर कितनी सही हो उठती है।"

"Well yes, but not my mother."

"Of course. I would'nt like to join the two things. मैं मानती हूँ कि मैं ग़लत हूँ, पर I Just thought."

"तो मैं कह रहा था···"

"Your mother was very cultured."

"हाँ, my mother was very cultured. उस समय मैं मानता हूँ जितनी cultured वो थीं, that was something. It was rare. मेरा ननिहाल cultured था। उनका पूरा शहरी मिज़ाज था। उर्दू वे लोग पढ़ते थे। मैं जब अवध में (गोंडे में) था, सो अवधी आप-से-आप आ गयी। बहुत जल्दी। Death of my mother always haunted me. उनकी मृत्यु के बाद पूरा परिवार हमारा बिखर गया। जब वो थीं हमारा परिवार इतना सुखी था। छोटा-सा, बहुत ज्यादा सुखी। फिर पिताजी ने वहाँ दुकान खोली। उन्होंने दो वर्ष की अपने आफ़िस

से छुट्टी ले ली थी। उन्होंने मामाजी को बुलाया। मामाजी तब अविवाहित थे। मामाजी की तबीयत वहाँ लगती नहीं थी।···अब सोचता हूँ मैं।···फिर मामाजी चले गये। दुकान बन्द हो गयी।"

[शमशेरजी अपने अतीत में चले गये। और घटनाओं के बदलाव के साथ उनके मुख के भाव बदलते रहे।]

"फिर हम लोग होस्टल में चले गए। खैर।···फिर हमारी विमाता आयीं। वे सुन्दर थीं। काली थीं, हालांकि। पर बहुत अच्छी थीं। शायद उनके पिता भी साथ थे। हमारे पिताजी बहुत गुस्से वाले थे। कुछ बात बनी नहीं। वे छोड़कर चली गयीं। और भी कई कारण थे। बाद में एक नौकरानी रखी थी। हम उनका काफ़ी आदर करते थे। उन्हें ठकुराइन कहते थे। सब खाना-वाना बनाती थीं। लेकिन हमने बाद में देखा कि वे हमारी घर की चीजें चुराकर बेचती थीं। हमें बहुत गुस्सा आया। जिस पर हमने इतना विश्वास किया वह ऐसी निकले। पिताजी हमसे कभी भी सख्त नहीं रहे। पता नहीं क्या बात थी वह हमारी बात कभी टालते नहीं थे। तो हम उस नौकरानी पर गुस्सा हुए और पिताजी से कहा कि वे उस नौकरानी को निकाल दें। बहुत लोगों ने बाद में सिफ़ारिश की। पिताजी भी इतना कठोर नहीं होना चाहते थे। पर चूँकि हमने कहा था, पिताजी कुछ बोले नहीं। हम उसे कभी माफ़ नहीं कर सके।"

[अतीत में से वर्तमान में आते हुए, क्षण भर, कहा :]

"वह जो कभी माफ़ न करने वाली बात है न, वह नौकरानी के सन्दर्भ में थी, पिताजी के नहीं।"

[फिर अतीत में डूब गये :]

"बाद में उन्होंने एक बेवा भी रखी। हमारे पिताजी की मृत्यु के बाद हमारे भाई ने उनकी बहुत सेवा की। पिताजी से उन्हें एक सन्तान (लड़की) की प्राप्ति हुई। हमारे भाई ने उसे पाला, विवाह कराया। बहुत सेवा की उन्होंने विमाताजी की। खैर···।"

"पर उस सारे समय मैं होस्टल में ही रहा। अधिकतर। मैं अपने संसार में रहा। मेरी अपनी ज़िन्दगी बन गयी। अब मैं सोचता हूँ I am very grateful towards my father. उन्होंने कभी मुँह पर मेरी तारीफ़ नहीं की। कितना अच्छा किया उन्होंने! पर वो मेरे लिए सदा चिन्तित रहे।"

[होस्टल वाले बिन्दु से विषयों का बिन्दु अनायास जुड़ गया :]

"ज्योग्राफ़ी, उर्दू और इंग्लिश मेरे प्रिय विषय रहे थे। मुझे लगता है मुझे अलीगढ़ आ जाना चाहिए था। वहाँ Geography मुख्य था।···पर मैंने इंग्लिश के लिए इलाहाबाद prefer किया। और इलाहाबाद चला गया। Geography ले ली होती तो अच्छा रहता। But I liked English. वहाँ उर्दू और फ़िलॉसोफ़ी

ले ली। आपने शायद सुना हो—रानाडे, जो उन दिनों वहाँ फ़िलॉसोफ़ी डिपार्टमेंट के हेड थे। भारतीय दर्शनशास्त्र में विख्यात। आपने सुना है?"

"जी···नहीं।"

"Anyway, I fell in love with Ranade & Philosophy. इस प्रशंसा का मेरी कविता से कोई लेना-देना नहीं है।"

[कहते हुए खूब हँसे, अपनी ही बात पर मुग्ध होते हुए।]

"मैं अभी भी उन्हें देख सकता हूँ। उनका वर्णन कर सकता हूँ।···वही मराठी पगड़ी, धोती-शर्ट···और उस प्रकार का विशिष्ट जूता··· हाँ। यह बात ठीक से आयी नहीं है। मुझे भी अब पूरा प्रसंग याद नहीं हा! हा! हा! He was agile. I really liked him." [फिर हँसे]

[उनकी हँसी में, मैं मुख्य बात छोड़, फ़िलॉसोफ़ी पर से धर्म पर उतर आयी, तो उन्होंने कहा:]

"हाँ। रिलिजन मैंने अपनी माँ और पिता से सीखा। वही जो संस्कार मुझ पर हैं।"

[और फिर पहली बात आगे चली:]

"मेरे सबसे छोटे मामा··· उन्हें आसन का बहुत शौक था। बहुत शौक था। थोड़े boastful भी थे। [थोड़ा हँसे] पर बड़े अच्छे थे। अच्छा लगता था उन्हें बोलते हुए सुनना। वो handsome थे। मेरी माँ ही के समान। I liked him. वो अच्छी कविता के रसिक थे। शुरू में Forest Research Institute में Lab. Assistant थे। रामतीर्थ से प्रभावित थे। उन्हें संगीत का बहुत शौक था। गाते भी अच्छा थे। बाहर बड़े सीरियस रहा करते थे। एकान्त में खुलते थे। उन्हें शिकार का शौक था। बाद में तो उन्होंने छोड़ दिया था, पर उस इलाके में जब कभी कोई बड़ा व्यक्ति शिकार करने आता था, तो वे भी साथ जाते थे। मुझे उनसे बहुत स्नेह मिला। बहुत।···पिताजी की मृत्यु के बाद मैंने थोड़ा जर्नलिस्टिक वर्क किया। उन्हीं दिनों मैंने पार्टी-वर्क किया। वैसे मैं dreamer ही था। पर Socialist thinking की तरफ भी मुड़ा···"

"तो मृत्यु की बात मैं बता रहा था। माँ के बाद विमाता की पुत्री के मरने का सदमा पहुँचा। फिर मामाजी। फिर माई गुजरीं। आप जानती हैं न?"

"हाँ आपकी एक कविता है।"[1]

"हाँ, 1945-1948 में जब मैं पार्टी-मेम्बर था, तब वे कम्यून में थीं हम सबका ध्यान रखने के लिए। वे पहले कांग्रेसी थीं, फिर कम्युनिस्ट हो गयीं। कल्याणी बाई। उन्होंने अन्तरजातीय विवाह किया था। वे गुजर गयीं—तब, उन

1. 'आई', दूसरा सप्तक, सं—अज्ञेय, ज्ञानपीठ प्रकाशन, कलकत्ता

पर वह कविता लिखी। यह कविता मूल अंग्रेजी में थी। बहुत लम्बी लिखी गयी थी। पाँच-सात pages की। फिर एक कविता रुद्रदत्त भारद्वाज[1] पर लिखी है।··· वे पार्टी के एक भारी intellectual थे। मैंने उनकी बहुत तारीफ़ सुनी थी। वे बीमार थे। डाक्टर हैरान थे कि ऐसा पेशॅन्ट हमने नहीं देखा, जो अपनी शीड्यूल एक-एक मिनट हमारे कहे पर बनाता हो। उन्हें छः कदम चलने को कहा तो सातवाँ वे नहीं चले।···

" '37-'38-'39 उस समय की मेरी कविताएँ (अधिकांश) बड़ी grim होती थीं। मेरे जीवन में कुछ उल्लास नहीं रह गया था। Now I can see it. That time it was different."

[पहली बात का सन्दर्भ आधा रह गया हो मानो, तो कहने लगे :]

"मुझे लगता है English comes easier to me than Hindi. हिन्दी में लिखना मेरे लिये नया था। मैं उर्दू में ही लिखता रहा था। उर्दू में मेरी ग़ज़लें पसन्द की गयीं। I wrote with confidence. उस समय पिताजी ऑफ़िस में काम करते थे।—वे उन दिनों जब मैं हाई स्कूल में था 'गंगा-पुस्तक माला' के ग्राहक थे। हिकमत के magazine भी हमारे यहाँ आते थे। मैं अब सोचता हूँ कि हमारे पिताजी ने हमें कितना अच्छा वातावरण दिया। I am grateful. मैं सब पढ़ जाता था। Absorbant interest के साथ। मैं पूरा magazine page-to-page पढ़ जाता था। 5th, 6th, 9th, 10th तक मैंने खासा कुछ पढ़ा। बचपन में पिताजी रोज रात को 'चन्द्रकान्ता सन्तति' सुनाया करते थे। उन्हें सब ज़बानी याद था। एक दिन पहाड़े, एक दिन कहानी। पहाड़े वाले दिन मार-डाँट भी खानी पड़ती थी। पर कहानी वाले दिन की हमें प्रतीक्षा रहती थी। मैं सोचता हूँ, बच्चों को यह romantic कहानी बचपन में ही पढ़ने देनी चाहिए। They appreciate the action उन्हें प्रेम-वेम से कोई मतलब नहीं रहता। I really feel. फिर 'Modern Review' (हाई स्कूल के दिनों) उन दिनों 'अमृत बाजार पत्रिका' भी आती थी। मैं वह भी पढ़ता रहा। 'Modern Review' के एक अंक में मैंने Ezra की कविताएँ पढ़ीं। उस समय वह introduce ही हुआ था। कविता दी थी, और लिखा था··· ऐसा ही कुछ कि···Strange and funny poet is coming up··· उसने कुछ ऐसा लिखा था "God, our God is our greatest foe"···उसकी कविता से मैं बहुत आकृष्ट हुआ। उसमें रवीन्द्रनाथ की, सरोजिनी के अंग्रेज़ी अनुवाद या कविताएँ भी प्रकाशित होती थीं। मैं सब पढ़ जाता था। उन दिनों हम हाथ से लिखा मैगेज़ीन निकालते थे। मैं उसमें एक front page रंगीन चित्र भी स्वयं बनाकर देता था (हाई स्कूल के दिनों में)।"

---

1. 'कुछ कविताएँ', 1959, जगत शंखधर, वाराणसी

[बात करते-करते, बातों का केन्द्र शिल्प पर खिसक गया और उन्होंने कहा :]

"असल में मेरी दृष्टि—शिल्प पर से पहले से ही ज़ियादा रही। I am very conscious of style. मैं बचपन से ही उर्दू और हिन्दी को तुलनात्मक दृष्टि से भी पढ़ता था। English से भी उन्हें compare करता था। मैं ग्रैमर पर बहुत ध्यान देता था। It was a joy for me, always a joy. My imagination had been awakened from the beginning.

"मैं ऐसा मानता हूँ कि उर्दू गद्य ज़ियादा refined और अच्छा है। It has a finer quality of poetry. जरूरी बात यह ढूंढ़ना है कि लेखन में ऐसी चीज़ क्या है जो उसे quality देती है।"

[बात चल रही थी कि मुझे ध्यान आया कि जितना शमशेरजी ने अपने समकालीनों पर लिखा है, उतना किसी ने भी नहीं लिखा है। सहज ही कौतूहल हो, ऐसी बात है। और मैंने उनसे आखिर पूछ ही लिया तो कहा :]

"पंत अपने समकालीनों को पढ़ते थे। मेरे अन्दर भी यह उत्कट इच्छा रही कि मैं भी उन्हें पढ़ूं। अपने समकालीनों को मैं Creative Artist की दृष्टि से देखता था। मेरे मन में competition का भाव कभी नहीं आया। दूसरे के अच्छा लिखने की खुशी होती थी मुझे। एक बात और भी थी। एक तरह से हर कवि अपने आपको कमोबेश fulfil करता है। वह अपनी unique quality को discover करता है। साहित्य, साधना का मार्ग है।"

[शमशेरजी के मन में बहुत सारी बातें, बहुत प्रकार की भी, एक साथ आती हैं, अतः यह बात कहते-कहते अचानक बोल उठे :]

"हमारे मन में एक बात बैठ गयी थी, गवर्मेंट जॉब नहीं करेंगे। की भी नहीं। कोश का जो काम किया था, वह तो project work था। पिताजी के द्वारा दिये गये संस्कारों से रहा होगा। हालांकि वे निष्ठावान सरकारी नौकर थे। वे तो कहते थे—जो भी सरकार आयेगी हम उतनी ही निष्ठा से उसका काम करेंगे। बहरहाल।···अरे शोभा···।"

[शोभा दीदी फल लेकर आ रहीं थी। शमशेरजी ऐसे प्रसन्न हुए, मानो उनके मन की बात वे ताड़ गयी हों। वे हँसे। दीदी हमारे पास ही बैठ गयीं। फल खाते-खाते बातें शुरू हुईं :]

"शैली और Style पर मेरा ध्यान बचपन से गया था। एक तरह से involvement in the style रही थी। भावुक भी बहुत था। विवाह[1] के कारण

1. यहाँ पर शमशेरजी ने प्रश्नचिन्ह लगाया—जब वे इसे दूसरी बार देख रहे थे। पर कोई कॉमेन्ट नहीं किया है।

Academic नहीं रह पाया। इसका खेद भी है मुझे। कला से एक तरह से हम inner soul of the Artist's personality देख सकते हैं। शब्द-ध्वनि, रंग और रेखा द्वारा एक तरह से जीवन को ही देखते हैं। आन्तरिक जीवन को। I did painting entirely for my ownself's pleasure. The eagerness to painting is transformed into words-paintings. मेरी माँ बहुत चाहती थी कि मैं painter बनूँ कि मैं कभी इटली जाऊँ। मेरे एक मामाजी (दर्शन सिंह जी) खुद अच्छे पेंटर थे।···एक बार वो एक पेंसिल स्केच, कमरे के बाहर के दृश्य का चित्र बना ही रहे थे। थोड़ा बनाकर चले गये किसी काम से। मैं वहीं था। मैंने दूसरा कागज़ लिया, उसी साइज़ का और हू-बहू वैसा ही एक स्केच बना दिया। थोड़ी देर बाद जब वे वापस आये तो वे एक क्षण तो पहचान नहीं पाये कि उनका कौन-सा है···"

[कहकर खूब हँसे वे।]

"वे बहुत खुश हुए। दिल्ली में हमारे आर्ट टीचर थे, श्री रणदाचरण उकील, उन्होंने एक चित्र बनाया। बनाने को दिया, स्त्री-पुरुष दो यात्री जा रहे हैं। मैंने उस चित्र को लघु-आकार में बनाकर सामने, पथ के आगे, कागज़ पर काफ़ी स्पेस छोड़ दिया, जिससे यह अधिक अर्थपूर्ण हो गया। देखा न आपने, मैंने बड़े कागज़ पर वही चित्र, एक कोने में बनाया, और बाकी पूरा कागज़ प्लेन। बड़ा अच्छा effect आया। वो बहुत खुश हुए।"

[चित्र की बात चल रही थी, तो मैंने अपने पास जो एक गणेश के शिल्प का चित्र था वह दिखाया तो कहा :]

"गणेश में artistic balance देना बहुत मुश्किल है···"

[और फिर अचानक कहा :]

"आपने elegies की बात आरम्भ में की थी, तो उस सन्दर्भ में एक बात कहनी रह गयी। मैंने Golden Treasury में Arnold की elegy पढ़ी। World's Best Poets में भी बहुत बढ़िया अनुवादों में कई विश्व-प्रसिद्ध elegies हैं। Elegies, personally और socially भी बहुत कुछ mean करती हैं। मात्र formal rhetorical tribute, gratiude ही नहीं होतीं। फिर उर्दू में मर्सिये पढ़े। कर्बला के वाकये पर। बचपन में भारतेन्दु का 'दशरथ-विलाप' पढ़ा था। 'एक ऋषि की कहानी, राजा दशरथ की जबानी' (श्रवण कुमार की कहानी) ने भी बहुत प्रभावित किया था। ज़फ़र अली खाँ की एक रचना थी। उसमें जो मूसा नदी की भीषण बाढ़ का वर्णन था, पढ़ा, बहुत प्रभावित करती थी।···वो जो मैंने मुक्तिबोध पर कविता लिखी है न, वह ग़ज़ल नहीं है, उसके शेर अस्पताल से लौटने पर अलग-अलग दिन लिखे थे and surprisingly in the same metre और

एक ही तुक विधान। और देखा यह तो एक अच्छी ग़ज़ल बन गयी।

"भारतभूषण अग्रवाल (मृत्यु वर्ष 1973) की शवयात्रा के समय एक कविता की पंक्ति ने दिल-दिमाग़ जकड़ लिया। छोड़ा ही नहीं मुझे। मैंने उस पर ख़ास वर्क किया। मैंने उसमें केवल उसका positive पक्ष लिया। जो कि स्वाभाविक ही था।"

[शमशेरजी को देर से recognition मिला—यह बात तो मन में थी ही—और साथ ही 'इतने पास अपने' में प्रकाशकों के प्रति और अन्धों के प्रति जो शिकायत का स्वर है, उसने भी कुतूहल पैदा किया था। पूछा तो कहा :]

"हाँ, मैंने हमेशा आन्तरिक प्रकाशन पर ही ज़ोर दिया है। मुझे किसी दूसरे को न दिखाना है, न बताना। अगर मैं स्वयं सन्तुष्ट हूँ, तो बहुत है। मैं यही मानता था। हालांकि अब जब देखता हूँ कि लोगों में रुचि जाग रही है, तो कुछ नोट्स, कुछ सूचनाएँ देनी चाहिए। वैसे प्रकाशन के प्रति मेरी उदासीनता हमेशा से रही है और अब भी यह जाती नहीं।"

[फिर मानों छूटे हुए सन्दर्भ याद आने लगे :]

"मैंने कही थी न, मैरियन मूर की बात। She is a cold artist. एकदम marble की तरह। आप पढ़िए उन्हें—आपको अच्छा लगेगा। उनमें एक artistic perfection है। मैं उसे achieve करना चाहता हूँ..."

[कहते-कहते वे चुप हो गये। फिर कहा :]

"आप यह देखिएगा कि जब सुररियलिज्म का आन्दोलन वहाँ चल रहा था, उसी के parallel मेरा interest उसमें था। चार-पाँच सालों का फ़र्क होगा। केवल प्रभाव ही नहीं, मेरी स्थिति भी उन दिनों ऐसी ही थी...बहरहाल...मैं शब्द और रेखा में...words and lines में experiment करना चाहता था। उन दिनों Chinese और Japanese line drawing से प्रभावित भी था। आपने देखा है?"

"जी नहीं।"

[यह सुनते ही वे भीतर गये---एक पुराना कैलेण्डर ढूँढ़कर लाये, जिसमें चीनी कलाकारों के प्रकृति-दृश्य के चित्र थे—अधिकतर फूलों के—और मुझे समझाते रहे। यह शमशेरजी का नया रूप था। मेरी प्रसन्नता का तो क्या पार होगा।...]

"Bengal School of Painting से भी प्रभावित था। मैं मानता हूँ, Art for Art's sake नहीं होनी चाहिए। मैरियन मूर का art classically controlled है। जो coldness है, वह उसकी तटस्थता है। तुलसीदास एक विशिष्ट

अर्थ में ऐसे Classic writer कहे जा सकते हैं, मैं मानता हूँ।"

[मैं ऐसा सोचती हूँ कि शमशेरजी intellectual poet हैं। वे चाहते हैं कि उनके पाठक उन्हें पढ़ते समय स्वयं creative रहें। तभी वह पंक्ति और स्टैंजा के बीच के अन्तराल को पाट सकेंगे। पर उन्हें over-read करने का भय था। पूछा तो तुरन्त कहा :]

"हाँ, हाँ, मैं ऐसा ही चाहता हूँ। मेरे तीन प्रकार के पाठक हैं। एक तो विद्यार्थी, जो कोर्स में मुझे पढ़ते हैं। एक वे, जिन्होंने modernity की चर्चा में मुझे सुना, और पढ़ना वे अपना स्टेटस समझते हैं, और एक वे जो वास्तव में मुझे पसन्द करते हैं। वे कम हैं। पर मैं मानता हूँ जो पाठक मुझे काफ़ी पढ़ता है, धीरे-धीरे मेरी inner personality को जान लेता है। क्यों?"

"जी। अच्छा,कोष्टकों के प्रयोग का क्या तात्पर्य? क्या यह Cummings का प्रभाव है?"

"Cummings तो शब्दों की स्पेलिंग के बीच में भी प्रयोग करते हैं। मानों वहाँ भी कुछ कहना चाहते हों। एक phonetical effect खड़ा होता है। मैं कोष्टक का प्रयोग इसलिए करता हूँ कि कई बार मुख्य बात चल रही होती है, उसके अतिरिक्त भी कुछ कहना होता है, तो वह चूँकि प्रवाह में नहीं आती अतः ब्रैकेट में 'डाल देता' हूँ।"

[शमशेरजी ने लिरिक के प्रायः तमाम रूप लिखे हैं, ग़ज़ल, गीत, सॉनेट इत्यादि, पर क्या इन्होंने कभी epic लिखने की सोची होगी—यह प्रश्न मन में उठा तो सोचा उन तक पहुँचा हूँ। प्रश्न पूरा होते ही, वे खूब हँसे—और बाद में बोले :]

"Epic writing needs a Great Poet and I am not"

[कलाकार की उदारता और confession की हद है यह तो!! मैं कुछ बोल नहीं पायी। बहुत प्रसन्न हो उठी—शायद गद्‌गद शब्द ठीक होगा। समय दोपहर चार का हो रहा था—त्रिलोचनजी से मिलना था। यह अन्तिम भेंट (इस यात्रा की) थी। सो नमस्कार किया। और कवि ने प्रसन्न होकर आशीर्वाद दिया—एक खिला हुआ गुलाब का पुष्प। एकदम लाल। मेरे पास धन्यवाद के शब्द नहीं थे। पर एक कवि के, एक रचनाकार के जीवन के, संसार के, कुछ अंशों को अपने भीतर लिये मैंने विदा ली।]

III

सुररियलिज्म का इतिहास

सुररियलिज्म एक तरह से 'दादावाद' की परिणति है। हैंस रिचर के अनुसार सुररियलिज्म दादावाद के बाएँ कान से कूद पड़ा—सम्पूर्ण साधनों से युक्त, जीवन्त एवं रातोंरात दादावादियों को सुररियल बना दिया।[1] अर्थात् यह बात निर्विवाद है कि सुररियल आन्दोलन का जन्म दादावाद का परिणाम है। यहाँ तक कहा जा सकता है कि सुररियल के लिए दादावाद का होना अनिवार्य था और उसके बने रहने के लिए दादावाद का समाप्त होना भी उतना ही आवश्यक था।

सुररियलिज्म एक प्रभावकारी एवं सबल आन्दोलन रहा, जिसे उसके ऐतिहासिक सन्दर्भों, कलागत एवं आन्दोलनगत सिद्धियों के रूप में समझना आवश्यक है। इसके पूर्व इस तथ्य को जान लेना भी आवश्यक है कि सुररियलिज्म की प्रथम लोकघोषणा 1924 में प्रकाशित हुई एवं 1929 तक आते-आते सुररियलिज्म के स्थापक ब्रेताँ महोदय को यह अनिवार्यता अनुभव हुई कि वे कुछ बातों के स्पष्टीकरण के लिए दूसरी लोकघोषणा भी छपवाएँ। यह स्पष्टीकरण उनकी प्रथम लोकघोषणा-उद्घोषणाओं की कार्यरूप में असंगति एवं पार्टी के प्रति प्रतिबद्धता के सम्बन्ध में थी। सुररियलिज्म का परिचय इन लोकघोषणाओं से आरम्भ करना उचित रहेगा।

उनकी महत्त्वपूर्ण लोकघोषणाएँ मिम्नलिखित हैं:

1. मैं भविष्य में इन दो स्थितियों—स्वप्न और सत्य के समन्वय में विश्वास रखता हूँ, बाहरी तौर से जो इतनी विरोधी लगती हों—(उनका) एक प्रकार की समग्र वास्तविकता, परा-वास्तविकता में समन्वय।[2]

2. सुररियलिज्म—संज्ञा, पुल्लिग, शुद्ध मानसिक स्वचालन, जिसके द्वारा या तो मौखिक रूप में या लिखित रूप में विचार के सही क्रियाकलाप को अभिव्यक्त किया जाता है। विचार, जो कि तर्क के समस्त नियन्त्रण की अनुपस्थिति में, और जो सभी सौन्दर्यशास्त्रीय अथवा नैतिक नियन्त्रण के परे अवतरित हुआ हो।[3]

3. हमें साहित्य से कोई मतलब नहीं। हम इतने समर्थ तो हैं ही कि आवश्यकता पड़ने पर अन्य लोगों की भाँति इसका उपयोग कर सकते हैं।[4]

4. सुररियलिज्म, अभिव्यक्ति का नया माध्यम है, न तो सरल, न आध्यात्मिक ही। यह मस्तिष्क की, एवं उससे मेल खाती हर एक वस्तु की सम्पूर्ण मुक्ति का माध्यम है।[5]

5. हम क्रान्ति का सृजन करने के लिए पूर्णरूपेण कटिबद्ध हैं।[6]

6. हमने 'सुररियलिज्म' संज्ञा को और 'क्रान्ति' संज्ञा को एक ही कोष्ठक में मात्र इसलिए रखा है, ताकि हम क्रान्ति का निर्लेप, असंपृक्त यहाँ तक कि हताश

रूप बता सकें ।[7]

7. हम मनुष्यों की त्रुटियाँ सुधारने का दावा नहीं करते । पर हम उन्हें यह बताना चाहेंगे कि उनके विचार कितने जर्जर हैं, और किन हिलती नींवों और खोखली ज़मीन पर, उन्होंने अपने डगमगाते घर बनाये हैं ।[8]

8. हम समाज को यह औपचारिक चेतावनी देते हैं कि वह अपनी विषमताओं को, उनके अभिप्रायों की हर ग़लत चाल को चाहे जो सुरक्षा दे, हम अपने उद्देश्य से कभी नहीं चूकेंगे ।[9]

9. हम विद्रोह के विशेषज्ञ हैं। आवश्यकता पड़ने पर ऐसा कोई कार्य नहीं, (क्रिया का माध्यम नहीं) जिसका उपयोग करने में हम समर्थ न हों ।[10]

10. सुररियलिस्टों के विकास की आवश्यक विशेषताएँ हैं : द्वन्द्वात्मक भौतिकवाद को एकमात्र क्रांतिकारी दर्शन के रूप में स्वीकारना । आदर्शवादी प्रकृति के बौद्धिकों द्वारा इस भौतिकवाद का निस्संकोच स्वीकार एवं समझ, यह जानते हुए कि क्रान्ति की ठोस समस्याओं के सन्दर्भ में यह आदर्शवाद कितना स्थायी है ।[11]

11. सौन्दर्य या तो उथल-पुथल मचायेगा, अथवा बिल्कुल नहीं होगा ।[12]

12. प्रत्येक वस्तु हमें यह विश्वास करने के लिए प्रवृत्त करती है कि मस्तिष्क का एक ऐसा बिन्दु (अस्तित्व में) है, जहाँ जीवन-मरण, वास्तविक और काल्पनिक, भूत और भविष्य, संप्रेष्य और असंप्रेष्य, उच्च एवं निम्न, विरोधी रहते ही नहीं । सुररियलिस्टों की कार्यप्रणाली में इस बिन्दु को ढूंढ़ने और स्थापित करने के अतिरिक्त भी कोई परिचालक बल है, यह ढूँढ़ने पर भी शायद ही कोई पा सके । इससे यह स्पष्ट हो जाता है कि सुररियलिज्म को मात्र सृजनात्मक या विनाशात्मक कहकर परिभाषित करना कितना असंगत होगा । हम जिस बिन्दु की ओर इंगित कर रहे हैं वह अनिवार्यतः वह है जहाँ सृजन और विध्वंस एक दूसरे के विरोध में हथियार नहीं चलाते ।[13]

सुररियलिज्म संज्ञा का सर्वप्रथम प्रयोग एपोलीनेयर ने सन् 1917 (जून 28) में अपने एक नाटक के उपशीर्षक में किया था 'लेमँमेल्स दु त्रिसियास : ड्रामा सुररियलिस्ट ।' एपोलीनेयर का कहना था कि 'परम्परागत वास्तववाद से जो कलागत सत्य प्रकट होता है उसकी अपेक्षा अधिक सत्य—इसी को सुररियलिज्म कहते हैं ।[14] इसी संज्ञा का प्रयोग इवान गॉल ने कालान्तर में इस अर्थ में प्रयुक्त किया : "वास्तविकता का एक उच्चतर स्तर पर स्थानान्तरण"[15]—परन्तु यह अस्पष्ट था ।

ब्रेताँ ने इस संज्ञा को एक दूसरे और निश्चित अर्थ से भूषित करके अपनाया । ब्रेताँ का कहना था कि—"एक हद तक यह जाना जा सकता है कि मैं एवं मेरा मित्र 'सुररियलिज्म' से क्या कहना चाहते हैं, क्या समझते हैं। यह संज्ञा जो कि हमारी खोज नहीं है और जिसका हम सरलता से एक अस्पष्ट समीक्षात्मक शब्दा-

वली के रूप में विरोध कर सकते हैं, इसका हमारे लिए एक निश्चित और सही अर्थ है।"[16] यह निश्चित अर्थ क्या है? इस निश्चित अर्थ को बताने एवं स्पष्ट करने में ही एक तरह से ब्रेताँ महोदय ने सुररियलिज्म को परिभाषित कर दिया।

इससे उनका तात्पर्य था एक निश्चित मानसिक स्वचालन, जो स्वप्न की अवस्था को बड़ी निकटता एवं स्पष्टता से संप्रेषित कर सके। एक ऐसी अवस्था जिसे परिसीमित (डी-लिमिट) करना प्रायः असम्भव है। यह बात ब्रेताँ ने नवम्बर 1922 में की थी, और 1924 में, अर्थात् दो वर्ष बाद ही अपनी प्रथम लोक-घोषणा में इसकी औपचारिक परिभाषा दी।

ब्रेताँ ने नाम चाहे एपोलीनेयर से ग्रहण किया, पर यह स्पष्ट हो जाना चाहिए कि उन्होंने उसे एक नया अर्थ दिया। ब्रेताँ ने जिस भी वस्तु को स्वीकार किया,अपने ही अर्थ में किया।

यह आन्दोलन आरम्भ से ही विरोधी परिस्थितियों में एवं अपने आपमें विरोधी बातों को लिए चलता रहा। बड़ी विचित्र किन्तु सत्य बात है कि जब 1924 में सुररियलिज्म की प्रथम लोकघोषणा छपी, तब सुररियल चित्रकला की कोई विभावना नहीं बनी थी। साथ ही अगर सुररियल की परिभाषा के अभिधेयार्थ को स्वीकारते हुए चलते, तो शायद सुररियल चित्रकला का कभी जन्म ही नहीं होता। वह कभी अस्तित्व में आती ही नहीं। 1925 में पेरिस में अनेक लेखकों, कलाकारों ने इसे विरोधात्मक कहकर इसका बहिष्कार किया।

वास्तव में स्थिति यह थी कि जब यह लोकघोषणा छपी थी तब सुररियल कला, वास्तविकता के नाम पर एक 'सम्भावना' मात्र थी, जो चार वर्षों बाद 'समझी जा पाने' की स्थिति में तो आ गयी।

प्रथम लोकघोषणा का जो लम्बा-चौड़ा पाठ था उसमें अर्न्स्ट, मैंजन, मान रे, डी० शिरीको, डू काम्प, पिकोबिया और क्ली—पिकासो, मैटिसी, डीरेन, स्ट्रिआर्त, मोराँ और पाओलो के साथ उल्लेखित थे।

सुररियलिज्म ने उन तमाम लेखकों को अपनाया जिनका दादावाद ने विरोध किया। विशेष रूप से प्रतीकवादी एवं रोमानवादी लेखकों को। सुररियल ने उन सभी को पुनर्वासित किया—वे सब जो अद्भुत और 'बीजार' (जादुई या चौंका देने वाला) को मानते हैं, उत्सवित करते हैं, उससे उल्लसित होते हैं। सुररियल के महत्त्वपूर्ण कलाकारों में, ब्रेताँ के साथ लुई अरागाँ, आन्द्रे मैजाँ, मैटा, साल्वादोर दाली, रिन मैगरित्त, मार्सल जीन, सौपाल्त इत्यादि के नाम गिनाये जा सकते हैं।

सबसे महत्त्वपूर्ण घटना या मोड़ जो इस आन्दोलन में द्रष्टव्य है, वह है इन सुररियल कलाकारों का कम्युनिस्ट बनना, या कम्युनिस्ट पार्टी की ओर झुकाव। किन्तु यह बहुत बाद की घटना है। इसके पूर्व 1922 में ब्रेताँ ने 'कांग्रेस ऑफ़ पेरिस' की स्थापना करनी चाही, जिसमें त्ज़ारा ने उनका साथ नहीं दिया। परि-

णामत: ब्रेताँ ने त्जारा की खिंचाई की। ऐसी परस्पर-कलह की अनेक छोटी-बड़ी घटनाओं ने दादावाद की समाप्ति घोषित की और मार्च में ब्रेताँ ने एक नयी पत्रिका का सम्पादन किया, जो सुररियलिज़्म की ओर एक कदम था। सन् 1924 दिसम्बर में 'ला रैवोल्यूशन सुररियलिस्ट' का प्रथम अंक प्रकाशित हुआ।

सन् 1925 के पहले और इस पूरे वर्ष के दौरान व्यक्तिगत रूप से अनेक सुररियल कलाकारों के सुररियल चित्रों का प्रदर्शन हुआ, किन्तु सन् 1925 नवम्बर (दि० 14/25) में प्रथम समूह प्रदर्शन आयोजित हुआ। इसमें आर्प, दु० शिरीको, अर्न्स्ट, क्ली, मैंज़न, मीरों, पिकासो, मान रे, पैरी रॉय आदि के चित्र प्रदर्शित हुए थे। क्ली का नाम लोकघोषणा में अवश्य है, पर उन्होंने कभी इस आन्दोलन में सक्रिय सहयोग नहीं दिया।

सन् 1926 में मान रे, ड्यू काम्प और मार्क एलेग्रेत ने एक सुररियल फ़िल्म बनायी—'एनीमिक सिनेमा' तथा सन् 1927 में मान रे ने एक और फ़िल्म बनायी 'इमाक बॉकिया।'

सन् 1928 में ब्रेताँ ने अपना सुररियल उपन्यास, जिसे वह 'ऐण्टी-नॉवेल' कहता है, प्रकाशित करवाया। उपन्यास का नाम 'नादजा' था।

एक तो सुररियल में नितान्त विरोधी बातें एक साथ विद्यमान थीं, साथ ही आन्द्रे ब्रेताँ का अन्य सहयोगियों के साथ जो समय-समय पर मतभेद होता रहा, इसका परिणाम यह हुआ कि अनेक लोग, सुररियलिज़्म से अलग हटते गये।

सन् 1929 में अपनी दूसरी लोकघोषणा में ब्रेताँ ने विद्रोह के प्रति अपनी प्रतिबद्धता प्रकट की। ऐसे अनेक सहयोगी थे जो 'मात्र सुररियलिज़्म' के प्रति ईमानदार रहने में विश्वास रखते थे, उन्होंने इसका विरोध किया। लोकघोषणा में सुररियलिज़्म और द्वन्द्वात्मक भौतिकवाद, दोनों में श्रद्धा प्रकट होती है।

सन् 1920 में 'ला रेवोल्यूशन सुररियलिस्ट ',' लु सुररियलिज़्म आँ सर्विस दु ला रेवोल्यूशन' हो गया। अर्थात् इसके द्वारा वे यह बताना चाहते थे कि सन् 1925 के मोरक्कन युद्ध के बाद सुररियल सामाजिक क्रान्ति को कितना महत्त्व देते हैं। किन्तु साथ ही यह भी द्रष्टव्य है कि सन् 1933 में पार्टी से अलग होने पर यह पत्रिका निकलनी बन्द हो गयी।

सन् 1929 में सुररियलों की जो द्विमुखी श्रद्धा प्रकट होती है, उसके दो नेता थे। राजनीतिक क्रान्ति के अरागाँ और 'अचेतन के अनजाने बल की खोज' के दाली अर्थात् कला के द्वारा अचेतन को परिचालित करने वाले अनजान बल को प्राप्त करने की खोज।

अरागाँ क्रान्तिकारी दल में एक सुररियल की हैसियत से गये थे, और लौटे एक कम्युनिस्ट बनकर। हालाँकि उसके बाद भी वे अपने आपको सुररियल मानते रहे। पेरिस आने के बाद अरागाँ ने कहा कि वे परिस्थितिवश कम्युनिस्ट पत्र पर

हस्ताक्षर कर बैठे थे। तब ब्रेताँ और उनके साथियों ने अरागाँ की रक्षा हेतु अनेक प्रयास किये। किन्तु बाद में अरागाँ अपने कथन से मुँह मोड़ बैठे। तब उनके मित्रों के सामने एक प्रश्न बना रहा कि—अरागाँ किसके प्रति निष्ठावान होते हैं? अपने कम्युनिस्ट मित्रों के प्रति या अपने सुररियलिस्ट मित्रों के प्रति। अरागाँ का सुररियलिज्म से अलग होना; उनके लिए एक ठहराव सिद्ध हुआ।

सुररियल का झुकाव पार्टी के प्रति था तो अवश्य, पर उन्होंने यह इच्छा प्रकट की कि उन पर किसी प्रकार का बन्धन न हो। अरागाँ का वह 'रैड फ्रण्ट' कविता लिखना, फिर बाद में कविता में लिखी-कही बातों से मुकर जाना—एक दायित्वहीनता का संकेत करती है। दूसरी लोकघोषणा में ब्रेताँ ने यह लिखा था कि पार्टी सुररियलों को एक विचित्र प्राणी की तरह न देखे। किन्तु जैसे-जैसे समय बीतता गया, सुररियल एवं पार्टी दोनों के लिए एक-दूसरे को सहना असम्भव-सा हो गया। सुररियलों के स्वचालित पाठ और स्वप्न-कथन का राजनीति से कोई सम्बन्ध नही था, और फिर सुररियल अधिकतर बुर्जुआ वर्ग के थे।

अरागाँ ने तो यहाँ तक कहा था कि इतना ही नहीं कि वे पार्टी के सदस्य बने थे, पर वे मानते भी थे कि पार्टी के प्रति उनकी प्राथमिक ईमानदारी रहेगी न कि सुररियल के प्रति। जब तक सुररियल, पार्टी के साथ था तब तक उनकी पहले की मान्यता 'मस्तिष्क की मुक्ति' 'मनुष्य की मुक्ति' में परिवर्तित हो गयी।

अरागाँ ने जब ब्रेताँ के (उसके प्रति किये गये) बचाव कथन को अस्वीकार किया और अपने आपको पियरी युनीक एवं लुई बैंग्युल के साथ (1932 में) कम्युनिस्ट घोषित किया, तब पार्टी ने खुले रूप से सुररियलों का बहिष्कार किया और ब्रेताँ को 'अन्तर्राष्ट्रीय संस्कृति सुरक्षा कांग्रेस' में वक्तव्य देते से मना किया, तब फ्रेंच पार्टी और सुररियल अलग हुए। सुररियलों ने एक परिपत्र प्रकाशित करवाया, जिसमें उन्होंने सोवियत राज एवं स्तालिन का विरोध किया। देखनेवाली बात यह है कि सुररियलों ने जिस पार्टी को पहले मनुष्य की मुक्ति के लिए प्रमुख महत्त्व का माना वही अब बहिष्कृत हो गयी थी। परन्तु पार्टी का विरोध करते हुए भी उन्होंने विद्रोह भाव के प्रति अपनी प्रतिबद्धता को नकारा नहीं।

दाली ने इसी दौरान 'पारानुआ-समीक्षा' की बात की जिसके कारण 'सुररियल ऑब्जेक्ट' अस्तित्व में आया। 'सुररियल ऑब्जेक्ट' (वस्तु) अर्थात् एक ऐसा विसंगत विचित्र पदार्थ या वस्तु जिसका होना मात्र अपने कर्ता के सन्तोष के अतिरिक्त किसी भी कारण से हो यह अजाना है। साथ ही यह अपने निश्चित सन्दर्भों से हटकर हो। या फिर वह अलग उद्देश्य से बनाया गया हो, या जो अचेतन की वासना एवं स्वप्न को प्रस्तुत करे। अर्थात् जिस प्रकार स्वप्न से व्यक्ति के अचेतन को जान सकते हैं, उसी प्रकार उस ऑब्जेक्ट को देखकर व्यक्ति, सर्जक या कर्ता के अचेतन को जाना जा सकता है।

द्वितीय युद्ध के समय पाल एल्यॉर को छोड़कर सभी पेरिस से संघ राज्य अमरीका की ओर चले गये।

सन् 1936 में लन्दन में सुररियल चित्रकला की प्रदर्शनी हुई। यह प्रथम अन्तर्राष्ट्रीय प्रदर्शन रहा। उस समय वहाँ का प्रेस सुररियल को समझ नहीं पाया था, अतः उस पर बहुत टीका-टिप्पणी हुई; अपमान भी हुआ था, और हँसी भी उड़ायी गयी थी।

इंगलैण्ड में सुररियल सन् 1936 से आरम्भ हुआ, अर्थात् फ्रांस में जब समाप्त-प्राय हो गया था, सारा आरम्भिक निचोड़ चुक गया था, तब वहाँ के लोगों ने उसे जाना। पर वे सुररियल को फ्रांस की देन न समझकर रोमाण्टिसिज्म की अगली कड़ी मानते हैं। पर यह भी सम्भव है कि ऐसा करने से ही वे उसे ग्रहण कर पाये। वस्तुस्थिति भी यही है कि उन्होंने इसे ब्रेताँ की लोकघोषणाओं से नहीं जाना, अपितु डेविड गोसोइन के सन् 1935 में प्रकाशित लेख 'ए शॉर्ट सर्वे आफ़ सुररियलिज्म' से जाना। फ्राँस में यह सन् 1922-24 से आरम्भ हो गया था, अर्थात् यहाँ 10-12 वर्ष विलम्ब से आया।

सन् 1949 में हुआ सुररियल चित्रों का प्रदर्शन इसकी अन्तिम महत्त्वपूर्ण, उल्लेखनीय, ऐतिहासिक घटना कही जा सकती है। इसमें बीस देशों के चित्र आये थे। इससे यह स्पष्ट हुआ कि सुररियलिज्म का कितना प्रसार हुआ था। इसमें अनेक सुररियल आब्जेक्ट भी प्रदर्शित हुए थे।

बाद में इंगलैण्ड में यह कुछ समय तक चलता रहा, परन्तु ब्रेताँ जैसे उत्साही नेता के अभाव में यह बहुत अधिक चला नहीं।

सुररियलिज्म शून्य में प्रकट हुआ या आकाश से टपका हुआ आन्दोलन नहीं है। वह फ्रेंच साहित्य की चली आती साहित्यिक हरम्परा की एक कड़ी है, हालाँकि सबसे अलग है। यह फ्रेंच की साहित्यिक भूमि से उगा है, इसने अपने पूर्ववर्ती लेखकों से बहुत कुछ लिया है।

'मारकीस दु साद' से विद्रोह का भाव, आधुनिक मनुष्य की विशृंखलता को बॉदलेयर से जाना। मालार्मे से यह बात ग्रहण की कि कवि को जादूगर की भाँति होना चाहिए। जीवन की एकता, निर्दोषता तथा दृष्टिभ्रम तथा मस्तिष्क की अन्य असामान्य स्थितियों के पोषण की बात आर्थर रिम्बो से जानी। आल्फ्रेड जैरी से हिंसात्मक और भद्दे मज़ाक लिये। उन्होंने मनोविज्ञान, जीवविज्ञान, चिकित्साशास्त्र तथा दर्शन सभी क्षेत्रों से कुछ-न-कुछ लिया।

सुररियल कविता में मुख्य रूप से प्रेम, विद्रोह, अद्भुत स्वतन्त्रता, वासना का उन्नयनीकरण, 'काला मज़ाक' और अचेतन विचारों के विश्व की बात आती है।

सुररियलों के लिए विद्रोह—मुख्य रूप से तार्किक, सामाजिक, नैतिक और बने-बनाये ढाँचों के प्रति है।

'काला मज़ाक' भी विद्रोह की अभिव्यक्ति है, जिसमें फूट पड़नेवाला उन्मुक्त प्रभाव मुख्य है। वे मानते हैं कि प्रत्येक संवेग का अन्ततोगत्वा कोई-न-कोई महत्त्व है, इसीलिए वासना का उन्नयन आवश्यक है।

सुररियलिज़्म के प्रभाव और प्रवृत्तियों को देखकर कहा जा सकता है कि यह एक महत्वपूर्ण दीर्घजीवी आन्दोलन रहा।

सन्दर्भ

1. 'दादा ऐण्ड सुररियलिज़्म', ई. डब्यू. ई. बिग्सूबी, क्रिटीकल इडीयम सीरीज़, पृ. 14
2. वही, पृ. 37
3. वही
4. वही
5. वही
6. वही
7. वही
8. वही
9. वही
10. वही
11. वही, पृ. 38
12. वही
13. वही
14. 'दादा सुररियलिज़्म ऐण्ड देयर हेरीटेज', पृ. 192, नोट-67
15. एक अल्पजीवित सुररियल पत्रिका के सम्पादक
16. 'दादा सुररियलिज़्म' ऐण्ड देयर हेरीटेज, पृ. 93

ग्रन्थ-सूची

सूची आलोच्य ग्रन्थ

कविता

(प्रकाशन क्रम से)

'कुछ कविताएँ', मई 1959 प्रकाशक : जगत शंखधर, डी० 53/96 कमच्छा, वाराणसी, पहला संस्करण,

'कुछ और कविताएँ' 1961 राजकमल प्रकाशन, दिल्ली,

'शमशेर' (सं० सर्वेश्वरदयाल सक्सेना, मलयज, राधाकृष्ण प्रकाशन, समर्पण-संस्करण 1971)

राधाकृष्ण प्रकाशन, दिल्ली, 'चुका भी हूँ नहीं मैं' पहला संस्करण, 1975, दूसरा संस्करण, 1981

'इतने पास अपने' 1980 राजकमल प्रकाशन, दिल्ली

'उदिता—अभिव्यक्ति का संघर्ष' 1980 वाणी प्रकाशन, दिल्ली,

बात बोलेगी 1981 सम्भावना प्रकाशन, हापुड़,

निबन्ध

'दो आब' 25 मई 1942 सरस्वती प्रेस, बनारस,

'पहले मैं सन्नाटा बुनता हूँ' : अज्ञेय, 1974, राजपाल एण्ड सन्ज़, दिल्ली
'बनपाखी सुनो' : नरेश मेहता, 1957, राजकमल प्रकाशन, दिल्ली
'बावरा अहेरी' : अज्ञेय, प्र० सं० 1954, वर्त० सं० 1972, भारतीय ज्ञानपीठ, दिल्ली
'बोलने दो चीड़ को' : नरेश मेहता, 1961, हिन्दी ग्रन्थ रत्नाकर प्रा० लि०, बम्बई
'महावृक्ष के नीचे' : अज्ञेय, 1977, राजपाल एण्ड सन्ज़, दिल्ली
'मार्क्सवादी सौन्दर्यशास्त्र' : सं०—कमलाप्रसाद, मैनेजर पाण्डे, ज्ञानरंजन, 1977, (पहल द्वारा प्रकाशित), वितरक : सम्भावना प्रकाशन, हापुड़
' 'मुक्तिबोध' : विचारक, कवि और कथाकार' डा० सुरेन्द्रप्रताप, 1978, नेशनल पब्लिशिंग हाउस, दिल्ली
'मुक्तिबोध रचनावली' भाग-1, 2, 1980, राजकमल प्रकाशन प्रा० लि०, नई दिल्ली
'मेरा समर्पित एकान्त' : नरेश मेहता, 1962, नेशनल पब्लिशिंग हाउस, नयी दिल्ली
'यहाँ दरख्तों के साये में धूप पलती है' : दुष्यन्तकुमार, प्र० सं० 1975, वर्त० सं० 1980, राधाकृष्ण प्रकाशन, नयी दिल्ली
'रास्ता इधर से है' (प्रगतिशील कवियों का संकलन), 1978, राष्ट्रीय प्रगतिशील लेखक महासंघ का प्रकाशन, नयी दिल्ली
'रीतिविज्ञान' : विद्यानिवास मिश्र, 1973, राधाकृष्ण प्रकाशन, दिल्ली
'विवेक के रंग' : देवीशंकर अवस्थी, 1965, भारतीय ज्ञानपीठ प्रकाशन, दिल्ली
'शमशेर की कविता' : नरेन्द्र वसिष्ठ, 1980, वाणी प्रकाशन, नयी दिल्ली
'शाश्वती' : अज्ञेय, 1979, राजपाल एण्ड सन्ज़, दिल्ली
'सप्तक काव्य' : डा० अरविन्द, 1976, दी मैकमिलन कम्पनी आफ़ इण्डिया लि०, नयी दिल्ली
'समकालीन कविता का व्याकरण' : डा० परमानन्द श्रीवास्तव, 1980, शुभदा प्रकाशन, दिल्ली
'समकालीन कविता पर एक बहस' : जगदीश नारायण श्रीवास्तव, 1978, चित्रलेखा प्रकाशन, इलाहाबाद
'समानान्तर' : रमेशचन्द्र शाह, 1973, सरस्वती प्रेस, इलाहाबाद
'संवाद' : डा० प्रभाकर श्रोत्रिय, 1982, राजपाल एण्ड सन्ज़, दिल्ली
'सागरमुद्रा' : अज्ञेय, 1970, राजपाल एण्ड सन्ज़, दिल्ली
'साहित्य का नया परिप्रेक्ष्य' : डा० रघुवंश, 1968, भारतीय ज्ञानपीठ, प्रकाशन, दिल्ली

'सीढ़ियों पर धूप' : रघुवीर सहाय, 1960, भारतीय ज्ञानपीठ प्रकाशन, दिल्ली

'स्वातन्त्र्योत्तर हिन्दी और गुजराती नई कविता' : डा० मंजुसि न्हा, 1973, नेशनल पब्लिशिंग हाउस, दिल्ली

'हरी घास पर क्षण-भर' : अज्ञेय, 1949, प्रगति प्रकाशन, दिल्ली

'हँसो हँसो जल्दी हँसो' : रघुवीर सहाय, प्र० सं० 1975, वर्त० सं० 1976, नेशनल पब्लिशिंग हाउस, दिल्ली

'हिन्दी कविता : आधुनिक आयाम' : डा० रामदरश मिश्र, 1978, वाणी प्रकाशन, दिल्ली

'हिन्दी कविता की प्रगतिशील भूमिका' : डा० प्रभाकर श्रोत्रिय, 1978, दी मैकमिलन कम्पनी आफ़ इण्डिया लि०, नई दिल्ली

'हिन्दी की प्रतिनिधि श्रेष्ठ कविताएँ-78' : सं०—'बच्चन', 1978, सरस्वती विहार, दिल्ली

'हिन्दी के प्रगतिशील कवि' : डा० रणजीत, 1973, पीपुल्स पब्लिशिंग हाउस, प्रा० लि०, दिल्ली

'हिन्दी नवलेखन' : रामस्वरूप चतुर्वेदी, 1960, भारतीय ज्ञानपीठ प्रकाशन, काशी

'हिन्दी साहित्य का सर्वेक्षण' (काव्य खण्ड), विश्वम्भर मानव, 1979; लोक भारती प्रकाशन, इलाहाबाद

गुजराती

'अधुना' : भोलाभाई पटेल, 1973, वोरा ऐण्ड कम्पनी, अहमदाबाद

'काव्यनुं संवेदन' : हरिवल्लभ भायाणी, 1976, आर० आर० सेठ की कम्पनी, बम्बई, अहमदाबाद

'काव्यमां आधुनिकता' : अबू सैयद ऐयूब (मूल बंगला से गुजराती अनुवाद), अनु०—नगीनदास पारेख, 1969, गुर्जर ग्रन्थरत्न कार्यालय, अहमदाबाद

'ग़ज़लनुं छन्दशास्त्र' : जमियत पण्ड्या जिगर, 1976, प्र०—जमियत पंड्या, शाह आलम रोड, अहमदाबाद

संस्कृत

'छन्दशास्त्रम्' : श्री पिंगलाचार्य, 1938, प्र०—पांडुरंग जावजी, निर्णय सागर प्रेस, बम्बई

'छन्दोऽनुशासन' : आचार्य हेमचन्द्र सूरि, सं०-इ० दा० वेलूणकर, 1940, सिन्धी जैन ग्रन्थमाला : ग्रन्थांकक्रम 44) प्रकाशक—सिन्धी जैनशास्त्र शिक्षापीठ, भारतीय विद्याभवन, बम्बई-1

उर्दू

'बहरुल फ़साहत' : नजमुलग़नी रामपुरी, 1957, राजा रामकुमार बुक डिपो, लखनऊ

'हदाइकुल बलाग़त', (पर्शियन) अनु०, इमामबख्श सहबाई, प्रका०—नवलकिशोर प्रेस, लखनऊ

मराठी

'साहित्यांतील सम्प्रदाय' : रा० शं० वालिंबे, 1950, प्र०—एन० के० गाँधी, पाप्युलर बुक स्टोर, टावररोड, सूरत

अंग्रेजी

'Art and Society' (Russian), Tran. Maro-Riofrancos, 1973, Monthly Review Press, London.

'Axel's Castle', Edmund wilson, Fr. Ed. 1931, Pr.—Ed. 1950, Charles Scribeners Sons, New York, London.

'Baudelaire and the Symbolist', Peter Quennel., Fr. Ed. 1929, Pr. Ed. 1954, Weidenfield and Nicolson, 7 Cork street. London,

'Collected Essays in Literary Criticism', Herbert Read, 1938, Faber and Faber, London.

'Dada and Surrealism', C. W. E. Rigsby, 1972, Methuen & Co Ltd, London.

'Dada Surrealism and their Heritage', William Rubin, 1967, Pup. by Museum of Modern Art, New York.

'A Dictionary of Literary Terms', J. A. Cuddon, 1980, Clarion Books, N. Delhi.

'A Dictionary of Modern Critical Terms', Roger Fowler, 1973, Routeledge & Kegan Paul, London.

'English and American Surrealist Society', Ed.—Edward B. Germain, 1978, Penguin Books Ltd., N. York.

'Four Quarters', T. S. Eliot, Faber and Faber, London.

'The Heritage of Symbolism', C. M. Bowra, Fr. Ed. 1943, Pr. Ed. 1951, Macmillan and Co., London.

'The History of Surrealism', Maurice Nadeaw, 1964, Penguin

Books, N. York.

'A Hope for Poetry', C. Dey Lewis, Fr. Ed. 1934, Pr. Edi. 1947, Oxford Basil Blackwell, London.

'An Integral View of Poetry : An Indian Perspective', V. K. Gokak, 1975, Abhinav Publications, New Delhi.

'The Language of Poetry', Robert Millar and Ian currie, Fr. Ed. 1970, Pr. Ed. 1976, Heinemann Educational Books Ltd., London.

'A Linguistic Guide to English Poetry', Geoffrey N. Leech, Fr. Ed. 1969, Pr. Ed. 1974, Longman Publications, London.

'Linguistics and Literature', Raymond Chapman, Fr. Ed. 1973, Pr. Ed. 1974, Edword Arnold Ltd., London.

'Literary History of Persia (1000-1290)', Vol. II, E. G. Browne, Fr. Ed. 1906, R. P. 1964, Cambridge University Press, London.

'Marxism and Literature', Raymond Williams, Steven Lukes (General Editor), 1977, Oxford Uni. Press, London.

'Marxism and Literary Criticism', Terry Eagleton, 1976-1977, Methuen and Company, London.

'Marxists on Literature : An Anthology', Ed.—David Craig, Fr. Ed. 1975, R. P. 1977, Penguin Books Ltd., Pelican Books New York.

'Mid Century French Poets', Wallace Fowlie, 1955, Grove Press, New York.

'Modern Poets on Modern Poetry, Ed.—James Scully, Fr. Ed. 1966, Pr. Ed. 1977, Fontana Collins, Printed in Gr. Britain.

'The Poetic Image', C. Day Lewis, Fr. Ed. 1947, Jonathan Cape, London.

'The Poetry of Dylan Thomas', Elder Olson, Fr. Ed. 1961, Pr. Ed. 1962, Phoenix Books, The University of Chicago, Chicago.

'A Short History of English Literature', Sir Ivor Ivans, Fr. Ed. 1948, Pr. Ed. 1964, Pub. by E. L. B. S. and Penguin Books, New York.

'A Short History of French Literature', George Saintsbury, Pr. Ed. 1917, Oxford University Press. London

'A Short History of French Literature' George Breretom, 1976, Penguin Books Ltd., London.

'Soviet-Russian Literature (1917-1950)', Gleb Struve, Pr. Ed. 1951, University of Oklaha math Press, Norman.

'Style and Stylistics', Graham Hough, Fr. Ed. 1969, Routledge and Kegan Paul Humanities Press. New York.

'Stylistics and the Teaching of Literature', H. G. Widdowson, Fr. Ed. 1975, Pr. Ed. 1977, Longman Group Ltd., London.

'Surrealism', Ed.—Herbert Read, Faber and Faber Ltd. London.

'Theory of Literature', Wellek and Warren, Fr. Ed. 1942, Pr. Ed. 1963, A Perigrine Book, Penguin Books, New York.

'Triple Thinkers', Edmond Wilson.

'Understanding Poetry', Cleanth Brooks and Robert Warren, Pub. by Holt Rhinehart and Winston, New York.

'Understanding Poetry', James Reeves, Fr. Ed. 1965, Pub. by Heinemann Educational Books Ltd, London.

'The Universal Self', Agnes Ethel Mackay, Fr. Ed. 1961, Routledge and Kegan Paul, London.

'The Unmediated Vision', Geoffrey H. Hantman, Pr. Ed. 1954, Yale University Press, New Haven.

'The World of Salvador Dali', Robert Descharnes, Fr. Ed. 1962, Macmillan and Co. Ltd., London.

(ग) पत्रिकाएँ

हिन्दी : 'आजकल', 'आलोचना', 'ऋतुचक्र', 'कंक', 'कवि', 'धर्मयुग', 'परामर्श', 'पूर्वग्रह', 'प्रकर', 'भाषा', 'संचेतना'

गुजराती : कविलोक', अहमदाबाद

ooo